1)

IVAN
LACIKA
VLADIMÍR
TOMČÍK
TVOJA
BRATISLAVA
MLADÉ
LETÁ

TVOJA BRATISLAVA

TVOJA BRATISLAVA — 3)

## KOLÍSKA — ( 13 )
(HRAD)
VLADIMÍR TOMČÍK

## NAJSTARŠÍ BRATISLAVČANIA — ( 43 )
(KELTI, RIMANIA, SLOVANIA)
IVAN LACIKA

## KAMENNÁ NÁRUČ — ( 55 )
(HRADBY)
VLADIMÍR TOMČÍK

## MESTO SLOBODNÉ A KRÁĽOVSKÉ — ( 65 )
(ROMÁNSKA A GOTICKÁ BRATISLAVA)
VLADIMÍR TOMČÍK

## PEROM A MEČOM — ( 85 )
(RENESANČNÁ BRATISLAVA)
VLADIMÍR TOMČÍK

## ILÚZIA A DRAVOSŤ — ( 107 )
(BAROKOVÁ A ROKOKOVÁ BRATISLAVA)
VLADIMÍR TOMČÍK

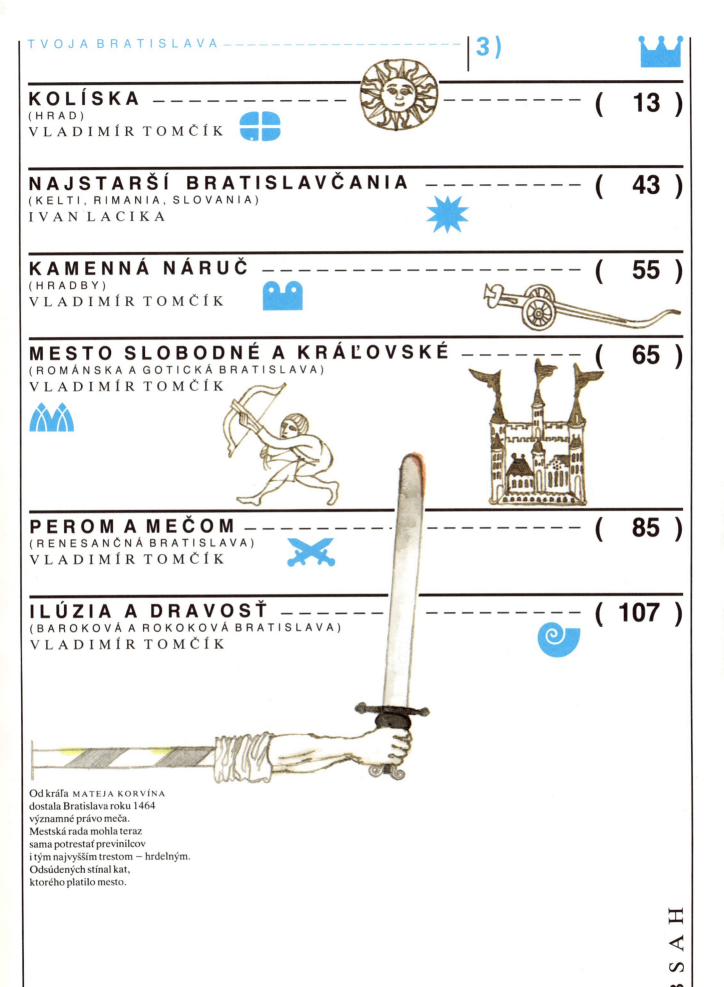

Od kráľa MATEJA KORVÍNA dostala Bratislava roku 1464 významné právo meča. Mestská rada mohla teraz sama potrestať previnilcov i tým najvyšším trestom – hrdelným. Odsúdených stínal kat, ktorého platilo mesto.

OBSAH

TVOJA BRATISLAVA | (4

## MIER V PRIMACIÁLNOM PALÁCI ( 133 )
(KLASICISTICKÁ BRATISLAVA)
IVAN LACIKA

## LÝCEUM PLNÉ NEPOKOJA ( 141 )
(ŠTÚROVSKÁ BRATISLAVA)
IVAN LACIKA

## PIESEŇ RÚK ( 149 )
(ROBOTNÍCKA BRATISLAVA)
IVAN LACIKA

## TÓNY V PALÁCOCH A V ULICIACH ( 159 )
(HUDBA)
IVAN LACIKA

## NÁŠ ZÁKAZNÍK, NÁŠ PÁN ( 169 )
(CECHY, REMESLÁ, OBCHOD)
IVAN LACIKA

## Z ATELIÉRU DO GALÉRIE ( 187 )
(VÝTVARNÉ UMENIE)
IVAN LACIKA

## OD LANDERERA PO TELEVÍZNE CENTRUM ( 199 )
(TLAČ, ROZHLAS, TELEVÍZIA)
IVAN LACIKA

## LÍSTOK NA ZÁŽITOK ( 217 )
(DIVADLO A FILM)
IVAN LACIKA

TVOJA BRATISLAVA |5)

## MEDZI RIADKAMI ( 231 )
(LITERATÚRA)
IVAN LACIKA

## NIE NA VLASTNÝCH ( 239 )
(DOPRAVA)
VLADIMÍR TOMČÍK

## SLUŽBY MESTU ( 265 )
(SPOJE, ELEKTRÁREŇ, VODÁREŇ, PLYNÁREŇ, POŽIARNICTVO)
IVAN LACIKA

## V ZDRAVOM TELE ZDRAVÝ DUCH ( 287 )
(ŠPORT, ZELEŇ)
IVAN LACIKA

## MESTO JUBILUJÚCE, ALE MLADÉ ( 297 )
(SÚČASNÁ BRATISLAVA)
IVAN LACIKA

TVOJA BRATISLAVA | 8

IVAN
LACIKA

Tvoja **BRATI**

MLADÉ
LETÁ

TVOJA BRATISLAVA — 9)

VLADIMÍR
TOMČÍK

# SLAVA

TVOJA BRATISLAVA — ( 10

*Ivanovi a Táni*
( I. L. )

*Mojim deťom*
( V. T. )

© IVAN LACIKA, VLADIMÍR TOMČÍK
1992

ISBN 80-06-00393-9

## TVOJA A NAŠA BRATISLAVA

Cestovali sme v bratislavskom autobuse. Na jednej zastávke doň nastúpila skupinka tvojich rovesníkov. Sršal z nich vtip, sem-tam sme sa aj pousmiali nad ich poznámkami, kým k nám nedoletela veta: „Veď tu okrem Dunaja a hradu nič nie je."

Obidvaja sme v Bratislave vyrástli. Ako chlapci na dedine poznajú každú čerešňu v chotári, každú skalu pri ceste a na stráni, tak aj my sme poprechodili, popreliezali mesto krížom-krážom. Za nášho detstva nebolo také veľké ako dnes, čoskoro sme ho mali zmapované. Na niečo sme prišli sami, iné nám priblížili rodičia, starí rodičia, príbuzní pamätajúci staré časy. Postupne sa Bratislava stala našou spoločnou slabosťou. A tak nás slová v autobuse zamrzeli.

A potom sa prikradli otázky. Koľko bratislavských detí má podobný názor? Koľkí poznajú mesto, kde žijú? Koľkí vedia o ňom viac než to, že je hlavným mestom Slovenskej republiky, že má skoro pol milióna obyvateľov, že sú v ňom vysoké školy, športové kluby, že je v ňom hrad a dóm, že ním preteká Dunaj a leží na hraniciach s Maďarskom a Rakúskom? A prečo nevedia viac? Lebo sa iba nedávno prisťahovali? Alebo preto, že sa tu síce narodili, ale ich rodičia sem prišli odinakiaľ a sami nevedia oveľa viac? Alebo tu ich rodiny bývajú desiatky rokov, ale mesto nepokladajú za svoje, a preto majú k nemu vlažný vzťah aj ich potomkovia?

A ty? Ak si z Bratislavy — naozaj poznáš svoje mesto? Ak nie si z Bratislavy — nežiadalo by sa ti lepšie oboznámiť s hlavným mestom Slovenska?

Nech je tak či onak, prijmi našu knihu ako priateľskú ruku, ktorá ťa chce viesť po Bratislave. Prirodzene, nemusíš sa jej kŕčovito držať. Ak budeš chcieť, vyberieš sa do ulíc objavovať paláce, pamätné miesta, malebné zákutia, kuriozity, miesta, kadiaľ kráčala história. Podobne sme pátrali aj my, ibaže vo vlastnej pamäti, v spomienkach starých Prešporákov, v kopách kníh, časopisov, dokumentov. Niekedy nám bolo aj horúco, keď sme zistili, že informácie, údaje, ba i názory odborníkov sa rozchádzajú, protirečia si, a my sme sa museli rozhodnúť pre „správny" prameň. Nič sme nebrali na ľahkú váhu, poctivo sme snorili, overovali. Určite nevyhovieme všetkým, tebe bude chýbať to, druhému ono, ale či môže lampáš osvetliť svojím lúčom naraz celé mesto?

Nám takto pomáhali osvetľovať a riešiť problémy mnohé ustanovizne i jednotliví ľudia. Zväčša nám ochotne vychádzali v ústrety, lebo aj pre nich je Bratislava živým organizmom, v ktorom bije aj ich srdce. Ďakujeme všetkým.

A ešte niečo. Breslav, Posonium, Pozsony, Pressburg, Prešporok sú mená jedného a toho istého mesta, ktoré dnes voláme Bratislava. Keďže by vonkoncom nebolo ľahké rozlišovať ich počas historického vývoja, hovoríme zámerne stále o Bratislave.

Roku 1965 spisovateľ Ľudo Zúbek vyznal: *„Neviem, či všetkým obyvateľom Bratislavy prirástlo ich mesto k srdcu tak ako mne (myslím, že nie), a práve preto má môj vzťah k Bratislave čosi sebeckého, čo vari najlepšie vystihnem označením moja Bratislava."* A knihu, v ktorej dovolil mladým čitateľom takto nazrieť do svojho vnútra, nazval tiež Moja Bratislava. Boli by sme radi, keby takýto privlastňovací vzťah pocítilo k mestu čo najviac bratislavských detí, teda aj ty, nuž sme našej knihe dali meno Tvoja Bratislava.

Že nebývaš v Bratislave? Odpusť, ak sa budeme prihovárať hlavne tvojim bratislavským vrstovníkom, ale možno raz v nej budeš bývať aj ty. A preto vystierame priateľskú ruku aj k tebe a budeme radi, ak si aj ty väčšmi obľúbiš naše mesto.

*jún 1989 . . . . . autori*

TVOJA BRATISLAVA — 13)

# Kolíska (hrad)

AJ ŽIGMUND SI BOL VEDOMÝ,
ŽE Z PEVNOSTI NA HRADNOM KOPCI MOŽNO
OVLÁDAŤ CELÝ PRIESTOR NA JUH I NA ZÁPAD,
PRETO MU ZÁLEŽALO NA TOM,
ABY SA Z BRATISLAVSKÉHO SÍDLA STAL NEDOBYTNÝ HRAD.
V PALÁCI, OBDOBE SEVEROTALIANSKYCH KAŠTIEĽOV,
MAL VŠAK ZÁROVEŇ VŠETKO KRÁĽOVSKÉ
POHODLIE.

VLADIMÍR TOMČÍK

1)

## V HODINE DVANÁSTEJ

Májové rána bývajú v Bratislave teplé. No v ten deň na konci mája roku 1811 bolo chladno. Podľa dobových prameňov fúkal ostrý severný vietor. Povieš si, nie je to nič neobvyklé, ale pre mesto to malo nedozerné následky.

Bratislava sa práve chystala prebudiť do nového dňa. Ulice a námestia ešte zívali prázdnotou, zato k mestu sa už blížili trhovníci s vozmi naloženými zeleninou. Noční vartáši sa tešili na zaslúžený spánok.

Zrazu sa jeden po druhom rozozneli zvony na všetkých vežiach.

Mešťania mali ešte v živej pamäti tento zvuk, ktorý pred dvoma rokmi varoval pred ostreľovaním napoleonskými vojskami. Aj minulý rok v januári sa zvony nečakane rozkývali, lenže samy od seba pri silnom zemetrasení. Teraz však jasne bijú na poplach. Čo sa stalo?

Ľudia vyskakujú z postelí, v rýchlosti hádžu na seba šaty, no ani nemusia vybehnúť na ulicu, a už vedia, čo sa deje. Obloha je červená a nie sú to zore. Blikotavé svetlo sprevádza hustý čierny dym. A zo všetkých strán sa ozývajú výkriky:

„Horí hrad! Ľudia, hrad horí!"

Ten symbol mesta, jeho pýchu, pohlcujú divé jazyky plameňov.

Pravda, v posledných rokoch už hrad nebol tým, čím kedysi. Kdeže sú časy cisárovnej Márie Terézie, keď sa doďaleka skvel ako dôkaz feudálnej moci? V máji roku 1811 slúžil ako kasárne. Namiesto panovníckej rodiny, kráľovských sprievodov, vyslancov a šľachty pochodovali na jeho nádvorí vojaci.

V čase požiaru sa vraj na hrade zdržiavali talianske oddiely. Iní zas tvrdia, že sem práve premiestnili valónske jednotky z Haliče. Či jedni, či druhí, na veci to už nič nezmení.

Traduje sa, že požiar vznikol z nepozornosti vojakov, ale dokázať to nemožno. Isté je len to, že horieť začalo v budove letnej jazdiarne na severnej strane hradného paláca, kde sa nachádzali sklady. Chcel sa vari niektorý vojak zohriať, alebo si nepozorne pripaľoval fajku? A či voľakto založil požiar úmyselne, ako sa to šuškalo medzi Bratislavčanmi? Oheň sa až podozrivo rýchlo rozšíril až na strechu paláca.

Ktovie. Kým sa však rozospatí vojaci spamätali, plamene už preskočili na poschodia, ničili štukatúry slávnostného schodiska, spaľovali drevené obloženia stien, podlahy, stropy, zasiahli kaplnku i obytné priestory.

To už bolo na nohách celé mesto. Kto len trochu mohol, ponáhľal sa na pomoc. Mešťania v chvate zapriahali a neľútostne šibali kone ťahajúce vozy s vodou do strmého svahu.

Žiaľ, čoskoro nebolo treba hasiť len hrad. Silný vietor roznášal žeravé uhlíky smerom na Podhradie a jeho šindľové strechy vzbĺkali jedna za druhou.

Neskrotný živel besnel tri dni. Podarilo sa ho uhasiť vďaka obrovskému úsiliu všetkých Bratislavčanov a pomoci ľudí z okolitých obcí, ktorých vyburcoval oheň viditeľný na celé kilometre.

Mesto sa ponorilo do smútku. Hradný palác vyhorel do základov a na Podhradí ľahlo popolom 77 domov, 5 pivovarov i radnica. A Bratislavčania nežialili len nad strateným majetkom, ale aj nad smrťou deviatich ľudí, ktorí zahynuli pri hasení. Za všetkých obyvateľov hovorí hrdinstvo a obetavosť obecného notára Putza, ktorý nedbal na nebezpečenstvo ani na popáleniny, vbehol do horiacej podhradnej radnice a zachránil vzácny archív i pokladnicu s peniazmi pre siroty. Až potom bežal ratovať vlastný majetok, no z toho už nič nezostalo.

Od tých čias poskytoval hrad smutný pohľad. Miesto slávy sa zmenilo

28. máj 1811, to je dátum, s ktorým sa spája začiatok takmer stopäťdesiatročného vákua v histórii Bratislavského hradu. Palác načisto vyhorel a čo nezhltli plamene, bolo v priebehu niekoľkých rokov zničené. Život na hrade ustal, čas sa zastavil.

# TVOJA BRATISLAVA

## PRE ZVEDAVCOV

■ Požiar na Bratislavskom hrade vypukol 28. mája 1811.

■ Roku 1848 boli v podzemných žalároch (kazematách) väznené významné osobnosti maďarskej revolúcie, ako rukojemníkov tu držali i deti Lajosa Kossutha, vedúcej postavy tejto revolúcie.

■ Už roku 1909 sa mestský archivár Ján Batka pokúšal presvedčiť vládu, že Bratislavský hrad treba zachrániť, a podporil ho aj mešťanosta Theodor Brolly. V 30. rokoch zase významný slovenský architekt Dušan Jurkovič vypracoval projekty na využitie hradu.

Po celé 19. storočie sa nenašiel nik, čo by sa ujal bývalého cisárskeho sídla. Hrad slúžil armáde. Na hradnom kopci pochodovali vojaci a rozrumené murivo hradného paláca predávala vojenská správa každému, kto potreboval stavebný materiál.

na začadenú, rozpadávajúcu sa ruinu. Život pokračoval len v stavbách pri hradnom múre na severnej strane, ktoré zostali neporušené. Odtiaľto úradníci ďalej spravovali hradné panstvo, teda Podhradie a obce pri Bratislave. Poddanský vzťah k už nejestvujúcemu hradu sa uvoľnil až po revolučnom roku 1848 a o tri roky sa obyvatelia Podhradia rozhodli vzdať samosprávy a obec sa pripojila k mestu.

Hrad postupne chátral, ale nemožno povedať, že sa tu nič nedialo. Ibaže to neboli veselé udalosti. V kazematách sa striedali väzni, rukojemníci a roku 1918 sa v tunajších kasárňach vzbúrili slovenskí vojaci 72. pešieho pluku, ktorí odmietli ísť bojovať za cisára pána.

Po roku 1918, v novej Československej republike, sa osud hradu ocitol na vážkach. Nachádzal sa už v takom stave, že bolo životu nebezpečné čo i len vstúpiť do jeho priestorov. Vypracúvali sa plány na využitie hradného vrchu, najprv ako sídla vysokých úradov, neskôr pre potreby Univerzity Komenského, napokon sa vypísala medzinárodná súťaž o najlepší návrh na vysokoškolské mestečko, ktoré sa malo rozkladať aj na Vodnom vrchu pod ním. Všimni si — hovorím o hradnom vrchu, nie o hrade! Všetky tieto návrhy totiž rátali s jeho zbúraním, zachovať sa mala nanajvýš Korunná veža, neskôr už ani tá nie. Našťastie sa našlo dosť ľudí, ktorí sa usilovali hrad zachrániť. Vedci, umelci, zapálení milovníci Bratislavy, lokálpatrioti.

Tieto zámery sú už dnes len epizódkou v histórii hradu. Zostali v projektoch, ktoré zahatali ťažké roky druhej svetovej vojny. Našťastie, lebo väčšina ich autorov chcela hrad zbúrať.

Ani po oslobodení nebola situácia jednoduchá. Svedčia o tom i slová maliara, národného umelca Janka Alexyho:

„... každý má dojem, že vonkajšie múry sú už na konci, a vnútra ako keby nebolo. Zo susedných dedín prichádzajú sedliaci a odvážajú popadané kamene, aby si z nich za svojím domom postavili humno. V ruinách sídlia holuby, jastraby, ježe, potkany a myši. Chodia sem

Takto vyzeralo nádvorie paláca tesne pred tým, ako sa začali rekonštrukčné práce. Na mnohých miestach stáli už len mohutné obvodové múry a sutinu obrástla tráva a kríky.

milenci a v hradných pivniciach sa skrývajú zločinci. Zdá sa, že osud ruín je spečatený. Kamene a tehly padajúce z múrov ohrozujú zvedavých návštevníkov."

Dnes sa hrad skvie nad Dunajom v obnovenej kráse. Na mieste, kde odveky stával. A vari nikto, či už Bratislavčan alebo cezpoľný, by si mesto bez hradu nevedel predstaviť. Pri pohľade na jeho siluetu či pri jeho návšteve si spomeň na Janka Alexyho, jedného z tých, čo sa najviac zaslúžili o jeho obnovu. Neľutoval čas ani energiu, denne písal listy, urgencie, vysvetľoval a presviedčal. Myslím si, že pamätnú tabuľu s bustou mu na nádvorí paláca odhalili právom. Pri tomto spomínaní nemôžem obísť ani Alfréda Piffla, profesora na Slovenskej vysokej škole technickej, ktorý so svojimi poslucháčmi na vlastnú päsť začal zameriavať zvyšky múrov a spracovávať dokumentáciu. A spolu so študentmi sa vlastne ako prví pokúsili aspoň čiastočne konzervovať najohrozenejšie časti.

O úmysle zbúrať hrad už vieš. Druhou možnosťou bolo konzervovať zachované časti, aby sa prestali ďalej rozpadávať. Tretím, najzložitejším a zároveň najdrahším návrhom bola jeho celková obnova.

S odstupom rokov sa zdá logické, že zvíťazila posledná možnosť. Nasledovali stovky hodín umeleckohistorického a archeologického výskumu, dlhé dni a noci architektov nad rysovacími doskami a vášnivé diskusie o najlepšom riešení.

Najviac sa diskutovalo o vonkajšej podobe hradu, o siluete. Odborníci i verejnosť sa rozdelili do dvoch táborov. Jedni sa usilovali, aby hrad dostal podobu, akú mal pred požiarom — teda sedlové strechy na krídlach paláca a striešky na vežiach. Druhí, tí konzervatívnejší, alebo starší Bratislavčania, ktorí hrad od malička videli ako „obrátený stôl", si ho nevedeli ináč predstaviť. Preto proti tým prvým ostro vystupovali. Neuspeli.

Dlhé roky si na hradnom kopci „zavadzali" projektanti, stavbári,

Bratislavský fotograf EDUARD NEPOMUK KOZIČ (1829–1874), priekopník slovenskej fotografie, zhotovoval „spomienkové lístky pre blízkych i ďaleko bývajúcich priateľov Bratislavy". V čase, keď žil a usiloval sa zachytiť čo najvernejšiu tvár mesta, mal hradný palác podobu „obráteného stola", ktorú mu vtisol požiar. V popredí je časť dnes už nejestvujúceho Podhradia a pontónový most cez Dunaj.

TVOJA BRATISLAVA | ( 18

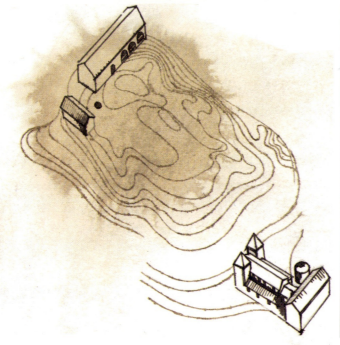

Fotografi snímajú hrad väčšinou z južnej strany, od nábrežia, takýto severovýchodný pohľad od mesta býva zriedkavejší.

V období po páde Veľkej Moravy sa v dolnej časti hradného kopca nachádzala bazilika a nad ňou murované svetské palácové stavby.

archeológovia, remeselníci a historici umenia. Usilovali sa svoju prácu čo najskôr dokončiť a sprístupniť hrad verejnosti, ale ich povinnosťou bolo aj zistiť, ako hrad vyzeral pred päťsto či tisíc rokmi, ktoré národy mali na hradnom návrší domov. Po murároch, remeselníkoch a reštaurátoroch prišli výtvarní umelci, aby dali pamiatke čo najdôstojnejší vzhľad.

Obnova Bratislavského hradu, ktorá prišla naozaj v hodine dvanástej, sa skončila roku 1968 a farby na jeho stenách ešte ani poriadne nezaschli, keď sa opäť zapojil do kolobehu dejín. Stal sa dôstojným miestom, kde pri päťdesiatom výročí vzniku republiky podpísali zákon o československej federácii.

## TRI LIPY

Podpísanie zákona o československej federácii bolo vážnou a slávnostnou udalosťou. Dnes ju pripomínajú aj tri už odrastené lipy s pamätnou tabuľou neďaleko bývalého Tereziána, ktoré zasadili pri tejto príležitosti. Prečo práve lipy, a nie hoci duby, javory či brezy? Lebo lipa je starým symbolom Slovanov a tie na hrade majú zdôrazňovať hneď dve skutočnosti: spolužitie slovenského a českého národa vo federatívnej republike a nadväznosť na starobylé slovanské osídlenie týchto miest.

Keby bol ktosi pred sedemdesiatimi rokmi čo len nadškrtol niečo o slovanskej Bratislave, bol by zožal (prinajlepšom) posmešné úškrny: Prosím vás, Bratislava, a slovanská?

No prišiel rok 1953, keď sa začali prieskumné práce na hrade, a hlavne rok 1958, keď sa k slovu dostali archeológovia. Odkryli pre nás slovanskú minulosť hradu, od ktorej bol už len krok k slovanskej minulosti sídliska pod ním.

Nemysli si však, že Slovania tu boli prví. Nie, veď keď v 5. a 6. storočí prišli z východoeurópskych stepí do týchto oblastí, len vystriedali príslušníkov starovekých národov, Keltov a Rimanov. A tí boli príliš dobrí stratégovia, než aby prehliadli výhody tunajšieho skalného kopca, ktorý sa vypína 85 metrov nad hladinou Dunaja, na križovatke významných obchodných ciest. Na mieste chránenom z jednej strany mohutnou riekou a z druhej hustými lesmi Malých Karpát. Kto osídlil hradný vrch a vybudoval pevnosť na obranu, ovládal nielen dôležitý prechod cez Dunaj, ale bol aj pánom celého kraja.

Aj pred Keltmi a Rimanmi, pred 4500 rokmi tu už žili ľudia, ktorí vyrábali zvláštnu žliabkovanú keramiku (voláme ich ľud s volutovou keramikou). Dôležitejšiu úlohu však zastával v 3. a 2. storočí pred n. l., keď tvoril súčasť keltského oppida, presnejšie jeho obrannú baštu, lebo centrum ležalo na rovine pod ním. Tam bola i mincovňa keltského kniežaťa Biateca — na hradnom kopci sa nenašlo veľa mincí s jeho menom, zato nálezy zo stredu dnešného mesta sú na ne bohaté. Na troskách po Keltoch vybudovali svoju strážnu stanicu Rimania, o čom svedčia tehly zo základov Korunnej veže, ktoré nesú značku XIV. légie zvanej Antoniana.

Ako prezradili archeologické nálezy, ďalšia história hradného kopca sa už viaže k Slovanom. No aby vydali svoje svedectvo, museli sa desiatky ľudí húževnato a trpezlivo prekopávať haldami zeminy a sute. Na mieste dnešného paláca bol totiž kopec vyšší a pri budovaní opevnení zase na mnohých miestach navozili zeminu až do výšky 7 metrov. Archeológovia síce pochybovali, ale nevzdali sa. A ich úsilie bolo korunované úspechom. Ak dnes s takou istotou hovoríme

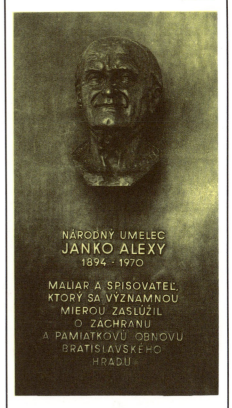

Pamätnú tabuľu maliara a spisovateľa JANKA ALEXYHO nájdeš na hlavnom nádvorí, pri vstupe do reprezentačných a výstavných priestorov.

■ *Lokálpatriot je človek, ktorý veľmi miluje svoje rodné mesto, kraj, pričom často môže (ale nemusí) zájsť až do nekritického obdivu a vyzdvihovania.*

■ *Návrh na rekonštrukciu Bratislavského hradu bol schválený 25. júla 1955.*

■ *O nálezoch rímskych tehál na hrade písal napríklad bratislavský historik Theodor Ortvay, ale vierohodnosť tejto správy sa nepodarilo potvrdiť.*

TVOJA BRATISLAVA — (20

Jedným z najväčších objavov našich archeológov pri výskume hradného návršia boli zvyšky veľkomoravskej baziliky. Odborníci ich zakonzervovali a pre verejnosť označili na povrchu jej pôdorys hnedým lomovým kameňom. Svetlejší kameň predstavuje neskoršie, poveľkomoravské stavby.

o ľuďoch, ktorí tu žili, vďačíme za to ich dlhoročnej, namáhavej a dôležitej práci.

Pri jednej prechádzke na hrade som sa pristavil pri skupinke študentov. Sprievodkyňa im práve rozprávala o tom, čomu by odborníci pred päťdesiatimi rokmi neverili:

„Tu, neďaleko východného krídla paláca, bol objavený najväčší veľkomoravský kostol na území Slovenska, ktorý patril zároveň medzi najväčšie v celej Veľkomoravskej ríši. Jeho zvyšky ležali pod pomerne tenkou vrstvou zeminy, vôbec nie nejako hlboko pod úrovňou terénu. Trinásť metrov široká stavba bola trojloďová, to znamená, že ju stĺpy členili na tri časti. Bazilika bola postavená z opracovaných kameňov a niektoré z nich boli použité sekundárne, teda po druhý raz, pochádzali z nejakej staršej budovy. Z akej, to nevieme, no predpokladá sa, že z nejakej rímskej, lebo sa tu našli aj zvyšky kamenných tabúľ s rímskymi nápismi.

Ako som spomenula, išlo o baziliku, ktorá mala tri lode, pričom stredná prevyšovala dve bočné. Na svoju dobu, teda na 9. storočie, bola obrovskou stavbou, aj keď poznáme len jej šírku, dĺžku nie. Pozrite sa na to zvažovanie terénu," ukázala sprievodkyňa rukou. „Tam odkopali pri výstavbe opevnení v stredoveku veľký kus svahu, čím narušili jej zvyšky a odborníkom vzali možnosť zistiť tento údaj. Kostol vznikol jednoduchou technikou ukladania opracovaných kameňov na seba. Na omietke, ktorou boli ovakované, sa nachádzala figurálna výzdoba maľovaná technikou fresky, čiže obrazy sa maľovali na mokrú omietku. Maľba s omietkou zaschla a stvrdla ako kameň a vydržala po celé stáročia, pričom takmer nezmenila farby. Stavba bola vydláždená kameňmi a pravdepodobne mala trámovú povalu."

Veľkomoravania si vybudovali viacero veľkých sídlisk — Mikulčice, Staré Město, Pohansko, Nitru. O Bratislave sa pôvodne predpokladalo, že tu existovalo síce významné, ale predovšetkým obranné hradisko. Archeologické nálezy však dokázali, že patrila medzi najväčšie a azda aj najdôležitejšie centrá Veľkej Moravy. Dokonca sa tu našlo niečo unikátne – zvyšky svetskej palácovej architektúry, kamenného paláca, o ktorom možno dokonca predpokladať, že bol poschodový.

Bratislavské veľkomoravské hradisko malo teda dve časti. Na západnej strane, na miestach hradného paláca sa dvíhala akropola s obytnými budovami. Tu býval vladyka, možno knieža, majiteľ hradiska a (trochu nadnesene) pán širokého ďalekého okolia. Na východnej strane, na mieste, kde som sa stretol so študentmi, stála cirkevná časť s kostolom, ďalšími cirkevnými stavbami a cintorínom okolo nich.

„Nálezy, ktoré sa pri výskumoch našli," počúval som ďalej, „svedčia o poľnohospodároch, remeselníkoch, hrnčiaroch, murároch, kováčoch, tesároch, obchodníkoch i o vojakoch. Celé sídlo bolo zároveň pevnosťou, obohnanou obranným valom zo silných dubových kmeňov, ktoré stavitelia pospájali do akýchsi komôr a vyplnili zeminou a kameňmi. Opevnenie široké 5 metrov a vysoké vyše 3 metrov ohraničovalo takú plochu, na ktorú by sa zmestilo šesť futbalových štadiónov. Pre obyvateľov hradu by bolo stačilo oveľa menšie, ale pamätalo sa na ľudí z okolitých obcí, ktorí sa sem uchyľovali v prípade nebezpečenstva.

Predstavte si, ako ťažko sa dobýjala pevnosť na takom vysokom vrchu! Keď sa udychčaný a spotený nepriateľ ocitol hore, čakala ho tu nielen hradná priekopa a vysoký múr, ale i obrancovia, ktorí doňho hádzali kamene, vrhali oštepy a strieľali z lukov. Ak sa nebodaj dostal až na hradby, do cesty sa mu postavili muži s toporami a mečmi. Keď starí Maďari..."

Poznám históriu tej veľkej bitky pod Bratislavským hradom, a tak

Najstaršie vyobrazenie Bratislavského hradu pochádza zo 14. storočia, presnejšie z Viedenskej maľovanej kroniky, ktorá referuje o tom, ako udatní obrancovia tohto hradu odrazili vojenský útok nemeckého cisára Henricha III. (na obrázku navrtávajú cisárove lode, čím zneškodnili početné loďstvo). Podoba hradu zrejme nie je verná, vyníma sa v nej však veža kostola, obytná obranná veža a mohutné opevnenie.

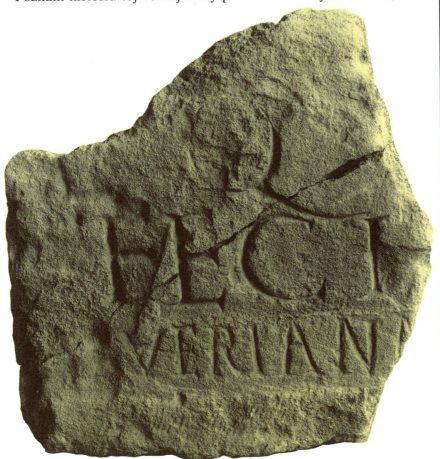

Zvyšok rímskeho náhrobného kameňa, ktorý sa našiel na Bratislavskom hrade, hovorí o tom, že starí Rimania mali v týchto končinách opevnenia so stálou posádkou.

TVOJA BRATISLAVA

Záznam v Aventinovej kronike o bitke pri Bratislave roku 907 vznikol o 628 rokov neskôr a táto kresba až v našom storočí.

som šiel ďalej, nečakal som na sprievodkynin výklad. Ako som zostupoval do mesta Žigmundovou bránou, zišli mi na um slová štúrovcov o tejto bitke: „Bratislava, Bratislava, tam zapadla Slávov sláva."

Naozaj zapadla na dlhé stáročia?

Keď maďarské kmeňové zväzy prenikli z ázijských stepí do Karpatskej kotliny a do podunajských nížin, ohrozovali nielen Veľkomoravskú ríšu, ale dostali sa do konfliktu aj s jej mocným súperom na západe, s Franskou ríšou. A práve pri Bratislave sa roku 907 odohral krvavý boj medzi spojenými nemeckými vojskami a starými Maďarmi.

Franský kráľ Ľudovít zhromaždil vojsko, rozdelil ho na tri časti a postupoval s ním po oboch stranách Dunaja až k Bratislave. Tu si postavil tábor.

Len čo Maďari Frankov zbadali a pochopili, čo sa na nich chystá, nečakali, kým zaútočia, a sami vyrazili do boja. Zasypali ich dažďom šípov a rýchlo ustúpili. Na malých koníkoch boli omnoho pohyblivejší a rýchlejší ako Ľudovítovi ťažkoodenci, raz-dva opäť zaútočili, sprava, zľava, spredu i zozadu, až franské vojsko vysilili. Vzápätí sa na unavených bojovníkov prihnali znovu a pobili ich. V noci potajomky preplávali Dunaj a v druhom tábore všetkých povraždili. Podobne sa porátali s tými, čo strážili lode.

Priebeh bitky poznáme z Aventinovej kroniky, o ktorej niektorí vedci pochybovali, či je pravá a dobre informovaná. Roku 1921 však boli objavené dovtedy neznáme Salzburské anály, kde sa opäť spomína rok 907 a dátum 4. júl. Pre nás je zaujímavé i to, že názov mesta tu znie Bresalauspurc, čo je takmer totožné s Aventinovým Bresalauspurchom.

Nešťastný rok 907 je zároveň dátumom, ktorý uzatvára dejiny Veľkej Moravy. Ním sa končí samostatnosť našich predkov a začína sa tisícročná príslušnosť k uhorskému kráľovstvu, ktoré založil potomok týchto maďarských bojovníkov kráľ Štefan I. Toto vieme. Ako sa však správali Veľkomoravania pri bitke pod naším mestom, ostáva pre nás tajomstvom. Boli tu aj oni porazení? Pridali sa k Frankom, a či k Maďarom? Alebo sa len prizerali na bitku z výšky hradných múrov?

- Aventinova kronika (Annales Boiorum) vyšla tlačou roku 1530 a jej autor bavorský humanista Johannes Turmair zvaný Aventinus sa v nej opieral o dnes už neznáme pramene, pravdepodobne o Rezenské anály.

- Salzburské anály pochádzajú z 8.–10. storočia. Objavil ich roku 1921 E. Klebel.

- Prvý uhorský kráľ Štefan I. (asi 975–1038) spojil jednotlivé kniežatstvá do jedného štátneho útvaru, dobudoval správu krajiny, cirkevnú organizáciu a zákony. Bol korunovaný roku 1000 alebo 1001 a je považovaný za zakladateľa uhorského štátu.

- Vikingovia, severogermánske kmene usadené v Škandinávii, boli obávaní bojovníci a skvelí moreplavci. Na svojich výbojoch sa dostali do Ameriky, napadli Anglicko a južné Taliansko. Prenikli aj hlboko do Európy, až do jej východnej časti, a zrejme vtedy sa dostali do styku s obyvateľstvom, od ktorého mohli získať mincu z nášho územia.

- Skratka CIV je z latinského slova civitas (obec) a označovala mesto.

KOLÍSKA

> ANNO 907 bellum pessimum
> fuit ad Brezalauspurc
> IIII to nonas julii

ROKU 907 BOLA PRENEŠŤASTNÁ BITKA PRI BREZALAUSPURCU ŠTYRI DNI PRED JÚLOVÝMI NONAMI, znie preklad zápisu zo Salzburských análov (júlové nony sú 7. júla čiže ide o 4. júla). Pod názvom Brezalauspurc sa skrýva Bratislava a je to prvý písomný záznam tohto jej mena.

Doterajšie archeologické výskumy neposkytujú presvedčivé dôkazy o tom, že by hradisko na Bratislavskom hrade (ale ani na Devíne či vo Svätom Jure) bolo zničené. A tak možno predpokladať, že život na hrade sa neprerušil, pokračoval obchod i remeselná výroba a na cintoríne sa pochovávalo až do polovice 13. storočia. Bazilika, o ktorej sme hovorili, bola síce čiastočne zbúraná, ale to, čo z nej zostalo, bolo prestavané na kostol sv. Salvátora. Ten potom v stredoveku preniesli do Podhradia, na územie starého cintorína, kde sa s ním spája vznik Dómu sv. Martina. Ale ten je už témou inej kapitoly v tejto knihe.

Predpokladu o pokračovaní slovanského osídlenia v našom meste môže nahrávať aj nález z ďalekého severu. Vo Švédsku sa v poklade starých vikingov našla jedna, na prvý pohľad nenápadná minca. Na okraji poškodená, ale napriek tomu veľmi dôležitá a cenná, pre nás cennejšia ako celý poklad. Na jednej strane má vyrazené meno prvého uhorského kráľa Štefana I., teda pochádza z prelomu 10. a 11. storočia, a na druhej strane to, čo ju robí takou vzácnou — názov mesta. Prvé písmeno je nečitateľné (minca je na okraji poškodená) a za ním nasleduje RESLAVVACIV. Slovanský názov (P) RESLAVVA sto rokov po páde Veľkej Moravy! A v strede nápisu je vyobrazený kostol. Ktorý asi?

A tu sa kruh uzatvára. Opäť sme pri objavoch na Bratislavskom hrade.

Minca z čias prvého uhorského kráľa Štefana I. z prvej polovice 11. storočia má na lícovej strane meno panovníka, na rube meno mesta (B či P)RESLAVVA a CIV(ITAS), čo podľa odborníkov znamená hrad, ku ktorému patrilo mesto.

Veľkomoravské sídlo na Bratislavskom hrade ochraňovali mohutné valy, dômyselné konštrukcie z dubových kmeňov, zeminy a kameňov. Podobné opevnenie mali aj ďalšie hradiská na území Veľkomoravskej ríše.

## BOJE, TURNAJE A SVADBY

Po smrti uhorského kráľa Štefana I. sa postupne vynárali noví a noví záujemcovia o uhorský trón a tí roky a roky medzi sebou bojovali.

Bratislavský hrad opevnený valmi a chránený priekopami bol najvýznamnejším vojenským i správnym centrom západnej časti uhorského kráľovstva, a neraz sa stal aj posledným útočiskom bojujúcich strán. Naďalej zostával významným cirkevným strediskom, veď na Slovensku len Bratislava a Nitra mali právo božích súdov. Súčasne bol aj centrom rozsiahleho územia — Bratislavskej župy. Zaiste preto k jeho staršiemu kamennému palácu pristavili v 12. storočí väčší, výstavnejší.

V tých časoch spojili celú Európu križiacke výpravy. Kresťanskí panovníci si pokladali za česť a povinnosť vypraviť sa s vojskom a oslobodiť mesto Jeruzalem od mohamedánov. A keď na ríšskom sneme pápežský vyslanec opisoval, ako turecký sultán Saladin dobyl sväté mesto Jeruzalem, nemecký cisár Fridrich I. sa rozhodol vydať do boja s neveriacimi. Zanedlho bola zmobilizovaná celá Európa.

Píše sa máj 1189 a Bratislava sa chystá na zasadnutie ríšskeho snemu. Na pravej strane Dunaja táborí vojsko 64-ročného cisára Fridricha, ktorého Taliani podľa jeho brady nazývali Barbarossa — Červenobradý. Na opačnom brehu čaká pestrý zástup. Župan, hradný kastelán, veliteľ hradnej posádky, sudca, kráľovskí úradníci, prepošt, kňazi, šľachtici, obchodníci, remeselníci i prostý ľud.

Zaznejú fanfáry. Vysoký a statný panovník vstupuje na bratislavskú pôdu. Sprevádza ho syn Fridrich, kniežatá, biskupi. Cisár takmer o hlavu prevyšuje spoločníkov, má pevný hlas a rázny krok, hoci krátke kučeravé vlasy a jeho povestná brada mu už ostriebreli. Keď sa po uvítacích ceremóniách sprievod pohol na hrad, ľudia si šepkali: „Predsa už na ňom vidieť roky!"

Koľko dní bol Barbarossa v Bratislave, nevieme. Zato poznáme

---

Komu sa podarilo šťastne vyviaznuť z vojnových bitiek, pokúšal osud v rytierskych turnajoch.

■ *Božími súdmi sa v ranom stredoveku zisťovala vina či nevina. Ak bol obžalovaný nevinný, vriaca voda alebo žeravé železo mu nemohli ublížiť, lebo Boh chráni spravodlivých.*

■ *Na čele župy stál župan, vysoký štátny úradník, ktorý mal obrovskú právomoc: bol zástupcom panovníka, veliteľom vojska, súdil, ponechával si tretinu z daní, vyberal clo a mýto.*

■ *Medzi menami bratislavských županov v tomto období nachádzame aj mená príslušníkov slovanskej rodovej šľachty — Levka, Ivanka, Jaroslav.*

■ *Križiacke vojsko Fridricha Barbarossu malo 150 000 ľudí a 20 000 koní.*

obsah snemu, kde preniesol moc na svojho syna Heinricha, všetky príjmy rozdelil svojim synom a rozlúčil sa s ríšou (pre prípad, že by sa nevrátil živý). V sobotu bol na slávnostnej omši v hradnom kostolíku a počas osláv na jeho počesť vraj nadšenými slovami — a nie neúspešne — verboval do svojho vojska. Samozrejme, nemohol chýbať ani rytiersky turnaj.

Križiacke vojská vybojovali na pôde dnešného Turecka niekoľko úspešných bitiek. Cisár sa z nich však netešil. Rok po odchode z Bratislavy prechádzal s vojakmi cez rieku Selef a nechcelo sa mu čakať, kým sa uvoľní most, preto popohnal koňa do vody. No či už rieka bola hlboká, alebo prúd nečakane silný, cisár obťažkaný železným pancierom zmizol pod vodou. Iné pramene hovoria, že panovník sa chcel v rieke len osviežiť…

O päťdesiat rokov, na jar 1241, sa z ázijských stepí privalili do Európy Tatári. Uhorský kráľ Belo IV. sa im pokúsil postaviť na odpor, no ani záseky v karpatských priesmykoch, ani pomoc rakúskeho vojvodu Fridricha II. nezabránili porážke uhorského vojska pri rieke Slanej. Kráľ si ledva zachránil holý život, navyše rakúska pomoc nebola zadarmo — Fridrichovi dal do zálohy tri župy, medzi nimi i Bratislavskú. A Tatári vnikali do krajiny, pálili a vraždili, odvliekali do otroctva ženy a deti. Prešli aj cez zamrznutý Dunaj, a hoci dobre opevnený hrad nedobyli, jeho okolie strašne spustošili.

Na celom Slovensku odolali tatárskym kočovníkom len tri hrady. Kamenné. Panovník preto povolil šľachte budovať ďalšie kamenné hrady, akýsi ochranný pás krajiny. Na bratislavskom hradnom návrší vtedy členovia posádky — Levka, syn Mochov, a Peter, syn Chugov — vybudovali silnú obrannú vežu, ktorá sa dodnes zachovala v dolnej

Dobová kronika zachytila cisára Fridricha Barbarossu na panovníckom stolci.

■ *Pri obliehaní Bratislavského hradu vyplienili Tatári blízke osady Széplak a Blumenau.*

■ *Križiackych výprav bolo viac druhov, ale najväčšie smerovali do Palestíny na Blízkom východe, aby oslobodili bývalé kresťanské územie spod nadvlády mohamedánov. Cisár Fridrich I. Barbarossa sa zúčastnil na tretej výprave v rokoch 1189—92 spolu s francúzskym kráľom Filipom II. a anglickým kráľom Richardom I. zvaným Levie srdce.*

Takto zrekonštruovali odborníci podobu hradu v 13. storočí — veža vľavo tvorí dnes základ Korunnej veže, mohutná pevnosť vpravo slúžila na bývanie (jej pôdorys je dnes vyznačený v dlažbe nádvoria hlavného paláca).

TVOJA BRATISLAVA

časti Korunnej veže. Záznamy spomínajú i stavbu Vodnej veže (azda na starších základoch), ktorá mala strážiť dôležitý prechod cez Dunaj.

Smrť rakúskeho vojvodu Fridricha II. priniesla opäť vojny a nesplnené prímeria. Rakúske dedičstvo si nárokovali uhorskí panovníci i český kráľ Přemysl Otakar II., ktorí v súperení a nedôvere zašli tak ďaleko, že keď sa raz stretli na jednom ostrove pri Bratislave, mali na sebe len krátky odev, aby sa pod ním nedala ukryť zbraň.

Boje vyčerpávali obe strany. Každá dumala: ako sa zbaviť nepriateľa? Riešením bol starý osvedčený zvyk: stať sa príbuznými! A tak sa Přemysl dal rozviesť s manželkou staršou o 25 rokov, ktorú si tiež vzal len pre veno. Roku 1261 sa v Bratislave oženil s Kunhutou, vnučkou Bela IV. A aby bolo puto ešte silnejšie, o tri roky sa v Bratislave konala ďalšia kráľovská svadba – princ Belo pojal za manželku Přemyslovu neter.

Poslovia zvolávali svadobčanov vo všetkých okolitých krajinách. Cez Dunaj sa klenul taký široký pontónový most, že na ňom vedľa seba prešlo desať jazdcov na koňoch. Obrovské stanové mesto sa rozprestieralo doďaleka a jeho výzdobu vraj navrhol sám český kráľ. Na dunajských ostrovoch čakali na svoj osud tisícové stáda dobytka, zásoby ďalších potravín (podľa kronikárov) presahovali výšku kostolov.

Na svadbu prišlo stotisíc ľudí. Bažili po senzáciách a zábave, ale väčšina sa aspoň raz v živote chcela najesť dosýta.

Po svadobných obradoch bude turnaj! Ale rytierov je tu toľko, že musia žrebovať. Nie každý bude mať česť preukázať svoju odvahu.

Tesári už dokončili obdĺžnikovú turnajovú ohradu a lešenia tribún zakryli vzácnymi látkami a drahými kobercami. Kráľ turnaja – po našom hlavný rozhodca – dáva pokyn a diváci si môžu prezrieť prilby: sú rôznofarebné a líšia sa aj výzdobou, podľa ktorej možno rozoznať majiteľa. Sú to minúty napätia, lebo ak sa niektorá dáma dotkne čejsi prilby, znamená to, že jej nositeľ má na svedomí nečestný skutok a bude s hanbou z turnaja vylúčený.

Rytieri v lesklých brneniach sa zoraďujú proti sebe a sluhovia len ťažko pridŕžajú nervózne kone, zakryté pestrofarebnými prikrývkami a na citlivých miestach chránené panciérom. Kráľ turnaja dvíha meč a hovorí slová prísahy:

„... ak druhému spadne prilba, nikto sa ho nedotkne, nikto neudrie hranou meča pod pás. Kto tak učiní, bude z turnaja vylúčený! To odprisahajte na svoju vieru a česť!"

Zbrojnoši presekávajú povrazy a proti sebe sa rútia dve železné masy. Počuť nárazy kopijí, štítov, rinčanie mečov, erdžanie koní, výkriky víťazov a nárek zranených. Panoši nestačia zbierať ležiacich. Štipľavý prach pokrýva rozpálené brnenia, kone, bojovníkov i divákov. Sú ranení i mŕtvi. Víťazi dostávajú odmeny a tou najvzácnejšou je rukáv zo šiat vyvolenej dámy.

Večer pri hostine si mnohí šúchajú rany, víťazi sú obdivovaní a porazení si potichu šuškajú: „Ešte sa stretneme! A v boji sa uvidí, kto z koho!"

A mali pravdu. Zmier netrval dlho. Po Belovej smrti opäť vzbĺkli boje a Přemysl Otakar II. obsadil západné Slovensko i Bratislavu. Ochranu hradu zveril rytierovi Egidovi, no keď ho ten zradil, český kráľ sa roku 1273 na čele šesťdesiattisícového vojska opäť vydal proti Bratislave. Pod náporom katapultov, ktoré búrali múry, sa hradná posádka vzdala. A hoci sa víťaz onedlho musel vrátiť domov hájiť vlastné záujmy, stihol vypáliť časť rodiaceho sa mesta, podpáliť kostoly

(26

■ Roku 1211 si uhorský kráľ Ondrej II. vybral Bratislavský hrad za miesto zásnub svojej štvorročnej dcéry Alžbety s Ľudovítom, synom durínskeho grófa Hermana.

■ V bitke na Moravskom poli 26. augusta 1278 uhorský kráľ Ladislav IV. porazil Přemysla Otakara II. Na tele mŕtveho českého kráľa našli 17 rán.

■ Žigmund Luxemburský (1368–1437) roku 1387 získal uhorskú korunu, roku 1410 sa stal cisárom a roku 1436 českým kráľom.

■ Studňu nariadil Žigmund vykopať roku 1434.

ŽIGMUND LUXEMBURSKÝ, cisár nemecký a rímsky, kráľ uhorský a český.

KOLÍSKA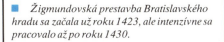

- Žigmundovská prestavba Bratislavského hradu sa začala už roku 1423, ale intenzívne sa pracovalo až po roku 1430.

- Na prestavbu hradu zháňal Žigmund peniaze z celej krajiny. Niektoré uhorské mestá museli platiť na tento účel dane, peniaze dávali vysokí úradníci. Prispieť musela aj Bratislava a cisár v nej založil roku 1430 mincovňu, z výnosov ktorej chcel pokryť výdavky na stavebné práce.

- Múry paláca dosahovali na južnej strane 5,5 metra, na severnej dokonca 7,5 metra.

Keď vojdeš na nádvorie paláca, v ľavom rohu nájdeš schody, ktoré ťa zavedú do podzemných priestorov, k studni, ktorú dal Žigmund vykopať roku 1434. Kvádrami vyložená studňa siaha dnes do hĺbky 84,75 metra. Vľavo je zásobník na vodu, vybudovaný až za cisárovny Márie Terézie.

a vo františkánskom kláštore zničiť archív s dôležitými listinami. To je jeden z dôvodov, že o počiatkoch Bratislavy vieme tak málo.

Zanedlho nasledovala bitka na Moravskom poli, kde Přemysl padol. Vzápätí sa krajina znovu zmietala v bojoch. Vzbúril sa bratislavský župan Mikuláš, hrad dobyl Albert Rakúsky, potom sa ho zmocnil Matúš Čák Trenčiansky, na prelome storočí ho na desať rokov opanovali Rakúšania a roku 1312 uhorský kráľ Karol Róbert...

## DVAJA DLŽNÍCI

Je mrazivá decembrová noc. Mihotavý kruh svetla odkrýva listiny na ťažkom dubovom stole. Prezerám si ich a spomínam na roky vernej služby mŕtvemu, ktorého duša sa pred desiatimi dňami odobrala do večnosti. Jeho nehybná telesná schránka umorená bolesťami čaká na cestu do Veľkého Varadína, kde má spočinúť pri nohách svätého Ladislava, uhorského kráľa.

Som prepošt kapituly tohto mesta a bol som tajným pisárom jeho cisárskej Výsosti a kráľovského Veličenstva Žigmunda Luxemburského. Jeho zmluvy, príkazy, nariadenia, udelenia výsad na pergamenoch s pečaťami i nedodržané dohody a nesplatené zmenky sa možno dochovajú budúcim. Moje koncepty listov a poznámky, ktoré som všade vozil so sebou v okovanej truhlici, však ráno spálim... Aha, toto sú doklady týkajúce sa hradnej studne. Na hrade vody nebolo, vozili ju tam z Podhradia somáre. A pretože pevnosť bez vody nevydrží dlhšie obliehanie, cisár chcel mať na hrade studňu. Chýbali mu však peniaze. Ako na zavolanie práve vtedy dokonal v radničnej šatľave mešťan, ktorého súdili za nezaplatenie dlhov, a ostalo po ňom 2000 zlatiek. Cisár ich skonfiškoval na tú studňu, a ak sa dobre pamätám, prácou poverili studniara Wolfganga. Žiaľ, vody v studni bolo aj tak málo.

Taký je už ľudský údel. Jeden dlžník umrie vo väzení, a na druhého je každý krátky, veď ide o nemeckého cisára, českého a uhorského kráľa.

Na priečelí hradu sa zachovalo zopár gotických prvkov.

Súčasťou prestavby Bratislavského hradu boli prirodzene i opevnenia. Vtedy postavili i bránu smerom k mestu – Žigmundovu, ktorú niektorí Bratislavčania nazývajú aj Korvínovou. Brána patrí k prekrásnym ukážkam práce gotických majstrov v Bratislave.

## KOLÍSKA

Na uhorský trón sa dostal intrigami a sobášom. Bol síce synom veľkého českého kráľa Karola IV. a bratom českého kráľa Václava IV., ale od otca zdedil len brandenburské grófstvo, a aj to dal do zálohy. Pamätám si ho ešte ako mladíka, vysokého, mocného, s veľkou ryšavou bradou, ktorému sa málokto vyrovnal v pití vína. Neskôr, ako kráľ, nikdy nevedel vyjsť s peniazmi. Veľkolepé zábavy, vojny, mocné hrady, to všetko bolo treba zaplatiť, a tak rozpredal, čo mohol, požičal si, dal do zálohy bratrancom, moravským markgrófom Joštovi a Prokopovi takto „zveril" celú zem Matúšovu i s týmto mestom. Poliaci zase za 37 000 kôp grošov prijali do zálohy 16 spišských miest. Ani to nestačilo. Tu sú kópie dlhopisov z roku 1386. Len v apríli si kráľ požičal dvakrát od mesta a popritom aj od žida Izáka. Ktovie, možno aj pre tie pôžičky držal ochrannú ruku nad obyvateľmi židovského geta.

Táto kôpka nákresov, poznámok a účtov súvisí s prestavbou hradu. Cisár chcel mať z neho opevnené centrum zahraničnej, neskôr i vnútornej politiky. Odtiaľto bojoval o cisársku korunu, tu sa konali zásnuby jeho dcéry Alžbety s Albrechtom Rakúskym, a jeho švagriná, vdova a česká kráľovná Žofia prišla svoj život dožiť v kláštore klarisiek.

Po opevňovacích prácach prišiel na rad palác. Náš cisár ním uviedol do našich krajín nový typ stavby, štvorkrídlovú budovu so štvorcovým nádvorím, v ktorej sa spájala neskorá gotika s prvými náznakmi renesančného slohu. V paláci boli nielen kráľovské komnaty a reprezentačné sály, ale aj izbice pre služobníctvo a hospodárske miestnosti. Navyše plnil palác aj obrannú úlohu. Slovom, jedinečná budova, ktorá vyšla panovníka na desaťtisíce dukátov. A to ju ani nestihol dokončiť… Desať rokov sa na hrade usilovne pracovalo. Nechcem zveličovať, ale jeho stavba predstihla dokonca i stavbu Chrámu svätého Víta v Prahe a Chrámu svätého Štefana vo Viedni.

Pravda, občas buchot kladív a sekier utíchol, lebo ak neboli peniaze na zábavy, neboli ani na stavbu. Vtedy sa rýchlo dávali do zálohy majetky, požičiavalo sa od každého, kto bol ochotný dať. Palác zhltol aj výnos z mestskej mincovne. Záznamy, čo mám v rukách, do dukáta presne vyratúvajú výdavky. Iba v rokoch Pána 1431 a 1432 sa minulo 25 500 dukátov. O dva roky neskôr tu 10 dozorcov kráľovského úradu bdelo nad 112 kamenármi, murármi, debnármi, maliarmi a ich 163 pomocníkmi. Robiť začínali ráno pred šiestou a končili večer o siedmej. Kto opustil pracovisko, musel zaplatiť 72 denárov, a denná mzda majstra činila 6—9 denárov, mzda pomocného robotníka 2—3 denáre. Musím však povedať, že za nimi ostal naozaj veľký kus práce. Koľko času strávili len stavaním múrov paláca, ktoré sú neuveriteľne hrubé! Vnútri zase majstri trpezlivo zdobili komnaty pre cisárovu rodinu, kaplnku, trónnu sieň a obrovské sály, ktorých stropy siahali až po druhé poschodie.

Priznávam sa, že prestavaný hrad sa mi skutočne páči. Myslím, že na každého pôsobí majestátne, najmä ak prichádza od mesta cez východnú bránu. Aj na nej vidieť, akí skvelí majstri ju stavali. Je mohutná, pevná, aby mohla odolávať nepriateľským útokom, a pritom výstavná, s krásnym portálom, rebrovou klenbou a kamennými lavicami pre stráž. Cisár by si naozaj zaslúžil, aby raz nosila jeho meno.

Isteže, cisár sa nevenoval iba prestavbe hradu. Zaujímal sa aj o ďalšie mestá a podporoval ich. Povolil im, aby posielali svojich zástupcov na krajinský snem. Mešťania tohto mesta ho vídali často. Oslobodil ich od platenia mýta v celej krajine a súdiť ich nesmel nik iný, len richtár, panovníkov zástupca taverník a sám panovník. Vtedy sedával na tróne

- Východná brána hradu sa dnes nazýva Žigmundova (niekedy aj Korvínova, lebo sa usudzovalo, že vznikla za vlády kráľa Mateja Korvína). Postavili ju v rokoch 1431–34 a je najzachovalejšou gotickou stavbou na území hradu.

- Portál je umelecky stvárnený vchod. Na Žigmundovej bráne je to krásny gotický vstup.

- Po Žigmundovej smrti nastúpil na uhorský trón manžel jeho dcéry Albrecht Habsburský, no keď onedlho skonal na výprave proti Turkom, v Bratislave sa začala zvláštna vojna. Vojna hradu proti mestu. Za Albrechtovou vdovou Alžbetou a za jej synom Ladislavom Pohrobkom ako nástupcom trónu stál mestský patriciát. Župani Štefan a Juraj Rozgoňovci zase chceli za kráľa Poliaka Vladislava Jagellovského. Vojaci v službách kráľovskej vdovy spolu s mestskou posádkou obsadili Podhradie a s prestávkami dva roky obliehali hrad s Rozgoňovcami, ktorým museli prísť na pomoc poľské vojská. Súperi sa navzájom ostreľovali delami a hradu veľmi poškodilo delo umiestnené na veži dómu. A hoci Vladislav Jagellovský padol roku 1444 na výprave proti Turkom pri Varne, nepriateľstvo hradu a mesta trvalo ešte dlho.

Vďaka podrobným záznamom – tento je z roku 1434 a hovorí o týždenných výdavkoch – si odborníci vedia urobiť predstavu o tom, čo stála Žigmunda celá prestavba hradu.

pred radnicou a vynášal rozsudky. Vydal tu aj dôležité zákony. V máji tohto roku tu bol naposledy. Na prosbu richtára a prísažných udelil mestu nový erb a potvrdil mešťanom ich doterajšie práva a výsady. Potom odišiel do Prahy, no necítil sa tam bezpečný a chcel sa sem vrátiť. Aj sa vydal na cestu, niesli ho na tróne v cisárskom rúchu a s vavrínovým vencom na hlave, no do mesta ho už nepriniesli živého.

Začína svitať, oči sa mi zatvárajú od únavy. Ešte spálim tieto listiny a môžem ísť odprevadiť svojho pána na jeho poslednej pozemskej ceste.

## TURCI IDÚ!

Roku 1663 sa z Viedne vracalo posolstvo tureckého sultána. Viedol ho jágerský paša. Na Bratislavskom hrade prijali Turkov najvyšší uhorskí svetskí a cirkevní hodnostári. Poslovia sa v Bratislave zdržali tri dni a jeden z nich, diplomat a cestovateľ Evliya Čelebi, vydal svoje dojmy v cestopise nazvanom *Kniha ciest*. Píše v ňom o krajine, ktorou prechádzal a ,,ktorú slovenským krajom nazývajú". Podrobne opísal mesto i hrad, v ktorom bol hosťom.

,,Jeho staviteľom bol kráľ Ladislav. Keď som išiel s pašom vyslancom do Viedne, hrad zostal od nás vpravo, preto sme si ho vtedy nemohli prezrieť. Je to hrad postavený na brehu Dunaja, na pahorku trochu ostro vyčnievajúcom. Je to štvorhranný pevný hrad. Rozprestiera sa od východu na západ a má tvar práve takého podlhovastého štvorca ako vnútorný hrad. V strede hradu je hrotitá vyvýšenina, na ktorej stojí veľmi vysoký veľký palác so stovkami arkierov a okien na štyroch stranách. Kedysi to bol palác nemeckých kráľov. Palác zdobí tristošesťdesiat okien zhotovených z nedžefského krištáľu. Na štyroch rohoch sú veže podobné Galatskej veži v Istanbule. Aj tie sú vyzdobené mnohými oknami. Veže sú kryté modravým cínom. Palác vyzerá ako zvláštny vnútorný hrad. Jeho obvod meria tisíc krokov. Má jedinú, na juhovýchod obrátenú, umelecky vypracovanú bránu. Hrad je obkľúčený hlbokou priekopou, v ktorej tečie voda Dunaja. Okolo paláca vykopali priekopy pre stavbu pekného mesta a na dvoch miestach vybudovali bránu. Jednu bránu postavili smerom k Novým Zámkom, druhú smerom k Dunaju. Za dávnych čias králi prichádzali do tohto paláca a tu rokovali. Tu vstupovali aj na trón, preto Nemci si veľmi vážia tento hrad. Kedysi tu umiestnili iskenderunskú korunu, ale zo strachu pred Köprülü-zádem ju preniesli do mesta Praha, šesť dní cesty za Viedňou. Teraz sú na hrade iba zbrojnice."

Evliya Čelebi bol aj vojak, preto sa zaoberal i možnosťami obrany hradu: ,,Nepriateľ ešte nedocenil význam tohto hradu. Zo severnej strany obklopujú hrad kamenisté vrchy so záhradami a vinicami. Vinice sú na takých vyvýšeninách, že delom a puškou z nich možno ostreľovať palác vnútorného hradu a dolné mesto. Obliehanie je teda ľahké..."

Vyslanci strávili v Bratislave len tri dni a mnohé im ako cudzincom i nepriateľom zostalo utajené a mnohé, čo Čelebi napísal, ani nezodpovedalo skutočnosti. Myslím si, že napriek tomu je pre nás tento opis z pohľadu nezaujatého cestovateľa veľmi zaujímavý.

Čelebi totiž videl hrad v tej podobe, akú mu vtisli dve predchádzajúce úpravy v renesančnom duchu.

Prvú uskutočnil cisár Ferdinand v rokoch 1552–1570. Uhorsko už malo za sebou prehratú bitku pri Moháči s Turkami roku 1526, ako aj boje Jána Zápoľského s Ferdinandom Habsburským o uhorský trón. Bratislava opäť zažila menšie šarvátky s tureckým vojskom, ktoré roku

Na rytine G. Hoefnagela vidíš Bratislavu v 16. storočí, jej opevnenia s bránami, Dóm sv. Martina, vežu Starej radnice. Hrad mal (už po Ferdinandovej prestavbe) stále iba jednu vežu – Korunnú.

KOLÍSKA — 31)

■ Cestovateľ, diplomat a spisovateľ E. Čelebi sa narodil roku 1611 v Istanbule. Prešiel Malú Áziu, Sýriu, Palestínu, Egypt, Sudán, Etiópiu, bol v Rusku, Holandsku, Švédsku, Francúzsku i v ďalších krajinách. Návštevu Slovenska, a teda i Bratislavy zachytil vo viaczväzkovom diele Knihy ciest. Zomrel roku 1679 (podľa iných prameňov roku 1683).

■ Pri Moháči porazili Turci uhorské vojsko, zahynul kráľ Ladislav, padlo tisíce vojakov, vyše 500 šľachticov a 8 biskupov. Navyše Turci na výstrahu popravili 1500 zajatcov. V krajine nastal rozklad a zmätok. Časť šľachty si za panovníka vyvolila Jána Zápoľského, druhá časť (v Bratislave, ktorá sa mala stať hlavným mestom Uhorska) zasa Ferdinanda Habsburského.

1529 tiahlo na Viedeň a našťastie sa príliš ponáhľalo, než aby mu stálo zato obsadzovať mesto a dobýjať hrad. A keď Turci prenikli hlboko na južné Slovensko, cisárovi bolo jasné, že Bratislava potrebuje pevné hradby a nedobytný hrad. Na sneme roku 1552 požiadal uhorskú šľachtu, aby mu odsúhlasila prestavbu hradu, a hneď s ňou aj začal.

Najprv prišli na rad obytné priestory, podľa Ferdinanda nie dosť dôstojné a honosné. Prečo by počas pobytu v Uhorsku mal mať menej pohodlia ako vo svojom viedenskom sídle? Podobne mu nevyhovovala ani stará kaplnka, takže v západnej časti severného krídla vznikla nová. Gotický ráz paláca sa nezadržateľne menil na renesančný, a to nielen stavebnými prvkami, ale aj výzdobou. Cisárovi ľudia povolali remeselníkov z Talianska, ktorí spolu s tunajšími najlepšími majstrami smeli pracovať len s dobre vypálenými tehlami a perfektne vymiešanou maltou.

Nová strecha nemohla napraviť nesúrodý tvar celého paláca, ktorý spôsobovali dve rôznorodé veže a prečnievajúca strecha kaplnky. Na dobových rytinách nevyzerá hrad veľmi vznešene, hoci z písomných pamiatok vieme, že vnútro bolo naozaj reprezentatívne.

Druhá prestavba mala napraviť najmä škody, ktoré hrad utrpel za Bethlenovho povstania. Podľa rozhodnutia snemu z roku 1630 sa prác ujal župan a palatín Pavol Pálffy. Azda by sa nenašiel vhodnejší človek na túto úlohu: mal dosť peňazí, aby mohol prispieť na opravu (z jeho vrecka takto odišlo vyše 50 000 florénov), mal skúsenosti z iných stavieb, ktoré viedol, mal rozvetvené známosti a vytríbený umelecký vkus. Vďaka nemu sa nad mestom zaskvel hrad, ktorý spĺňal náročné požiadavky cisárskeho dvora.

Hrad so štyrmi vežami, ako ho opísal Evliya Čelebi, sa už ponáša na súčasný.

■ Keďže roku 1543 Turci obsadili aj korunovačné mesto uhorských kráľov Székesfehérvár, cisár Ferdinand sa rozhodol svojho syna Maximiliána dať korunovať v Bratislave (2. 9. 1563). Po korunovácii sa korunovačné klenoty uložili v najväčšej veži hradu, ktorá sa odvtedy nazýva Korunnou vežou.

KOLÍSKA

33)

■ Projektantom prestavby hradu v polovici 16. storočia bol taliansky staviteľ Pietro Ferrabosco, ktorý pôsobil na viedenskom cisárskom dvore, pracoval aj v Győri, Prahe, Komárne, staval hradby v Trnave. Cisár mu za to udelil šľachtický titul. Výtvarnú výzdobu hradu mal na starosti Giulio Licino z Benátok, bratranec a žiak Giovanniho Licina, ktorý maľoval aj v benátskom Dóžovskom paláci.

■ Pálffyovská prestavba hradu sa začala roku 1635 a skončila roku 1649, stála 198 143 florénov. Pálffy na ňu poskytol kameň a drevo zo svojich majetkov v Malých Karpatoch. Po roku 1637 si začal budovať tesne pri hradnom kopci veľkolepý letohrádok.

■ Projekt cisárskeho vojenského inžiniera Jozefa Priamiho predpokladal vybudovanie hviezdicovitého opevňovacieho systému pre celé mesto, ktoré malo byť spojené s hviezdicovitým opevnením hradu ako citadely. Plán vychádzal z najnovších talianskych obranných stavieb a počítal s vyspelým delostrelectvom. Ako časť Priamiho návrhov sa postavili opevnenia na juhu hradného kopca smerom k Dunaju i na severe, ako aj Leopoldova brána s padacím mostom cez priekopu.

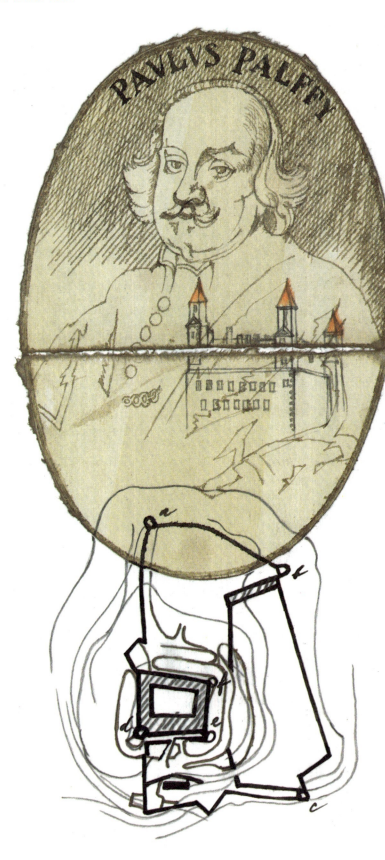

Po cisárovi Ferdinandovi bol palatín PAVOL PÁLFFY ďalším, kto rozhodoval, aký bude hrad v 15. a 16. storočí.

Z celého Priamiho projektu sa postavilo len niekoľko bastiónov na hrade.

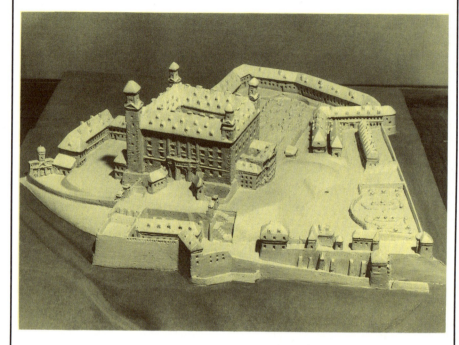

Za štyridsať rokov panovania Márie Terézie prežil Bratislavský hrad veľké zmeny. V Mestskom múzeu môžeš vidieť sadrový model, ktorý zhotovil Adolph Stephani v 19. storočí a verne zachytil všetky prístavby k starému palácu: Teréziánum, hospodárske budovy, stajne, kasárne, loptovňu a najväčší uzavretý priestor na hrade – krytú jazdiareň. Znázornené sú aj obe záhrady.

Dostavané severné krídlo, prebudované západné krídlo, nová časť v južnom krídle, nový vstup, nové okná, nové schodiská, to bol výsledok štrnásťročnej nepretržitej práce. „Korunu" tvorila nadstavba tretieho poschodia a nové dve veže, takže teraz sa už z paláca dvíhali štyri hroty, ktoré opísal Čelebi.

Na vonkajšie opevnenie hradu síce cisársky architekt Giovanni Battista Pieroni vypracoval kritický posudok (ako by sme povedali dnes), ale napriek jeho upozorneniam na slabé stránky sa nič neurobilo. Musel prísť rok 1663, keď Turci pod vedením veľkovezíra Ahmeda Köprülü dobyli Nové Zámky, Levice, Nitru, a Bratislava sa tak ocitla v nevďačnej úlohe „ochrancu" samej Viedne.

Mešťania opäť horúčkovito opravovali hradby, palác na hrade obohnali vodnou priekopou s mostom na troch podperách, vybudovali nové zemné násypy a bašty s delami. S hroziacim nebezpečenstvom však začali stavať opevnenia z pevnejších materiálov, aby odolali guliam moderného tureckého delostrelectva.

Vojenský inžinier Jozef Priami, ktorý bol v cisárových službách, navrhol zložité sústavy opevnení pre mesto a hrad, ktoré sa považujú za jeden z vrcholov vtedajšej opevňovacej techniky. Sústava hviezdicovitých bastiónov s delami na horných terasách umožňovala krížovú paľbu na nepriateľa, čím by utrpel dvojnásobné škody. Priami si však pravdepodobne neuvedomil, že na kopcovitom teréne by sa celý jeho projekt ťažko uskutočňoval. No keby sa opevnenie bolo postavilo, Bratislava by sa bola stala skutočne nedobytnou pevnosťou.

Z Priamiho predstáv by sa určite bolo zrealizovalo oveľa viac, keby sa Bratislavčania neboli vzbúrili – nechceli pristúpiť na to, aby sa zbúrali predmestia, ako s tým rátal Priamiho plán.

Poslednú bodku za opevňovacími prácami v meste urobil Vašvársky mier, ktorým sa roku 1664 skončila rakúsko-turecká vojna.

Bratislavčania možno ešte raz oľutovali, že sa postavili proti Priamiho návrhu, a to keď sa Turci roku 1683 opäť hnali na Viedeň. Ale ako pred 154 rokmi, aj teraz si Bratislavu nechávali ako bonbón na spiatočnú cestu. Našťastie však zostalo iba pri plánoch...

Cisárovná MÁRIA TERÉZIA bola za uhorskú kráľovnú korunovaná v Bratislave v júni roku 1741. Na slávnosť prišlo aj veľké množstvo ľudí, veď po prvý raz v histórii sa uhorskou panovníčkou stala žena.

KOLÍSKA — 35)

## NAJVÄČŠÍ HONOR

Keď koče nového uhorského miestodržiteľa Alberta Sasko-Těšínskeho hrkotali po uliciach Bratislavy, mnohí Bratislavčania si spomenuli na veľkolepý sprievod jeho svokry, ktorá sem pred rokmi prišla na uhorský snem, aby získala na svoju stranu uhorskú šľachtu. Pamätali sa i na to, ako táto mladá cisárovná Mária Terézia vystúpila z koča celá v čiernom, v náručí s následníkom trónu Jozefom II. Všetko toto si uchovali v mysli nie pre zaujímavosť, ale preto, lebo cisárovnej sa naozaj podarilo nakloniť si šľachtu a stať sa uhorskou kráľovnou, a teda i kráľovnou Bratislavčanov. A teraz sa tu po Albertovom boku vezie jej najmilšia dcéra Mária Kristína! Ako neuveriteľne ten čas letí!

Manželia by sa radi boli zložili na hrade, ale museli sa uspokojiť s palácom kráľovského komorníka Mikuláša Eszterházyho na Kapitulskej ulici, lebo na hrade sa ešte pracuje. A hoci cisárovná urgovala a súrila staviteľov, prestavba bola príliš rozsiahla a náročná, než aby sa dala zvládnuť za taký krátky čas. Napokon Albert s Máriou Kristínou ešte budú mať kopu príležitostí užívať pohodlie a prepych Bratislavského hradu.

Príchodom miestodržiteľského páru získala Bratislava ešte väčší lesk. Obom prislúchal titul kráľovské Veličenstvo a hrad sa stal kráľovským sídlom – rezidenciou – a Bratislava rezidenčným mestom. Bol to najväčší honor, ktorý dosiahla za tých dvesto rokov, čo bola hlavným mestom uhorského kráľovstva.

Cisárovná Mária Terézia nepotrebovala v Bratislave pevnosť, ale reprezentačné sídlo, ktoré by každému oznamovalo, že má do činenia s mocnou panovníčkou.

Hrad, ktorý vyhovoval cisárovi Ferdinandovi, nebol pre Máriu Teréziu ani dosť priestranný, ani dosť elegantný, a tak sa ho rozhodla prebudovať. Vďaka tomu podstatne zmenil svoje vnútro i zovňajšok, ako aj celé okolie.

Panovníčka sa usadila na prvom poschodí, kde si dala urobiť priestory na prijímanie návštev, knižnicu, kabinet japonského a kabinet saského porcelánu, obrazáreň, malú pracovňu, zrkadlovú sieň... Všetky miestnosti dostali primeranú výzdobu, podobne i stará kaplnka zo Žigmundových čias. Hostia mohli obdivovať zbierku starých zbraní a cenných obrazov talianskych a nizozemských umelcov, ako aj vzácnych rytín. Dole, pri Korunnej veži, bola hradná lekáreň a laboratórium, v pivniciach okrem iného boli sklady stolnej bielizne a strieborného riadu. Služobníctvo bývalo na treťom poschodí.

Pritom všetkom slúžilo prvé hradné poschodie na reprezentáciu. Pre súkromie vznešenej rodiny sa na východnej strane prilepila na hrad nová trojposchodová budova, ktorú podľa kráľovnej nazvali Tereziánum. Sem sa nasťahoval miestodržiteľ Albert s manželkou.

Aj na západnej strane vyrástli nové budovy – letná jazdiareň, kancelárie, sklady potravín a kuchyňa, ktorú s jedálňou na treťom poschodí spojili schodiskom vysekaným v hrubých múroch. Na severe zase loptovňa a krytá jazdiareň, kde roku 1811 vypukol ničivý požiar, ktorý všetko zničil.

Pred hlavným vchodom do paláca dodnes stoja po oboch stranách budovy pre stráže, podobne ako o kúsok ďalej dve Víťazné brány. Aj vyhliadková terasa oproti hlavnému vchodu je dodnes obľúbeným miestom všetkých výletníkov a návštevníkov, odkiaľ dobre vidieť na Dunaj, na petržalské sídliská i rakúske lesy.

K úplnej spokojnosti chýbala už len (a zase) voda, dobrá pitná voda v dostatočnom množstve. A pretože nebolo nádeje, že ju stará studňa

Vo východnom krídle sa zachovala časť súkromnej cisárovej modlitebne (oratória) z čias Ferdinandovej prestavby, ktorá bola pri ďalších úpravách zamurovaná. Vďaka tomu názorne poznáme prácu talianskych a rakúskych umelcov, privolaných na výzdobu renesančného paláca.

Keď sa stavbári pustili rekonštruovať hlavné barokové schodisko, mali k dispozícii zachované len tehlové piliere, klenbové pásy a tri klenby s pôvodnou výzdobou. A to ti povie každý odborník, že dať ho takto do poriadku nebolo ľahké.

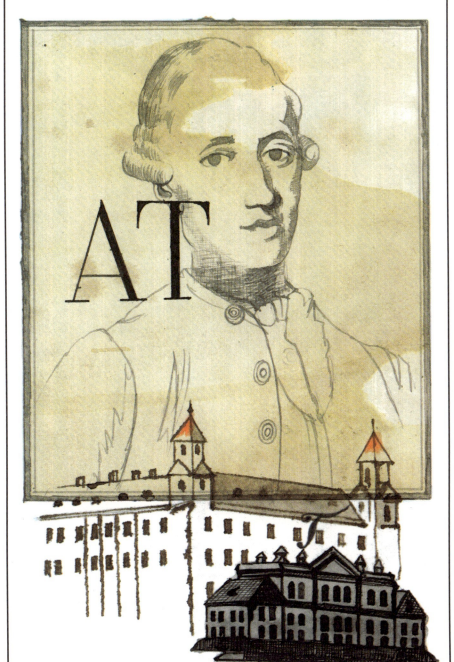

■ Cisár Karol VI. nemal syna, dediča trónu, a preto roku 1722 presadil na bratislavskom sneme zákon, že habsburský trón môže zdediť aj žena. Toto rozhodnutie sa nazývalo Pragmatická sankcia a umožnilo jeho dcére Márii Terézii stať sa cisárovnou. No hoci za života Karola VI. okolití panovníci s jeho návrhom súhlasili, po jeho smrti vystúpili proti cisárovnej Prusi, Bavori aj Francúzi. Mária Terézia musela o svoje postavenie bojovať, pričom stratila niektoré územia. Vďaka pomoci uhorskej šľachty sa však na tróne udržala.

■ Za vlády Márie Terézie (1740–80) sa uskutočnil rad reforiem, ktoré priniesli zmeny v riadení krajiny, v hospodárstve, súdnictve, slúžili na upevnenie jej neobmedzenej vlády. Mali však kladný dopad na rozvoj priemyslu, obchodu i školstva.

■ Vypracovaním projektov na prestavbu Bratislavského hradu poverila Mária Terézia roku 1750 svojho dvorného architekta Mikuláša Jadota, ale tieto plány sa nerealizovali. Stavať sa začalo až o desať rokov neskôr podľa projektov Františka Antona Hillenbrandta. Prestavba bola skončená roku 1768.

Východná strana hradného paláca dodnes nesie obrysy Tereziána, trojposchodovej budovy, kde býval miestodržiteľ ALBERT SASKO-TĚŠÍNSKY s manželkou. Stavbu navrhol architekt F. A. Hillebrand, hotová bola roku 1768 a vyhorela pri požiari roku 1811.

■ V zbierke Alberta Sasko-Těšínskeho bolo vtedy 30 000 obrazov, diela talianskych a nizozemských majstrov (medzi nimi Tiziana, Rubensa, Brueghela), vzácne rytiny, a v knižnici sa nachádzala aj Viedenská obrazová kronika z roku 1358, v ktorej sa nachádza najstaršie známe vyobrazenie Bratislavského hradu. Albert si ich po odchode z Bratislavy vzal do Belgicka, odtiaľ putovali do Viedne a stali sa základom svetoznámej galérie Albertina.

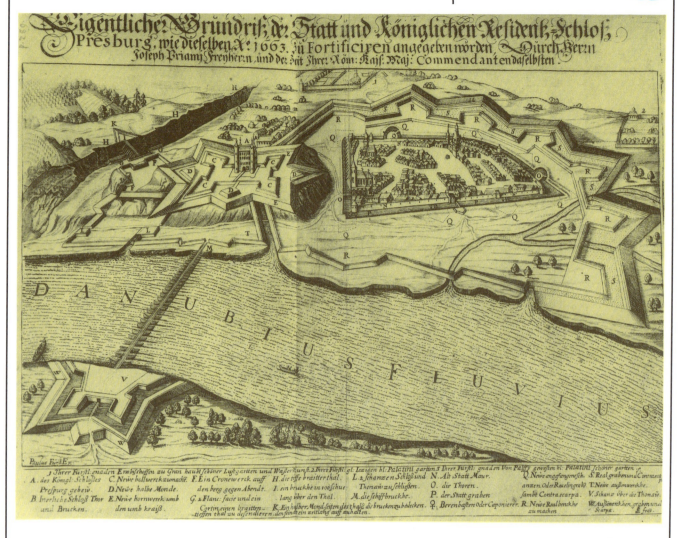

poskytne, hľadala sa iná cesta. Pomohol pri tom bratislavský vynálezca Ján Wolfgang Kempelen (áno, dobre hádaš, ide o vynálezcu šachového automatu). Vymyslel vodovod, ktorý spod hradného kopca „vynášal" vodu k starej studni na nádvorí. Voda sa zo studní na Podhradí čerpala sústavou olovených trubiek, a to pomocou gápľa — čerpadla, s ktorým chodil neustále dokola kôň a za minútu vytiahol až 40 litrov vody. Zbierala sa do zásobníkov pri studni a odtiaľ sa potom roznášala do celého hradu.

Ak sa niekde dobre cítiš, určite tam často chodíš. Zrejme to platilo aj pre cisárovnú, lebo rada pobývala v obnovenom hrade. Pri každej návšteve v Bratislave ponavštevovala popredné šľachtické rodiny, zašla do divadla, na plesy a sama organizovala rozličné zábavy. Naučila sa vraj tancovať aj uhorské tance.

Načo toľká srdečnosť? Mária Terézia (ako ostatne nejeden ďalší panovník) hrala s uhorskou šľachtou dvojakú hru. Na jednej strane potrebovala jej pomoc v boji proti tým, čo ju chceli obrať o trón zdedený po otcovi, a na druhej strane sa všemožne usilovala držať ju na uzde, ovládnuť ju, ako aj prinútiť ju platiť dane. Trinásť rokov nezvolala uhorský snem, na ktorom si šľachta tak veľmi zakladala! A predsa ju nezlomila...

Podľa predstáv inžiniera PRIAMIHO mali byť hrad i mesto obohnané navzájom prepojenými hviezdicovitými opevneniami. Pontónový most vyúsťoval na petržalskej strane do opevneného predmostia.

KOLÍSKA

# „NA SLOVO HLAVI ZDVIHLI"

Také niečo tu ešte nebolo! Nový panovník Jozef II. nemal v úmysle deliť sa o svoju moc s uhorskou šľachtou, preto ani nepovažoval za potrebné dať sa korunovať. Korunovačné klenoty z veže Bratislavského hradu dal odviezť do Viedne, kde sa z nich stali muzeálne exponáty. Ani raz za života nezvolal krajinský snem, zrušil vtedajšiu župnú samosprávu a politické a hospodárske rozhodovanie sústredil do Viedne. Stal sa neobmedzeným čiže absolutistickým vládcom.

Žiaľ, Bratislava sa tým pádom zmenila na obyčajné provinčné mesto. Miestodržiteľ (a s ním ďalší vysokí úradníci) sa presťahoval do Budína, arcibiskup naspäť do Ostrihomu, odišli aj význační umelci, šľachtické rodiny, ba aj obchodníci.

V bratislavských palácoch na krištáľových lustroch zhasli sviece, stíchli tóny mazúrky a polonézy, redšie bolo počuť šušťanie brokátových šiat na nábreží, ale nad naším národom začalo svitať. Bratislavský hrad sa opäť zlatým písmom zapísal do slovenskej histórie.

Jednou z najdôležitejších cisárových zmien v cirkevnom živote bolo vytvorenie generálnych seminárov, čiže škôl na prípravu budúcich kňazov. Jedna z nich mala byť v Budíne, ale keďže sa tam nenašla vhodná budova, cisár ju umiestnil do Bratislavy, kde pre ňu prestavali vnútorné priestory hradného paláca. Roku 1784 začala škola svoju činnosť.

Z budúcich kňazov sa podľa cisárových predstáv mali stať zástupcovia jeho absolutistickej vlády aj šíritelia osvety na vidieku. A to bez znalosti reči ľudu nebolo možné. Preto popri viacerých novinkách, ako bolo napríklad štúdium prírodných vied, nariadil cisár aj vzdelávanie poslucháčov v ich rodnom jazyku.

Slovenských študentov tu bolo nemálo, ale takisto aj nárečových rozdielov medzi nimi: jeden hovoril po liptovsky, druhý hutorel po šarišsky, tretí ríkal po záhorácky... Mládenci to začali pociťovať ako nevýhodu voči nemeckým a maďarským spolužiakom. Po večeri často zostávali v jedálni a dlho a zápalisto o tom debatovali.

Jedného večera pozorne počúvali svojho obľúbeného profesora Kratochvíla:

„Milí moji alumni! Dnes vám prečítam z Apológie od Jána Baltazára Magina. Je to odpoveď profesorovi slávnej trnavskej univerzity Michalovi Bencsikovi na jeho hanlivý spis o nás, Slovákoch. Podľa neho vraj nie sme jednotný národ a len obyvatelia Trenčianskej stolice sú potomkovia Veľkomoravskej ríše, o najväčšom panovníkovi ktorej hovorí, že predal svoju krajinu za bieleho koňa!"

Medzi poslucháčmi nesúhlasne zašumelo. Všetci vedeli, že Bencsik mal na mysli kráľa Svätopluka. Profesor pokračoval: „Roku 1728, keď Bencsikov spis vyšiel, vzbudil veľké rozhorčenie. Naši starí otcovia predniesli sťažnosť až k samému županovi a s jeho súhlasom vydali túto prvú písomnú obranu nášho národa. Magin pokladá Slovákov za členov slávneho slovanského národa a vypočujte si, ako šikovne vysmial svojho odporcu.

,...potomkovia Svätopluka sú nielen obyvatelia Trenčína, ale aj Trnavy, Modry, Pezinka, Skalice. Slovenskou rečou všade sa ozýva Bratislavská i Nitrianska župa, na jednej i na druhej strane hôr popri Váhu, a tak isto i Trenčianska, Oravská, Liptovská, Spišská a iné župy oddelené od Poľska Karpatmi, ako to je dobre známe' " – tu profesor prerušil čítanie a v očiach mu zaihrali veselé ohníčky – „ ,všetkým, i slepým i holičom' ".

Ozval sa smiech. Jeden zo študentov – Anton Bernolák – zrumenel,

39)

■ *Generálne semináre boli v Uhorsku ešte v mestách Eger a Záhreb.*

■ *Po roku 1797, keď hrad poškodil požiar, bol seminár preložený do Trnavy a do hradu sa roku 1802 nasťahovali vojaci.*

■ *Ústav pre výchovu kňazov sa nazýval po latinsky alumnát a jeho študenti podľa toho alumni.*

Na Rudnayovom námestí pred Dómom sv. Martina je bronzová busta ANTONA BERNOLÁKA, autora prvého pokusu o slovenský spisovný jazyk, ktorý štyri roky študoval v bratislavskom Generálnom seminári.

ale ovládol sa a povedal: „Nech sa hanbou pýria táradi a posmešníci, ktorí nad všetkým, čo nie je ich alebo ich rodákov, ohŕňajú nos!"

Zozadu sa ozvalo: „Hanba je veru pre Slovákov nemalá, že sú takí múdri, a predsa potrebných kníh o reči svojej nemajú a jednostaj si ju hubia a kazia!"

Bernolák sa opäť postavil: „Nie každý má príležitosť rozprávať sa s týmí vzdelanými mužmi, ktorých reč je správna."

Prerušil ho Juraj Fándly: „Chcel by som povedať, že nie rod, nie pokolenie, nie zemianstvo, nie bohatstvo človeka statočným, dobrým a vzácnym robí, ale vlastné jeho dokonalosti a cnosti."

Do rozhovoru sa zamiešal profesor Kratochvíl: „Máte pravdu. Národu je potrebné dať jednotnú reč, noviny, knihy, vzdelávať ho. Veľa už na tomto poli spravil tu Anton. Ale na jeho gramatike a slovníku bude ešte veľa roboty. Jazyk treba zdokonaľovať, ako sme tomu svedkami u najvyspelejších národov."

„O niekoľko rokov uvidí učený svet, že slovenský jazyk a jeho literatúra vždy sa môže iným rečiam európskym s veľkou chválou vyrovnať," s presvedčením sa na spolužiakov obrátil Fándly.

Na Bratislavskom hrade sa zrodilo bernolákovské hnutie, počiatok nášho národného obrodenia. Pred dvesto rokmi sa tu položili základy prvej spisovnej slovenčiny, ktorá vychádzala z kultúrnej západoslovenčiny, z podoby, ktorá sa formovala v Trnave a v tlačenej katolíckej literatúre a ktorou hovorili slovenskí vzdelanci. Základy novému spisovnému jazyku dal Anton Bernolák svojimi jazykovednými prácami, vypracoval gramatiku a *Slovensko-česky-latinsko-nemecko-maďarský slovník*. Tri Bernolákove jazykovedné práce vytlačil bratislavský katolícky nakladateľ Landerer, ale na spomínaný slovník už nebolo peňazí, a tak vyšiel až po Bernolákovej smrti v rokoch 1825—27 v Budíne. Predstav si, koľko práce, aké obrovské úsilie do slovníka tento mladý kňaz vložil, keď vyšiel v šiestich zväzkoch a mal 5302 strán!

K semináru sa viaže aj zrod Slovenského učeného tovarišstva, spoločnosti, ktorej cieľom popri kultúrnom a hospodárskom povznesení ľudu bolo „šíriť, pestovať a zušľachťovať nový spisovný jazyk… obnovenú, očistenú slovenčinu, získať jej stúpencov, organizovať spisovateľov, a hlavne organizovať vydavateľskú činnosť a distribúciu kníh". Sídlom Tovarišstva, ktoré vzniklo roku 1792, sa stala Trnava, kňazské pôsobisko Antona Bernoláka. Organizácia mala pobočky na celom Slovensku a dodnes sa zachovali mená jej 446 členov.

Uctime si Bernolákovu pamiatku úryvkom z Fándlyho básne v bernolákovčine:

> Na slovo Bernoláka hlavi zdvihli
> Slováci, abi své umění pozdvihli,
> abi svoj národ krášlili písmami,
> svú chválu rozmnožili s kňihami…

Predstavu cisára Jozefa II., že kňazi majú byť nositeľmi osvety medzi ľudom, azda najväčšmi spĺňal kaplán JURAJ FÁNDLY. Venoval tejto činnosti všetok svoj čas a neváhal sa ľuďom prihovoriť ani písaným slovom. Väčšina jeho diel sa zaoberala praktickými radami pre roľníkov, gazdov: roku 1793 vyšiel jeho *Zelinkár*, roku 1802 *O úhoroch a včelách* a v roku 1792—1800 vychádzal *Pilný domajší a poľný hospodár* (na dolnom obrázku).

Najrozsiahlejším Bernolákovým dielom je päťjazyčný slovník, na ktorom pracoval od roku 1786 a ktorý vyšiel až po jeho smrti.

■ *Anton Bernolák (1762–1813), popredný predstaviteľ slovenského obrodeneckého hnutia podnieteného osvietenstvom a reformami Jozefa II., študoval v Generálnom seminári v rokoch 1784–87. Pod jeho vedením vznikla na hrade ešte aj Spoločnosť na pestovanie slovenského jazyka.*

■ *Juraj Fándly (1750–1811), popredný predstaviteľ bernolákovského hnutia, bol najplodnejším spisovateľom v bernolákovčine. Jeho prózy, básne a ďalšie práce sú zamerané na šírenie osvety medzi ľudom.*

TVOJA BRATISLAVA — 43)

# Najstarší Bratislavčania
## (Kelti, Rimania, Slovania)

AKÉ JASNÉ SÚ NÁPISY
A MOTÍVY NA KELTSKÝCH MINCIACH,
AJ KEĎ VIDIEŤ, ŽE PREŠLI MNOHÝMI RUKAMI.
ĽUDIA, KTORÍ ICH V ROKOCH 60–40 PRED N. L. RAZILI,
PODOBNE AKO TÍ, ČO ICH STÍSKALI V DLANI,
NETUŠILI, ŽE DROBNÉ BIATEKY
BUDÚ RAZ NEZVRATNÝM DÔKAZOM
O NAJSTARŠEJ HISTÓRII
BRATISLAVY.

2)

IVAN LACIKA

TVOJA BRATISLAVA

## PRE ZVEDAVCOV

■ *Archeológia sa zaoberá vyhľadávaním, skúmaním a hodnotením pamiatok svedčiacich o dávnych dejinách ľudskej spoločnosti.*

■ *Najväčší nález keltských mincí pochádza z roku 1923. Pri stavbe budovy Tatrabanky na Námestí SNP objavili robotníci poklad 399 strieborných a zlatých mincí, z ktorých 32 nieslo nápis* BIATEC.

Biateky. Malé mince s priemerom 1,5 až 3 centimetra a s hmotnosťou 17 gramov, a akí dôležití svedkovia keltskej minulosti nášho hlavného mesta!

Vieš, čo sú geologické hodiny Zeme? V knihe *Anatómia Zeme* sa píše, že ak vek našej planéty, čo je 4600 miliónov rokov, vtesnáme do dvanásťhodinovej kružnice, tak najstaršie stopy života môžeme zaznamenať až o 4,20 h. O 11, 25 sa začala éra dinosaurov, ktoré o 25 minút vystriedali vtáky a cicavce. Predchodcovia ľudí sa objavili pol minúty pred dvanástou a len poslednú desatinu sekundy zaberá naša civilizácia.

Do pol minúty možno zahrnúť aj nálezy bratislavských mamutov, ale na pieskovom vrchu Sandberg pri Devínskej Novej Vsi dodnes ľudia nachádzajú dôkazy o živote desať minút pred dvanástou v podobe skamenelín rôznych živočíchov.

Kelti, Rimania a Slovania, o ktorých ti v tejto časti porozprávam, zaberajú v geologických hodinách Zeme približne päť stotín sekundy. A predsa stoja za pozornosť.

## VLÁDCA BIATEC

Medzi starovekými cennosťami Kapitolského múzea v Ríme sa nachádza mramorová socha zobrazujúca umierajúceho Kelta, príslušníka „národa, ktorý prišiel z temnôt". Nemecký spisovateľ Gerhard Herm v knihe *Kelti* píše, že si takmer ľahol na dlážku, aby mohol pozrieť soche rovno do očí. „Nehľadela na mňa tá stále ospevovaná ,ušľachtilá tvár', lež naopak, taký všedný obličaj, že keby s ním niekto prešiel našimi ulicami, vonkoncom by nebol nápadný. Strapaté vlasy, nízke čelo, trochu krumpľový nos, pod ním keltské fúzy, ktoré sú už zasa v móde... Mohol by to byť mladý robotník, pomyslel som si vtedy, ktorý si zúfa nad osobnými problémami, voľakde pri pulte som s ním už pil pivo, taký sympatický, neveľmi komplikovaný chlapík, že by mu

# NAJSTARŠÍ BRATISLAVČANIA — 45)

človek rád pomohol, vyzerá tak spoľahlivo, že by sa s ním človek asi vedel skamarátiť…"

Možno tak vyzerali aj Kelti, ktorí sa pohybovali na území nášho mesta približne pred 2000 rokmi. Územie, ktoré obývali, bolo trikrát väčšie ako územie pôvodného stredovekého mesta za hradbami. Oppidum, tak nazývame toto keltské sídlisko, patrilo medzi najvýznamnejšie v strednej Európe.

Keby si sa pozrel na mapku keltských archeologických nálezov, uvidel by si (najmä v blízkosti Michalskej ulice) množstvo čiernych bodov, ktoré upozorňujú, že „archeológova lopata" tam odkryla pozostatky muriva, dlažby, kanalizácie. Bod na námestí Slobody skrýva zase keltskú hrnčiarsku pec, ktorá roku 1952 vyvolala rozruch medzi našimi vedcami. Škoda, že nemôžeme v niektorom bratislavskom múzeu obdivovať zrekonštruované „pracovisko", v ktorom sa vyrábali súdkovité či hrncovité nádoby a rôzne bachraté misky.

Kto boli tí Kelti, pred ktorými mali rešpekt ešte aj takí skvelí vojaci, akými boli starí Rimania?

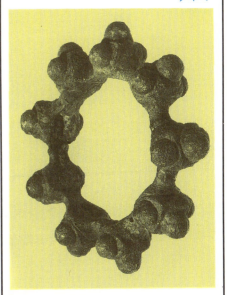

Liaty bronzový nánožný kruh bol súčasťou Keltovej výzdoby.

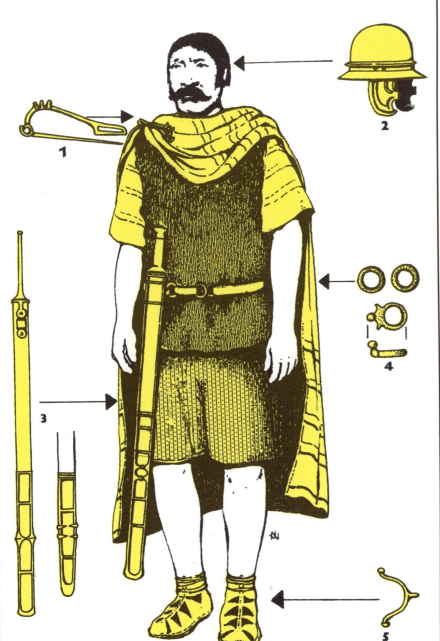

Kresba Leva Zachara predstavuje Kelta v plnej paráde, s nevyhnutnou výzbrojou:
1 spona,
2 prilba,
3 meč,
4 nákončie opaska,
5 ostroha.

Zo zaujímavých misiek s uchom zakončeným dvojicou rohovitých výbežkov zaiste pili aj bratislavskí Kelti, veď nádoba na snímke sa našla v neďalekej Stupave.

Prišli zo severu západnej Európy a postupne ju zaplavili takmer celú. Ohrozovali najvýznamnejšiu vtedajšiu civilizáciu – Rímsku ríšu, prenikli na Balkánsky polostrov, do Grécka i do Malej Ázie. Vysokí, svetlovlasí, modrookí muži si vlasy namáčali sadrovou vodou a vyčesávali dohora. Keď sa s bojovým pokrikom vrhali na nepriateľa, ten sa v panike obracal na útek.

Pravdepodobne aj v bratislavskom oppide chodili v pestrofarebných a vyšívaných košeliach, v nohaviciach nad kolená, cez plecia mali prehodené kabátce vyzdobené pestrými farbami, zapäté na pleci sponou.

O význame keltského osídlenia na území Bratislavy svedčia aj nálezy strieborných a zlatých mincí. V priemere majú len 1,5 až 3 centimetre a zvyčajne nie sú ťažšie ako 17 gramov, ale čo všetko sa z nich dá vyčítať! Pred tvojimi očami defilujú jazdci na koňoch s mečmi v ruke, cválajúce kone, levy, hady, ale aj neskutočné tvory. Jazdec s listnatou halúzkou v ruke azda symbolizuje mier, panter požierajúci ľudské nohy je predobrazom skazy. Obrazy dopĺňa písmo. DEVIL, NONNOS, MACCIUS, BIATEC a ďalšie nápisy považujú odborníci za mená popredných mužov, možno kniežat, ktoré si dali tieto mince raziť.

Najčastejšie sa vyskytuje meno Biatec. V knihe Pavla Dvořáka *Odkryté dejiny* sa píše, že „Biatecovi ako vládcovi patrila najvýznamnejšia časť Bratislavy, hradná skala a priľahlé Podhradie, kde s najväčšou pravdepodobnosťou ležalo trhovisko. Svoje mince razil najmä pre potreby tohto trhoviska. O tom, že bol medzi bratislavskými Keltmi najvýznamnejší, svedčí aj nález – hoci neveľký – jeho zlatých mincí".

Biatec. Malá minca. Poľahky ju skryješ do dlane. Vyvoláva dohady, vzrušuje. Dáva nám dôkaz, že naše mesto je staré viac ako dvetisíc rokov.

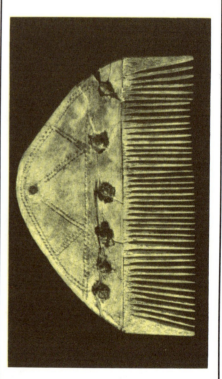

Zdobený kostený hrebeň aj po dvoch tisícročiach prezrádza, že i ženy v Gerulate sa chceli páčiť.

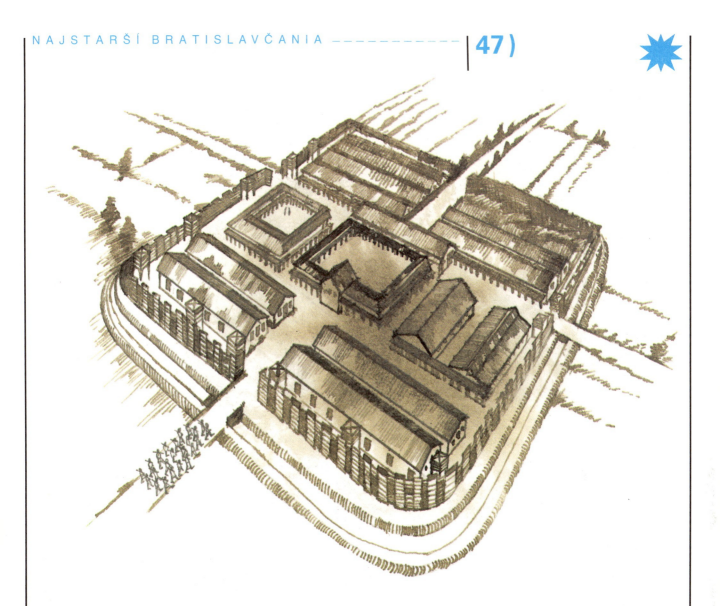

Tábor posádky v Gerulate bol typickým rímskym vojenským sídlom.

## VÝLET DO GERULATY

„Vydrž," povzbudzujem syna. Je mi ho aj trochu ľúto. Možno piaty raz v živote stojí na bežkách a ja som ho vyhnal na takú náročnú prechádzku. Už takmer dve hodiny sa vlečieme v hlbokom snehu, a hoci ideme stále po rovine, obaja sme unavení. Fúzy mám samý ľad a cez okuliare pomaly nevidím. Stmieva sa. Rusovské domy a veža kostola sa síce približujú, ale hmla a naše obavy z mrazivého večera z nich robia iba neskutočné kulisy.

„Dokázali sme to," prihovára sa mi syn vo vyhriatom autobuse, ktorý nás unáša zimnou krajinou späť do Bratislavy. Otepľovačky stvrdnuté mrazom mäknú, po tvári nám stekajú kvapky vody. Smejeme sa – roztápame sa ako snehuliaci na jar. Už chýba len mrkva a čierne uhlíky…

„Počuj, tým Rimanom ale musela byť u nás zima," prehodím ledabolo a čakám, čo on.

Zabral ako kapor na varený zemiak.

„Akým Rimanom? Hovorí sa predsa Talianom."

Veď práve. Vysvetľuj dieťaťu, že Riman pred dvoma tisícročiami mal v Európe celkom iné postavenie ako obyvateľ súčasného Talianska, že to bol dobyvateľ a súčasne nositeľ významnej civilizácie.

„A vieš, že si dnes ‚prenikol' za hranice Rímskej ríše a zabodol lyžiarske palice do osady, ktorá sa nazývala Gerulata?"

Bolo to naňho priveľa. Horúci kúpeľ, čaj a perina vykonali svoje.

TVOJA BRATISLAVA

■ Terra sigillata je lesklá tmavočervená keramika, ktorú rímski hrnčiari robili zo špeciálnej hliny a viackrát vypaľovali. Je bohato zdobená vojenskými, loveckými a náboženskými výjavmi. Každý majster mal svoje vzory a podľa nich sa dá zistiť, kde a za vlády ktorého rímskeho cisára vznikla. Potom už archeológovia ľahšie určia vek ostatných nálezov.

Základy budov, kamenné reliéfy a keramika terra sigillata, to je všetko, čo máme po Gerulatčanoch, ktorí strážili hranice Rímskej ríše. Môžeš si to prezrieť v rusovskom Múzeu antiky.

Onedlho spánok urobil bodku za jeho i mojím turisticky náročným dňom.

Výlet po dunajskej hrádzi do Rusoviec sme si ešte mnohokrát zopakovali. V každom ročnom období a za každého počasia sme merali trinásťkilometrovú trasu, aby sme si prehĺbili znalosti o dunajskej prírode i – Rusovciach.

Snorili sme aj za kostolom, nedali nám pokoj zvyšky kamenných múrov, kamenné sochy pevne spojené s plošným pozadím zvané reliéfy. Nerozumeli sme ničomu. Jedny múry šli cez druhé, trčali tam zvyšky pilierov... No keď sme vystúpili na maličkú terasu, odrazu sa obraz poskladal: pozerali sme na akýsi štvorcový útvar, ktorý vznikal nepretržite od druhej polovice 1. storočia n. l. Rimania si tu postavili najprv drevený, neskôr kamenný vojenský tábor, pri ktorom vyrástla aj osada. A v dnešných Rusovciach sa zdržali do začiatku 5. storočia.

Ubehli roky a náhodou som sa stretol s priateľom z mladosti Lacom Snopkom. Stal sa z neho archeológ a práve on dlhé roky viedol výskum v Rusovciach. Samozrejme, že sa rozhovoril, len čo som skrútil reč na „našich" Rimanov.

„To, že Gerulata existovala, vedeli učenci už v 16. storočí. ,Porozprávali' im o nej rôzne staroveké záznamy, akési cestovateľské príručky, ktoré sprevádzali Rimanov na ich cestách, podobne ako dnes turistickí sprievodcovia. Mapy, ktoré sa zachovali, však boli nepresné, presná poloha Gerulaty sa nedala podľa nich určiť. Zvyšky stavieb v Rusovciach ako prví opísali dvaja anglickí cestovatelia už roku 1737, no prvý archeologický výskum tu uskutočnil Maďar Ágoston Sötér až roku 1891."

Dozvedám sa o jedenásť metrov vysokom kopci zvanom Bergl. Aj o tom, že oddávna priťahoval dobrodruhov, ktorí v jeho útrobách hľadali poklady spájané s hrobom legendárneho vodcu Hunov Attilu.

„Sötér vykopal zvyšky kamenných reliéfov a typickú rímsku keramiku zvanú terra sigillata. Tým sa však výskum na Bergli skončil. Až roku 1965 sem prišiel slovenský archeológ akademik Ján Dekan, ktorý definitívne určil, kde stála Gerulata."

Limes romanus – pásmo pohraničných opevnení Rímskej ríše. Jeho

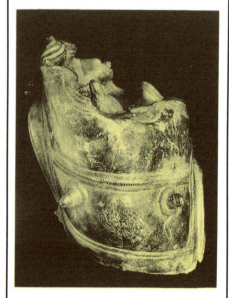

Prilba z Gerulaty je pekne zdobená. Na čelnej časti je boh vojny Mars, vedľa neho stoja bohyne víťazstva. Zadnú časť pokrýva výjav z lovu – ženská postava (pravdepodobne bohyňa lovu Diana), psy, zajace. Celej prilbe dominuje orol bojujúci s hadom, pričom orol stelesňuje božskú moc a had zlo a smrť.

súčasťou bola aj Gerulata. Kto boli jej susedia? Akú úlohu zohrala pri obrane rímskych hraníc, ktoré tvoril Dunaj?

„Rimania pochopili, že ak chcú, aby ich štát prospieval, musia vytvoriť nielen zákony, ale aj armádu a cesty, prostredníctvom ktorých preniknú do vzdialených krajín. Veľmi prakticky budovali aj mestá či vojenské tábory. Podľa hlavného mesta Rím (pravda, v zmenšenom meradle) budovali aj provinčné mestá či osady. Gerulata bola pomocný vojenský tábor. Jej bezprostredným „nadriadeným" bolo Carnuntum, hlavné mesto provincie Panonia Superior, ktoré ležalo oproti Devínu na území dnešného Rakúska. Predpokladáme, že pozostávalo z budov pre vojakov, veliteľského domu, kúpeľov, pričom spoločenský život sa sústredil na hlavnom námestí zvanom fórum. Všetky tieto vojenské posádky mali brániť Rímsku ríšu od severu proti nájazdom Markomanov, Kvádov a iných germánskych kmeňov."

Rimania dávali podmaneným kmeňom nové „úlohy", a za to im nechali slobodu. Tak sa stalo, že jazdecký oddiel v Gerulate tvorili germánski Cannanefáti, ktorých odborníci považujú za predkov dnešných Holanďanov. No nie je to paradox? Rímsku ríšu pred Germánmi ochraňovali vlastne zase len Germáni.

Prechádzame sa medzi zvyškami stavieb, ktoré spolu so sklenenou budovou ukrývajúcou mnohé exponáty tvoria Múzeum antiky v Rusovciach. Kamene, kamene, kamene, náhrobné, oltárne.

„Rimania si veľmi ctili mŕtvych. V Gerulate sa našiel náhrobný kameň, na ktorom je vyobrazený jazdec s kopijou, nákovkou, kladivom a klieštami. Rozpráva príbeh o vojakovi, ktorý bol zároveň vojenským kováčom. Iný nález, farebný reliéf z náhrobku, zachytáva grécky bájny príbeh o Daidalovi a Ikarovi vo chvíli, keď Daidalos upevňuje synovi krídla. Aj pre tento reliéf možno nájsť primerané vysvetlenie: hovorí

Daidalos a Ikaros z gerulatského náhrobku.

■ *Grécky sochár, maliar, staviteľ a vynálezca Daidalos a jeho syn Ikaros boli podľa starej gréckej báje väzňami krétskeho kráľa Mínoa. Daidalos zostrojil krídla z vtáčích pier pospájaných voskom, pomocou ktorých obidvaja vzlietli. Ikaros sa odvážil privysoko, slnečné lúče mu roztopili vosk a on sa zrútil do mora.*

TVOJA BRATISLAVA

o snoch mladého muža, ktorý podobne ako Ikaros zahynul skôr, než mohol svoje túžby naplniť."

Prezerám si dve lievikovité hlinené nádoby. Nazývajú sa mortáriá. Na čo slúžili? Vlastnil ich každý rímsky vojak, vkladal do nich obilie, drvil ho a pripravoval si z neho kašu.

„Pamätáš sa na vojenčinu, na plechové ešusy na cvičeniach? Nuž a mortáriá boli akýmsi rímskym ešusom," smejeme sa.

„Roku 1987 mali Bratislavčania možnosť vidieť zaujímavú výstavu, ktorej si bol autorom. Vystavený bol jeden z najzaujímavejších nálezov v Gerulate — rímska prilba," vyzvedám.

„Rimania veľmi obdivovali Grékov. Mnohé od nich preberali. Aj spomínanú parádnu bronzovú prilbu, ktorú nosili vojaci na prehliadkach či hrách, vyzdobili podľa gréckeho vzoru. Prilba je zhora i zdola zdeformovaná. Vojaka, musel to byť veliteľ, možno v noci vyhnal z postele poplach. V tme sa rýchlo pooblikal, chytil zbraň a bežal k ostatným. Prilba slúžila len na okrasu, do boja ju nepotreboval, nuž zostala nepovšimnutá na stole. Bojová trma-vrma, ničenie, oheň. Azda na ňu padol trám a rozpučil ju. Oheň zrejme tiež urobil svoje, veď bola prepálená…"

Nálezy z rímskeho obdobia „vyplavuje" rusovská pôda takmer denne. Drobné mince, keramiku, náhrobné kamene. Zväčša sa k nim dostanú archeológovia, a tak očistené putujú do múzeí.

Rozprávanie o Rímskej ríši sa však nezačína a nekončí výletom do Gerulaty. Zvyšky rímskej budovy v Dúbravke, nálezy na Devíne, v Trnávke i v samotnom strede mesta hovoria o tom, že „noha Rimana" vstúpila na územie Bratislavy a zotrvala na ňom pomerne dlho.

Keď sme sa s priateľom lúčili, povedal: „Vieš, máloktorá veda tak závisí od nových nálezov ako archeológia. Preto ani tebe nemôžem tvrdiť, že už nenájdeme nič nové, že nás už nič neprekvapí. O budove v Dúbravke sa nikomu ani nesnívalo, a vidíš, dnes je dôležitým dôkazom. Takže ktovie, či o rok, o dva sa pobyt Rimanov na území Bratislavy nebude javiť v inom svetle."

## BAŠTA SLOVANOV

V Mestskom múzeu sa nachádza zaujímavý exponát — spálený bochník chleba. Iste si povieš: „Čo je na tom zaujímavé?" Nuž „len" to, že tento chlieb je starý približne 1500 rokov. Pochádza z čias sťahovania národov a ťažko povedať, či naň zamiesili ruky Germánky, Avarky alebo Slovanky. Aj po takom dlhom čase si zachoval tvar. A vanie z neho „vôňa" pravekých národov.

Spálený bochník chleba je jediným nálezom tohto druhu v Česko-Slovensku (našli ho na Devíne roku 1986). Mal byť potravou pre žalúdky tunajších ľudí na začiatku stredoveku. V 19. storočí sa však na Devín chodilo za inou potravou — duševnou. Ľudovít Štúr sem priviedol svojich druhov, keď sa stal podpredsedom samovzdelávacieho krúžku, ktorý si založili študenti bratislavského evanjelického lýcea.

■ Panóniou nazývali Rimania podrobenú oblasť na strednom Dunaji. Patrilo sem západné Maďarsko, severná Juhoslávia, časť východného Rakúska a malá časť južného Slovenska.

■ K archeologickému prieskumu Gerulaty veľkou mierou prispeli aj Dr. M. Pichlerová a Dr. Ľ. Kraskovská, ktoré robili výskum pohrebísk.

Archeológovia pod vedením Dr. Veroniky Plachej objavili roku 1986 v areáli Devínskeho hradu zvyšok pece z obdobia sťahovania národov. Obsahovala nielen vrstvu spáleného zrna, ale dokonca celý bochník chleba, ktorý možno bez zveličovania považovať za európsku zvláštnosť.

Skalný kopec, sútok dvoch riek — mohol si Devín vybrať lepšiu polohu?

NAJSTARŠÍ BRATISLAVČANIA — 51)

# TVOJA BRATISLAVA

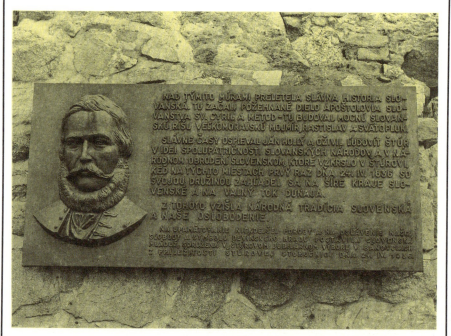

■ Aj Veľkomoravská ríša mala podobný systém strážnych hraničných bodov ako Rímska ríša. Nazývame ich hradiská a ich funkcia bola nielen obranná, ale aj výrobná a obchodná. Niektoré – patril medzi ne aj Devín – sa stali významnými strediskami politickej a vojenskej moci.

Ak počujeme slovo Devín, vynorí sa nám v mysli Veľkomoravská ríša a vzápätí ĽUDOVÍT ŠTÚR a jeho družina. Bratislavská mládež sa každý rok stretne na devínskom brale, aby si pripomenula časy, keď sa tu študenti evanjelického lýcea utvrdzovali v národnej hrdosti.

*Devín, milý Devín, hrade osiralý,*
*Pověz že nám, kedy tvoje hradby stály?*
*Moje hradby stály v časoch Rastislava:*
*On byl Vašich otců, on mých hradeb sláva.*
*Sláva moja, sláva, kde že mi spočívaš?*
*Ach darmo, vetríčku, prachy jej rozsívaš!*

*Devín, milý Devín, hrade osiralý,*
*Kým že se tvé hradby ešte slávívaly?*
*Slavívaly se ty otci mé krajiny,*
*S nímž kvitlo štěstí milé mé rodiny,*
*Šťastný věk jí svítal…*

Táto pieseň sa tu ozývala 24. apríla 1836, keď „Ľudovít Štúr vyviedol na Devínsky hrad slovenskú mládež, aby ju ,na hrobe dávnej slávy' v rodoláske utvrdil a oduševnil a aby nadviazal na dávnu a do zabudnutia zapadajúcu slávu našich predkov. Na tejto pamätnej vychádzke každý návštevník dostal ku krstnému menu ešte jedno slovanské meno", ako píše Ľudovít Janota v knihe *Slovenské hrady*, ktorá vyšla roku 1935.

Budúci štúrovci tak otvorili tradíciu, ktorú dodržiavali slovenskí študenti ešte mnoho rokov, ba desaťročí a z ktorej čerpali silu vo chvíľach, keď ich presviedčali, že slovenského národa niet. A čo im vlastne dodávalo síl?

Ľudovít Štúr (ale aj tvoji prastarí otcovia) bol totiž presvedčený, že – a opäť použijem slová Ľudovíta Janotu – „v IX. storočí Devín je oným ,velehradom', kde sídlil Mojmír a Rastislav. Devín bol strediskom Veľkomoravskej ríše… Z hradu Devína vládol a riadil osudy zjednoteného národa slávny Svätopluk".

Bolo to však trochu inak. A zase to „rozmotali" archeológovia. Treba priznať, že pre dobro a pravdu vecí.

Zo školy iste vieš, že Veľkomoravská ríša netrvala dlho, len 73 rokov – od roku 833 do roku 906. Po smrti vládcu Svätopluka sa rozpadla pre nejednotnosť jeho synov. No i tento krátky čas znamenal pre nás jedno z najvýznamnejších historických období. K Veľkomoravskej ríši sa

# NAJSTARŠÍ BRATISLAVČANIA 53)

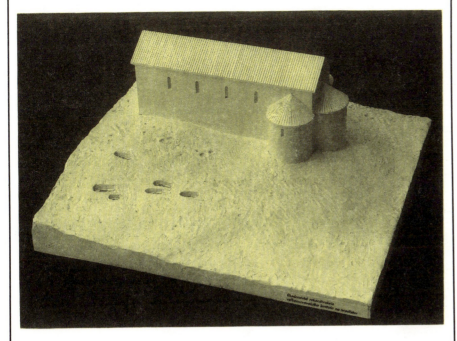

Takto vyzeral (podľa odborníkov) veľkomoravský kostol na devínskom hradisku, pochádzajúci pravdepodobne z obdobia Rastislavovej vlády. Priehlbinky vľavo označujú slovanské hroby, ktoré archeológovia odkryli.

dodnes hlásime, veď bola naším prvým štátnym útvarom, spája sa s prvým spolužitím s českým národom, ale aj so staroslovienčinou, prvým slovanským spisovným jazykom (priniesli ho spolu s kresťanskou vierou Konštantín a Metod, rodáci z gréckeho Solúna), ako aj s kultúrnym rozvojom, ktorý nastal s príchodom kresťanstva.

Mojmír, Rastislav, Svätopluk. Traja vládcovia, tri základné kamene ríše. Prvý ju založil, druhý sa usiloval o jej kultúrnu a politickú nezávislosť a tretí jej dal rozlet.

Prečo si naši predkovia mysleli, že Devín bol hlavným mestom Veľkomoravskej ríše? Presviedčali ich o tom staré rukopisy, kde sa dočítali, že franský kráľ Ľudovít roku 864 uskutočnil vojenskú výpravu proti Rastislavovi a obkľúčil ho v „akomsi opevnenom meste, ktoré sa v jazyku onoho ľudu nazýva Dowina, t. j. dievča". V knihe *Vlastivedný sprievodca po Devíne* sa môžeš dočítať aj o inom svedectve, tentokrát z roku 872: „Kým však Karolman vraždil a ohňom pustošil u moravských Slovienov, Svätopluk tajne vyslal početné vojsko a Bavorov, ktorí boli ponechaní strážiť lode na brehu rieky Dunaj, zajal a niektorých usmrtil v rieke, niektorých zasa odviedol do zajatia."

Dowina–Devín na jednej strane a súčasná archeologická veda s množstvom nálezov z obdobia Veľkomoravskej ríše na strane druhej...

Pravda, za tie stáročia sa mnohé zničilo, ale dôkazy o hradisku, príbytkoch i hroboch v podobe nástrojov, keramiky, nožíkov, ostrôh, náhrdelníkov, gombíkov a kostier nás nenechávajú na pochybách, že tadiaľto kráčali slovanské dejiny. A hoci Devín nebol sídelným mestom Veľkomoravskej ríše, ale „iba" dôležitým oporným a hraničným bodom proti nájazdom Frankov, nemusíš byť sklamaný. V najťažších chvíľach azda bránil jeho valy sám Rastislav či Svätopluk...

Je to ako s tým spáleným bochníkom chleba. Pri troche fantázie cítiť z neho vôňu pradávnych devínskych polí.

TVOJA BRATISLAVA

55)

## Kamenná náruč
(hradby)

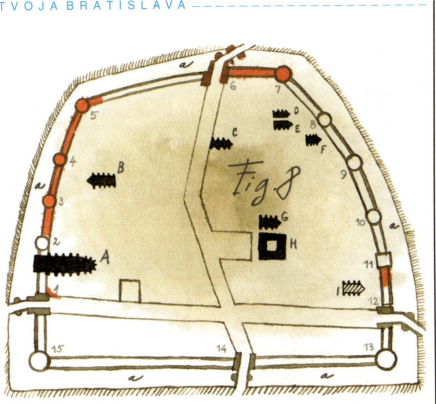

AK SI NÁJDEŠ ČAS,
OBEHNI OKOLO BÝVALÝCH MESTSKÝCH HRADIEB.
MÔŽEŠ ZAČAŤ PRI DÓME SV. MARTINA,
PREJDI PO STAROMESTSKEJ A KAPUCÍNSKEJ ULICI
K MICHALSKEJ BRÁNE,
ODTIAĽ PO NÁMESTÍ SNP K LAURINSKEJ,
ĎALEJ NA GORKÉHO A PO NEJ POPRI DIVADLE
NA HVIEZDOSLAVOVO NÁMESTIE,
NA KTORÉHO KONCI ZAHNEŠ DOPRAVA
A OCITNEŠ SA OPÄŤ PRED DÓMOM
(ČERVENOU SÚ ZNAČENÉ ZACHOVANÉ
ZVYŠKY HRADIEB).

3)

VLADIMÍR TOMČÍK

TVOJA BRATISLAVA

(56

PRE ZVEDAVCOV

■ Z roku 1297 máme záznam, že obyvatelia osady Széplak (Schöndorf) v miestach dnešnej Obchodnej ulice sa presťahovali do Nového mesta, ich domy sa zbúrali a materiál z nich sa použil na stavbu opevnení.

■ Kráľ Ľudovít I. nariadil roku 1346 všetkým majiteľom domov, aby sa zúčastňovali na stavbe mestských opevnení.

■ Vo veži Michalskej brány umiestnilo Mestské múzeum expozíciu zbraní a obranných stavieb mesta.

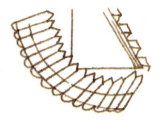

Zo štyroch mestských brán v bratislavských hradbách sa dožila dneška len jediná — Michalská. S ňou a pri nej sa zachovala aj celá sústava ďalších opevnení v podobe múrov, predsunutá vstupná brána čiže barbakan i priekopa, pôvodne naplnená vodou.

Ručičky hodín na Michalskej veži dosiahli štvorku a dvanástku. Vežník Virgil vyšiel na ochodzu veže, z ktorej bol dobrý výhľad na spiace mesto, predmestia, vinohrady i polia. Bola teplá letná noc, drozdy v neďalekých záhradách sa už zobúdzali a vzadu za hradbami sa už objavil svetlý pás briežďenia.

Virgil sa zhlboka nadýchol a silným hlasom zaspieval: „Odbila štvrtá hodina, chváľ každý duch hospodina…" Dnešná nočná stráž bola pokojná, o chvíľu, o piatej sa otvoria všetky mestské brány a on sa pôjde vyspať. Strážcovi Petrovi je dobre, ten si drieme opretý o halapartňu, ale on musí každú hodinu ohlasovať čas. Už chcel vojsť do veže, no vtom zbadal, ako sa od Suchého mýta blížia dve vysoké postavy oblečené v čiernych plášťoch s kapucňami a s kosami na pleciach.

O chvíľu sa ozval buchot na okovanú bránu.

Ktovie, kto to je? pomyslel si Virgil. Prečo sa tak ponáhľajú? Nevedia, že v noci môžem do mesta vpustiť len kráľovských kuriérov?!

Ozvali sa hlasy. Peter sa už asi zobudil a otvoril malé okienko v bráne. Virgil sa naklonil ponad zábradlie a pozorne počúval.

„Kto ste? Pre koho idete kosiť?" začul strážcov hlas.

KAMENNÁ NÁRUČ

„Pre toho najvyššieho!" ozval sa hlas a Virgila oblial studený pot.
„Len nás ty pusť," znel temný hlas, „zaplatíme ti za službu!" O kamennú dlažbu cinkol peniaz.
„A nemôžete prihodiť ešte jeden zlaťák?" vyjednával Peter.
Nato zarinčali reťaze padacieho mosta a na brvnách zaduneli ťažké kroky. Zvedavý Virgil prešiel na stranu k Michalskej ulici a zbadal, ako čierni zastali uprostred nej: „Odkiaľ začneme?"
„Hneď pri tejto veži!"
A obe postavy zložili z pliec kosy a široko sa rozohnali. Ráno našli na veži mŕtvych strážcov a Petrovu zaťatú päsť nemohli otvoriť.
Tak rozpráva stará povesť o tom, ako sa do mesta dostal mor.
V každom stredovekom meste mali hradby veľký význam, často rozhodovali o živote a smrti jeho obyvateľov. V Uhorsku začali obopínať mestá najmä po tatárskych nájazdoch. Povolenie udeľoval sám panovník, veď si takto chránil vlastný majetok. Bratislava sa nachádzala na mimoriadne dôležitej križovatke obchodných ciest, prechádzal tu brod cez Dunaj a mesto s hradom sa stávalo čoraz významnejším politickým a hospodárskym strediskom na hraniciach kráľovstva. Nie náhodou sa v Bratislave postupne vybudovali také opevnenia, akými sa v stredoveku v strednej Európe mohlo pochváliť len niekoľko miest.
Naše mesto je mladšie ako jeho hrad. Pod ním, na mieste ohraničenom Karpatmi a Dunajom, sa stretli dve obchodné cesty. Jedna smerovala od severu na juh (už v praveku známa Jantárová cesta), druhá spájala západnú a strednú Európu. V stredoveku sa prvá nazývala Olomouckou a druhá Nitrianskou cestou. Na ich priesečníku vyrástli osady (Podhradie, Széplak, Vydrica), ktoré síce mali rôzne výsady, ale keďže boli podriadené bratislavskému županovi vo svetských a prepoštovi na hrade v cirkevných veciach, brzdilo to ich rozvoj. Podľa najnovších archeologických a umeleckohistorických výskumov sa ukazuje, že ešte pred rokom 1291 tu existovali dve mestské románske lokality – opevnené Podhradie, ktoré svojou rozlohou zasahovalo ďaleko do Starého mesta, a na východ od neho ďalšie osídlenie. Nechránili ho hradby, lebo jednotlivé domy boli samostatnými pevnosťami s obrannou a obytnou vežou, takými ako veža na hrade a Vodná veža. Túto teóriu podporujú najmä nálezy domov s vežami,

Neďaleko Michalskej veže sa zachovala bašta z mestského opevnenia zvaná Prašná, lebo sa v nej skladoval pušný prach na obranu mesta. Keď stratila pôvodnú úlohu, v jej mohutných múroch sa vybúrali okná a nasťahovali sa do nej nájomníci. Škoda, že dnes je v takom nepeknom stave...

Po Rybárskej bráne ostal iba názov ulice, Laurinskú bránu pripomína koniec Laurinskej ulice, zalomený v smere starého barbakanu. Z Vydrickej brány sa zachovala časť základov, ktoré odborníci objavili pred niekoľkými rokmi.

TVOJA BRATISLAVA

■ Barbakan je predsunuté opevnenie pred bránou, ohradené z oboch strán múrom. Jeho os bola zalomená, aby nepriateľské strely nemohli smerovať rovno do brány.

■ V pivniciach Vydrickej brány boli väzenia a vyrábal sa tam aj pušný prach.

Delostrelecká technika sa tak vyvíjala, že mestské opevnenia postupne strácali význam, zato nedovoľovali mestu rásť. Mária Terézia ich v Bratislave prikázala zbúrať, ale na západnej strane sa zachovali, keď sa priekopy zasypali a k hradbám sa pristavali domy. Na Staromestskej ulici ich pamiatkári v posledných rokoch zreštaurovali, takže vidieť, aké boli mohutné, vysoké a aké bašty mali.

ktorých najväčšie sústredenie je dokázané predovšetkým v okolí Hlavného a Františkánskeho námestia.

Zakladajúcou listinou kráľa Ondreja III. (ešte o nej bude reč) bolo obývané územie pod hradom povýšené na kráľovské mesto, čím prestalo byť podriadené hradu. Vývoj mesta a hradu napredoval často samostatne, nezávisle od seba, ba nastali aj časy, keď sa súperenie zmenilo na vyslovené nepriateľstvo.

V romantických uličkách Starého mesta sa pôvodný pôdorys v podstate zachoval. Hlavné ulice vznikli na starších obchodných cestách. Zvrchu od Michalskej brány išla cesta po Michalskej a Venturskej ulici a z východu na západ od Laurinskej po Vydrickú bránu. Pred Vydrickou bránou sa cesty stretli a pokračovali spoločne popri Vodnej veži k dunajskému brodu.

Koncom 13. storočia sa v Bratislave začali stavať nové hradby. Práca postupovala rýchlo a predpokladáme, že sa stavalo súčasne na všetkých stranách mesta. Bratislavčania nechceli prežívať takú úzkosť ako v predchádzajúcich rokoch, keď nepriateľ viackrát mesto dobyl, keď im zhoreli domy a prišli nielen o majetok, ale stratili aj mnohých blízkych. Roku 1311 pokročili stavebné práce tak ďaleko, že kaplnka sv. Ondreja v dolnej časti dnešného Námestia SNP začala prekážať a musela byť zbúraná, a richtár Jakub dal v hradbách stavať dve nové veže.

Najlepšiu predstavu o mohutnosti a sile hradieb získaš pri pohľade z východnej hradnej terasy. Pred očami máš kamennú a tehlovú stenu, ktorá tvorila západnú časť mestských opevnení. Zachovala sa vďaka tomu, že s rozvojom vojenskej techniky hradby stratili opodstatnenie a boli obostavané domami. Pri stavbe Mosta Slovenského národného povstania vznikla nová tepna — Staromestská ulica. Zvyšky prístavieb

Hovorí sa, že od každej brány je kľúč. Mali ich aj bratislavské, veď sa na noc zatvárali a strážcovia ich smeli otvoriť len kráľovskému poslovi. Význačné osobnosti zase starosta vítal na hraniciach mesta so symbolickými kľúčmi. Tieto vyšli zo zámočníckej dielne v 18. storočí a sú uložené v Mestskom múzeu.

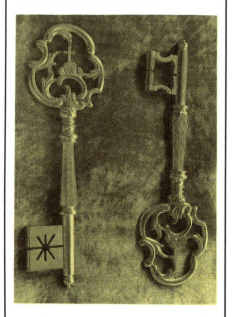

Aj keď vyobrazenie Dómu sv. Martina na rytine z prvej polovice 18. storočia nie je celkom hodnoverné, na potvrdenie toho, že veža dómu bola zasadená do sústavy mestských opevnení, postačí.

sa vtedy odstránili a mestské hradby sa zrekonštruovali. Ponechali sa aj pôvodné bašty, ich nedochované časti sa dostavali z tehál, aby bolo vidieť výšku a majestátnosť opevnení. Pred hlavným múrom stál kedysi ešte jeden menší a nazýval sa parkánový. Robil hradby ešte bezpečnejšími, chránil ich pred delovými guľami a zabraňoval priamemu prístupu nepriateľa k hlavnému múru. Z vystupujúcich bášt a veží zase mohli obrancovia strieľať do strán.

Keď cez Žigmundovu bránu a Zámocké schody zídeš z hradu, môžeš sa poprechádzať okolo stredovekej Bratislavy. Od dómu prejdeš popri západnom múre, zabočíš vpravo k Michalskej bráne, zídeš po Námestí SNP (v dolnej časti môžeš prejsť na Nedbalovu ulicu, kde sa tiež zachovala časť mestského múru), minieš Laurinskú ulicu, na začiatku ktorej stála Laurinská brána, prejdeš cez Gorkého k uličke pri bývalom Mliečnom bare, ktorá sa dodnes nazýva Rybná brána, a po pravej strane Hviezdoslavovho námestia sa popri vinárni Obuvnícka bašta dostaneš k Bibiane, kde sa nachádzala štvrtá bratislavská brána.

To boli hranice stredovekého mesta.

Ako vyzerali hradby stredovekej Bratislavy?

V hornej časti sa zubilo cimburie, ktoré chránilo obrancov na ochodzi. Keď kuše ustúpili strelným zbraniam, zuby cimburia sa zamurovali a ostali v nich strieľne rôzneho tvaru — štrbinové, trojuholníkové, v podobe kľúča. V dobách husitských spanilých jázd si vývoj delostrelectva vyžiadal preniesť obranu ďalej od múru — na parkánový múr a na tretiu obrannú líniu, ktorá sa volala palisády. Samotné hradby sa veľmi nemenili, no dopĺňali sa najmä baštami, lebo z nich sa dalo strieľať na tri strany. Boli štvorcové i oblé, niekedy prevyšovali múr a presahovali až za parkánový múr (napríklad Vtáčia veža). Hradby sa omietali a v 15. storočí dostali arkiere, z ktorých mohol obranca strieľať k základom hradieb, pričom bol chránený. O arkiere sa starali majitelia priľahlých domov a pozemkov, preto sa často volali podľa nich. Aj bašty mali rôzne názvy. Už som spomenul Vtáčiu vežu, ktorá mestu dobre slúžila, keď bolo s hradom v nepriateľstve. Vtedy na západnej strane pristavali k hradbám baštu Ungarfeind čiže Nepriateľ Uhrov. Zachovala sa aj Prašná bašta, ktorá sa volá podľa skladov pušného prachu. Väčšina bášt však dostala meno podľa cechu, ktorý mal na starosti brániť príslušný úsek hradieb — Obuvnícka bašta, Pekárska bašta, Mäsiarska bašta.

Pri opevňovaní svojho mesta prikladali Bratislavčania veľký význam bránam. Zachovala sa nám jediná — Michalská — o ktorej máme prvú písomnú zmienku z roku 1411, ale postavená bola už skôr. Meno jej dal kostol sv. Michala, za ktorým stála. Je to gotická hranolovitá veža s prejazdom, v ktorom bola brána a padacia železná mreža. Všimni si,

Pekársku baštu v čase ohrozenia mesta obhospodarovali pekári. Prvý raz sa spomína v mestských zápisoch roku 1439, ale predpokladá sa, že na rohu opevnenia prechádzajúceho medzi dnešnou Laurinskou a Gorkého ulicou stála už prv.

Východne od najstaršieho podhradia vznikla v 13. (a možno už aj v 12. storočí) ďalšia bratislavská osídlená lokalita, na ktorej boli okolo šošovkovitého námestia vybudované murované domy.

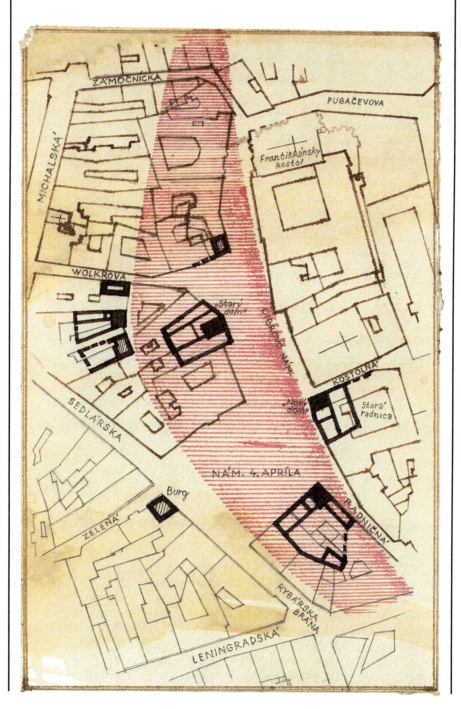

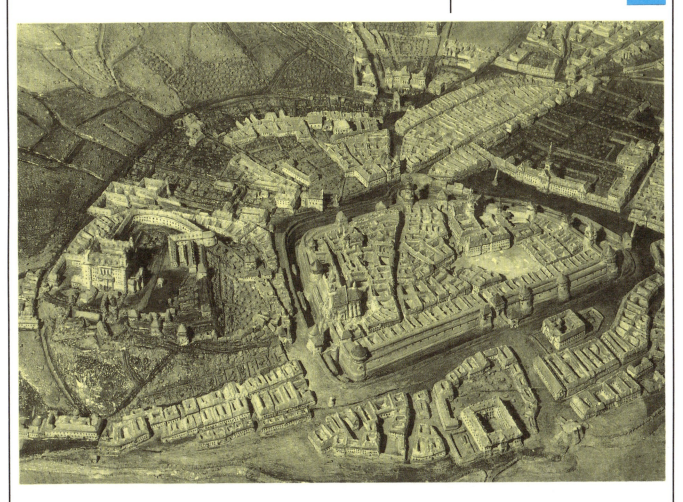

Ani dvojitá obruč hradieb a vodných priekop „neudržala mesto na uzde", domy ako kysnúce cesto pretekali cez ne na všetky svetové strany (sadrový model v Mestskom múzeu).

po bokoch sú drážky pre padaciu mrežu a v hornej časti sa zachovalo brvno s otvormi na pánty brány. V polovici 15. storočia natreli šindle na streche na červeno, neskôr vežu ešte nadstavili a hrot brány či lepšie veže i sochu archanjela Michala postavili pri obnove roku 1758.

Michalská brána (ako aj ostatné tri) slúžila ako vstup do mesta, preto nemohla ostať vystavená priamej streľbe. Vystrojili ju teda barbakanom. O jeho úzkom podjazde pre chodcov sa hovorí, že ním chodieval mestský kat, a mnohí študenti veria, že ak cez ňu prejdú a budú pritom rozprávať, na druhý deň ich neminie päťka. Opevnenie pred Michalskou bránou uzatváral padací most cez vodnú priekopu, neskôr ho vystriedal kamenný. A dokonca na konci uličky (pri dnešnom kníhkupectve Mladých liet) boli ďalšie opevnenia. Aj neďaleká polkruhová Prašná bašta s obdĺžnikovými strieľňami pre delá chránila túto bránu.

Laurinská brána sa volala podľa neďalekého kostolíka sv. Vavrinca (po latinsky Laurinca). V mestských účtoch z roku 1412 sa spomína aj plat strážnika veže. Brána sa ponášala na Michalskú, mala šindľovú strechu a na nej guľu s koruhvičkou. V bráne sa istý čas nachádzalo najhoršie väzenie v meste.

Dôležitá bola aj Vydrická brána, ktorej kazematy našli nedávno pri rekonštrukcii budovy Bibiany. Brána mala dlhý a tmavý prejazd, preto ju volali aj Tmavou alebo Čiernou bránou. Zdobil ju erb mesta a kráľa. Na rohoch mala bochníkovú bosáž, historici umenia preto hovoria, že tu pracovala jedna stavebná huta — dielňa, ktorá sa zúčastňovala aj na stavbách v meste. Vydrická brána mala po stranách dve bašty — Himmelreich a Leonfelderturm, nazvané pravdepodobne po svojich staviteľoch. V kaplnke Himmelreich sa v 16. a 17. storočí uchovávali poklady z kráľovskej kaplnky v Budíne.

Posledná – Rybárska brána – bola pôvodne len malou bránkou pre rybárov. Neskôr tu postavili štvorcovú vežu, ktorá vystupovala pred hradby a z bokov ju chránili kruhové bašty s arkiermi, pokryté plechom. Priekopa pri nej bola vymurovaná a viedol cez ňu padací most na reťaziach. Rybársku bránu považovali Bratislavčania za najslabšie ohnivko v mestských opevneniach, a tak ju v čase tureckého nebezpečenstva zamurovali.

Ak hovoríme o hradbách, nemôžeme vynechať vodné priekopy. Máme ich zdokumentované v správe kráľovi Žigmundovi, kde sa hovorí o veľkej sume, ktorú mesto vydalo na ich údržbu. Ich šírku a hĺbku vidíš najlepšie z mosta pred Michalskou bránou, a keď zájdeš do čitárne u Červeného raka, ocitneš sa na dne bývalej vodnej priekopy.

Na južnej strane hradieb – na dnešnom Hviezdoslavovom námestí – bolo rameno Dunaja, preto túto časť hradieb považovali za dostatočne chránenú. Nepriateľ tu napríklad nemohol použiť obliehacie stroje. Múr hradieb dosahoval šírku 130 centimetrov, pred ním na vzdialenosť 655 centimetrov sa ťahal predný parkánový múr, široký 125 centimetrov. Na celom tomto úseku neboli nijaké bašty okrem nárožných. Do ostatných priekop, neskôr vyložených kameňmi, sa voda dopravovala dômyselným systémom čerpacích kolies, lebo mesto leží na svahu. Zachovala sa správa o tom, že mesto si roku 1455 u akéhosi Joringa Mülnera objednalo vodné koleso s dvadsiatimi štyrmi naberačkami na čerpanie vody z dunajského ramena. A aby tieto veľké a hlboké vody priekop neboli nevyužité, podnikaví Bratislavčania v nich chovali ryby.

V súvislosti s priekopami treba spomenúť aj Dóm sv. Martina. Keď ho v 13. storočí budovali v Podhradí, jeho veža sa stala súčasne aj obrannou vežou v mestských hradbách a z troch strán ju obkľučovala vodná priekopa, ktorá ešte väčšmi sťažovala nepriateľovi prístup.

Súčasťou Bratislavy boli aj predmestia, ktoré sa stále rozrastali. V meste už nebolo dosť pozemkov na stavbu domov, a tak si ich noví obyvatelia stavali pred bránami. Malo to však jednu nevýhodu – keby sa priblížili nepriateľské vojská, mohli by si zachrániť život útekom do mesta, ale prišli by o majetok. Preto si aj predmestia opevnili. Hradby sa ťahali od hradného vrchu až po rameno Dunaja pri Gröslingu a dalo sa cez ne prejsť piatimi bránami – Kozou bránou na križovatke Kozej ulice s Palisádami, bránou na Suchom mýte, Schöndorfskou (na konci Obchodnej ulice), Špitálskou (na Špitálskej ulici) a Dunajskou. Aj dnešný názov ulice Palisády hovorí, že na týchto miestach stáli

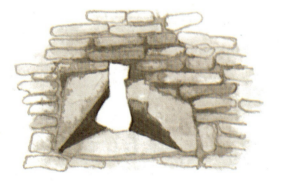

■ Pri Vydrickej bráne vítali Bratislavčania kráľov, ktorí prichádzali do mesta. V 16. storočí stálo pri nej delo, z ktorého sa strieľalo na počesť kráľa, keď prichádzal na korunováciu.

■ Kráľ Žigmund roku 1423 prikázal opevňovať aj predmestia, budovať priekopy a palisády, na čo sa použilo drevo a prútie z kráľovských lesov.

Ľudia, ktorí v 13. storočí bývali na miestach dnešného Hlavného námestia, neboli chránení hradbami. Preto každý dom bol samostatnou pevnosťou, mal hospodársky dvor, vysoké múry a mohutnú obrannú vežu.

Obranu mestských opevnení mali na starosti jednotlivé cechy, preto sa aj niektoré bratislavské bašty nazývali podľa mäsiarov, obuvníkov či pekárov, ktorí na nich bojovali a starali sa o ich údržbu. Každý obranca mal určené svoje miesto a často si aj strieľne prispôsoboval vlastnej predstave.

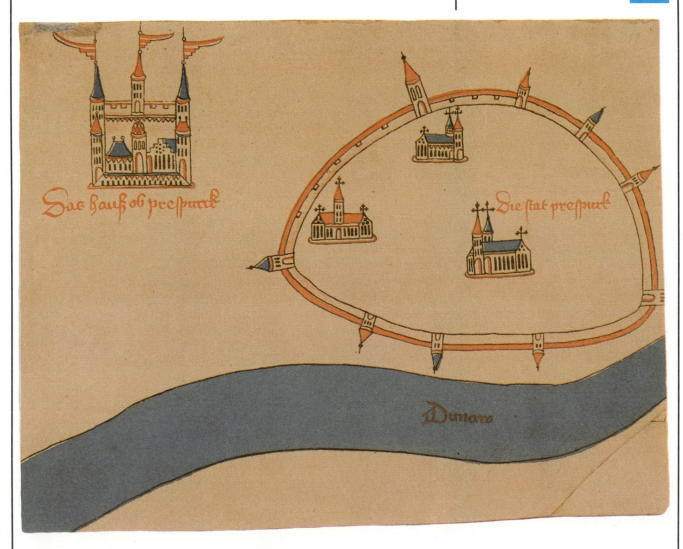

opevnenia. Už v prvej polovici 14. storočia sa spomína, že ľudí prichádzajúcich od Moravy vítala na Suchom mýte brána.

Po roku 1670 sa ešte Bratislava zabezpečovala obnovou palisád, brán a bastiónov na Špitálskom a Schöndorfskom predmestí, ale to boli posledné práce na mestských opevneniach. Mesto bolo nimi sputnané a nemohlo sa slobodne rozširovať, priam sa ich potrebovalo zbaviť. Na nariadenie Márie Terézie sa uskutočnila veľká úprava, opevnenia na východe a juhu sa zbúrali a priekopy zasypali. Tak sa Staré mesto spojilo s predmestiami a nastala nová etapa vývoja.

Najstaršie pôdorysné vyobrazenie Bratislavy pochádza z okraja gotického plánu Viedne z rokov 1438–55. Mesto pri Dunaji a pod hradom je obohnané hradbami, ale nie sú v ňom vyznačené ani ulice, ani námestia, len najvýznamnejšie kostoly a brány.

TVOJA BRATISLAVA — 65)

# Mesto slobodné a kráľovské
## (románska a gotická Bratislava)

MEDZI VZÁCNE UMELECKÉ DIELA V DÓME
PATRIA I POZLÁTENÉ DVIERKA
GOTICKÉHO PASTOFÓRIA – OZDOBNEJ SCHRÁNKY
VEDĽA OLTÁRA, KDE SA USCHOVÁVALA
SVIATOSŤ OLTÁRNA.

VLADIMÍR TOMČÍK

4)

# TVOJA BRATISLAVA

## STARŠIA AKO SEDEMSTO ROKOV

Stará Bratislava. Stará... Čo je to stará? Koľko rokov sa skrýva za týmto slovom, ktoré nemôžeme merať meradlom ľudského života, lebo 70 – 80 rokov v živote mesta neznamená veľa?

Mám na mysli stredovekú Bratislavu.

Nepomohol som ti? Ani sa nečudujem, veď ani vedci sa nevedeli dohodnúť, kam až siahajú počiatky stredovekej Bratislavy, prečo by si mal ty v tom jasno?

Orientačným bodom bol v tomto prípade rok 1291, keď uhorský kráľ Ondrej III. udelil bratislavským mešťanom mestské výsady. Mohol som tento dátum prekročiť a vydať sa hlbšie do histórie, do 12., či dokonca 11. storočia? Niektorí odborníci tvrdili, že áno. Váhal som. Naozaj môžem?

Začiatkom leta 1988 som si v pošte našiel pozvánku. V Umenovednom ústave Slovenskej akadémie vied bude prednášať môj spolužiak Martin Melicherčík. Je historik umenia (kunsthistorik, ako nás volajú vedci iných odborov) a zaoberá sa práve architektonickým vývojom Bratislavy v 12. a 13. storočí.

To je ono, pomyslel som si. V určený deň som si zobral pero, blok a potom som si pozorne zapisoval. Pravda, nie všetko, iba to najpodstatnejšie.

„Tempo umeleckohistorických výskumov v Starom meste sa za posledné roky výrazne zvýšilo. Tomu zodpovedá aj množstvo mnohých poznatkov, z ktorých viaceré sú zásadného charakteru a významu. Je to mimoriadne dôležitý moment v bádaní o dejinách stredovekej Bratislavy a potvrdzujú ho úplne nové a doteraz nepoznané objavy objektov, ktoré môžu byť datované do 13. – 14. storočia a podľa môjho názoru aj do 12. Ba možno by sa už dnes dalo uvažovať aj o murovanej architektúre siahajúcej do prelomu 11. a 12. storočia."

Tak predsa! A toto tvrdenie protirečí záverom celých generácií historikov! Prednáška pokračovala:

„Podarilo sa identifikovať najstaršie jadrá murovaných objektov, ich dispozície, typologické znaky a slohové detaily."

Nie je to pre teba príliš odborný slovník? Rýchlo si to preložme: podarilo sa určiť členenie vnútorných priestorov domov i jednotlivé detaily (napríklad časti kamenných obrúb románskych okien a portálov); tieto nálezy sú charakteristické pre stavebný sloh spomínaných storočí a možno ich pomerne presne datovať.

„Treba si uvedomiť, že nestojíme pred interpretáciou zvyškov objektov..."

Takto to ďalej nejde! Nemôžem sa stále zastavovať a prekladať. Radšej ti to poviem vlastnými slovami. Tak teda. Vďaka rozličným okolnostiam nemusia vedci krvopotne vymýšľať, ako Staré mesto vyzeralo, lebo mnoho stavieb – celých alebo sčasti prestavaných – sa zachovalo podnes. Pravda, poväčšine sa našli zakonzervované v budovách, ktoré vznikli neskôr, a teda sú mladšie.

Viacerí bádatelia predpokladajú, že vytvorením mesta s opevneniami odpovedal uhorský panovník na rozpínavosť českého kráľa Přemysla Otakara II. Opevnené mestá na hranici s českým kráľovstvom mali ochraňovať krajinu od západu. A tu má korene aj predpoklad tých vedcov, ktorí tvrdia, že opevnené Podhradie je staršie ako dnešné historické jadro.

Či bolo opevnenie len drevozemným valom, alebo murované, to je už iná otázka. Keď ju odborníci chceli vylúštiť, museli sa vrátiť aj k starším výskumom a nanovo ich preskúmať. Vychádzali nielen z veží a múrov,

### PRE ZVEDAVCOV

■ *Ondrej III. (vládol v rokoch 1290 – 1301) pochádzal zo starobylého maďarského kráľovského rodu Arpádovcov a bol posledným jeho mužským členom. Na trón sa dostal po Ladislavovi IV. Kumánskom. O vladársku moc musel ustavične bojovať so šľachtou a cirkevnými hodnostármi, ktorí ho nechceli za kráľa.*

Veľmi dôležité bolo právo trhu. V našom meste sa trhy konali na Hlavnom námestí čiže pred radnicou. Na mierkach v kamennom portáli jej vchodu sa každý mohol presvedčiť, či ho kupec nepodviedol. Železný nôž zase symbolizuje bratislavské právo výseku.

ktoré sa zachovali dodnes, ale pomáhali si aj takými stavbami, ktorých existenciu iba predpokladali. Takto „vybudovali" opevnenie, ktoré sa pôvodne pripájalo k fortifikačnému (obrannému) systému hradu a oddeľovalo sa od ďalších súbežných sídliskových útvarov na východ od Podhradia.

Hradbový múr Podhradia sa pri bašte Lugisland napájal na vežu vonkajšieho opevnenia hradu a pokračoval vežou v severozápadnom rohu dodnes zachovaného mestského opevnenia (táto veža bola pravdepodobne vtiahnutá do opevnenia a nad múrom rozšírená drevenou konštrukciou s ochodzami a strieľňami). Pri výskume roku 1975 narazili archeológovia na hradobný múr, ktorý sa ťahal k predpokladanej veži na konci vyústenia Klariskej ulice. Odtiaľ múr smeroval k bráne, ktorá sa v zadnej časti Jesenákovho paláca na Michalskej ulici číslo 3 zachovala až do výšky druhého poschodia, pričom v suteréne sú jej múry hrubé 2,5 metra! Ďalšia predpokladaná veža mohla byť v nároží de Pauliho paláca na Ventúrskej ulici číslo 11, ale tu ešte odborníci konečný záver nevyslovili. Za najvýznamnejší dôkaz pre existenciu opevneného Podhradia považuje Dr. Melicherčík blokový objekt nad vchodom Academie Istropolitany na Ventúrskej ulici, ktorý pokladá za ďalšiu bránu do opevneného Podhradia. Hradby potom ďalej išli k dómu (pod kaplnkou sv. Jozefa boli objavené zvyšky ďalšej veže) a odtiaľ k Žigmundovej bráne.

Ďalšiu časť prednášky som si opäť podrobne zapisoval: „Datovanie obranného systému Podhradia, ktoré bolo zrejme celomurované (ako na to poukazujú zvyšky múru pri veži v severozápadnom rohu hradieb), nemožno dnes uzavrieť. Najskôr však prichádza do úvahy obdobie okolo roku 1221, ktoré sa viaže na presťahovanie prepoštského kostola z hradu, alebo obdobie okolo tatárskeho vpádu prípadne tesne po ňom (teda okolo roku 1241 – dodávam ja). Z tohto hľadiska by typologicky starší príklad hranolovej veže v severozápadnom rohu opevnenia dovoľoval uvažovať aj o tom, že opevnenie pochádza práve z obdobia okolo roku 1221!"

Je tomu sedemsto rokov, ako uhorský kráľ ONDREJ III. udelil Bratislave 10. decembra 1291 výsady mesta, čo potvrdil touto listinou. Mnohí odborníci však považujú tieto privilégiá len za zhrnutie starších, ibaže písomne nepodchytených.

# TVOJA BRATISLAVA

Tak teda začiatok 13. storočia. Lenže my vieme, že stredoveké mesto sa rozvíjalo inde, ďalej na východ. Prečo? Lebo ani Bratislavu neobišli vojny a zničené stavby majú na svedomí rovnako Tatári ako vojaci českého kráľa Přemysla Otakara II.

Ani na východ od opevneného Podhradia nebola neobývaná plocha. Na mieste dnešného Hlavného a Františkánskeho námestia sa podľa Dr. Melicherčíka rozkladala osada okolo cesty, ktorá sa v strede – okolo trhoviska – rozširovala do šošovkovitého námestia. Nebola opevnená, preto jednotlivé domy boli obohnané múrom a mali vysokú obrannú vežu. Objavené zvyšky veží nevylučujú, že by nemohli pochádzať z druhej polovice 12. storočia. A Dr. Melicherčík sa nazdáva, že by táto osada prípadne mohla byť stotožnená so zatiaľ jedinou známou zmienkou o predmestí sv. Udalrika čiže Ulricha.

Podľa týchto predpokladov sa teda Bratislava rozvíjala podobne ako iné mestá v strednej Európe v tom čase, čo by ju pevne začleňovalo do tohto kultúrno-historického priestoru. A ostáva na odborníkoch, aby túto hypotézu novými objavmi potvrdili, či vyvrátili.

■ *Bratislava mala dve pečate – veľkú a malú. Malá sa používala predovšetkým na súkromné listiny a veľkou sa potvrdzovali najvýznamnejšie dokumenty. 2. 2. 1459 kráľ Matej Korvín povolil Bratislavčanom pečatiť aj červeným voskom, čo bolo najväčším potvrdením dôveryhodnosti.*

## SEDEMSTO ROKOV

Keď ľudia v stredoveku chceli založiť osadu, veľmi uvážlivo vyberali pre ňu miesto. Malo byť aj suché, a pritom v blízkosti vodného toku, na okolí s úrodnou pôdou, pomerne dobre ochrániteľné, ale aj ľahko prístupné. No a hlavne malo ležať pri nejakej obchodnej ceste, lebo len tak sa z osady mohlo vyvinúť mestečko a neskôr mesto. Pravda, mestom sa osada nestala len tak, že si obyvatelia povedali: „Odo dneška je naša osada mestom!" Na to potrebovali privilégium čiže výsadu, a tú im mohol udeliť iba majiteľ panstva, či dokonca sám panovník. Spočiatku to išlo pomaly, ale keď vrchnosť zistila, že i pre ňu je to výhodné, udeľovala výsady postupne všetkým veľkým či významným obciam. Uhorskí panovníci dokonca povolávali aj cudzincov – kolonistov – aby sa usadili na našom území a rozvíjali remeslá alebo obchod. A tí si so sebou priniesli aj staršie výsady, ktoré dostali vo vlasti.

Takéto osady rástli v 10. až 13. storočí ako huby po daždi. Napríklad len v 13. storočí vzniklo v Európe okolo 1500 miest, z toho 250 na území dnešného Česko-Slovenska.

Najstaršie mestské výsady na Slovensku má Trnava, pochádzajú z roku 1238, a v porovnaní s ňou dostala Bratislava mestské práva dosť neskoro. Nemyslím si však, že by bola bývala menej významná ako Trnava. Práve naopak. A v neistých časoch bolo pre osadu na hraniciach kráľovstva azda výhodnejšie a bezpečnejšie, ak jej obyvatelia podliehali hradu. Práva, ktoré Bratislave koncom 13. storočia udelil kráľ Ondrej III., ju však oslobodili od každej dovtedajšej závislosti a stali sa skutočne základom jej ďalšieho búrlivého rozvoja.

Starý, zožltnutý pergamen, na ktorom sú všetky tieto výsady popísané po latinsky, uschováva Mestské múzeum. Miestami je veľmi ťažko čitateľný. Ušetrím ti cestu aj oči a predložím ti ho v celom rozsahu.

„Roku Pána 1291, My, Ondrej, z božej milosti kráľ Uhorska, Dalmácie, Chorvátska, Bosnie, Srbska, Haliča, Lodomerska, Kumánie a Bulharska pozdravujeme v mene Spasiteľovom všetkých, čo budú čítať túto listinu. Kráľ je slávny množstvom osôb a národov, ktorým panuje, a zvykne milostivo svojím spôsobom ovplyvniť slobodu týchto osôb, aby počet ľudí, ktorí sa tešia určitým právam, v záštite zákona, vzrastal. Chceme teda touto listinou dať nasledujúce na všeobecnú

*Keď sa odborníci pustili do umeleckého a archeologického výskumu Pálffyho paláca na Panskej ulici, nik nepredpokladal, že narazia na také cenné pamiatky. Napríklad v podkroví odkryli cimburie z hornej časti vežového domu z 13. storočia, ktorý stál na susednej parcele.*

# MESTO SLOBODNÉ A KRÁĽOVSKÉ

Pečať k listine cisára Žigmunda.

Aj v neskorších dobách panovníci potvrdzovali, či udeľovali mestu ďalšie výsady. Kráľ ŽIGMUND mu roku 1436 udelil erbovú listinu s právom používať erb (možno ho datovať do polovice 13. storočia). Bratislava je jediným mestom v Európe, ktoré si dalo takúto listinu vyhotoviť v dvoch exemplároch – oba vyhotovil maliar Michal z viedenskej dielne.

známosť: Nakoľko občania nášho mesta Bratislavy, skrze dravosť a ukrutnosť nemeckú v dobe vojny vedenej medzi pánom kráľom Ladislavom, našim otcovským bratom, a kráľom českým, ďalej skrze Alberta, knieža rakúske a štajerské, boli vyhnaní a rozprášení zo svojho mesta a následkom ich domov a straty majetku veľkú škodu utrpeli, chceme dbať ich celkového počtu, aby zhromaždiac sa mohli sa tu zdržovať a aby im bola poskytnutá všemožná bezpečnosť k návratu do mesta a k zhromažďovaniu. Preto z našej kráľovskej moci a milosti sme sa uzniesli udeliť im nasledujúcu slobodu a výsadu: Že môžu si svojho predstaveného čiže richtára zo svojho stredu v deň sv. Juraja mučeníka na dobu jedného roka voliť, ktorý potom všetky ich záležitosti, vzniknuté buď v styku s obyvateľmi iných miest, alebo medzi sebou, s dvanástimi konšelmi môže vybavovať, podľa všeobecného zvyku medzi občanmi zachovaného. Nariaďujeme a povoľujeme ďalej, aby od ich viníc, starých i novozaložených, alebo tých, ktoré si ešte len založia, žiadnej podlžnosti nemali, a nemusia a nemajú odovzdávať z nich žiadne okovy, alebo ako sa to u nás všeobecne nazýva, vedrá, a tiež akýmkoľvek iným názvom menovanú daň nikdy platiť nemusia. Ďalej vyhlasujeme, čo sa týka lesov, dreva stavieb každého druhu, že kráľovskému stotníkovi na ustálenú dobu žiadnu podlžnosť, daň platiť nemusia. Povoľujeme im ďalej prievoz na Žitnom ostrove, v chotári mesta Bratislavy, kde sa začína rieka Challovo a kde oba brehy tejto rieky náležia nášmu mestu, a darujeme im tento prievoz s právom prístavu na večnosť tak, aby mali možnosť a voľnosť držať tam pre svoju potrebu člnky a lode také, aké sami chcú. Ďalej nariaďujeme, aby títo naši občania, keď budú so svojím tovarom a vozmi kamkoľvek po našom kráľovstve cestovať, nemuseli ani od tovaru, ani od koní, alebo od osôb cestujúcich s ich tovarom a či vracajúcim sa bez tovaru platiť žiadnu dávku alebo daň, ani pri bratislavskom prievoze, tak smerom na Heinburg, ako aj smerom na Žitný ostrov, ani vo Vajnoroch, ani pri prievoze rieky Moravy a pri všetkých iných mestách Bratislavskej župy, kde je vyberanie dávky obvyklé. Tiež chceme, aby od ľudu, ktorý z akýchkoľvek obcí a miest príde do tohto mesta Bratislavy preto, aby sa tu usadil, žiadna daň sa nevyberala. Ďalej, ak niekto z obyvateľov tohto mesta alebo predmestia dopustí sa nejakej viny na vidieku a podarí sa mu ujsť cez chotár mesta Bratislavy, nech súdi nad ním richtár a dvanásť konšelov mesta, kam ten prislúcha, vyjmúc prípad, že by sa vec odohrala v tomže meste alebo predmestí. Podobne nariaďujeme, že proti tým našim občanom a ich príslušníkom vonkajších svedkov vo všeobecnosti nemožno postaviť, z čoho tvorí výnimku iba prípad, keď sú ako svedkovia prítomní dvaja či traja obyvatelia tohože mesta, no musia to byť mestá a obce požívajúce tú istú slobodu ako Bratislava. Podobne ak sa niekto z obyvateľov alebo príslušníkov tohto mesta dopustí nejakého priestupku alebo výtržnosti, vtedy nech úradujúci richtár a konšeli podľa právnych zvykov a obyčají prisluhujú spravodlivosť, ako to právo mesta a ich výsadné právo vyžaduje. Ak by sa však richtár a konšeli alebo občania pri prisluhovaní spravodlivosti dopustili omylu, tak nie stránky, ale richtár a konšeli, keď sa medzi sebou ohľadom prisluhovania spravodlivosti stránkam dohodnúť nemôžu, nech sa obrátia na našu kráľovskú osobu. Ďalej ak sa niekto z nejakej obce chce presťahovať do Bratislavy preto, aby sa tu usadil, vtedy nech sa mu zemepán dotyčnej obce alebo majetku neodvažuje v jeho úmysle prekážať, ale ho musí nechať voľne odísť s celým majetkom, pravda, ak len svojmu zemepánovi zaplatil obvyklý a spravodlivý poplatok od pozemku. Ďalej židia bývajúci v tomto meste majú takú istú slobodu ako ostatní občania, ponechávame však

Takto vyzeralo podľa umeleckohistorických výskumov priečelie Starej radnice v polovici 15. storočia.

Nie na radnici, ako by sa predpokladalo, ale vo františkánskom kostole, v kaplnke sv. Jána hľadí na nás kamenná tvár, o ktorej sa hovorí, že zachytáva podobu prvého bratislavského richtára Jakuba.

MESTO SLOBODNÉ A KRÁĽOVSKÉ

v platnosti práva ostrihomského arcibiskupa a prepošta voči nim. Taktiež nech bratislavský richtár má prednosť pred našimi mincovníkmi (komornými grófmi) a nech sa postará o to, aby mesto úlohu mincovne čím skôr prevzalo so súčasným vymanením sa (vyňatím mesta) spod právomoci a dozoru župana. Ďalej nech platia desiatok z poľných plodín, podľa nemeckého zvyku, ako to majú v obyčaji občania ostatných miest dávať a platiť, ako to aj do tohto času bolo obvyklé. Ak sa niekto chce osadiť v tomto meste alebo v jeho predmestiach, nech požíva tú istú slobodu, ako majú občania tohto mesta. Ak však niekto v meste alebo jeho predmestiach bývajúci chcel by sa pod zámienkou, že musí platiť dane pápežovi, alebo iným titulom, vyprostiť zo svojich platobných povinností voči mestu, má právo richtár, konšeli a ostatní občania vylúčiť ho zo svojho stredu, vyjmúc však kanonikov a kňazov žijúcich v tomto meste. Ďalej rybári majú to isté právo, ktoré používali už od dávnych čias. To znamená, aby od

Keď vojdeš do radničného podbránia, hneď ti padnú do očí gotické klenby so svorníkmi (sú na nich údajne portréty členov kráľovského rodu Anjouovcov i erb manželky richtára Jakuba). Sú to najstaršie zachované stavebné prvky na radnici.

Aj tieto okná bývalého Pawerovho domu sú gotické. Vďaka reštaurátorom vyzerajú tak ako pred päťsto rokmi.

TVOJA BRATISLAVA

vyloveného počtu výz a iného druhu rýb, buď pod ľadom chytených, alebo spustenou sieťou do hĺbky, len jednu tretinu boli povinní odovzdať bratislavskému hradnému županovi. Inak budú mať rybári tie isté výsady a práva, ktoré prislúchajú ostatným občanom mesta Bratislavy. Ďalej nechceme, aby sme sa my alebo naša šľachta dopustili násilností, ale želáme si, aby naši bratislavskí občania a ich príslušníci v ničom neboli podriadení súdu nášho palatína. Ďalej sme milostivo dovolili, aby všetci obchodníci s látkou, dobytkom, rybami, z hociktorého kráľovstva alebo mesta prichodiaci do nášho mesta, svoj tovar voľne a bezpečne mohli vyložiť na predaj. To všetko sme vo zvláštnej milosti pre blaho našich vyššie menovaných občanov a pre vzmáhanie sa nášho mesta milostivo dovolili. Na večnú pamäť tohto všetkého vydali sme túto listinu potvrdenú našou pečaťou. Vydané z rúk nášho vzácneho majstra Teodora, prepošta stolnobelehradského, nášho dvorného podkancelára, milého a verného človeka nášho. Roku Pána 1291, dňa 10. decembra, v štvrtom roku platenia kráľovských daní a v druhom roku nášho panovania."

Pre Bratislavu sú významné aj ďalšie výsady, napríklad listina Žigmunda Luxemburského, v ktorej panovník pri svojej poslednej návšteve mesta roku 1436 nielen potvrdil všetky dovtedajšie výsady, ale ich aj rozšíril. Udelil dokonca mestu erb, ktorý sa používa dodnes: v červenom poli tri veže (Michalská, Laurinská, Vydrická brána) a hradby s cimburím. V strednej veži je brána s padacou mrežou. Odvtedy mohli Bratislavčania znak svojho mesta používať na pečatiach, listinách, zástavách, zbraniach i vojenských stanoch.

## DOM RICHTÁRA JAKUBA

Možno si čítal niektorú z povestí o Bratislave. A možno aj tú o chamtivom radnom pánovi, ktorý neunikol zaslúženému trestu. Rozpoviem ju teda tým, čo ju nepoznajú. Viaže sa totiž k radnici, či vlastne k portrétu starého bradatého muža na prvom poschodí radnice, hneď vedľa hlavného vchodu. Musíš skutočne dobre napínať oči, aby si maľbu vôbec rozoznal. No keď Karol Benyovszký roku 1930 písal *Povesti zo starej Bratislavy*, farby na obraze boli vraj ešte stále čerstvé.

Farby vybledli, aj papier zožltol, ale povesť stále uchováva príbeh starého muža z nástennej maľby.

Bol váženým bratislavským občanom, dokonca konšelom na radnici. Bol veľmi bohatý, ale ako to už býva — kto má veľa, chce ešte viac. Ľudia sa ho báli, lebo poznali jeho chamtivosť, a vedeli, že čo si raz zaumieni, to aj dosiahne. Navyše vraj poznal aj tajné sily prírody!

Na zasadnutie mestskej rady, kde sa zúčastňoval aj on, prišla raz chudobná vdova. So slzami v očiach žiadala radných pánov o pomoc a o ochranu pre nevinné siroty. Muža, s ktorým spoločne obrábali malé políčko a s biedou sa pretĺkali životom, nedávno pochovala. Ale teraz stratila i políčko.

„Bohatý sused mi ho zobral!" povedala a ukázala na starého muža.

Všetci sa zhrozili nad tou zlovôľou, len bohatý mešťan zostal pokojne sedieť. Vysmial sa vdove do tváre a vytiahol pergamen, podľa ktorého vraj políčko jej mužovi iba prenajal. „Keď ti to zatajil, je to tvoja chyba! Teraz, keď zomrel, pole je moje, a svoje právo budem uplatňovať!"

Darmo sa vdova ohradzovala, že písmo je falošné, konšeli len krútili hlavami, ale rozhodnúť si netrúfli.

- *Rozloha radnice sa rovnala veľkosti vtedajších hradov (Bojnice, Budatín, Devín, Likava, Strečno, Trenčín).*

- *V trezorovej miestnosti boli uložené aj strieborné mestské insígnie (odznaky) a strieborná reťaz.*

- *Kamenná výlevka z radničnej kuchyne sa zachovala v múre do Kostolnej uličky.*

- *Ľudská tvár vytesaná do kameňa ako ozdobný prvok sa nazýva maska, maskarón.*

- *Podľa richtára Jakuba čiže Jakubovým sa nazýva jedno z bratislavských námestí.*

- *Prvá zmienka o richtárovi Jakubovi pochádza z roku 1279 a súvisí s majetkom Blumenau, ktorý mu daroval kráľ Ladislav IV. Ďalšia zmienka je z roku 1314, keď sa spomínajú i jeho zásluhy pri stavbe dvoch veží mestského opevnenia.*

Bratislavská Stará radnica, najstaršia na Slovensku, je bohatou zmesou všetkých historických stavebných slohov.

MESTO SLOBODNÉ A KRÁĽOVSKÉ — 73)

TVOJA BRATISLAVA

(74

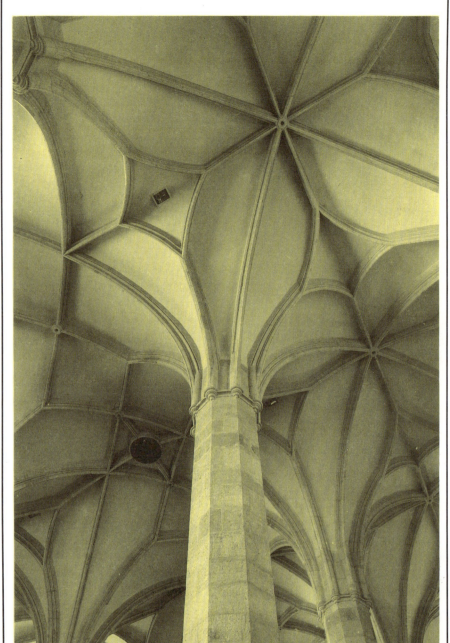

Klenby gotických stavieb, z ktorých sa zachovali zväčša len chrámy, sú majstrovskými dielami gotického staviteľstva. Keď na ne zdola pozrieš, akoby sa ti nad hlavou rozprestrela kamenná čipka. Túto bratislavskú „háčkovali" kamenári z Puchsbaumovej viedenskej dielne.

■ Z Bratislavského okrášľovacieho spolku vzniklo 1. júla 1868 Mestské múzeum a zaslúžil sa oň bratislavský mešťanosta Henri Just. Dnes má múzeum 12 expozícií: expozíciu dejín mesta, expozíciu feudálnej justície, expozíciu vinohradnícko-vinársku, expozíciu zbraní a mestského opevnenia, expozíciu Vajnorský dom, expozíciu Janka Jesenského, expozíciu umeleckých remesiel, expozíciu hodín, expozíciu antiky, expozíciu farmácie, rodný dom J. N. Hummela a expozíciu na Devíne.

■ Rozmery dómu sú úctyhodné: výška lodí 16,02 metra, výška svätyne 18,50 metra, dĺžka 69,37 metra, šírka 22,85 metra a hrúbka múrov 1,5 metra.

■ Poduška na veži dómu má plochu 4 metre štvorcové a koruna váži 300 kilogramov.

■ Najstarší zachovaný zvon v dóme pochádza z roku 1670.

■ Prvé hodiny sa na veži dómu objavili roku 1549.

■ Na hlavnom oltári boli aj sochy dvoch anjelov, ktoré pri úpravách predala farnosť za 600 forintov budapeštianskemu Národnému múzeu, kde sa nachádzajú dodnes.

Donnerovo olovené súsošie sv. Martina je jedným z najznámejších bratislavských umeleckých diel. Ako patrocinium (zobrazenie patróna, ktorému je chrám zasvätený) stálo pôvodne za hlavným oltárom. Neskôr ho vyložili von na východnú stranu výklenka svätyne, až napokon našlo miesto v pravej chrámovej lodi.

„Nech teda prisahá!" zvolala zúfalá žena. „Keď môže čistú ruku zdvihnúť, nech má pravdu! A ja so svojimi deťmi budem trpieť!"

Starý muž sa postavil a pomaly vyberá pravicu zo záhybov šiat. Vyslovuje slová falošnej prísahy.

V tom okamihu sa zotmelo. Vietor rozpoltil okná a prítomných oslepili blesky a ohlušili hromy.

Keď sa múdri bratislavskí konšeli po chvíli spamätali a pozreli na seba, s radosťou zistili, že sú celí. Iba jeden z nich chýbal. Zostal po ňom len obraz, ktorý namaľoval čert na stenu radnice na výstrahu pred zlými skutkami.

Možno sa zasmeješ: veď je to len povesť. Iste, ale veľa hovorí o viere človeka v spravodlivosť, ktorá sa v stredoveku usídlila na radnici — v budove, kde sa konali zasadania a rokovania predstavených obce.

V rodiacich sa stredovekých mestách sa členovia mestskej rady stretávali sprvu v richtárovom dome. V Bratislave v dome prvého tunajšieho richtára Jakuba na Hlavnom námestí — bol to opevnený dvorec s obytnou vežou a s 11 metrov vysokým múrom, ktorý sa končil cimburím. Neskôr sa radní páni v mestách schádzali v budove, ktorá patrila mestu, a nie jednotlivcovi, a to sme už pri radnici. Lenže Bratislavčania (ako dosvedčuje záznam z roku 1378) nazývali radnicou Jakubov dom a vôbec nemali v úmysle sťahovať sa inde. V tom čase vlastnili tento dom Jakubovi synovia Pavol a Štefan, ale v zadlženosti museli časť domu predať židovi Izákovi, čo sa Bratislavčanom nepáčilo. Nebudú sa predsa o „radnicu" deliť s úžerníkom! Roku 1387 donútili preto Izáka dom predať. Ten sa iste nesťažoval na zlý obchod, veď 447 florénov nebolo na tú dobu málo. A mešťania boli spokojní, že majú

Kostol a kláštor františkánov utrpel pri zemetraseniach roku 1680 a 1686 viaceré škody, zrútila sa napríklad klenba lode, takže dnešná pochádza z obdobia renesancie. V bočnej kaplnke sv. Jána na severnej strane kostola sa však gotická klenba zachovala, podobne ako krásne gotické okná.

TVOJA BRATISLAVA

dom na Hlavnom námestí. A nie hocijaký! Veľkosťou i vzhľadom sa vyrovnal väčšine vtedajších hradov a stál na križovatke obchodných ciest.

Dnes by sme mohli k tomu pridať, čo oni nemohli tušiť, a to, že bratislavská Stará radnica (ako ju voláme) je najstaršia radnica na Slovensku. Vznikla ešte pred stavbou mestského opevnenia a mestská rada sa v nej schádzala už v 14. storočí.

Pôvodná časť jakubovského domu čoskoro nedostačovala mestu, ktoré sa búrlivo rozrástlo a nadobúdalo čoraz väčší význam. Mešťania skupovali vedľajšie domy (Pawerov dom, Ungerov dom, neskôr i Apponyiho palác) a priestory radnice sa rozširovali. Veža s vysokou strechou, s ochodzou a so zelenými drevenými arkiermi pripomínala dnešnú pražskú Prašnú bránu alebo veže na Karlovom moste. Na priečelí členenom gotickými oknami majster Štefan osadil zvonec, ktorý oznamoval začiatok a koniec zasadnutí mestskej rady. To už radnica prešla opravou po ničivej paľbe z hradu pri konflikte o budúceho uhorského kráľa.

Radnica ovplyvnila ďalší vývoj Hlavného námestia. Konali sa tu trhy, rozličné slávnosti, divadelné predstavenia, kráľ tu vynášal rozsudky, kat vykonával svoje remeslo, na výstrahu sem umiestnili pranier a klietku hanby... Námestie sa stalo centrom mesta.

Radnica zase predstavovala centrum bratislavskej samosprávy. Tu v pisárni pisári viedli daňové knihy, spisovali testamenty a rôzne svedectvá, sem bol umiestnený archív mesta. Tu úradoval richtár, konali sa súdy, obhajovali sa práva mesta a mešťanov. Na prvom poschodí sa nachádzala veľká zasadacia miestnosť spojená s kaplnkou, v ktorej sa radní páni pred závažnými rozhodnutiami pomodlili. Sála slúžila aj na reprezentáciu mesta: odbavovali v nej hostiny, svadby, oslavy členov rady, vítali sa vzácni hostia, vyslanci, králi. (Páni však asi často oslavovali tak bujaro, že pohoršovali svojich spoluobčanov, čím ohrozovali vážnosť tejto ustanovizne, preto sa oslavy presťahovali do neďalekého Zeleného domu.) Na prvom poschodí bola trezorová komora s tromi okovanými truhlicami, v ktorých ležali vzácne dokumenty, mestské listiny, pečatidlá, vzácny riad. Aj skriňa, na ktorú dali urobiť mocnú mrežu, slúžila ako trezor.

Na nádvorí a na prízemí panoval čulý ruch. Sídlila tu mestská stráž, zbrojnica, skladovali sa tu delové gule i pušný prach. V týchto priestoroch sa obchodovalo s drahým tovarom, istý čas tu fungovala mincovňa, čapovalo sa tu dokonca pivo. A podzemie neskrývalo len sudy s vínom, ale aj žaláre a mučiarne.

Podobný pestrý obraz poskytuje aj množstvo prestavieb a dostavieb Starej radnice. Gotiku strieda renesancia a barok. Stavebná činnosť sa ukončila až roku 1912, keď v neogotickom slohu dostavali východné krídlo na Primaciálnom námestí.

Rozprávanie o radnici a námestí pred ním zakončíme súdmi, sudcami a odsúdencami. Po udelení mestských práv totiž súdili previnilcov členovia mestskej rady na čele s richtárom, a to pod holým nebom – na Hlavnom námestí alebo na nádvorí radnice.

Do 14. storočia nebolo zvykom zatvárať odsúdených do väzenia. Zriadili ho až roku 1370 v pivniciach Starej radnice, a keďže ho napĺňali najmä dlžníkmi, vežu radnice nazývali Bratislavčania vežou dlžníkov. Ak vyniesli sudcovia rozsudok smrti, kat s dvoma členmi mestskej rady (hneď či na druhý deň) odviedli odsúdeného na popravisko pred radnicou (neskôr za hranice mesta pred Michalskú bránu). Takéto verejné popravy sa skončili roku 1844, keď kat sťal dvoch mužov odsúdených za vraždu poslanca.

■ *V pravej lodi dómu pod chórom upozorňuje pamätná tabuľa, že tu dňa 22. 11. 1835 bola predvedená Beethovenova omša Missa solemnis (D-dur), čo bolo jej druhé uvedenie v celej Európe (prvé bolo vo Viedni).*

■ *Roku 1863 z podnetu dómskeho farára Karola Heillera vznikol spolok na budovanie Dómu sv. Martina.*

Pod maskarónom na rohu bývalého vežového domu oproti Starej radnici býval pranier, kde „vystavovali" previnilcov za ľahšie prečiny.

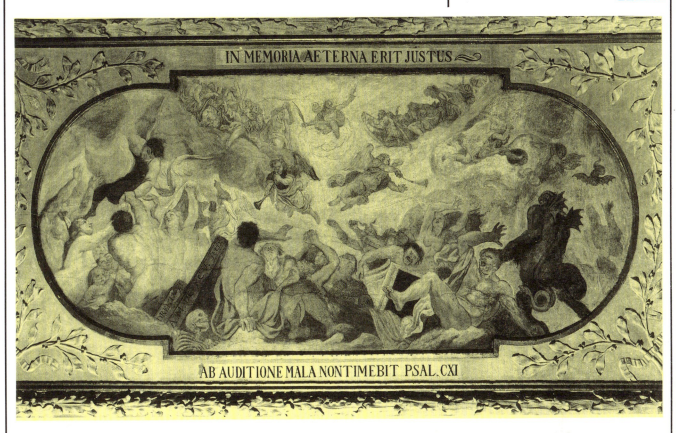

Mestská kniha rozsudkov z roku 1584 opisuje všetky väčšie zločiny z územia nášho mesta, ako aj tresty za ne... Životom zaplatil za spupné správanie klobučník Michal Kramer, ktorý napadol svojho dlžníka, opovržlivo sa vyjadroval o majstroch klobučníckeho cechu a navyše mal štyri nemanželské deti. Ďalší mešťan bol za vraždu uviazaný koňovi o chvost, vláčený po Hlavnom námestí, lámaný v kolese, trhaný kliešťami a popravený. Roku 1476 kráľ Matej Korvín prikázal odsúdiť na smrť a mučiť polapeného špióna, aby prezradil, „ktoré kráľovské písma a ktoré tajnosti prezradil cisárovi Fridrichovi"...

V nedeľu, keď bolo v meste najviac ľudí, si vinník postál na pranieri, kde si ho každý výdatne poprezeral, ale aj zosmiešnil alebo opľuval, ale mohol byť aj zbičovaný a palicovaný. Za rušenie nočného pokoja a za malé krádeže na trhu si výtržníci a zlodeji posedeli v klietke hanby na Františkánskom námestí, kde sa striedali so zlomyseľnými, hádavými, klebetnými a nemravnými ženami. A čo sa stalo nepoctivému pekárovi, ktorý piekol malé chleby a používal zlú múku? Zavreli ho do koša a po hrdlo strčili do studne.

Na konci 17. storočia sa gotická klenba v Súdnej sieni na prvom poschodí nahradila novou, na ktorú Ján Drentvett namaľoval biblický výjav Posledného súdu.

## NAJVZÁCNEJŠIA GOTICKÁ PAMIATKA

V predchádzajúcich kapitolách si sa dočítal, že najstarší veľkomoravský kostol objavili na Bratislavskom hrade. Neskorší kostol, ktorý stál na jeho mieste, navštevovalo veľa obyvateľov Podhradia, čím ohrozovali bezpečnosť pevnosti, veď sa medzi nich mohli zamiešať nepriatelia a pokúsiť sa pevnosť obsadiť. Preto pápež 4. apríla 1204 povolil kostol sv. Salvátora presťahovať dole, do Podhradia. Vybrali preň miesto na pozemku staršieho cintorína, kde už stála staršia kaplnka. Vtedy nikto netušil, že nový chrám bude raz najväčšou gotickou stavbou v meste.

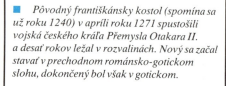

- Pôvodný františkánsky kostol (spomína sa už roku 1240) v apríli roku 1271 spustošili vojská českého kráľa Přemysla Otakara II. a desať rokov ležal v rozvalinách. Nový sa začal stavať v prechodnom románsko-gotickom slohu, dokončený bol však v gotickom.

- Kaplnka sv. Jána pochádza zo 60. rokov 14. storočia a sú v nej pochovaní členovia rodiny richtára Jakuba.

- Františkáni – mužská katolícka rehoľa, ktorú založil František Assiský v Taliansku roku 1209. Vyučovali a vychovávali mládež, boli skvelými kazateľmi a v našich krajinách horlivo vystupovali proti husitom a bratríkom. V Bratislave založili kláštor asi roku 1250.

- Klarisky – ženská katolícka rehoľa, ktorú založila Klára a František Assiskí v Taliansku roku 1212. Do Bratislavy prišli roku 1270.

Kostol klarisiek (dnes je v ňom expozícia gotického umenia) sa budoval v 13. a 14. storočí. Päťboká vežička na juhozápadnom nároží vznikla okolo roku 1400 a je prekrásnou ukážkou gotickej architektúry.

Bratislavský Dóm sv. Martina, ako znie jeho celý názov, nevznikal ani rýchlo ani jednoducho. Trvalo niekoľko storočí, kým bol dokončený, a aj neskôr prešiel ďalšími úpravami.

Najstaršie písomné dokumenty o stavbe dómu sa nezachovali, zhoreli pri požiari archívu vo vojne s českým kráľom Přemyslom Otakarom II. Podľa odborníkov sa vraj najprv popri múroch pôvodného kostolíka začala dvíhať zo zeme chrámová veža a obvodové múry, lebo to bolo pri mestských hradbách, a veža mala byť súčasťou opevnenia (podľa záznamov mala neskôr až deväť diel). Preto na tejto strane nevznikol nijaký vchod do chrámu a múry neskrášľuje ani jednoduchá sochárska výzdoba. Veža bola niekoľkokrát prestavovaná a poškodili ju nielen vojny, ale aj zemetrasenie, až napokon roku 1849 nadobudla dnešnú podobu. Na pamiatku korunovácií uhorských kráľov umiestnili roku 1849 vo výške 85 metrov kovovú podušku, na ktorej leží silne pozlátená napodobenina svätoštefanskej koruny. Vtedy tiež bratislavský profesor Flóriš Romer inštaloval na veži bleskozvod.

Dóm — trojloďový sieňový chrám — má vnútorný priestor členený stĺpmi na tri časti zvané lode, ktoré sú rovnakej výšky, osvetlené oknami v obvodových múroch. Stredná loď je dlhšia ako dve bočné a jej presahujúca časť vpredu sa nazýva svätyňa. V nej (ako v každom katolíckom chráme) sa vždy nachádzal hlavný oltár.

Pri stavbe sa v plnej miere uplatnil gotický sloh, ktorý vtedy kraľoval v Európe, len románsky stĺpik nájdený a zachovaný na hlavnom vstupe dokumentuje staršie obdobie. Ako ukazujú tvary jednotlivých architektonických častí (portálov, okien, formovania kamenných rebier na strope), svoje umenie tu predviedli aj majstri viedenskej a pražskej dielne. Nemožno nespomenúť i ďalšie vzácne gotické pamiatky vnútri chrámu — sochu sv. Trojice nad vchodom do kaplnky sv. Anny, náhrobné kamene osadené v múroch či bronzovú krstiteľnicu.

V časoch husitských vojen lode kostola prikrýval iba drevený strop, lebo stavba stála — všetky stavebné kapacity (ako dnes vravievame) boli presunuté na výstavbu a zosilňovanie mestských opevnení. Kamenné klenby dostal chrám až v rokoch 1427—35.

Práca najčastejšie viazla pre nedostatok peňazí, aj keď mnohé významné osobnosti venovali nemalé sumy. Napríklad česká kráľovná Žofia, ktorá po smrti manžela Václava IV. žila v Bratislave, dala postaviť kaplnku na poschodí v juhozápadnom kúte kostola, o čom dodnes svedčí kamenný reliéf s levom — znak českého kráľovstva — na jej strope. Kráľovi Matejovi Korvínovi sa dokonca rozmery stavby zdali nedostačujúce, a tak dal zbúrať už hotové múry svätyne a prikázal ju predĺžiť. Preto je v chráme (medzi inými) aj erb kráľa Mateja i erb Olomouca, mesta, kde ho korunovali za českého kráľa.

V 18. storočí ožil dóm opäť veľkou stavebnou činnosťou. Prispôsobovali ho móde, presnejšie barokovému slohu. Vtedy vznikla kaplnka Jána Almužníka i nový hlavný oltár, z ktorého sa zachovala len časť, našťastie tá najkrajšia a najvzácnejšia. Za novým oltárom trónila socha jazdca na koni, patróna kostola svätého Martina. Zachytáva rímskeho vojaka Martina, ako sa skláňa z koňa k starému žobrákovi, aby ho prikryl polovicou svojho plášťa. Dielo je vynikajúcou ukážkou barokového slohu, všetko je nadsadené, šaty vejú v divom vetre, kôň sa vzpína na zadné nohy a Martin šabľou rozsekáva plášť. Olovenú sochu vytvoril rakúsky sochár Juraj Rafael Donner a natrvalo sa ňou zapísal do dejín výtvarného umenia. Dnes je súsošie umiestnené v rohu pravej lode.

V dóme môžeš chodiť dlho, obdivovať krásu farebných okien, vysoké osemhranné stĺpy, rebrá na zaklenutí lodí, gotické a renesančné náhrobky. Na stene vľavo od hlavného oltára sa nachádza zoznam uhorských kráľov a kráľovien, ktorí boli v bratislavskom dóme korunovaní. To je ďalšia pamiatka na tieto veľkolepé slávnosti. Ale o nich neskôr.

Ako som spomínal, dóm vyrástol na mieste starého cintorína. Tradícia pochovávania sa tu zachovala do 19. storočia, iba sa preniesla do podzemných krýpt. Z kaplnky sv. Anny vedú schody šesť metrov pod zem, kde sa začínajú tmavé zákutia katakomb. Tu odpočívajú významné cirkevné osobnosti, šľachtici (medzi nimi autor prvého slovenského románu Jozef Ignác Bajza).

Okrem Dómu sv. Martina pribudlo v Bratislave v stredoveku nemálo

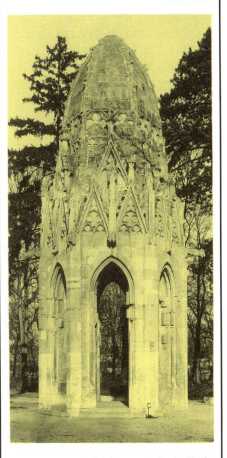

Gotická veža v petržalskom parku Janka Kráľa pôsobí ako pavilónik, vytvorený priamo preň. V skutočnosti je to pôvodná veža františkánskeho kostola, ktorú zemetrasenia a požiare tak poškodili, že hrozila spadnúť, a tak ju roku 1897 sňali a preniesli sem. Kostol dostal novú vežu v neogotickom slohu.

ďalších kostolov a kláštorov. Mnohé z nich sa nezachovali (napríklad v čase tureckého nebezpečenstva boli všetky kostoly pred hradbami mesta zbúrané), alebo boli prestavané. Popri dóme patrí k najvzácnejším gotickým stavbám kostol klarisiek, kaplnka sv. Kataríny na Michalskej ulici a kostol františkánov. Priečelie posledného prestavali v barokovom slohu a jeho gotickú vežu, ktorú veľmi poškodilo zemetrasenie, preniesli do petržalského parku. Tam ju môžeš vidieť aj ty.

Ak si niečo ceníme, zvykneme to vyjadriť aj navonok, či už poctami alebo titulmi. Dóm sv. Martina je jednou z pamiatok, ktorým sa nedávno dostalo cti nazývať sa národnou kultúrnou pamiatkou.

■ *Kostol klarisiek vznikol pri kláštore, ktorý si klarisky vybudovali na mieste staršieho kláštora cisterciánok, založeného roku 1132 uhorským kráľom Belom II.*

■ *Kaplnku sv. Kataríny na Michalskej ulici dal postaviť mních František de Colomba roku 1311.*

## DOM S HUSITSKÝM KALICHOM

Pred mnohými rokmi, v jeden nezvyčajne studený marcový deň, sme sa s otcom vybrali na prechádzku. Mrzlo a pod nohami nám vržďal čerstvo napadaný sneh. Prešli sme popri Dunaji a vnorili sa do uličiek Starého mesta. Domy sa pomaly strácali v modrom závoji zimného večera.

Za budovou hlavnej pošty postávali hlúčiky ľudí. Vyvracali hlavy, aby dovideli na čísla posledného ťahu Športky, vyvesené na prvom poschodí. Sem-tam voľakto zašomral, že sa „trafil" vedľa. Ani my sme nevyhrali prvú cenu. Kráčali sme ďalej smerom k františkánskemu kostolu a o chvíľu otec zastal:

„Aha, toto je Husitský dom."

Husitský, tu, v Bratislave? nešlo mi do hlavy.

„Poď sa pozrieť!" volal ma.

Vošli sme na nádvorie a tam na arkádach som v šere matne rozoznal kalich, znak husitov, podľa čoho ich aj volali kališníci.

„Takto koncom marca v Bratislave vyjednával cisár Žigmund Luxemburský s husitským vodcom Prokopom Veľkým. A Prokopova spanilá jazda táborila neďaleko odtiaľto."

Moja detská fantázia okamžite zapracovala na plné obrátky. Nedávno som videl v kine historické filmy Jan Hus, Jan Žižka a Proti všem a zdalo sa mi, že pod klenbou vchodu počujem husitskú pieseň Ktož sú boží bojovníci.

V časoch husitských bojov patrila Bratislava medzi najväčšie a najvýznamnejšie mestá v Uhorsku. Nebola to náhoda. Bratislavčania totiž medzi prvými vzdali hold mladšiemu synovi českého kráľa Karla IV. – Žigmundovi. Tomuto ctibažnému a márnotratnému človeku to iste lichotilo, ale ešte väčšmi sa mu páčilo, že s tým holdom sa spájala aj ochota vo všetkom mu vyhovieť. V neskrotnej túžbe po moci, o ktorú musel bojovať s mocnými feudálmi, využil všetko, čo sa len dalo. A mestá, mešťania mu boli oporou. Čo si len napožičiaval od nich peňazí! Ako odmenu udeľoval potom mestám nové výsady a zabezpečil im aj účasť na zasadnutiach krajinského snemu. Mestá, ktorým sa dostalo takejto cti, sa začali nazývať slobodné kráľovské mestá.

Pred husitmi mal Žigmund veľký rešpekt. Po obrovskom neúspechu v bojoch proti husitským „kacírom" sa usiloval krajinu ochrániť budovaním mocného systému opevnení na jej hraniciach. A u koho našiel najväčšiu podporu a peniaze? Zase len u bohatých mešťanov. Tí sa rovnako báli husitov ako poddaných, ktorí s nimi čoraz väčšmi sympatizovali.

V januári roku 1428 pritiahli husitské vojská k Bratislave. Vo februári vypálili časť Podhradia pri kostole sv. Mikuláša i predmestie Nové mesto. A hoci predtým Žigmund prikázal opevňovať hrad

*Medzi vzácne umelecké diela v dóme patrí napríklad 92 centimetrov vysoká gotická bronzová krstiteľnica z roku 1409 (vrchnák je barokový).*

■ *„Husitský" dom sa nachádza na Františkánskej ulici č. 3.*

# MESTO SLOBODNÉ A KRÁĽOVSKÉ — 81)

■ *Predmestie Nové mesto sa rozkladalo na miestach dnešnej Špitálskej a Dunajskej ulice.*

■ *Rokovanie s husitmi v Bratislave prebiehalo od 30. 3. do 9. 4. 1429.*

■ *Roku 1432 zo strachu pred husitmi boli knihy bratislavskej kapituly a cennosti z dómu prenesené do Starej radnice.*

■ *Kalich s hostiou na arkádach „husitského" domu tam nezanechali husiti, ako si mnohí mylne myslia (veď oni sa nemohli ani v pokoji zísť, nieto ešte manifestovať svoje sympatie), ale dali ho urobiť františkáni na znamenie úspechov proti reformácii v meste.*

Keď začiatkom roku 1428 vpadli husiti na západné Slovensko, neobišli ani Bratislavu, ale nedobyli ju. O rok tu bezúspešne vyjednával ich vodca Prokop Holý s cisárom Žigmundom. A roku 1433 sa bratislavským husitom, ktorí sa údajne potajomky stretávali v dome na Františkánskej ulici, takmer podarilo ľsťou vpustiť husitské vojská do mesta

a mesto, teraz nechcel riskovať a radšej vyjednával. Ale ani po jedenástich dňoch sa nemohol pochváliť nijakou dohodou.

Žigmund prišiel na zasadanie na hrade spolu s najvyššími cirkevnými a svetskými hodnostármi. Medzi kališníkmi sa vynímal Prokop Holý zvaný Veľký a Peter Engliš, ktorý žiadal, aby sa na rokovaniach zúčastnili aj tunajší obyvatelia. Husitské heslá „aby pánov nebolo a aby jeden druhému nebol poddaný, aby prestalo platenie daní a úrokov a nebolo nikoho, kto by k tomu nútil" uchvátili totiž aj chudobných Bratislavčanov, najmä rybárov a robotníkov vo vinohradoch.

Husiti, ktorí si boli vedomí prevahy, nepristúpili na Žigmundovu požiadavku, aby vrátili zhabané panské majetky, a nesúhlasili ani s navrhovaným prímerím. Neverili mu, veď sa im ustavične vyhrážal, vždy sa k nim správal nenávistne, často prisahal, že vykynoží všetkých kacírov.

Stretnutie sa zopakovalo v lete, ale opäť bolo neúspešné. Žigmund

TVOJA BRATISLAVA

Táto tabuľa v Mestskom múzeu hovorí o práve Bratislavčanov vykonávať aj rozsudky smrti. Kráľ Matej Korvín Zlatou bulou z roku 1464 potvrdil predchádzajúce výsady mešťanov a udelil im aj právo meča. Výsady Bratislavčanov boli dokonca také veľké, že súdiť ich nemohol nik iný len bratislavský richtár.

Gotický ráz Bratislavy sa narušil v 18. storočí, zmizli mnohé gotické stavby a spolu s nimi rôzne prejavy výtvarného umenia. Tie, ktoré sa zachovali, strážime ako vzácne pamiatky. Patrí medzi ne aj kamenná postavička z domu číslo 29 na Panskej ulici, ktorej Bratislavčania dali meno Posmievačik.

vlastne hral na dve strany: chcel s husitmi uzavrieť dohodu, a súčasne roku 1430 poslal pápežovi tajné posolstvo, v ktorom vyvracal chýry o dohode s nimi.

Po celej ceste domov sa otec pokúšal nasýtiť moju zvedavosť: „Páni sa kališníkov veľmi báli. Už vtedy mali husiti svoje vojenské posádky v mnohých okolitých mestách — v Trnave, Skalici, Topoľčanoch, ba dostali sa až na Spiš. Bratislavskí husiti, ktorí sa tajne schádzali práve v tom dome, sa dohodli, že obsadia mesto. Podobne, ako to urobili neskôr v Trnave. Tam sa prezliekli za kupcov a nikým nerušení vošli do mesta, tasili zbrane, a kým sa posádka spamätala, mali ho už obsadené. Bratislavských husitov viedol rytier Peter Kutěj z Kútov. Chceli sa zmocniť Vodnej veže a Laurinskej brány a tadiaľ vpustiť vojsko do mesta. Bola to dobrá lesť, ale neudržala sa v tajnosti, sprisahanie bolo odhalené a husiti sa do Bratislavy nedostali."

Kostol klarisiek neslúži účelu,
pre ktorý ho vybudovali.
Je v ňom umiestnená
zbierka stredovekého umenia.

TVOJA BRATISLAVA — 85)

# Perom a mečom
## (renesančná Bratislava)

VLADIMÍR TOMČÍK

KEĎ TURCI ZABRALI JUŽNÚ ČASŤ UHORSKÉHO KRÁĽOVSTVA,
BRATISLAVA SA STALA JEHO HLAVNÝM MESTOM.
A HOCI PREDTÝM SA SNEMY KONALI AJ V INÝCH MESTÁCH,
V 18. STOROČÍ UŽ VŠETKY BOLI V BRATISLAVE.
AŽ DO POLOVICE 18. STOROČIA ZASADALI
V RÔZNYCH BUDOVÁCH,
KÝM NEDOSTALI PRÍSTREŠIE V BÝVALOM PALÁCI
UHORSKEJ KRÁĽOVSKEJ KOMORY NA MICHALSKEJ ULICI.

## UNIVERZITA DUNAJSKÉHO MESTA

„Pavel biskup, služobník sluhov Božích, posiela pozdrav a apoštolské požehnanie..." Tak sa začína list pápeža Pavla II., ktorý adresoval uhorskému kráľovi Matejovi Korvínovi. A po zvyčajných úvodných vetách pokračuje: „Aj žiadosť, ktorú nám odovzdal milý v Kristu náš syn Matej, slávny kráľ Uhorska, uvádza, že v Uhorskom kráľovstve, hoci rozsiahlom a úrodnom, niet univerzity, a preto niektorí obyvatelia kráľovstva, nadaní a spôsobilí pestovať vedy, pre svoju chudobu a ďaleké cestovanie, pre nebezpečné cesty a neznalosť jazyka často nejdú do miest, kde sú univerzity, na veľkú škodu všeobecnej cirkvi, kráľovstva a kresťanského náboženstva, ktoré nemá vzdelaných mužov obzvlášť proti bludom, prenikajúcim zo susedných krajín. Preto spomenutý kráľ nás ponížene poprosil, aby sme mu láskavo udelili právo založiť v jeho kráľovstve univerzitu a postarať sa aj o uvedené veci.

My teda, ktorí sa čoraz túžobnejšie usilujeme, aby za našich čias všade prekvitalo pestovanie vied na upevnenie samej viery, pod vplyvom týchto prosieb Vám, bratia, povoľujeme zriadiť v niektorom meste alebo mestečku tohto kráľovstva, ktoré sám kráľ vyberie ako vyhovujúce na ten cieľ, univerzitu so všetkými fakultami aj s kancelárom a prikázaním dôchodkov pre tých, ktorí tam budú v tom čase prednášať. A rovnako povoľujeme spísať a zaviesť štatúty, zvyky a všetko vyučovanie podľa vzoru univerzity v Bologni... Ďalej povoľujeme kancelárovi tejto univerzity, aby povýšil osoby, spôsobilé a zaslúžilé na jednotlivé stupne, aby im udelil hodnosti a odznaky a aby kancelár vykonával všetky povinnosti svojho úradu a podľa vzoru kancelára univerzity v Bologni...

Dané v Ríme U svätého Petra 19. mája 1465 po narodení Pána, v prvom roku nášho pontifikátu."

Možno si povieš: Prečo si taký veľký kráľ ako Matej Korvín žiadal povolenie od pápeža? Nuž, mohol univerzitu založiť aj sám, ale vedel, že s pápežským požehnaním bude všeobecne uznávaná a hodnosti udelené jej študentom budú platiť v celej Európe.

Tristočlenné posolstvo putovalo z Uhorska do Ríma niekoľko týždňov. Viedol ho Ján Pannonius, biskup z Pécsu, a ochranu zabezpečoval šľachtic Ján Rozgoň zo Sedmohradska. Po útrapách na zamrznutých, rozbahnených a nie vždy bezpečných cestách posli konečne dorazili do Ríma. Mali šťastie. Pápež ich čoskoro prijal a azda i „kolok" z 20 000 razených kremnických zlatých spôsobil, že na list kráľa Mateja napísal vlastnou rukou: Fiat, ut petitur de creatione. P. Čiže: Nech sa stane, ako sa žiada urobiť. Pavol. Pre pápežskú kanceláriu to znamenalo príkaz okamžite vyhotoviť pergamenovú listinu, z ktorej časť si čítal.

Na Academii Istropolitane – lebo o nej je reč – sa začalo prednášať na jeseň roku 1467. Čo sa dialo dovtedy? To najdôležitejšie: vyberalo sa mesto, kde bude vysoká škola sídliť, zháňali sa profesori, čo by na nej učili, vymýšľalo sa pre ňu meno, dnešnými slovami univerzita sa organizačne zabezpečovala.

Spočiatku sa zdalo, že v súťaži o miesto pre školu zvíťazí sídelný Budín, ale nakoniec dostala prednosť Bratislava. Azda pre výhodnú polohu na križovatke obchodných ciest, azda preto, že tu kráľ získal veľký dom, a ten bol pre univerzitu ako uliaty. V tom čase totiž budova univerzity slúžila nielen ako vysoká škola, ale zároveň aj ako internát, takže musela byť nielen pomerne veľká, no aj prakticky členená.

Spomedzi profesorov vynikal najmä astronóm Johann Müller zvaný

V tejto budove na Ventúrskej ulici sídli Vysoká škola múzických umení, kde sa každý rok pripravuje na svoje povolanie okolo 260 budúcich hercov a dramaturgov. Koľko veľactených profesorov, bakalárov a študentov sem prichádzalo denne pred 500 rokmi, keď sa honosila názvom Academia Istropolitana?

# PEROM A MEČOM

## 87) PRE ZVEDAVCOV

„Konkurz" o to, ktoré mesto bude poctené novou univerzitou, vyhrala Bratislava aj vďaka tunajšiemu prepoštovi a kráľovskému radcovi JURAJOVI SCHOMBERGOVI. Ešte za života si roku 1470 dal vytesať epitaf – kamenný náhrobník so svojou podobou, ktorý je dnes vzácnou pamiatkou stredovekého sochárstva. Prepošta pochovali roku 1486 v krypte dómu, takže originál pomníka je v dóme, kým kópia v Mestskom múzeu.

■ V polovici 15. storočia, zhruba keď Academia Istropolitana vznikla, mala Bratislava 5000 obyvateľov, v prvej tretine 16. storočia 6000–7000 a začiatkom 17. storočia už 9000 obyvateľov.

■ Budova Academie Istropolitany sa zachovala dodnes na Ventúrskej ulici č. 3 a 5. Tento palác postavil kupec Ventúra, člen jednej z najstarších bratislavských rodín, ktoré sa sem prisťahovali z Talianska. Tejto bohatej šľachtickej rodine patrila celá ulica, kde stál palác.

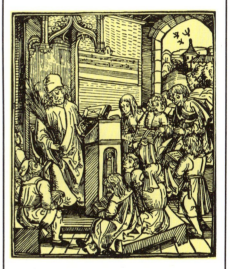

Učiteľ s metlou! V stredovekej škole to nemali zrejme ľahké ani tí, čo učili, ani tí, ktorých vyučovali. Vtedajšie študentské príslovie hovorilo, že byť v škole znamená byť pod metlou.

■ Juraj Schomberg (polovica 15. storočia – 1486) bol vedúcim kráľovskej kancelárie a od roku 1455 bratislavským prepoštom, aktívne sa zúčastňoval na živote Academie Istropolitany.

ACADEMIA ISTROPOLITANA dávno neexistuje, no pergamenová listina so zlatou pečaťou, ktorou pápež Pavol II. dňa 19. mája 1465 povolil založiť v Uhorsku univerzitu, je v Mestskom múzeu.

Regiomontanus, ktorého mohla bratislavskej univerzite závidieť celá učená Európa. Ani ďalší jeho kolegovia však neboli vo svete učencov neznámi, kráľ Matej predsa prikázal zohnať tých najlepších zo všetkých krajín.

Veľmi dôležitou osobou univerzity bol kancelár, a tým sa stal Ján Vitéz, ostrihomský arcibiskup, humanista a bývalý vychovávateľ kráľa Mateja. Keďže však často odchádzal z Bratislavy za rozličnými povinnosťami, zastupoval ho vicekancelár, bratislavský prepošt Juraj Schomberg.

Takmer som zabudol! Veď ty nerozumieš názvu prvej bratislavskej vysokej školy! Academia Istropolitana môžeme preložiť ako Vysoká škola v meste na Dunaji. Slovo academia je požičané z gréčtiny (aténska Akadémia bola prvou vysokou školou na svete), podobne ako polis = mesto. Názvom Ister volali zase Rimania Dunaj.

Žiaľ, o fungovaní Academie Istropolitany vieme veľmi málo. Nezachovali sa najdôležitejšie dokumenty — matriky, teda nevieme, akí a koľkí študenti v Bratislave študovali, dokonca nepoznáme ani mená všetkých profesorov. A z tých, čo univerzitu skončili, poznáme len mená desiatich študentov. Iste vieme ešte aj to, že univerzita mala dve fakulty — teologickú a filozofickú čiže fakultu siedmich umení.

Horoskop, ktorý pred otvorením školy zostavil Regiomontanus, predpovedal univerzite dlhé trvanie a skvelú budúcnosť. Tentoraz však nevyšiel. Kancelár Ján Vitéz nesúhlasil s kráľovou zahraničnou politikou, preto ho Matej roku 1471 obvinil zo sprisahania a dal uväzniť. Vtedy mnohí pedagógovia a priatelia ostrihomského arcibiskupa univerzitu opustili. Napriek tomu sa na Academii prednášalo ešte

19 rokov a o vtedajšom vedeckom dianí nám veľa povedia aj zápisy o Schombergovej knižnici. Na tie časy to bola obrovská knižnica – mala niekoľko desiatok titulov. Nesmej sa, veď knihy sa vtedy písali ručne, a preto boli veľkou vzácnosťou. V nejednom prípade jediná kniha prevýšila aj hodnotu domu na námestí!

Po smrti kráľa Mateja Korvína univerzita roku 1490 zanikla. Tých 24 rokov, čo existovala, zahŕňa vek jednej generácie, a to nie je tak málo. Mala veľký vplyv na úroveň vzdelanosti i pri šírení humanistických myšlienok v našom meste, na Slovensku i v celom Uhorsku.

■ *Ďalší významní pedagógovia na Academii Istropolitane boli Matej Gruber, Martin Bylica, Vavrinec Koch z Krompách, Mikuláš Schricker, Angel Rangon, Ján Gatti z Talianska, Martin Ilkus z Poľska.*

## LIST DO NOVÝCH ZÁMKOV

Buď pozdravený, serdar nášho veľkého pána kalifa povrchu zemského a najväčšieho zo všetkých vládcov, islamského padišaha podľa príkazu jeho majestátu Allaha – on je vznešený – a prostredníctvom zázračnej sily požehnania nášho proroka, slnka oboch svetov, božieho vyvolenca Mohameda – nech mu žehná boh!

Dnes, šiesteho dňa mesiaca zilhidždže, ti napíšem o meste, ktoré je v tejto krajine neveriacich najvýznamnejšie.

Mesiac pred veľkým víťazstvom Prorokovým pri dedine Moháč pápežský legát (vyslanec najvyššieho kňaza neveriacich) svojmu pánovi napísal: „Musím otvorene vyznať, že táto krajina nie je schopná brániť sa a je vydaná na milosť nepriateľa. Kráľ je v takej situácii, že často nemá čím uhradiť výdavky na svoju kuchyňu; magnáti sa svária medzi sebou a šľachta je rozbitá do mnohých proti sebe stojacich skupín."

Aj keď je to len ďaur, mal pravdu. Kráľ Ľudovít musel dokonca založiť rodinné šperky, aby si do vojny mohol kúpiť čižmy a novú zbroj. Ale ani nové čižmy mu pri úteku nepomohli, uviazol v dunajskom blate. Tak chcel Allah!

Keď sa na druhý deň kráľovná Mária dozvedela, že je vdova, tak ochorela, že ju museli so šperkami a kosťami svätého muža neveriacich Jána Almužníka naložiť na loď a zaviesť do mesta, o ktorom ti píšem. Naše víťazné vojsko však nepostupovalo dosť rýchlo, preto ďalších 76 lodí vrchovato naložených cennosťami tiež stihlo priplávať do tohto mesta.

Ďauri boli veľmi rozhádaní. Zvolili si dvoch nových panovníkov. Jedni Zápoľského a druhí Ferdinanda Habsburského. Zápoľský sa hneď šiel pokloniť k najvznešenejšiemu do Istanbulu s prosbou o pomoc. Keď sa neveriaci dozvedeli, že pri neďalekom mestečku Pezinok sa objavili Zápoľského husári, začali mať veľký strach. Veď aj mali mať prečo, keď prisahali vernosť Ferdinandovi. Už po Moháči opevňovali mesto a strážili pri bránach, lebo davy zbabelých utečencov zaplavovali okolie a ulice. Ani v samotnom meste nebol pokoj. Ferdinandovi žoldnieri nedostávali žold, a tak prišli v plnej zbroji pred radnicu, dožadovali sa peňazí a vyhrážali sa, že mesto ponechajú bez ochrany. Dozvedel som sa, že i samotná kráľovská vdova sa sťažovala, že nemá čím vyplatiť poslov a sluhov.

Habsburgovi prívrženci vsadili na jednu kartu. Ak Ferdinand zvíťazí, bohato sa nám odmení, uvažovali. A keď pri meste Košice Ferdinand porazil Zápoľského, tak oslavovali, že z hradu vystrelili 21 delových sálv.

Zápoľský ušiel do Poľska ku kráľovi Žigmundovi, ale zostal verný nášmu najvznešenejšiemu. Veď len s našou pomocou a s francúzskymi peniazmi sa mohol opäť vydať na vojnovú výpravu. Ale Allah tak chcel,

Naše mesto patrilo medzi najvernejších prívržencov cisára FERDINANDA, a predsa ho neurobil sídlom svojho dvora. V jednom z dokumentov sa jasne vyjadril, že bude sídliť striedavo vo Viedni, Innsbrucku a v Prahe, hoci Bratislava bola vtedy hlavným mestom Uhorska.

■ *Ďaur je turecká hanlivá prezývka kresťanov.*

■ *Turci boli porazení pri Viedni 12. septembra 1683.*

Dvakrát prešli turecké vojská popri Bratislave, keď chceli dobyť Viedeň. Útočníci a obrancovia sa síce navzájom ostreľovali z diel, ale Turci Bratislavu nikdy nedobyli, dokonca sa o to ani nepokúsili. Niežeby bola taká nedobytná, ale keď postupovali na Viedeň, nechceli strácať čas, a keď od nej utekali, mali iné starosti...

že v deň, keď prekročili hranice, bol Ferdinand korunovaný uhorskou korunou.

Keď Ferdinand s veľkým sprievodom prišiel do mesta, všetci ho vítali pri pevnosti chrániacej brod cez Dunaj. Nazývajú ju Vodná veža. Vítali ho vínom, rybami, úhormi, hruškami, hrozienkami a odprevadili ho až do hisaru na kopci. Ten starostlivo upratali, povynášali doň nábytok z mesta, nanosili čerstvej slamy do slamníkov, kúpili nové obliečky do postelí. Vtedy krajinský snem povolil kráľovi vybrať vysokú vojnovú daň.

Mešťania dodnes v domoch, kde sa pije víno, rozprávajú o vojsku nášho veľkého proroka Mohameda, ktoré postupovalo na Viedeň. Víno im múti rozum a veľmi sa vystatujú svojím hrdinstvom.

Keď Ferdinandovi velitelia dostali správu, že po rieke sa blíži naša flotila – 160 veľkých a 240 menších lodí so 6000 námorníkmi na palube – prikázali zosilniť hradby mesta. Opevnenie prestavovali podľa plánov istého Juraja Spatia. Postupovali od Michalskej brány k Laurinskej a až po Rybársku, ktorú navyše zamurovali. Na Michalskej bráne postavili nový padací most, brány okuli železom, vyčistili priekopy a napustili ich vodou. Aj stromy pri Dunaji vyrúbali a všetko vojsko z okolia povolali do mesta. Okrem toho zbúrali všetky stavby za bránami mesta, aj dve nemocnice a tri kostoly, kde sa modlia k svojmu bohu.

Mali veľké šťastie, že popri ich meste nepostupovali naše hlavné sily! Allah to vie! Títo ďauri sa odmietli vzdať, preto naši udatní delostrelci ostreľovali hradby a veľmi ich poškodili. Ich opevnenia však boli veľmi silné a nebol čas na dlhé obliehanie. Nakoniec naši janičiari túžili odísť do neba nie z tohto mesta, ale z cisárskej Viedne.

Títo ďauri však nie sú zbabelci. Z kanónov ostreľovali naše lode a veľa ich potopili, ba i zajali. Ó, paša, iste si pamätáš, čo si do denníka zapísal veľký Sulejman: „Je veľmi ťažké prejsť okolo mesta, lebo neveriaci stále strieľajú z hradu."

Allah tak chcel a naša zelená zástava nezaviala nad Viedňou a naši sa museli po rieke vracať. Vtedy nám ďauri narobili veľa škôd. (Iste sa chceli pomstiť i za kráľovskú korunu, ktorú sme im vzali pri dobytí Vyšehradu. Vidíš, ani takúto vzácnosť si nedokázali uchrániť!) Lode vtedy plávali tesne popri Vodnej veži a mestských hradbách, ale dela

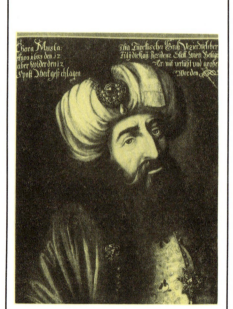

Za neúspech pri obliehaní Viedne roku 1683 čakala veľkovezíra KARU MUSTAFU smrť – na sultánov rozkaz ho zaškrtili hodvábnou šnúrou. Darmo sa chystal, že po víťazstve príde na rad aj naše mesto...

# PEROM A MEČOM

**91)**

■ *Príkaz zbúrať kostoly na predmestiach dostala mestská rada v decembri 1530: kostol sv. Michala stál na mieste dnešného trojičného kostola oproti Michalskej bráne, kostol sv. Vavrinca v dolnej časti Námestia SNP a kostol sv. Mikuláša pod hradom, na mieste dnešného kostolíka toho istého mena.*

Turecký sultán SULEJMAN je úzko spätý s našimi dejinami. Po otcovi zdedil obrovskú, mocnú ríšu a ostrie svojho meča obrátil proti Európe. V jeho skvele vycvičenej armáde vynikali jazdci sipáhiovia, ktorí sa v boji ozaj nešetrili, lebo za službu dostávali od cisára pôdu a ich majetok sa každým víťazstvom rozrastal.

Pešiakov janičiarov vychovávali Turci z chlapcov, ktorých odvliekli z kresťanských krajín. Janičiari vraj v ukrutnostiach predstihli aj Turkov.

# TVOJA BRATISLAVA

z hisaru ich stále ostreľovali. Plavba bola taká nebezpečná, že naši udatní vojaci vzácne delá prepravovali radšej po súši a na lode ich nakladali až za mestom, aby sa nedostali do rúk ďaurom.

Ale ako hovoria sami neveriaci, ó, paša, prišiel na psa mráz.

Tunajší ďauri požiadali o pomoc aj ďaurov z Čiech, Moravy a Sliezska, ktorí im pomohli peniazmi, vojskom, pušným prachom i zbraňami. Onedlho sem Ferdinand poslal toľko vojakov, že kraj medzi týmto mestom a ďalším mestom Trnava bol celý vojenským táborom. Asi 40 000 vojakov prišlo z Čiech, od jeho brata cisára Karola 25 000 pešiakov a 5000 jazdcov, od ostatných 40 000 pešiakov a 10 000 jazdcov. Tebe, ó, paša, nemusím hovoriť, že vyše stotisícová armáda nestojí len pár gurušov. Od každej piatej porty, teda od domu vyberali daň za jedného jazdca a žold pre neho, za koňa a krmivo. Nakoniec bez ohľadu na počet port museli dodať 2000 koní a 2000 pešiakov. Čo mali neveriaci z mesta robiť? Zvyšovali poplatky za brody a mosty, za clo i mýto. Nastal hlad, lebo potraviny boli drahé a oni nemali čím zaplatiť. Krajina v okolí bola spálená a vydrancovaná. Nespôsobil to len meč pravoverných, ich vojaci rabovali často omnoho horšie. Žoldnier, keď nedostane žold, ulúpi si. Ak má čo. No vraj bola taká bieda, že jedli len čerešne.

Tak to bolo vtedy pri našom prvom pochode na cisársku Viedeň. Teraz, roku 1683 podľa kalendára neveriacich, sú ďauri omnoho silnejší. Ich panovníci sa spojili, ale keď opäť zaspievame z koránu verš Wa yansuruka Allah! a s pomocou najvyššieho pôjdeme do boja, rozprášime ich pre večnú slávu Allahovu.

Ja, bayraktar 3. orty adžami aglamu janičiarov Mehmed Jalja, pozdravujem teba i tých, čo idú správnou cestou.

Poľskému kráľovi JÁNOVI SOBIESKEMU mohli Bratislavčania ďakovať, že Turci nedobyli Viedeň a nezmocnili sa Bratislavy.

## MESTO SNEMOV

Krajinský snem splnil požiadavku cisára Ferdinanda a zákonným článkom 49 z roku 1536 vyhlásil Bratislavu za hlavné mesto uhorského kráľovstva. Presnejšie, za hlavné mesto tej časti krajiny, ktorú ovládali Habsburgovci.

V skutočnosti však zastávala Bratislava túto funkciu aj bez zákona už päť rokov. Ako Turci ukrajovali z Uhorska, tak sa zo zabratého a ohrozeného územia hrnuli do mesta kráľovskí úradníci, šľachtici a cirkevní hodnostári. Bratislava sa stala sídlom Kráľovskej uhorskej komory, Kráľovského uhorského miestodržiteľstva, krajinského snemu, sídlom ostrihomského arcibiskupa a uhorského prímasa. Mešťania sa ani nenazdali, a zrazu bývali v meste, ktoré sa stalo novým politickým, hospodárskym, obchodným, kultúrnym i reprezentačným centrom. A k nemu patrili aj snemy.

Dnes by sme mohli snem charakterizovať ako zákonodarný orgán, parlament. Mal právo voliť panovníka, najvyššieho kráľovského úradníka palatína i strážcu koruny, ako aj rozhodovať o poskytnutí pôžičky kráľovi. Roku 1608 sa v sneme vytvorili dve snemovne zvané tabule či komory. Členmi hornej boli najvyšší cirkevní hodnostári, najvyšší úradníci a magnáti. V dolnej zasadali zástupcovia nižšej šľachty, kráľovských miest, cirkvi, kláštorov a dvorského súdu.

Zasadnutia snemu trvali aj niekoľko mesiacov, podľa toho, ako rýchlo sa vedeli (či nevedeli) jeho členovia dohodnúť, a vždy boli zároveň veľkou spoločenskou udalosťou, príležitosťou na bály, oslavy. Delegáti, čo prichádzali na snem z iných miest, mali často problémy s ubytovaním. Ak nemali v meste vlastný dom alebo dobrých priateľov,

Počas snemovania sa mesto hmýrilo cudzincami a priam praskalo vo švíkoch. Vinohradníci sa isto tešili, že sa im vínko míňa, ale pokojamilovní mešťania sa sťažovali na vyčíňanie rozjarených skupiniek, ktoré hlavne v noci odháňali splaškami.

■ *Prímas je v katolíckej cirkvi titul hlavného arcibiskupa v krajine.*

■ *Kráľovská komora bola ustanovizeň, ktorú by sme dnes nazvali „štátna pokladnica".*

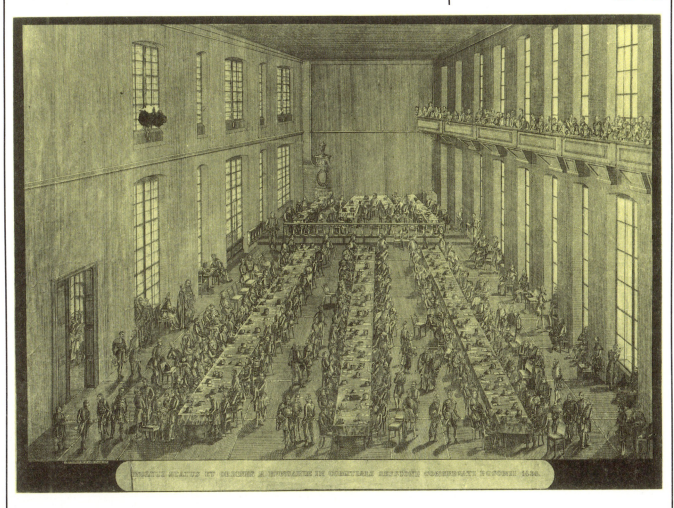

museli sa o nich postarať kráľovské úrady. A mnohým sa prihodilo, že už nebolo pre nich miesta, a spávali na slame vo vozoch, na ktorých sa sem priviezli.

Boli to časy, keď sa krajina zmietala v smrteľných kŕčoch. Všade sa bojovalo, rabovalo, poddaní hladovali a kráľovská pokladnica zívala prázdnotou. Jeden snem striedal druhý. Kráľ stále žiadal vojnovú daň, ale nebolo čím platiť, sedliaci vraj už nič nemajú. Bratislavskú mestskú pokladnicu na radnici už ani nemuseli zamykať. A snemovalo sa ďalej. V jeden rok sa zišlo málo zástupcov, lebo ich na majetkoch zadržali Zápoľského stúpenci. Druhý raz preto, že ich majetky za Dunajom padli do rúk Turkov. Aj tí, čo na snem prišli, boli rozhádaní. Nižšia šľachta podozrievala veľkých magnátov zo sprenevery peňazí, ktoré nazbierali na vojnu proti pohanom.

Po dvanástich rokoch bojov Ferdinand so Zápoľským konečne roku 1538 vo Veľkom Varadíne uzavreli tajný mier. Dohodli sa, že obaja môžu užívať titul kráľa Uhorska a každý z nich bude vládnuť v tej časti krajiny, ktorú pri podpise ovládal. Zmluva mala byť spečatená i budúcim rodinným vzťahom — ak sa Zápoľskému narodí syn, za manželku si zoberie Ferdinandovu dcéru. Dúfali, že dohoda ostane tajná, ináč mohli rátať so sultánovou pomstou.

Turci sa však o zmluve akosi dozvedeli a na odplatu nebolo treba dlho čakať. Zápoľský sa ešte stihol oženiť s dcérou poľského kráľa Izabelou a o rok sa mu narodil syn Ján Žigmund, ale onedlho sa už ocitol na smrteľnej posteli. A Ferdinand začal zhromažďovať vojsko, aby sa zmocnil Zápoľského časti Uhorska. V Bratislave sa vtedy zišli

Pohľad na zasadanie uhorského snemu — atmosféra je pokojná, poslanci debatujú v skupinkách. Keď sa tu v rokoch 1848—49 rozhodovalo o zrušení poddanstva a rečnil aj Ľudovít Štúr, poslanec za mesto Zvolen, iste to vyzeralo búrlivejšie.

■ Nitriansky biskup Štefan Podmanický, ktorý sa zúčastnil na bitke pri Moháči a šťastne ju prežil, korunoval v Székesfehérvári oboch súperov: 11. 11. 1526 Jána Zápoľského a 3. 11. 1527 Ferdinanda Habsburského.

Als der K. General Georg Basta, welcher wieder die Botskayschen Völ... zum wenden muste, lagerten sich bey 10000 Mann, wobey die Soldaten mit ... den ...chen mit einigen Tartarn, und es entspan sich bey den Ziegelöffen ... Anno bis 3 Uhr in der Nacht dauerte, die Feinde würden geschlagen und bis Tyrnau ver... folget di... von Rastorf her zu Hülfe kamen, in den Gassen niedergesäbelt.

## PEROM A MEČOM

- *Humanizmus je hnutie, ktoré v 14.–16. storočí nadviazalo na odkaz starovekého Grécka a Ríma a bolo súčasťou a najvýraznejším znakom renesancie.*

- *Philippus Aureolus Paracelsus (vlastným menom Theophrastus Bombastus von Hohenheim) žil v rokoch 1493–1541. Bol lekárom, chemikom, univerzitným profesorom. Do lekárskej vedy vniesol pokus a pozorovanie. Skúmal účinok rôznych chemických látok na ľudský organizmus a vznik chorôb vysvetľoval chemickými príčinami. Ako prvý používal lieky v podobe tinktúry a výťažkov. Veril, že zlato možno vyrobiť umelo, v laboratóriu.*

V časoch, o ktorých si tu hovoríme, sa bratislavskí radní páni chytali každučkej príležitosti, čo sľubovala priniesť do prázdnej pokladnice nejaký peniaz. Takou bola aj návšteva slávneho profesora PHILIPPA AUREOLA PARACELSA, ktorý tvrdil, že vie vyrobiť zlato. Nečudo, že ho v Bratislave ostošesť hostili, hoci im predviedol iba „zázrak" spálenia a znovuoživenia ruže.

Parádna vojenská prehliadka pred očami obliehaných mešťanov, to nebol od Štefana Bocskaia zlý ťah. Bratislavčanov však nezastrašil a za mestské hradby sa nikdy nedostal.

žoldnieri z polovice Európy. V meste sa vyrábal pušný prach, odlievali sa delá, mešťania museli dať nielen peniaze na žold pre vojakov, ale ich aj stravovať a poskytovať im ubytovanie.

Malého Jána Žigmunda Zápoľského sa „ujal" sultán, ktorému prišlo vhod, že mohol obsadiť uhorské nížiny. Na výročie bitky pri Moháči 29. augusta 1541 bez boja vstúpil do Budína, ktorý mu vydali Zápoľskovci. Turci mesto vyrabovali, kostoly premenili na mešity a vytvorili budínsky pašalik, turecké správne územie, ktoré ovládali takmer 150 rokov!

Na sneme v Bratislave roku 1542 všetci panovníka dôrazne žiadali o morálnu podporu, aby dodržal svoj sľub, že sa väčšinu roka bude zdržiavať v Bratislave. Okrem toho sa chceli zabezpečiť pred Turkami, čiže zosilniť opevnenia. Požiadali cisára o polovičnú úľavu na daniach, lebo mestské hradby sa nachádzali vo veľmi zlom stave a navyše ich začalo podmývať rameno Dunaja, ktoré sa k mestu veľmi priblížilo. Takto nevydržia ani najmenší nápor Turkov, tvrdili Bratislavčania. Neuspeli. Ako aj mohli! Veď kráľovská komora nemala ani čím zaplatiť svojich sudcov.

Dlho spomínali Bratislavčania na snem roku 1552, lebo pri všetkej biede a neistote bolo v meste aspoň veselo. Ulice zaplavili komedianti, herci, prišiel aj zverinec, ktorý – ľudia, predstavte si – priviezol živého slona. Ďalšou atrakciou snemovania bol zajatý vysoký turecký hodnostár, čo sa napriek neslobode mohol voľne pohybovať v meste. Chceli za neho dostať vysoké výkupné a zároveň dúfali, že prezradí dôležité vojenské tajomstvá, preto sa k nemu správali prívetivo. No Turek mlčal, a tak ho poslali do Viedenského Nového Mesta na tvrdší výsluch.

Nasledujúceho roku sa snem nekonal, lebo v meste vypukol mor.

Snemovanie týchto rokov „vyvrcholilo" roku 1563, keď sa na sneme dohodlo, že v Bratislave bude po prvý raz korunovaný uhorský kráľ. Bol ním Ferdinandov syn Maximilián II.

## BOJE O BRATISLAVU

Keď roku 1517 nemecký mních Martin Luther verejne vystúpil proti vlastnej katolíckej cirkvi a jej učeniu, málokto si myslel, že jeho myšlienky sa tak rýchlo rozšíria po Európe. Lutherove názory si získali tisícky prívržencov, veď mnohým (nielen chudobným) klalo oči bohatstvo cirkvi a často rozmarný život cirkevných hodnostárov, ktoré sa nezlučovali s učením, čo hlásali. Pravda, Luther mal výhrady aj proti vieroučným otázkam a chcel upraviť, zreformovať cirkev po viacerých stránkach. Toto hnutie vošlo do dejín ako reformácia a nové náboženstvo ako luteránske či evanjelické.

Zásluhou obchodníkov a študentov, ktorí študovali v Nemecku, najmä na wittenberskej univerzite, dostalo sa nové náboženstvo aj do Bratislavy. Po chudobných prihlásili sa k nemu i bohatí bratislavskí mešťania. Ostrihomský arcibiskup si od polovice 16. storočia predvolával a vyšetroval bratislavských kňazov podozrivých z odpadlíctva. Situácia sa však nemenila a roku 1564 cisár Maximilián II. (hoci sa ako všetci Habsburgovia opieral o katolícku cirkev) povolil mešťanom vykonávať protestantské obrady.

Podobne sa vyvíjali udalosti aj v ostatných mestách či mestečkách Uhorska. Nepomáhali presviedčania ani tvrdé opatrenia, počet vyznávačov nového náboženstva stúpal. Chudobní, mešťania, šľachtici, vysokí úradníci prestupovali na evanjelickú vieru.

■ Martin Luther (1483–1546) roku 1517 vystúpil s 95 bodmi (tézami) na reformovanie cirkvi – odmietol napríklad zvrchovanú moc pápeža, kult svätých, vieru v spasenie dobrými skutkami, podriadil cirkev svetskej moci. Keďže svojím vystúpením protestoval proti vtedajšiemu stavu v cirkvi, nazýva sa reformačné náboženské hnutie i protestantizmus a jeho vyznávači protestanti.

■ Uhorské stavy boli skupiny obyvateľstva s presne vymedzeným postavením – prvý stav tvorili vysokí cirkevní hodnostári, druhý stav svetská šľachta, tretí stav mešťania slobodných miest, štvrtý stav poddaní. Stavovské povstania viedli proti panovníkovi predovšetkým uhorskí šľachtici, ku ktorým sa pripájali mešťania.

Takto zobrazuje dobová rytina cisára Maximiliána, ktorého 8. septembra 1563 korunovali v Dóme sv. Martina za uhorského kráľa.

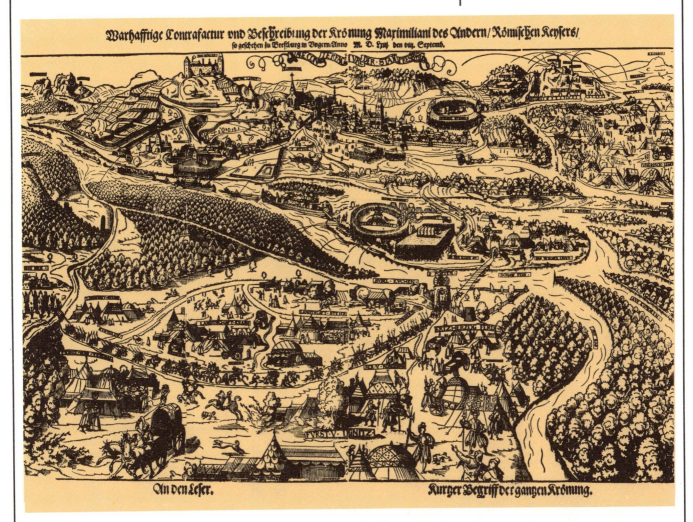

K náboženským problémom sa pridružovali aj mocenské rozpory medzi panovníkom a uhorskou šľachtou, lebo cisár nebral do úvahy uhorskú stavovskú ústavu a vytláčal šľachtu z politických a vojenských funkcií.

Napokon treba spomenúť aj Turkov, ktorí šafárili v krajine a spôsobovali obyvateľstvu nesmierne utrpenie.

Akoby všetko toto nestačilo, hneď v prvých rokoch 17. storočia sa Uhorsko premenilo na obrovské bojisko. Začalo sa obdobie protihabsburských stavovských povstaní.

Načo tento obšírny úvod? Čo má s ním Bratislava spoločné? Nuž to, že aj ona si počas týchto bojov, ktoré trvali vyše sto rokov, užila svoje. Ale poďme poporiadku.

V druhej polovici roku 1604 sa na čelo protihabsburského odboja dostal sedmohradské knieža Štefan Bocskai. Oheň povstania sa šíril tak rýchlo, že povstalci onedlho obsadili celé Slovensko a v januári 1605 zastali pri bratislavských predmestiach. Mestská rada vyhlásila pohotovosť, zosilnila stráže a uzavrela Rybársku i Laurinskú bránu. Z brán na predmestiach nechala priechodnú iba jednu — Schöndorfskú. O rok, keď sa povstalecké vojská utáborili na dnešnej Krížnej ulici, cisárski vojaci sa stiahli za pevné hradby vnútorného mesta. Bratislava sa ubránila, ale hajdúsi stihli podpáliť domy na predmestí.

Aj na čele ďalšieho stavovského povstania stál sedmohradský šľachtic Gabriel Bethlen. Roku 1619 sa zmocnil Bratislavy, len cisárovi verná posádka na hrade odolávala. Bethlenovci však dotiaľ sústredene útočili, až sa posádka poddala.

Okrem iného sa poslanci na sneme vyjadrovali, či chcú za uhorského kráľa toho alebo onoho, takže často sa zároveň so snemom odbavovala i korunovácia. Toto je prvá, na ktorej korunovali MAXIMILIÁNA II.

- Dane v 15. a 16. storočí v krajine stúpali veľmi rýchlo. Roku 1530 Bratislavčania platili panovníkovi 1000 zlatých, roku 1543 už 2000, roku 1554 – 5000, roku 1630 – 12 000, a roku 1665 dokonca 18 000 zlatých.

- Štefan Bocskai (1557–1606), Gabriel Bethlen (1580–1629), František Wesselényi (asi 1601–1667), Juraj Rákóczi II. (1621–1660), Imrich Thököly (1657–1705).

Vojaci, ktorí tvorili hradné posádky a ktorých páni po roku 1670 hromadne prepúšťali, sa ochotne dávali do služieb odbojných šľachticov. V povstaleckých vojskách ich poznali pod názvom kuruci a Bratislavčania sa s nimi zoznámili roku 1683, keď mesto obliehal „kurucký kráľ" Imrich Thököly.

Bethlen bol evanjelik, a tak počas tých troch rokov, čo bolo mesto v jeho rukách, bratislavskí evanjelici rozvíjali svoj náboženský život. Aj oni chceli mať veľký kostol, a tak krajinský snem odhlasoval 83 hlasmi proti 11, že Dóm sv. Martina patrí odteraz im. Katolíci ho dostali naspäť až v máji 1621, keď habsburský generál Buquoi bethlenovcov vyhnal.

Pravda, vyhnať ich nebolo také ľahké. Generála Dampierra (a s ním desiatky vojakov) to stálo život. Cisárske jednotky sa pokúsili zničiť most cez Dunaj, spustili po prúde horiace lode, ale bethlenovci oheň uhasili. Samotná bitka o Bratislavu trvala od siedmej ráno do štvrtej poobede. Dampierre sa na čele asi 200 vojakov niekoľkokrát pokúsil zdolať hradby, ale pri treťom útoku ho zasiahla povstalecká guľka. Mesto sa cisárskym podarilo obsadiť až po ťažkých bojoch 7. mája 1621, počas ktorých v Podhradí vypálili Vydricu a Zuckermantl, osady, ktoré v tom čase už patrili do mesta.

Bethlen pomýšľal na odvetu. Zhromaždil nové vojsko a Bratislavu obkľúčil. Delostrelecké batérie rozmiestnil na Suchom mýte, na dnešnej Obchodnej ulici, pri kostole Milosrdných a pri Laurinskej bráne. Cisárski vojaci sa niekoľkokrát pokúsili obkľúčenie preraziť, ale neúspešne. Neuspeli ani Valóni a do jedného boli porúbaní (na tom mieste sa potom ťahala Valónska, neskôr Slovanská ulica, ktorá musela ustúpiť pri stavbe nového rozhlasu). Až veľké posily v miestach pri Michalskej bráne Bethlenovo vojsko porazili. Bethlen bol nútený roku

Gróf Henri Duval de Dampierre, veliteľ časti cisárskeho žoldnierskeho vojska, nebol nijaký nováčik, ale vytrhnúť Bratislavský hrad z rúk Bethlenových povstalcov sa mu nepodarilo.

# PEROM A MEČOM

**TOPOGRAPHIA REGIÆ LIBERÆQ. CIVITATIS POSONIENSIS VVLGO Preßburg HVNGARIÆ SVPERIORIS AD DANVBIVM** SITA CVM ADIACENTI CASTRO, VBI SACRA REGNI HVNGARIÆ CORONA CONSERVATVR.

1. Casrum.
2. Ecclesia Cathedr. S. Martini.
3. Cœnobiū S. Francisci de obseruat.
4. Porta S. Michaelis.
5. Domus Senatoria.
6. Claustrum Sanctimonialium.
7. Porta S. Laurenty.
8. Danubius fluuius.

1622 v Mikulove podpísať mier a svätoštefanská koruna, uhorský korunovačný klenot, ktorú sa mu podarilo získať, sa vrátila do Bratislavy, do hradnej Korunnej veže.

Stavovské povstania sa tým však neskončili. Ich vodcovia chceli za každú cenu oslabiť moc panovníka, hoci jeho postavenie sa pomaly, ale iste upevňovalo, a jeden z nich sa neváhal spojiť ani s Turkami. Bol to Imrich Thököly, ktorého vojsko podporované tureckými jednotkami zanechalo krvavú stopu na celom území Slovenska. Spolu s Turkami tiahol aj na Viedeň a takmer všetky mestá sa mu vzdávali bez boja. Bratislava sa však chcela brániť a názory mešťanov zmenila až delostreľba. Thökölyho vojaci sa mestu pomstili mimoriadnou krutosťou, ktorá sa videla prehnaná aj ich vodcovi. Viaceré ulice celkom ľahli popolom. Cisárska posádka na hrade sa však ubránila a dočkala sa toho, že povstalci boli z mesta vytlačení spojenými vojskami rakúskeho vojvodcu Karola Lotrinského a poľského kráľa Jána Sobieskeho, ktoré nedávno porazili Turkov pri Viedni. Práve v Bratislave sa potom obaja vojvodcovia dohodli, ako ďalej spoločne postupovať proti mohamedánom.

Bratislavčania sa ešte raz ocitli v obkľúčení povstalcov, presnejšie vojsk ďalšieho protihabsburského odbojníka Františka Rákócziho II., ale tie už mesto nedobyli. A keď roku 1711 mier podpísaný v dnešnom rumunskom meste Satu Mare urobil koniec nekonečným bojom medzi panovníkom a šľachtou, mohli si Bratislavčania konečne vydýchnuť.

Za stavovských povstaní sa bratislavské predmestia chránili druhým pásom opevnení, ktoré boli zosilnené aj zemnými násypmi, lebo tie najlepšie odolávali delostreleckej paľbe.

## KÚRIA MEŠŤANA SEGNERA

Michalská ulica, dom číslo 7. Tu sa narodil Ján Andrej Segner, lekár, fyzik a vynálezca, ktorý prispel k tomu, že dnes lietame v lietadlách i na Mesiac. No naozaj. Vynašiel totiž koleso, ktoré dnes nazývame Segnerovo a ktoré bolo predchodcom turbíny. Predstav si valcovitú nádobu, ktorá sa môže otáčať okolo svojej osi. V dolnej časti nádoby je niekoľko rúrok zahnutých jedným smerom. Keď sa do nádoby naleje voda, začne cez rúrky vytekať a celú nádobu rozkrúti. Prirodzene, v opačnom smere, ako vyteká. Keby sa Segnerov objav bol už v čase zrodu využil v praxi, vývoj turbín by sa bol mohol urýchliť o pol storočia. Tento jeho najznámejší objav je aj princípom pohybu reaktívnych lietadiel a rakiet.

Čo má Segnerovo koleso spoločné s renesanciou? Nič. Ibaže tento dom – Segnerova kúria – je postavený v renesančnom slohu. Dal ho postaviť bohatý mešťan, náboženský utečenec z rakúskeho Štajerska Andrej Segner, ktorý sa usadil v Bratislave. Vidíš ten latinský nápis nad vchodom? Je v ňom dátum 1648. Kúria pôsobí honosne, mám pocit, že aj staviteľ chcel ľuďom ukázať svoje bohatstvo i vkus. Budova je krásnym príkladom vrcholnej renesancie: priečelie člena dva arkiere na rohoch, portál s diamantovou bosážou (plastickými kvádrami), jemnými reliéfmi morských panien a maskarónmi. To sú tie ľudské tváre pod arkiermi, vidíš? Segnerova kúria sa vyznačuje typickými znakmi severskej renesancie, čo nie je v Bratislave nič nezvyklé. Staviteľia totiž vždy vychádzali z nejakého vzoru a bohatí bratislavskí evanjelici zámerne nechceli napodobňovať architektúru nepriateľskej Viedne či katolíckeho Talianska, nuž si vzali vzor z protestantských krajín. V tomto prípade, ako tvrdia odborníci, zo Saska a z Holandska.

Viem, viem, ešte stále celkom nevieš, čo je renesancia. Dá sa to preložiť ako znovuzrodenie a myslí sa tým obnovenie myšlienok a kultúrneho odkazu antiky. Pred renesanciou vládla v Európe gotika, myšlienkový prúd, ktorý vychádzal z kresťanského svetonázoru. Prejavovalo sa to i v umení. A podobne i renesancia zasiahla nielen filozofiu, nazeranie ľudí na svet, ale aj umenie. 14. až 16. storočie znamená návrat k človeku, božskú autoritu nahradil rozum, renesancia znamená návrat k pozemskému životu, k jeho oslave, o čom sa môžeš presvedčiť na dielach Leonarda da Vinci, Michelangela, Raffaela, Danteho, Boccaccia či Petrarcu. Na Slovensku šíril humanistické ideály renesancie napríklad básnik, pisár kráľovskej komory Martin Rakovský a Vavrinec Benedikt z Nedožier, dekan Karlovej univerzity v Prahe a autor prvej českej gramatiky.

A teraz poďme ďalej, tadeto cez Korzo, dobre? A kým prídeme k ďalšej významnej renesančnej pamiatke, poviem ti rýchlo, ako sa vtedy mesto rozvíjalo.

Bratislava sa síce stala hlavným mestom krajiny, ale vojny, povstania, neistota a nedostatok peňazí spôsobili, že v 16. storočí sa nepostavili významnejšie budovy. A to ani napriek tomu, že snem nemal kde zasadať a úradníci úradovali v prenajatých domoch. Raz vo františkánskom kláštore, inokedy v Zelenom dome či v niektorom väčšom hostinci. Až roku 1563 sa zišli v reprezentatívnom arcibiskupskom paláci, o ktorom predpokladáme, že bol pôvodne postavený v renesančnom slohu. Nezachoval sa totiž, a tak si môžeme len domýšľať podľa toho, že ho stavali pod vedením Taliana Martina de Spazo, ktorý určite uprednostňoval stavebný sloh, čo práve prekvital v jeho vlasti.

■ Ján Andrej Segner (9. 10. 1704 v Bratislave – 5. 10. 1777 v Halle) študoval v Bratislave, v nemeckej Jene, odkiaľ sa roku 1730 vrátil ako lekár do rodného mesta. Potom bol hlavným mestským lekárom v maďarskom Debrecene, neskôr odišiel zase do Jeny, kde sa stal profesorom filozofie, neskôr vyučoval v Göttingene fyziku, metafyziku a chémiu. Roku 1755 ho zavolali do Halle, kde pôsobil vo funkcii kráľovského radcu.

■ Kúria bol názov pre honosný panovnícky či šľachtický dom.

■ Jezuiti – mužská katolícka rehoľa, ktorú založil Ignác z Loyoly roku 1534 v Španielsku. Vybudovali širokú sieť škôl, organizovali misie na nekresťanské územia, stali sa najhorlivejšími bojovníkmi proti reformácii. Preto ich panovník povolal do Bratislavy, kde vyše polovica obyvateľov vyznávala evanjelické náboženstvo.

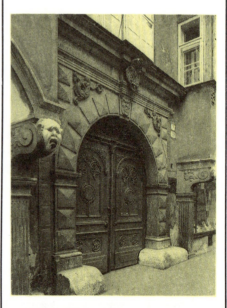

Jednou z najkrajších renesančných stavieb v Bratislave je Segnerova kúria na Michalskej ulici, ktorá sa dodnes zachovala v takmer nezmenenej podobe.

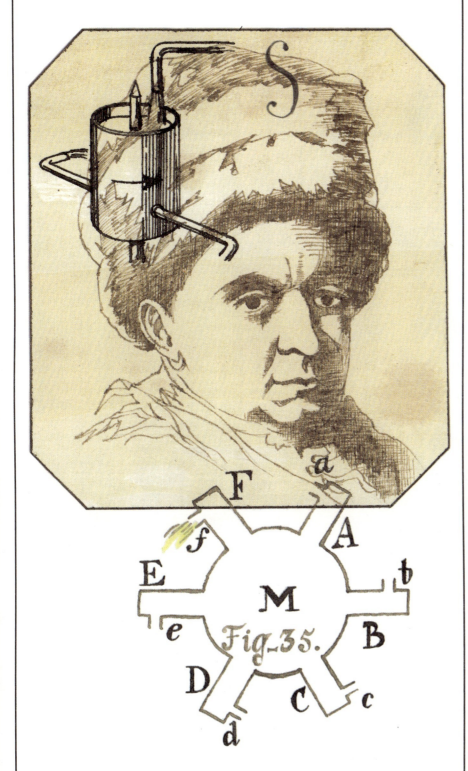

Práce J. A. SEGNERA sa týkajú matematiky, optiky, hydrauliky, medicíny, astronómie. Posledná menovaná veda si tak cení prínos bratislavského vedca, že jeden z kráterov na Mesiaci dostal jeho meno.

Pôvodne stredoveká Michalská brána (v minulosti nazývaná aj Nitrianska) sa v období renesancie a baroka menila. Okrem iného získala trojicu erbov na severnej strane. Podľa najnovších výskumov pochádzajú erby z rokov 1500–1520, pričom najvyšší patrí pravdepodobne kráľovi Ľudovítovi II. Jagelovskému, ktorý vládol v rokoch 1516–1526. Ďalšie dva predstavujú erb mesta Bratislavy a „uhorský" erb zastupujúci Horné Uhorsko čiže Slovensko.

Renesančné prvky sa uplatňovali hlavne pri prestavbách. Napríklad aj na hrade a na radnici. Tá sa prestavovala veľmi pomaly, vlastne sa len upravovali niektoré časti, a postupne vznikla budova, akú si mohol vtedy nájsť hocikde v Podunajsku. Dali jej novú, nízku strechu, do priečelia osadili renesančné okná a nádvorie doplnili arkádovou chodbou.

Počkaj! Takmer sme prešli Rolandovu fontánu. O soche na jej vrchu sa vraví, že je to rytier Roland, ktorého v prvej minúte nového roku možno vidieť, ako sa otáča. Pravda, uvidí to len čestný človek. Tak čo, vyskúšaš si to aj ty?

Aby som ti uľahčil rozhodnutie, poviem ti, že Roland vôbec nie je Roland, ale cisár Maximilián II., ktorého zvečnil rakúsky majster roku 1572. Dnes je ozdobou Hlavného námestia, no cisár ju dal vybudovať z praktických dôvodov. Keď ho roku 1563 korunovali v Bratislave za uhorského kráľa, konali sa búrlivé oslavy a zábavy, dostihy aj turnaj, ktorý sa skončil nešťastne. V programe rytierskeho turnaja bolo aj dobýjanie hradu — drevenej makety, ktorá sa od ohňostroja zapálila a spolu s ňou zhorelo niekoľko domov. Asi nebolo čím hasiť. Aby sa to už neopakovalo, dal nový kráľ postaviť na námestí pred Starou radnicou kamennú studňu s nádržou.

A keď sme už tu, všimni si jezuitský kostol vedľa veže Starej radnice. Ako evanjelici získavali v Bratislave stále silnejšie pozície, začali uvažovať, že si konečne postavia kostol, veď doteraz ho nemali.

Bratislavskí evanjelici si roku 1638 postavili kostol vedľa radnice, no nemali ho ani päťdesiat rokov, a prebrali ho jezuiti. Tí pôvodný jednoduchý hlavný portál doplnili plastickým znakom svojho rádu.

PEROM A MEČOM

Panovník síce súhlasil, ale iba s podmienkou, že stavba sa nebude ponášať na katolícky kostol a nebude mať vežu. Bratislavskí veriaci sa teda na svoj kostol poskladali a pomohli im aj protestanti zo Švédska, Holandska a Nemecka. Postavili si veľký halový kostol s tromi loďami a s klenbou na pilieroch s vysokými podstavcami. Zvonku vyzerá veľmi jednoducho, skoro naozaj ako obyčajný dom. Tento kostol patril Nemcom, Slováci a Maďari si postavili druhý, menší (dnešný kostol uršulínok). Roku 1672 však arcibiskup oba kostoly evanjelikom odňal a prikázal im, aby mu priniesli kľúče. Keď odmietli, kostoly dobyli vojaci. Tento pri radnici dostali potom jezuiti, ktorí si ho upravili.

A teraz poďme k Dómu sv. Martina, na Kapitulskú, kde odjakživa sídlili katolícki cirkevní hodnostári. Jednotný neskororenesančný ráz dostala ulica po tom, čo roku 1515 vyhorela. Vo viacerých domoch sa však zachovali staršie časti, ktoré dokazujú, že na týchto miestach pulzoval život od chvíle, keď sa pod hradom začala rodiť osada.

Všimni si, aké úzke priečelie má dom číslo 4. Na takýchto úzkych, ešte gotických parcelách budovali svoje domy bratislavskí mešťania. Pamätáš, hovoril som ti, že v strachu pred Turkami zbúrali Bratislavčania celé predmestia. A vnútri mesta si „povyberali" svoje obete viaceré požiare, škodu narobilo aj zemetrasenie. Meštianske domy tých čias boli spočiatku trojpriestorové – v strede kuchyňa, za ňou komora a vpredu izba (poznáme to i z ľudovej architektúry). Neskôr sa objavili domy sieňového typu – z ulice sa vchádzalo do siene, väčšej miestnosti, kde remeselníci pracovali ako v dielni, obchodníci predávali tovar a výčapníci čapovali víno. Veľkú sieň zvyčajne rozdelili stĺpmi. Bratislavčanom sa asi zapáčili arkády na radnici, lebo si ich robili aj vo svojich domoch. Na priečelí si dávali veľmi záležať, veď to bola vlastne

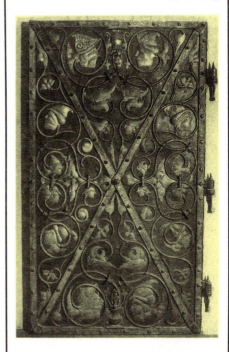

Kované renesančné dvere uzatvárajú priechod medzi radničnou vežou a radnou sieňou od poslednej tretiny 16. storočia.

Začiatkom 13. storočia, keď bol kostol sv. Salvátora prenesený z hradu do podhradskej osady, museli hradný vrch opustiť aj cirkevní hodnostári. Usadili sa neďaleko spomínaného kostola a ich domy vytvorili ulicu zvanú Kapitulská. O tomto jej dome si odborníci spočiatku podľa vonkajšieho vzhľadu mysleli, že je postavený v románskom slohu, neskôr zistili, že pochádza z gotického obdobia.

Nádvorie Starej radnice býva v lete svedkom koncertov a divadelných predstavení. K ich atmosfére prispievajú aj renesančné arkádové chodby na prízemí a na prvom poschodí, ktoré v 16. storočí pristavili k staršej budove.

Rolandova fontána na Hlavnom námestí nie je ani Rolandova, ani celkom pôvodná. Z renesančnej studne, zhotovenej na rozkaz cisára Maximiliána II., zostala iba socha a kocka pod ňou. Pilier a nádrž sú výsledkom úprav v 18. storočí.

Maskarón z nádrže Rolandovej fontány.

ich reklama. Členili ho hranolovitými arkiermi (dom na Panskej č. 16), arkiermi v tvare valca (Panská č. 14, č. 26) a dotvárali ho dômyselne urobenou omietkou. Charakteristickým znakom bratislavských domov sa stali sgrafitové či maľované kvádre na nárožiach, ba niektoré dostali takú omietku, že vyzerajú, ako keby boli celé postavené z kamenných kvádrov.

Pravdou je, že v Bratislave nevznikla nijaká významná renesančná stavba, že v meste sa donekonečna opravovalo, prestavovalo, zlepšovalo. Bola to neistá doba, keď človek myslel na to, aby si zachránil život, aby mesto odolalo storakým útokom zvonku. Čas, keď sa bude chcieť ukázať pred tými druhými, aký je majetný, ako ide s dobou, však už prešľapoval pred mestskými bránami. No keď mu ich Bratislavčania otvorili, všetko si vynahradil. O tom však potom, v kapitolke o bratislavskom baroku.

PEROM A MEČOM | 105 )

TVOJA BRATISLAVA — 107)

# Ilúzia a dravosť
## (baroková a rokoková Bratislava)

MOROM POSTIHNUTÍ OBYVATELIA
ZAPLNILI VŠETKY MESTSKÉ LAZARETY (NEMOCNICE),
AJ TENTO NA ŠPITÁLSKEJ ULICI.
A KEĎ EPIDÉMIA USTÚPILA, MOROVÝM STĹPOM
NA RYBNOM NÁMESTÍ
(Z KTORÉHO JE VÝJAV S NOSIDLAMI)
POĎAKOVALO MESTO ZA ZÁCHRANU PATRÓNOM MORU
SV. ONDREJOVI, SV. ROCHOVI
A SV. KAROLOVI BOROMEJSKÉMU.

VLADIMÍR TOMČÍK

6)

TVOJA BRATISLAVA

V 17. storočí si slovenskí a maďarskí evanjelici postavili navonok jednoduchý kostol, nerešpektujúc panovníkov príkaz, že protestantské chrámy nesmú mať vežu – oni si do drevenej vežičky kúpili aj zvony. Keď ho neskôr dostali uršulínky, pristavili si k nemu kláštor a potom aj školskú budovu.

Kaplnku sv. Jána Almužníka dal postaviť arcibiskup Imrich Eszterházy a jej stavbu i vnútorné vybavenie zveril osvedčenému majstrovi Donnerovi.

## BAROKOVÁ KAPLNKA

„Sotva svitol jasný deň, začali sa k dómu schádzať zástupy ľudí najrozličnejšieho postavenia, aby sa zúčastnili na bohoslužbách konaných pri všetkých oltároch. Cechy remeselníkov, každý pod svojou zástavou, sa medzitým postavili do obvyklých radov. Len čo posvätným obradom zdvihli telo svätca, vnútri zazneli bubny a fanfáry a ostatný hudobný sprievod vonku, na hrade a okolo mesta duneli zasa opakované výbuchy a streľba z pušiek. Telo, už predtým uložené do novej rakvy, niesli diakoni... V dlhom rade ich sprevádzala šľachta, potom ostatné zhromaždenie všetkých stavov a už prv spomínané cechy remeselníkov, podľa toho, ako sem koho priviedla buď zbožnosť, alebo záujem o sprievod, ktorý sa mal konať. Procesia bola veľkolepá, a pretože chvíľami zastala, aby sa tým viac uctila pamiatka sv. Jána,

# ILÚZIA A DRAVOSŤ

trvala od ranných hodín až do druhej popoludní. Medzitým vojenský oddiel, ktorý tu bol prítomný, i delá na hrade a v okolí mesta znovu a potom aj tretí a štvrtý raz vystrelili…"

Svätec, ktorého pozostatky ukladali s takou pompou, akú si (podľa Mateja Bela, autora tohto opisu) „sotva môžu predstaviť tí, ktorí ju nevideli na vlastné oči", bol Ján Almužník, ochranca pred obávaným morom. Bratislavčania poznali hrôzy tejto epidémie, a preto si Jána Almužníka tak uctili, že preňho dali vybudovať kaplnku. Jej stavbu si objednali u Rafaela Donnera, ktorý nenavrhol stavbu len zvonka, ale vyzdobil ju aj znútra sochami anjelov, mramorovou sochou arcibiskupa Eszterházyho, reliéfmi na oltári.

Kaplnka je jednou z nevelá bratislavských stavieb, ktoré si dnes ceníme ako skvosty baroka. Tento stavebný sloh vznikol v Taliansku koncom 16. storočia, teda v čase, keď triumfovala protireformácia. Odrážalo sa v ňom nadšenie, nový rozlet, ktorým sa katolícka cirkev usilovala získať späť pozície, o ktoré ju pripravila reformácia. Baroko túži ohromiť, podmaniť si diváka, a preto nešetrí umeleckými prostriedkami, ani materiálom. Obrazy, sochy, stavby, všetko hýri plastickými formami a krivkami, oslňuje zložitými priestorovými kompozíciami a podmaňuje hrou svetla a tieňa. Katolícke krajiny spútala monumentálnosť, pompéznosť a pestrosť baroka.

A pretože Rakúsko patrilo medzi katolícke krajiny, uplatnilo sa baroko i na jeho území. Hlavné mesto Viedeň akoby sa po víťazstve nad Turkami nevedelo „vpratať do kože". Jeho stredoveký ráz sa za dve desaťročia zmenil na nepoznanie. Paláce bohatých šľachticov rástli ako z vody a často predčili stavby samého panovníka. „Bola to architektúra zameraná na obdiv, strhujúci účinok, na vonkajšie pôsobenie… Leštený mramor, pozlátený štuk, intarzované drevo a hmota iluzívne prelomená nástennou maľbou stali sa výtvarnými prostriedkami, ktoré nahradili starý pravý kameň, tehlu a omietku… Na tejto ceste prevýšilo viedenské umenie všetko, čo sa zatiaľ objavilo v talianskej architektúre, a tým, že sa skrížilo s francúzskou barokovou strojenosťou, že spoločensky využilo talianske výboje na poli výtvarnej formy francúzskym spôsobom, stalo sa súčasne vyvrcholením európskeho baroka vôbec." Takto hodnotia viedenské barokové umenie českí historici umenia Václav a Dobroslava Menclovci.

Aj uhorská šľachta začala obdivovať cisársky dvor pre jeho barokovú honosnosť i obradnosť a postupne začala meniť aj postoj k Habsburgovcom. Prečo by aj nie, keď jej to prinášalo výhody — mnohé rodiny z nižšej šľachty sa po vymretí mocných rodov predrali do popredia. Aby vystavili na obdiv svoje bohatstvo a postavenie, dávali peniaze na budovanie cirkevných stavieb, čím zase napodobňovali Viedeň, a aj takto potvrdzovali súhlasné zmýšľanie s ňou.

Šľachta sa teda nemala na čo sťažovať. A čo Uhorsko? Turci boli síce vytlačení za hranice, ale krajina poskytovala neradostný pohľad — zem bola udupaná kopytami koní, všade čmudili zhoreniská, ľudia zápasili s chudobou a s drancujúcimi bandami. To bol azda jeden z dôvodov, prečo zostala Bratislava aj naďalej hlavným mestom, prečo sa ani cirkevní, ani svetskí hodnostári neponáhľali do Budína. Svoje urobila aj skutočnosť, že cisársky dvor bol odtiaľto na dosah ruky. Nečudo, že viedenské kultúrne podnety k nám prenikali veľmi rýchlo. Prirodzene, bratislavská baroková teatrálnosť nedosahovala viedenskú úroveň, architektúra menšieho mesta nedokázala súťažiť s mierami veľkomestskej Viedne. Navyše, hoci mnohé, najmä cirkevné stavby sa stavali ako presné kópie viedenských, boli medzi nimi značné časové rozdiely. Povedzme si však priamo, že na Bratislavu sa hľadelo ako na akési

109)

## PRE ZVEDAVCOV

■ Kaplnku Jána Almužníka pristavili k východnému múru dómu v rokoch 1732—34.

■ Ján Almužník sa narodil v 6. storočí na Cypre. Jeho otec bol vládcom ostrova, no syn sa dal na cirkevnú dráhu a stal sa biskupom v egyptskom meste Alexandria. Celý majetok rozdal chudobným a postavil pre nich nemocnice. Po smrti odviezli jeho telo do Istanbulu a sultán Mohamed II. daroval jeho pozostatky uhorskému kráľovi Matejovi Korvínovi. Z Budína ich priviezla do Bratislavy vdova po kráľovi Ľudovítovi — Mária.

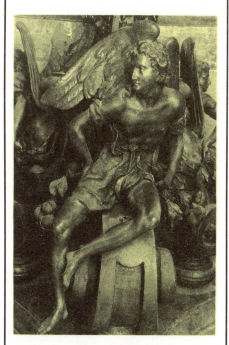

Po bokoch oltára v kaplnke sv. Jána Almužníka stoja vysoké svietniky, na podstavcoch ktorých sedia anjeli.

predmestie, div nie vidiek, a že v mnohých prípadoch tým bola poznačená jej architektúra, ktorá iba netvorivo preberala už jestvujúce vzory.

To, čo som doteraz hovoril, nič nemení na skutočnosti, že práve 18. storočie patrí k vrcholným obdobiam v historickom vývoji Bratislavy. Mesto zostalo sídlom centrálnych uhorských úradov – Kráľovskej uhorskej komory a Kráľovskej uhorskej miestodržiteľskej rady, ktorá mala na starosti hospodársky život, cirkevné záležitosti a obranu krajiny. O tom, aký búrlivý rozvoj Bratislava prežívala, hovoria čísla: roku 1720 tu žilo 9000 ľudí (vrátane predmestí) a bolo tu 700 domov, kým roku 1786 sa počet obyvateľov zvýšil na 33 000 a počet domov na 1527.

Ako som spomínal, bolo to obdobie protireformačné, katolícka cirkev opäť získavala moc a pomáhala ju upevňovať aj panovníkovi. Do Bratislavy sa začali sťahovať nové mníšske rády a s nimi prichádzala baroková kultúra. Keď si pozorne pozrieš staré rytiny z tohto obdobia, zistíš, že mesto i predmestia zaplnili barokové cirkevné stavby – kostoly a kláštory – a dali mu úplne novú podobu.

**Kláštor uršulínok** K staršiemu, pôvodne evanjelickému kostolu pribudla roku 1672 budova kláštora pre rád uršulínok. Kostol stál tak blízko hradieb, že mníšky sa vraj často kochali pohľadom z veže na okolitú krajinu (dnes sa nachádza na rohu Františkánskej a Uršulínskej ulice).

**Kostol a kláštor Milosrdných bratov** Na trhovisku pred hradbami (na dnešnom Námestí SNP) si v rokoch 1690–1728 postavili kostol a kláštor Milosrdní bratia, a to podľa kostola, aký mal ich rád vo Viedni. Obe budovy sú charakteristickou barokovou stavbou mesta.

**Kostol a kláštor trinitárov** Oproti Michalskej bráne (na dnešnom Októbrovom námestí) na základoch zbúraného gotického kostolíka sv. Michala položili roku 1717 základný kameň svojho chrámu trinitári. Na barokovom kostole, postavenom podľa viedenského vzoru a vysvätenom roku 1723, vzbudzuje pozornosť jeho vnútorná výzdoba. Taliansky majster A. Galli-Bibiena vytvoril v rokoch 1736–40 na klenbe iluzívnu maľbu s priehľadom do neba, čiže sa usiloval vytvoriť dojem, že klenba kostola je veľmi vysoká. Na mieste kláštora, ktorý po roku 1784 slúžil ako vojenská nemocnica, vznikol roku 1844 Župný dom (dnes sídlo Slovenskej národnej rady).

**Kostol a kláštor alžbetínok** Na Špitálskom predmestí (dnešná Špitálska ulica) vyrástol v rokoch 1739–45 kostol a kláštor rádu alžbetínok. Táto stavba sa považuje za jeden z najkrajších bratislavských barokových súborov a za najlepšie dielo, ktoré významný viedenský staviteľ Anton Pilgram vytvoril na Slovensku.

**Kostol a kláštor kanonistiek Notre Dame** Na predmestí za Rybárskou bránou (dnešné Hviezdoslavovo námestie) dostali miesto na kostol a kláštor mníšky zvané notrdamky. Kláštor bol roku 1754 dokončený, zato z kostola sa postavila len malá časť, lebo na viac už nebolo peňazí. Staviteľ nie je známy, ale na plánoch sa pravdepodobne podieľal Mikuláš Jadot, dvorný architekt Františka Lotrinského, ktorý pracoval na prestavbe hradu.

**Kostol a kláštor kapucínov** Neďaleko miesta, kde neskôr vznikol kostol trinitárov, si koncom 17. storočia vybudovali kostol a kláštor kapucíni. Po roku 1717, keď bol kostol vysvätený, začali klesať jeho základy, takže ho v rokoch 1735–37 prestavovali. Hoci ide o barokovú stavbu, je mimoriadne jednoduchá, priam sa vymyká spomedzi ostatných, iba oltáre nesú znaky barokového slohu.

Aj mnohé ďalšie diela zobrazovali cirkevné námety. Napríklad

■ *Uršulínky* – ženská katolícka rehoľa, ktorú založila Angela Merici v Taliansku roku 1535. Jej členky sa spočiatku venovali ošetrovaniu chorých, neskôr výchove a vzdelávaniu dievčat z nižších spoločenských vrstiev, pre ktoré budovali pri kláštoroch školy.

■ *Milosrdní bratia* – mužská katolícka rehoľa, ktorú založil Ján z Boha v Španielsku roku 1540. Rehoľníci sa zaoberali hlavne ošetrovaním a liečením chorých, takže pri kláštoroch mali lekárne, nemocnice i starobince. Do Bratislavy prišli na pozvanie arcibiskupa roku 1672, lebo mesto za protihabsburských povstaní pri útokoch povstalcov veľmi potrebovalo ich službu.

■ *Trinitári* – mužská katolícka rehoľa Najsvätejšej Trojice, ktorú založili Ján z Mathy a Felix z Valois v rokoch 1189–92. Keďže sa zameriavali na vykupovanie kresťanov z mohamedánskeho zajatia a za bojov s Turkami i z tureckého zajatia, aj oni robili v meste dobrú službu (v Bratislave od roku 1698).

■ *Alžbetínky* – ženská katolícka rehoľa, ktorú založila kráľovská dcéra Alžbeta Durínska v Nemecku roku 1229. Alžbetínky ošetrovali v nemocniciach a chudobincoch, v Bratislave pôsobili od roku 1420 a potom znovu od roku 1738. K ich nemocnici vybudovanej vedľa kláštora patrila i lekáreň.

■ *Kanonistky (notrdamky)* – ženská katolícka rehoľa, ktorú založil Peter Fourier vo Francúzsku roku 1597. Vzali si na starosť výchovu šľachtických dcér, preto ich aj bratislavské vznešené rodiny uvítali, keď prišli roku 1747 do mesta.

■ *Kapucíni* – mužská katolícka rehoľa, ktorú založil P. Matteo de Bassi v Taliansku roku 1525. Sú známi ako kazatelia medzi ľudovými vrstvami aj ako misionári, ktorí rozširovali kresťanstvo v krajinách celého sveta. Nazývajú sa podľa kapucne, ktorá je súčasťou ich odevu.

V priehľade do neba na kupole lode kostola trinitárov namaľoval G. Bibiena symbol Najsvätejšej Trojice.

# TVOJA BRATISLAVA

(112

■ *Kalvária je miesto v Jeruzaleme, kde bol ukrižovaný Ježiš Kristus. Kresťania si chceli toto jeho utrpenie sprítomniť na miestach, kde žili, a tak si stavali kalvárie – zvyčajne štrnásť staníc, ktoré predstavovali umelecky stvárnené udalosti z Jeruzalema. Takto vznikali hodnotné umelecké diela, akým bola aj bratislavská kalvária od talianskeho umelca Giovanni Giullianiho.*

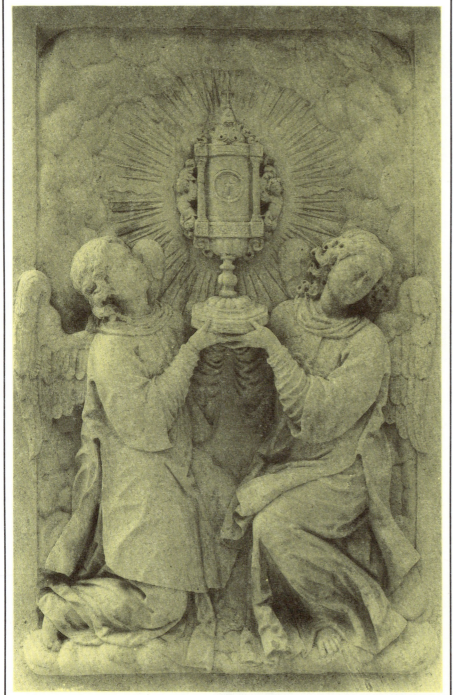

Mariánskymi stĺpmi oslavovali Habsburgovci svoje víťazstvá nad protestantskými povstaniami. Tento pred jezuitským kostolom dal postaviť cisár Leopold po potlačení povstania roku 1675. Na vrchole je socha Panny Márie (obrázok vpravo), spodnú časť zdobia kamenné reliéfy (horný obrázok).

ozdobné stĺpy, na vrchole ktorých trónili sochy svätých. Pred Laurinskou bránou od roku 1732 hľadel na mesto z barokového stĺpa sv. Florián, ochranca pred požiarom i suchom. Keď sa zbúrali hradby a stĺp obkolesili domy, začal prekážať doprave, a tak sa roku 1938 presťahoval pred Blumentálsky kostol. Na Rybnom námestí po veľkom more roku 1713 postavili trojičný stĺp. Na vrchu ho zdobí sv. Trojica, dole postavy sv. Rocha, sv. Ondreja a sv. Karola Boromejského. Stĺp, obohatený neskôr ďalšími rokokovými postavami, víta dnes každého, kto prichádza z Petržalky po Moste SNP do Starého mesta. Mariánsky stĺp pred kapucínskym kostolom nesie sochu Panny Márie a bol vztýčený na znak vďaky pri výročí ustúpenia moru z mesta, kým ďalší mariánsky stĺp na Františkánskom námestí pred jezuitským kostolom dal roku 1675 postaviť cisár Leopold I. na pamiatku porážky Turkov a potlačenia stavovských povstaní.

Aj kalváriu a kaplnku nad mestom medzi vinicami pri dnešnej Hlbokej ceste vybudovali Bratislavčania z radosti, že sa pominulo turecké nebezpečenstvo. Kaplnka zanikla, kalvária bola po II. svetovej vojne zničená, iba kríž s bronzovou sochou Krista dodnes označuje miesto, kde naposledy zaviala turecká zástava.

V európskych mestách bývalo zvykom verejne sa poďakovať Bohu a rôznym svätcom za skončenie živelných pohrôm alebo epidémií. Ani Bratislava nebola výnimkou a koniec moru, čo v nej kosil v 18. storočí, oslávila morovým stĺpom na Rybnom námestí.

# VEĽKÁ OZDOBA BRATISLAVY

„Nemožno si predstaviť nič utešenejšie, nič vhodnejšie, než je táto poloha. Veď nášmu mestu matka príroda štedro udelila všetky dary neba i zeme, aké si len možno želať. Vyznačuje sa zdravým vzduchom, jednak vďaka mohutnému toku Dunaja, ktorý prináša s vodou aj vánok zbavený všetkých nečistôt, jednak vďaka oblúku utešene sa dvíhajúcich Karpát, ktorými je mesto objaté akoby v náručí... Ďalej je všade nevyčerpateľná zásoba pitnej vody... v meste sú studne, ktoré oplývajú množstvom neobyčajne chladnej a zdravej vody, a na úbočiach vŕškov i v dolinách stále vytekajúce pramienky. Vodovody napojené na ne zásobujú kláštorné majetky i mestské fontány toľkým množstvom vody, koľké je potrebné na skrášlenie mesta, na pitie a ostatné použitie.

Aby sme však nezabudli ani na dary zeme. Vŕšky, ktoré obklopujú mesto od západu k severu, buď klesajú na všetky možné strany, alebo prechádzajú do susedného súvislého pásu viníc. Mesto tu má teda pôvabný vzhľad...

Ostatný vidiek vcelku dosť oplýva úrodnými poľami, pasienkami a priestrannými lúkami. Táto oblasť však, ktorá sa rozprestiera medzi ramenami Dunaja po ostrovoch, je sčasti vysadená ovocnými sadmi, sčasti vhodná na zber sena. Ak je však zalesnená, ako je to na náplavoch, poskytuje možnosť nielen na ťažbu dreva, ale aj poľovačku, podobne ako rieka na rybačku. Skrátka to, čo Horatius pripisuje Tiberu a Tarentu, možno povedať aj o Bratislave:

Ten kút zeme sa mi páči nad všetky..."

Tieto slová napísal o Bratislave človek, ktorého ešte za jeho života nazvali najslávnejším a najdokonalejším polyhistorom a po smrti pridali k jeho menu ďalší prívlastok – magnum Hungariae decus čiže veľká ozdoba Uhorska. Tušíš, kto to bol?

Áno, aj v škole ste sa o ňom učili. O Matejovi Belovi, rodákovi z detvianskej Očovej, synovi miestneho roľníka a mäsiara, presvedčeného protestanta. Po ňom zdedil Matej prezývku Funtík.

Teda Matej Bel Funtík. Dnes si ani nevieme predstaviť, koľko ústrkov musel prežiť, koľko nadania, húževnatosti a svedomitosti muselo byť v tomto poddanskom chlapcovi, pokým sa v Uhorsku vypracoval na najvýznamnejšieho vedca svojej doby. Vedca, ktorý sa stal členom učených spoločností v Olomouci, Berlíne, Jene, Petrohrade, Londýne. Rakúsky cisár Karol VI. ho povýšil do šľachtického stavu a vymenoval za cisárskeho historika.

Ale aby som nepredbiehal. Do Bratislavy prišiel z banskobystrického gymnázia a roku 1713 sa tu stal rektorom gymnázia a roku 1719 farárom evanjelickej náboženskej obce. Jeho zásluhou sa škola stala jednou z najlepších v celej krajine. Zreorganizoval vyučovací systém (zaviedol napríklad vyučovanie zemepisu) a vypracoval učebnice, ktoré sa vydávali až do začiatku nasledujúceho storočia.

Čo povedať o jeho vedeckej práci? Je to veľmi ťažké – zaoberal sa dejepisom, zemepisom, národopisom, jazykovedou, literatúrou, prírodovedou. Zanechal po sebe rozsiahle vedecké a literárne dielo. Za vrcholnú považujeme prácu *Notitia Hungariae novae historico-geographica* čiže Historické a zemepisné vedomosti o súvekom Uhorsku. Pôvodne mala vyjsť v šiestich, neskôr dokonca v siedmich dieloch, ale napokon vyšli len štyri. Bola to práca skutočne encyklopedická, spolupracoval na nej nielen so svojimi žiakmi, ale aj s učencami celej krajiny. Vydané zväzky sa dotýkajú práve stolíc Horného Uhorska, teda Slovenska. Veľa sa z nich dozvedáme o zemepisných pomeroch,

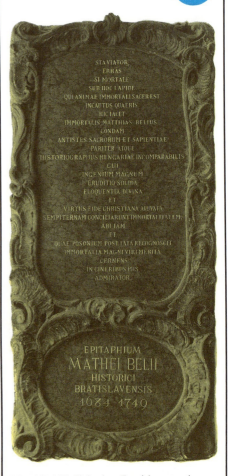

Matej Bel žil dlhé roky v Bratislave, tu aj zomrel a bol pochovaný na evanjelickom cintoríne. Jeho hrob sa nezachoval. Jeho epitaf (pamätná doska) sa dnes nachádza na stene podjazdu pri Vinohradníckom múzeu v radnici.

■ *Polyhistor je vedec, ktorý sa zaoberá mnohými vednými odbormi.*

■ *Belove Notitia vychádzali v rokoch 1735–42.*

■ *Noviny Nova Posoniensia vychádzali v rokoch 1721–22.*

# ILÚZIA A DRAVOSŤ

MATEJ BEL svojimi reformami obrodil aj život bratislavského lýcea, ktoré sa stalo popredným v celej krajine. V čase jeho vedenia školy sa začal prílev slovenských študentov na štúdiá do Bratislavy.

Popri vedeckej a pedagogickej činnosti si Bel našiel čas aj na týždenník *Nova Posoniensia*, ktorý vychádzal v latinčine a mal i kultúrnu prílohu.

■ Matej Bel (22. 3. 1684 – 29. 8. 1749) bol jedným z najväčších vedcov v Uhorsku v 18. storočí. Zo stredoškolského učiteľa a evanjelického farára sa vypracoval na uznávaného polyhistora. Roku 1709 len tak-tak unikol trestu smrti, ktorý si vyslúžil za sympatie s protihabsburským povstaním Františka II. Rákócziho. Veľké úsilie venoval vzájomnému zblíženiu národov Uhorska a nezapieral svoj slovenský pôvod. O tom, ako si ho vážili v cudzine, svedčí, že bol členom viacerých zahraničných vedeckých spoločností, ako aj to, že svetová organizácia UNESCO zaradila roku 1984 do svojho kalendára výročí 300. výročie jeho narodenia.

pohoriach, riekach, nerastoch, kúpeľoch, poľnohospodárstve, chovaní dobytka, o obyvateľstve, ľudových zvykoch, o dejinách, o kráľovských mestách a hradoch. Pre nás je mimoriadne cenné, že vlastne celý prvý diel je venovaný Bratislave. Bel, ktorý tu žil 36 rokov, opísal mesto, jeho ulice a námestia, kostoly, kláštory a všetky významné stavby. Venoval sa aj životu v meste, zvykom, móde, písal o množstve zelene v parkoch a záhradách, podľa ktorých vraj súčasníci nazývali Bratislavu „rajom Uhorska".

Spolu s ďalšími podnietil vydávanie novín *Nova Posoniensia*, ktoré boli prvými pravidelne vydávanými novinami v Uhorsku. Na zadnej strane tohto týždenníka si obyvatelia mohli prečítať správy zo života a o udalostiach v meste.

Bel sa zaslúžil aj o rozvoj vedeckého života: usiloval sa (škoda, že bezvýsledne) založiť celouhorskú Učenú spoločnosť v Bratislave a pre jej členov vydávať odborný časopis *Observationes Posonienses* (Bratislavské pozorovania).

Čo myslíš? Azda by sme mohli zmeniť ten slávny Belov prívlastok magnum Hungariae decus na magnum Posoniensis decus, veď ak bol tento veľký vedec ozdobou celej krajiny, či nebol i ozdobou mesta, kde žil a tvoril?

Na mieste dnešného paláca stával župný dom, ktorý patril dedičným županom Pálffyovcom. Gróf JÁN PÁLFFY ho dal prestavať v strohom klasicistickom slohu.

## OBNOVENÝ PALÁC

V bratislavskom Večerníku zo 7. apríla 1988 som v článku pod názvom Skvost pre verejnosť čítal:

„Dejiny si na tomto mieste odovzdávajú štafetu. Tu sú zvyšky keltskej mincovne, v stenách budovy tehly z rímskeho obdobia, tu našli miesto odpočinku i naši predkovia z obdobia prvého slovanského štátu Veľkej Moravy... Áno, taký je vzácny stavebný skvost z 13. storočia, dnešný neobyčajný chrám kultúry, veľkolepé dielo, ktoré za účasti politických a štátnych predstaviteľov mesta a kultúrnej verejnosti i tých najzaslúžilejších, ktorí sa pracovne o obnovu Pálffyho paláca pričinili, včera otvoril primátor Bratislavy..."

Povieš si, novinársky článok plný obdivu. Takých som čítal! Lenže tentoraz je nadšenie novinárov namieste. V tomto paláci sa totiž pri výskume našli časti stredovekých stavieb takej hodnoty a významu, o akých sa odborníkom ani snívať nemohlo a ktoré rozšírili ich znalosti o bratislavskej meštianskej gotickej architektúre z 13. až 15. storočia. Pri prácach na obnove budovy tu odkryli vzácny jednoposchodový gotický palác zo 14. storočia, množstvo stavebných prvkov (portály, okná, klenby), renesančné arkády zo 17. storočia na 1. a 2. poschodí. Najcennejší je však stredoveký dom z prvej polovice 13. storočia, teda z obdobia ešte pred udelením mestských práv (jeho nárožie je zachované v priestoroch dnešného minipresa). Vzácny vežový objekt, ktorý odhalili v susedstve paláca, potvrdzuje, že v ranom stredoveku sa opevnené vežové domy nenachádzali len v okolí Hlavného námestia. Zachoval sa i s cimburím a jeho výšku môžeš vidieť v podkrovných výstavných priestoroch.

Objavy v Pálffyho paláci na Panskej ulici 19 sú podľa odborníkov jedinečné a možno ich prirovnať azda len k Starej radnici. Preto toľká starostlivosť, preto si dnes vo vynovenom Pálffyho paláci môžeš pozrieť nielen zbierky Galérie mesta Bratislavy, ale aj vzácne stavebné doklady o vývoji mesta.

Hlavné schodisko v strednom pavilóne barokového Grassalkovichovho paláca oživujú vázy a sochy, ktoré už nesú stopy nadchádzajúceho umeleckého štýlu.

Šľachtici a cirkevní hodnostári v stredoveku nebývali v meste natrvalo. Ale teraz, keď sa Bratislava stáva hlavným mestom, keď tu sídlia najdôležitejšie úrady, zasadá snem, konajú sa korunovácie a mesto žije bohatým spoločenským a kultúrnym životom, to je niečo iné! Každá dôležitejšia osobnosť si tu buduje sídlo, dom, a keby si túto stavebnú horúčku nevzala pod kontrolu Kráľovská komora, ktovie, akoby to dopadlo.

Najmocnejšie šľachtické rodiny sa podľa viedenského vzoru pretekali vo výstavbe honosných a nákladných palácov. Mám ťažkú úlohu vybrať z nich pre teba... Medzi najstaršie patrí palác Pavla Jesenáka na Michalskej č. 3, o ktorom hlása nápis na portáli, že pochádza z roku 1730. Trojposchodový palác Jána Eszterházyho na Panskej č. 13 je zase zaujímavý tým, že za pomerne jednoduchým výzorom z ulice sa skrýva reprezentačná, rozsiahla štvorkrídlová budova. Na Ventúrskej č. 12 upúta reliéfom s vojnovými trofejami nad portálom palác maršala Leopolda Pálffyho, kde ešte ako dieťa koncertoval Wolfgang Amadeus Mozart.

Ďalší Pálffy – župan, miestodržiteľ, palatín, ríšsky sudca Pavol – uviedol do Bratislavy dobovú novinku: nový druh paláca v záhrade, vlastne viacero stavieb, ktoré vznikali mimo ruchu ulíc ako letné sídla, letohrádky obklopené zeleňou. O tomto už nejestvujúcom Pálffyho paláci pod hradom, kde prežila Mária Terézia medové týždne s manželom Františkom Lotrinským, sa dodnes rozprávajú legendy.

Z celého komplexu Pálffyho paláca a povestných záhrad pod hradným kopcom sa zachovala len časť jednej budovy a klenby s ranobarokovou výzdobou nad schodiskom, ktoré spája Svoradovu ulicu so Zámockou.

■ Pálffyho letohrádok zaberal pôvodne veľký priestor pod hradným vrchom. Dnes sa môžeme zoznámiť už len s jeho malou časťou – záhradným krídlom, ktoré lemuje časť Zámockej ulice. Zvonku vyzerá len ako nejaký múr, bez okien, fádne, no vnútri sa našli cenné nástenné maľby. Odborníci chcú túto pamiatku zreštaurovať a sprístupniť.

■ Altán je drevený záhradný domček, kde si možno posedieť na lavičke. Altán v Pálffyho záhrade bol viacposchodový, jeho drevené podlahy obkolesovali celú lipu.

Rodina Pálffyovcov si postavila v Bratislave viacero palácov. Jej erb i vojenské trofeje nad vstupnou bránou paláca na Ventúrskej ulici potvrdzujú, že tu býval generál Leopold Pálffy.

Priam neuveriteľne znejú vtedajšie opisy záhrad s fontánami, z ktorých sa preslávila hlavne terasovitá záhrada s mohutnou lipou – obkolesoval ju drevený viacposchodový altán, aby z neho hostia zblízka mohli vdychovať vôňu lipového kvetu. Celé sídlo bolo veľkolepým svedectvom Pálffyho vysokého umeleckého vkusu.

Aj k barokovému palácu advokáta, neskôr predsedu Uhorskej kráľovskej komory Antona Grassalkovicha, ktorý sa roku 1760 objavil za hradbami mesta, sa pripájala krásna záhrada upravená vo francúzskom štýle.

V najstaršom a najkrajšom – letnom arcibiskupskom – paláci na dnešnom Námestí slobody sídli dnes vláda Slovenskej republiky. Vďaka ostrihomskému arcibiskupovi Jurajovi Lippayovi, ktorý ho dal v polovici 17. storočia prebudovať, vznikla pri ňom unikátna záhrada s množstvom cudzokrajných stromov, kríkov a kvetov, s labyrintom, s fontánami a s množstvom záhradných sôch. Vtedy sa upravovala i kaplnka a taliansky maliar A. Galli-Bibiena ju vyzdobil nástennými maľbami.

Pravda, 18. storočie nezabudlo ani na menej vznešených obyvateľov, aj keď pre nich nepostavilo barokové skvosty. Bratislavské siroty prichýlil lazaret na Špitálskej ulici, zatiaľ čo vojaci sa ubytovali vo Vodných kasárňach na dunajskom nábreží. Mešťania sa tomu iste potešili, lebo boli odbremenení od povinnosti ubytovávať vojakov vo svojich domoch. V novej šesťposchodovej obilnej sýpke sa od roku 1773 uskladňovalo obilie pre potreby mesta, až kým o vyše sto rokov na jej mieste nevyrástla Reduta – stánok pre zábavy, koncerty, plesy. To už ale predbieham... Kým však nestála Reduta, spoločenský život sa odohrával v súkromných palácoch, hostincoch, ako aj v kamennom Mestskom divadle. Nech mi jeho stavitelia odpustia, ale vyzeralo ako veľká šopa, nebolo na ňom ani trochu barokovej krásy či nastupujúcej klasicistickej dôstojnosti. Hľadisko stačilo pre 650 divákov a priestor na orchester pre 50 hudobníkov.

Už som spomínal, že nad stavebným rozvojom mesta bdela Uhorská kráľovská komora, konkrétne prvý riaditeľ Uhorskej stavebnej kancelárie, viedenský Talian Giovanni Battista Martinelli. On projektoval napríklad budovu Uhorskej kráľovskej komory, ktorú postavili na mieste starších domcov na konci Michalskej ulici. Matej Bel o nej

Kamenný atlant podopierajúci balkón nad portálom budovy Univerzitnej knižnice dokumentuje, že ju postavili v období vrcholiaceho baroka.

Letný arcibiskupský palác na Námestí slobody založil arcibiskup František Forgách, ale až jeho nasledovníci – arcibiskupi Lippay a Barkóczy – urobili z neho reprezentačné sídlo s okrasnými záhradami.

TVOJA BRATISLAVA ———————————————————— ( 120

Za barokovo poňatým priečelím Balassovho paláca na Panskej ulici sa nachádzajú vnútorné priestory poznačené rokokom.

V tejto drevenej nádobke držali liečivý prášok lekárnici bývalej lekárne bratislavských alžbetínok.

v Notitiách napísal: „Uhorská komora zaberá vonkajšie nárožie západnej strany Michalskej ulice, priamo na mieste, kadiaľ vedie ku klariskému kláštoru a odtiaľ do Kňazskej ulice pomerne úzka ulička. Čo sa týka budovy, nie je ani veľká, ani pravidelne stavaná buď pre šikmú a kvôli ústiu uličky zatočenú polohu, alebo vinou prvých staviteľov. Je však taká priestranná, že stačí aj pre snem, aj na všetko, čo patrí k vybaveniu kráľovskej pokladnice. Spodnú časť zaberajú miestnosti s klenbami. Tu sa uchováva kráľovský poklad. Na druhom poschodí zriadili zasadaciu miestnosť s neobyčajnou kapacitou. Tu sa v stanovené dni a hodiny schádza správca pokladnice s radcami. Vzadu sa nachádzajú miestnosti archívov, ktoré sú tak uspôsobené, že ich nemôžu poškodiť požiare."

Martinelliho dielo, jeden z najkrajších bratislavských barokových príkladov, v rokoch 1951—53 upravili pre Univerzitnú knižnicu. A tak keď sa raz staneš jej členom a budeš kráčať schodmi na prvé poschodie do niektorej zo študovní, zakaždým prejdeš popri pamätnej tabuli

s nápisom: „Tento palác postavili v rokoch 1753–1756 pre Uhorskú kráľovskú komoru. Zasadali v ňom kráľovské snemy, na ktorých za práva Slovákov bojoval Juraj Palkovič a Ľudovít Štúr. V revolučných rokoch 1847–48 tu vyhlásili zrušenie poddanstva…"

Knižnica sa však čoskoro stala tesnou pre množstvá kníh aj pre desaťtisíce členov, ktorí sa v jej študovniach a čitárňach chceli vzdelávať. A tak k nej onedlho pripojili susedný palác kniežaťa Leopolda de Pauli, ktorého plány vypracoval ďalší člen stavebnej kancelárie, cisársky dvorný architekt František Anton Hillebrandt. Viedol aj prestavbu hradu a cisárovná Mária Terézia ho poverila plánmi na reguláciu rastu mesta. Opevnenia totiž čoraz väčšmi strácali pôvodný význam a bránili mestu splynúť s jeho predmestiami. Na Hillebrandtov návrh dala Mária Terézia zbúrať nielen mestské hradby, ale i tri brány – Vydrickú, Rybársku a Laurinskú. Zmizli aj vodné priekopy pri Dunaji, kde za letných horúčav ako v močiari kŕkali húfy žiab a liahli sa státisíce komárov. Dvestotisíc (!) zlatých stála 20-kilometrová kamenná hrádza, ktorú vybudovali ako ochranu pred povodňami. V meste sa urobila kanalizácia a mestské priekopy sa zasypali. Po bývalých vodných priekopách pred Rybárskou bránou sa onedlho promenádovali dámy s gavaliermi a vyparádenými deťmi.

Z 18. storočia, presnejšie z roku 1753, pochádza zariadenie z lekárne bývalej nemocnice alžbetínok, ktoré dnes tvorí najvzácnejšiu časť farmaceutického múzea Červený rak. Múzeum je jediné svojho druhu v celej republike.

Tak sme prišli o historické pamiatky, ale mesto sa mohlo slobodne rozrastať, nehovoriac o tom, že sa zmenšila hrozba morových epidémií. A aspoň na ukážku zostala Michalská brána (či veža, ako jej niekedy hovoríme), ktorú zachránila pravdepodobne atrakcia, ktorú nám zvečnil Matej Bel: „Pri Michalskej bráne je priekopa najhlbšia a je v nej pekná strelnica, kde sa mešťania na základe chválihodného ustanovenia, ak sa to nekoná v dňoch Pána, učia nosiť pušky a zároveň aj strieľať stanoveným počtom striel na cieľ. Chodieva sem veľa mužov, zväčša roztopašníkov a márnotratníkov."

## ROZHOVOR S KNIHOU

Toľko toho som ti ešte chcel povedať o živote Bratislavy v 18. storočí. Rozmýšľal som, ako. Chcel som sa poradiť s Antonom Špieszom, ktorý napísal veľmi pútavú knihu *Bratislava v 18. storočí*. V telefónnom zozname som vyhľadal číslo, ale telefón nikto nedvíhal. Čo teraz? Autora som doma nezastihol, a tak som sa s ním porozprával prostredníctvom jeho knihy.

*O Bratislave písali vedci aj pred Vami, ale Vy ste sa zamerali práve na 18. storočie.*

Dejiny Bratislavy sú od začiatku jej existencie nesmierne bohaté, aj odborník má čo robiť, aby sa v nich stal naslovovzatým odborníkom. Mne sa podarilo zhromaždiť množstvo originálneho materiálu o tomto meste v 18. storočí počas rokov, keď som skúmal toto obdobie v súvislosti s dejinami celého Slovenska. A zdalo sa mi priam hriechom nechať si tieto poznatky o Bratislave len pre seba, v šuflíku pracovného stola. Veď iste potešia nielen rodených Bratislavčanov, ale aj tých, ktorí tu prežili desiatky rokov, väčšinu života, a cítia sa tu doma.

*Ako vstupovali Bratislavčania do tohto obdobia?*

Len čo pominulo kurucké nebezpečenstvo, hneď na začiatku 18. storočia napadol mesto nový nepriateľ, voči ktorému boli prislabé a prinízke mestské múry, ktorý sa nedal odohnať ani podplatiť, ktorý nedbal ani na prosby, ani hrozby. Bol to mor, ktorý tu už predtým bezuzdne vyčíňal. Ešte si naň mnohí nedobre spomínali, veď od neho uplynuli iba čosi viac ako tri desaťročia. Vybral si nešťastný trinásty rok, vyžiadal si 3860 mŕtvych a ďalších 1561 nakazených. Jeho koniec pripomína morový stĺp pri Moste SNP.

*Mesto sa však veľmi rýchlo postavilo opäť na nohy, pravda?*

Áno, obyvatelia sa v pokoji a za priaznivých okolností mohli venovať budovaniu, obchodovaniu, práci, slovom, bežnému životu. Tento rozvoj trval približne šesťdesiat rokov a za ten čas predstihlo mesto so svojimi 33 tisíc obyvateľmi všetky ostatné mestá Slovenska, ba bolo najväčším mestom v celom Uhorsku. Remeselníckych dielní, ktoré sú hádam najvýznamnejším svedectvom hospodárskeho rastu, sa roku 1720 napočítalo 329, roku 1785 až 977; obchodov roku 1720 iba 24, no roku 1765 už 50 a roku 1772 ešte o desať viac.

*Akí ľudia tu žili?*

Ako v ostatných uhorských mestách – rôzni. Postavením, vierovyznaním, národnosťou. Pomerne veľa bolo príslušníkov významnejších i menej významných šľachtických rodín. V daňovom súpise z roku 1732 som našiel zapísaných presne 100 a zoznam z roku 1715 obsahuje až 187 osôb, čo sa mohli preukázať šľachtictvom. Pravda, poniektorí nevlastnili zrejme nič okrem honosných priezvisk a živili sa remeslom, vinohradníctvom či obchodom, takže rátať ich medzi privilegované vrstvy by zaiste nebolo primerané. Medzi spoločensky najvyššie

Na pamiatku korunovácií sa vydávali pamätné medaily – na obrázku je rub korunovačnej medaily JOZEFA I. z roku 1687.

Reformy syna Márie Terézie cisára JOZEFA II. sa veľmi dotkli aj života Bratislavy: prestala byť hlavným mestom Uhorska, stratila samostatnosť slobodného kráľovského mesta, opustili ju mnohé mníšske rády, odsťahovali sa úrady i šľachta.

- Presné údaje o počte tovarišov (kopáčov vo vinohradoch, sluhov, slúžok, kuchárok) sú z roku 1778, keď v meste evidovali 2606 nádenníkov, 503 nádenníčok, 1366 sluhov a 2328 slúžok.

- Slovenskú školu postavenú na žiadosť slovenských rodín roku 1770 povolili najvyššie úrady s tým, že učiteľ dostával z mestskej pokladnice plat 44 zlatých a z komornej 100 zlatých. Škola stála na Suchom mýte.

Rytina z 18. storočia zachytáva korunováciu prvej uhorskej kráľovnej, cisárovny MÁRIE TERÉZIE v Dóme sv. Martina. Kľačí pred biskupmi, ktorí jej kladú na hlavu korunu.

postavené vrstvy treba počítať aj štátnych úradníkov. Na konci vlády Márie Terézie ich v meste žilo asi 350–400, takže aj s rodinami predstavovali 7–8 % všetkého obyvateľstva. Je nepochybné, že na tých najbohatších mnohí mešťania zazerali. Ale tí, ktorým ležala na srdci prestíž mesta, čo ho chceli mať výstavné, s množstvom reprezentačných budov, aby bolo naozajstným hlavným mestom, ktoré by všestranne prevyšovalo ostatné mestá štátu, zaiste tu nevideli šľachtu neradi. Medzi privilegovaných patrili aj vysokí hodnostári katolíckej cirkvi, ktorí mali sídla v západnej časti Starého mesta, ako to dodnes pripomína Kapitulská a Prepoštská ulica.

Hlavnú masu obyvateľov tvorilo jednoduché meštianstvo a v ňom zase remeselníci. Medzi stredné vrstvy treba rátať ešte i remeselníckych tovarišov, mnohí sa do Bratislavy zatúlali na povinných vandrovkách z celej strednej a západnej Európy. Neobyčajne veľa tovarišov pracovalo v stavebných remeslách, lebo niektorí murárski alebo tesárski majstri zamestnávali bežne sto i viac tovarišov. A ak remeselníci žili v pomerne skromných pomeroch, kopáči, pomocní robotníci a iní nádenníci, prirodzene, ešte biednejšie. Poväčšine mali len jednu obytnú miestnosť, kam sa vracali po 16-hodinovej úmornej drine.

*Remeselníkom však začínali konkurovať stroje, vo svete už pracovali manufaktúry a rozvíjali sa kapitalistické výrobné vzťahy. Čo na to Bratislavčania?*

Všetci bratislavskí remeselníci boli združení do cechov. Na konci 18. storočia ich pôsobilo okolo šesťdesiat. Ani v tomto smere nemala Bratislava súpera, bola najväčším a najvýznamnejším strediskom remeselnej výroby v celom Uhorsku. Existovalo tu viacero výrobných odvetví, ktoré v tom čase nemožno nájsť nikde inde na Slovensku, ani v Uhorsku: výroba stužiek a iných jemných textílií, čokolády, škrobu, kariet, rôznych jemných kovových pracovných nástrojov a podobne. Niet teda divu, že remeselnícka súdržnosť, živená podporou cechu, spočiatku úspešne bránila záujmy majstrov proti manufaktúram. Veď stroje sa sprvu každému zdali nepriateľom, ktorý ho oberá o prácu, nie pomocníkom, čo mu námahu uľahčí. Cisár Jozef II. všetok odpor cechov voči manufaktúram zlomil, vďaka čomu za jeho panovania aj v Bratislave vznikli prvé priemyselné podniky. A nie hocaké! Veď z celého Uhorska sa práve v Bratislave po prvý raz uplatnili mechanické spriadacie stroje, ktorými sa v Anglicku začala priemyselná revolúcia!

*Hovorili naozaj všetci Bratislavčania tromi jazykmi, bez ohľadu na to, akej boli národnosti?*

Trojrečovosť bola typická pre toto mesto až do roku 1945. Lebo hoci výrazne prevládali Nemci, vyskytovalo sa i dosť mešťanov a iných obyvateľov maďarskej a slovenskej národnosti. Slováci mali vyhranené národnostné povedomie, o tom svedčí aj žiadosť o otvorenie ďalšej slovenskej školy, ktorú roku 1770 podpísalo 309 slovenských rodín s 521 deťmi. Po slovensky sa mohla skladať prísaha novoprijatého mešťana – zachovali sa až dve obmeny tejto prísahy a obe sú

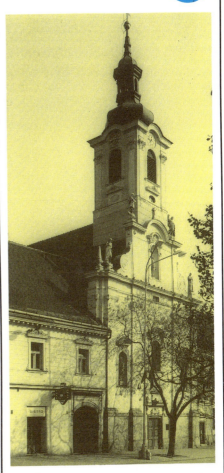

Kláštorná nemocnica pri kostole Milosrdných bratov bola vždy otvorená pre najchudobnejších mužských obyvateľov Bratislavy. Najmä za moru v rokoch 1710–13 a za revolúcie v rokoch 1848–49 našli v nej útočište mnohí chorí a ranení.

Symbol mesta si dali Bratislavčania zhotoviť podľa Žigmundovej erbovej listiny z roku 1436. Strieborné pečatidlo s dreveným držadlom nesie latinský nápis: Pečať mesta Bratislavy.

neobyčajne cenným prameňom „uherskej" slovenčiny pred vznikom Bernolákovho spisovného jazyka.

V 18. storočí pokladali za potrebné a užitočné naučiť sa po slovensky aj vzdelanci iných národností, ktorí v meste žili. Hrdo sa k tomu hlásili, ak sa ich na to niekto spýtal alebo ak to mali uvádzať vo svojich životopisoch. Svedčí o tom príklad, že osem z trinástich referentov Kráľovskej komory, ktorí boli uhorského pôvodu, vedelo na začiatku 18. storočia po slovensky, hoci len traja pochádzali zo slovenského územia. Slováci prenikli aj do mestskej rady, ba niektorí (spolu desiati) sa stali richtármi.

*Keď sme už pri richtárovi… Ako sa ním mohol človek stať?*

Voľbami. Do polovice 18. storočia voliči odovzdávali hlasy ústne pred mestským notárom viazaným prísahou, že nikomu neprezradí, kto koho volil. Neskôr čakali vo volebnej miestnosti na voličov tri urny, každá s menom príslušného kandidáta: vhadzovali sa do nich guľky, pričom biela znamenala platný a dve inofarebné neplatné hlasy. Tajnosť volieb sa aj v tomto prípade zachovala, veď nik nemusel postrehnúť, kto aký hlas do ktorej urny vhodil.

*Významnými udalosťami v živote mesta boli zasadnutia snemu, na ktorých sa rozhodovalo nielen o živote Bratislavy, ale o osude celej krajiny. Ktoré z nich bolo mimoriadne dôležité?*

V 18. storočí zohrávala Bratislava v politických dejinách Uhorska významnejšiu úlohu ako hocikedy predtým (i potom). Veď na rozdiel od 17. storočia, keď sa niektoré zasadnutia snemu konali aj inde, teraz sa všetky uskutočnili v Bratislave. Bolo ich spolu deväť. Veľmi významný bol snem, ktorý zvolali do Bratislavy na 20. júna 1722, veď mal rozhodnúť, či aj Uhorsko prijme Pragmatickú sankciu, teda Máriu Teréziu za panovníčku. Napriek značnej opozícii získali cisárskemu dvoru verní magnáti postupne všetkých odporcov. Dolná snemovňa zasadala v budove komornej mincovne na Michalskej ulici, horná v Zelenom dome.

Snem z roku 1764–65 je pamätný tým, že bol nielen posledný za života Márie Terézie, ale posledný vôbec, lebo jej nástupca Jozef II. už nijaký uhorský snem nezvolal.

*Jozef II. bol energický panovník, ktorý si nedal nič diktovať. Aký vplyv mala jeho vláda na život Bratislavy?*

Odchod arciknieżacieho dvora, ústredných úradov a s nimi aj šľachty postihol najmä remeselníkov, ktorí tak stratili objednávky. O tom už ani nehovorím, že prítomnosť vysokej aristokracie zvyšovala lesk mesta a jeho prestíž v očiach cudzích návštevníkov. Bratislava začala chudobnieť, a muselo to byť očividné, keď to uznali aj na najvyšších miestach štátu a odpustili jej osem pôrt na daniach, ktoré zase pripísali Budínu, kam sa úrady i šľachta presťahovali.

Veľmi citeľne sa v živote mesta odrazili aj náboženské reformy Jozefa II. Zrušili sa viaceré kláštory a z Budína sa roku 1784 preniesol na Bratislavský hrad Generálny seminár, v ktorom sa mali katolícki kňazi vychovávať nie podľa predstáv cirkvi, ale štátu. Tu študoval Anton Bernolák, Juraj Fándly a mnohí ďalší významní osvietenskí vzdelanci, ktorí potom pôsobili medzi ľudom a zvyšovali jeho vzdelanie.

Porcelánový zvonček vyzváňal v rukách radničných úradníkov.

# ILÚZIA A DRAVOSŤ

■ *O svätoštefanskej korune, ktorou boli korunovaní uhorskí králi, sa dlho myslelo, že pochádza od prvého uhorského kráľa Štefana (997–1038). V skutočnosti je mladšia a jej dve časti zložili klenotníci zo starších nepoužívaných šperkov pri korunovácii kráľa Štefana V. v Székesfehérvári roku 1270. Neuberá jej to na význame a hodnote, veď patrí medzi najstaršie kráľovské koruny v Európe. Z Budapešti, kde ju Maďari uchovávali, ju na konci II. svetovej vojny ulúpili fašisti a dostala sa do Spojených štátov. Až po dlhotrvajúcich rokovaniach ju sem roku 1978 priviezli späť a je uložená v Národnom múzeu.*

Uhorskí králi boli v Bratislave korunovaní svätoštefanskou korunou, ktorá spolu s ďalšími korunovačnými klenotmi spočívala v najstaršej a najmocnejšej veži Bratislavského hradu, ktorú odvtedy nazývajú Korunnou.

■ *V dóme boli korunovaní:* **Maximilián** *a jeho manželka* **Mária** *1563,* **Rudolf** *1572,* **Matej II.** *1608, jeho manželka* **Anna** *1613,* **Ferdinand II.** *1618, jeho druhá manželka* **Eleonóra** *1622, prvá manželka Ferdinanda III.* **Mária Anna** *1638,* **Ferdinand IV.** *1647, tretia manželka Ferdinanda III.* **Mária Eleonóra** *1655,* **Leopold I.** *1655,* **Jozef I.** *1687,* **Karol III.** *1712, jeho manželka* **Alžbeta Kristína** *1714,* **Mária Terézia** *1741,* **Leopold II.** *1790, tretia manželka Františka I.* **Mária Ludovika** *1808, štvrtá manželka Františka I.* **Karolína Augusta** *1825,* **Ferdinand V.** *1830.*

## KRÁĽOVSKÝ DAR

Na múre vo svätyni Dómu sv. Martina nájdeš mená devätnástich uhorských kráľov a kráľovien korunovaných v tomto chráme. Uhorskej šľachte totiž nestačilo, že uhorský kráľ bol platne zvolený na sneme, ona ho neprijala prv, než mu uhorský prímas nepoložil na hlavu uhorskú korunu. A pri tej príležitosti mu očividne dávala najavo, že sa stal kráľom len z vôle uhorských stavov. Takmer tri storočia bola Bratislava miestom, kde sa odohrával slávnostný obrad odovzdávania moci novému panovníkovi, a to jej dodávalo lesk i dôležitosť, akou sa mohlo pochváliť len málo miest v Európe.

Pred korunováciou sa zvyčajne zišiel v Bratislave snem, na ktorom volili budúceho vladára a rozhodli o dátume slávnostnej korunovácie. Na sneme sa s budúcim panovníkom dohodli aj na inauguračnom diplome, čo značí, že kráľ musel písomne potvrdiť šľachte predchádzajúce privilégiá, ktoré jej Zlatou bulou udelil kráľ Ondrej II. roku 1222.

Ak sa nevyskytli iné dôvody, korunovácie sa konali zväčša v poslednej tretine roka, keď už bolo po žatve a v bratislavských pivniciach dozrievalo víno. Navyše, nechať sa korunovať v niektorý cirkevný sviatok (a v tom čase ich bolo viac) znamenalo úspešné panovanie.

Ako korunovácie prebiehali, vieme nielen z opisov priamych

Na mieste Korunovačného pahorku, kde onehdy Mária Terézia symbolicky prisahala, že bude krajinu brániť pred všetkými útokmi zvonku, bolo postavené veľkolepé súsošie. Cisárovná sedí na koni, a okolo nej sú uhorskí šľachtici, na podstavci nápis pripomínal ich sľub, že za panovníčku dajú život i krv.

účastníkov, ale aj z inštrukcií snemu, v ktorých sa bod po bode plánovali všetky časti programu. Chcel by som ťa upozorniť na knižku Štefana Holčíka *Korunovačné slávnosti, Bratislava 1563—1830,* ktorá sa zaoberá touto významnou súčasťou histórie Bratislavy. No kým si ju prečítaš, opíšem ti, ako asi korunovácia prebiehala.

Je naozaj šťastím (a tak trochu nevysvetliteľným), že všetky prírodné katastrofy i často necitlivé zásahy človeka do organizmu Starého mesta obišli tento krehučký malebný domček U dobrého pastiera.

Budúci panovník prišiel z Viedne do Bratislavy cez Dunaj po loďkovom moste a na breh vstúpil v miestach, kde naň ústi Mostová ulica. Ak býval na hrade, obišiel mesto popri hradbách a v deň korunovácie doň vstúpil cez Vydrickú bránu. Ak bol ubytovaný v arcibiskupskom paláci (predchodcovi dnešného Primaciálneho paláca), prišiel do mesta cez Laurinskú bránu, lebo, ak sa pamätáš, Rybársku bránu v čase tureckého nebezpečenstva zamurovali. Z paláca sa na druhý deň vydal slávnostný sprievod za vyzváňania zvonov cez Radničnú uličku, Hlavné námestie a Dlhú (dnes Panskú) ulicu, lebo do dómu sa vždy vstupovalo cez južnú predsieň.

V slávnostne vyzdobenom chráme sa zatiaľ zhromaždili cirkevní a svetskí hodnostári, šľachta, vyslanci a najbohatší mešťania. Na stenách viseli vzácne baldachýny a gobelíny, popožičiavané z rozličných kostolov a palácov v celej krajine. V osobitnej miestnosti sa panovník obliekol do svätoštefanského plášťa a za zvukov bubnov a fanfár sa v sprievode odobral k hlavnému oltáru, kde naň čakali dva tróny. Jeden z prítomných biskupov obradne požiadal prímasa, aby vznešeného kandidáta korunoval za kráľa Uhorska. Arcibiskup sa opýtal, či ho považujú za hodného takejto pocty. Odpoveď bola prirodzene kladná, nuž zvolal: „Deo gratias!" (Bohu vďaka!) Budúci panovník si sadol na trón a arcibiskup ho vyzval, aby „panoval ku cti Božej spravodlivo a bohabojne, staral sa o vdovy a siroty a mal v úcte prelátov, rády a stavy krajiny". Po prísahe na Biblii sa začala omša, no o chvíľu zavládlo ticho, ktoré prerušil arcibiskup — vytasil meč a so slovami „Prijmi tento meč moci!" vložil ho kráľovi do pravej ruky. Potom vzali z hlavného oltára kráľovskú korunu a arcibiskup ju položil panovníkovi na hlavu.

„Chcete ho za kráľa?" opýtal sa arcibiskup prítomných zástupcov uhorských stavov a tí tri razy zvolali: „Chceme, chceme, chceme!" Sediacemu kráľovi nato vložili do rúk kráľovské žezlo a jablčko.

Po obradoch, ktoré trvali aj niekoľko hodín, vyšiel sprievod z dómu vždy severným vchodom. Pešo prechádzal cez slávnostne vyzdobené ulice pokryté súknom pomedzi zvedavcov zblízka i zďaleka. Za

Súsošie Márie Terézie bolo z najkvalitnejšieho carrarského mramoru, no žiaľ, po I. svetovej vojne ho zničili. Tento mramorový model s panovníčkou na koni sa zachoval v Mestskom múzeu.

# TVOJA BRATISLAVA

- Číslovanie domov v Bratislave zaviedli na príkaz Jozefa II. roku 1784, dovtedy sa adresa udávala podľa nejakého charakteristického znaku. Po smrti panovníka číslovanie roku 1790 zrušili, od roku 1802 sú však domy v Bratislave opäť číslované.

- Bratislavský rodák Ján Fadrusz (1858–1903) vytvoril aj skvelú plastiku Kristus na kríži, ktorá sa nachádza na múre bočnej lode v Blumentálskom kostole.

Po všetkých predpísaných ceremóniách, ktoré musel nový kráľ podstúpiť, sa na bratislavských uliciach rozpútala zábava. To sa mestská chudoba a menej majetní obyvatelia tešili z pečienky a vínka, čo sa zdarma rozdávali na účet novopečeného panovníka.

účastníkmi slávnostnej korunovácie išiel na koni predseda kráľovskej komory, ktorý medzi zhromaždených rozhadzoval zlaté a strieborné jubilejné mince, razené zvlášť na túto príležitosť. Každý si chcel uchmatnúť aspoň jednu, veď pre chudobného to znamenalo jedlo, pre bohatého suvenír, pamiatku na jedinečný zážitok. Panovník si toto gesto mohol dovoliť, veď ho to stálo len maličkú čiastku zo sumy, ktorú dostal do daru. Napríklad Mária Terézia dostala od uhorských stavov dar skutočne kráľovský — stotisíc dukátov! Prítomní strážcovia poriadku museli mať plné ruky práce, lebo diváci si mohli rozobrať aj súkno z chodníka. Nečudo, že sa strhla nejedna šarvátka.

Za zvukov hudby a výkrikov „Nech žije kráľ" sprievod prešiel cez Kapitulskú ulicu a dole Prepoštskou na Ventúrsku, zabočil na Sedlársku ulicu a na Hlavnom námestí, pred radnicou, privítal nového kráľa bratislavský richtár a zástupcovia mesta.

Program pokračoval vo františkánskom kostole, kde panovník pasoval rytierov Zlatej ostrohy. Bola to najvyššia odmena za verné služby, najmä za zásluhy v boji. Rytiermi Zlatej ostrohy sa mohli stať príslušníci najvýznamnejších šľachtických rodín, neskôr i vojvodcovia a vysokí štátni úradníci. Mali právo nosiť zlaté ostrohy, zlatý meč či dýku a mohli si dať pozlátiť aj konský postroj.

Z františkánskeho kostola odišli cez Františkánske námestie, cez Schneeweissovu (dnes Bielu) a Michalskú ulicu a bránu na dnešné Námestie Slovenského národného povstania, kde na slávnostne vyzdobenom pódiu zložil panovník prísahu. Preto aj v 19. storočí námestie nieslo názov Námestie prísahy.

Priblížil sa posledný bod programu. Panovník nasadol na koňa a ten ho popred mestské hradby odniesol na nábrežie Dunaja ku korunovačnému pahorku, na ktorý vladár vystúpil a obnaženým mečom švihol na všetky štyri svetové strany. Tým prisľúbil, že bude brániť krajinu proti každému nepriateľovi.

Unavený panovník s vyhladnutým sprievodom sa ponáhľali k hodov-

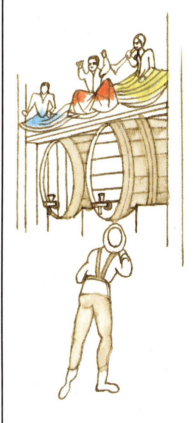

ILÚZIA A DRAVOSŤ

níckemu stolu v arcibiskupskom paláci alebo na hrade, šľachtici sa rozišli do svojich palácov a ľud sa veselil na uliciach. Na deň mohli všetci zabudnúť na všetky strasti života, veď pre nich sa pieklo niekoľko volov a z fontánky, zostrojenej osobitne na túto príležitosť, tieklo biele i červené víno.

Na mieste bývalého korunovačného pahorka, zrúcaného roku 1870, odhalili 16. mája 1897 obrovské súsošie Márie Terézie. Pamätník z bieleho carrarského mramoru zhotovil bratislavský rodák Ján Fadrusz. Žiaľ, po I. svetovej vojne aj táto hodnotná pamiatka na slávne dni bratislavských korunovácií bola zrúcaná.

## MÚZEUM ČASU

Okolo polovice 18. storočia prenikli do bratislavských stavieb prvky rokoka, slohu, ktorý vznikol vo Francúzsku a spája sa s vyvrcholením a krízou kultúry európskych panovníckych dvorov. Predchádzajúcu barokovú dravosť a silu nahradila strojenosť, prejemnelosť a hravosť, čo sa odrazilo vo všetkých oblastiach spoločenského života.

Ak sa troška zamyslíš a premietneš si bratislavské stavby, ktoré by zodpovedali tomuto slohu (Balassov, Apponyiho, Erdődyho, Mirbachov, Kutscherfeldov palác či domy menej zámožných mešťanov), nemôže ti nezísť na um maličký uzučký domček pod hradom oproti dómu. Kto ho roku 1765 postavil, nevieme, ale všetci Bratislavčania ho poznajú ako dom U dobrého pastiera. Viem, pripomína ti to názvy krčiem, ale toto bol vždy slušný obytný dom, ktorý mal na nároží sošku pastiera s ovečkou na pleciach. Takúto postavu ešte v ranokresťanských časoch nazývali „dobrý pastier", a tak sa meno dostalo aj do názvu domčeka, ktorý je považovaný za jednu z najkrajších rokokových stavieb v celej strednej Európe.

Domček je taký pôvabný, že priam láka, aby si doň vstúpil. A keď zastaneš vo dverách, zdá sa ti, že je taký krehučký, drobučký, uzučký, až sa ostýchaš vojsť. No potom neoľutuješ, lebo sa ocitneš v jemnom svete hodín. Mestské múzeum nemohlo vymyslieť nič lepšie, než umiestniť doň expozíciu historických hodín. Chodíš okolo nich a podvedome sťahuješ hlavu medzi plecia, lebo máš pocit, že sa udrieš o strop. Boli naši predkovia ozaj takí nízki? A ako im mohli stačiť také drobné izbice? Po chvíli si však zvykneš a venuješ sa umeleckým výtvorom. Áno, umeleckým výtvorom, mnohé z vystavovaných hodín sú naozaj cenné.

Škoda, že sa sem nevojdú slnečné hodiny, akých bolo na bratislavských budovách viacero: na františkánskom i kapucínskom kostole, vo dvore gymnázia na dnešnej ulici Červenej armády.

Atómové, kremíkové či céziové hodiny merajú čas na tisíciny sekundy presne. Ale keď si prezrieš len zlomok z toho, čo vzniklo v bratislavskom hodinárskom cechu, napadne ti, že aj keď voľakedy odmeriavanie času nebolo také presné, rozhodne bolo zaujímavejšie.

■ *Prvé rokokové prvky sa objavili koncom 40. rokov 18. storočia na Pálffyho paláci na Ventúrskej ulici; krásnou pamiatkou rokokového umenia je Mirbachov palác, ktorý si oproti františkánskemu kostolu postavil bratislavský pivovarník Spech (1768—1770). Dnes v ňom sídli Galéria hlavného mesta SR Bratislavy.*

Mnohí Bratislavčania by s radosťou prijali do bytu takéto krásne hodiny, na akých sa môžu pokochať návštevníci Múzea hodín.

■ *Bratislavské múzeum hodín sprístupnili 24. 4. 1974.*

TVOJA BRATISLAVA — 133)

IVAN LACIKA **Mier v Primaciálnom paláci** (klasicistická Bratislava)

MEDZI REPREZENTATÍVNE BUDOVY
NÁŠHO MESTA PATRÍ PRIMACIÁLNY PALÁC.
MENO DOSTAL PO SVOJOM MAJITEĽOVI – PRÍMASOVI,
KTORÝM BOL OSTRIHOMSKÝ
ARCIBISKUP.

7)

## PALÁC PRÍMASA BATTHYÁNYIHO

„Za mladi som nevedel, aký je význam názvu Primaciálny palác," píše Ľudo Zúbek v knihe *Moja Bratislava*. „A Klobučnícku ulicu, ktorá k nemu vedie, dával som do súvislosti s klobúkom, ktorý je vystrčený nad štítom budovy. Až neskôr som sa dozvedel, že ide o kardinálsky klobúk, ktorý je viditeľným symbolom poslania paláca. V paláci sídlili najvyšší uhorskí cirkevní hodnostári, ostrihomskí arcibiskupi nazývaní prímasmi. Z toho je odvodený názov Primaciálny palác."

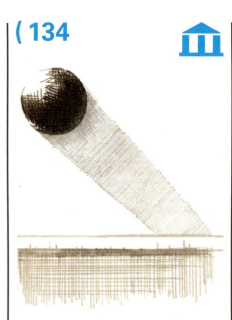

Bolaže to senzácia, keď sa v decembri 1951 rozchýrilo, že na stavbe novej radnice na Primaciálnom námestí objavili stredovekú hrnčiarsku pec. Kde-kto sa utekal pozrieť na rôzne amforovité, krčahovité a miskovité nádoby či závesné kotlíky, staré približne 700 rokov. Málokomu sa ich však podarilo uvidieť. Nálezisko nachádzajúce sa v hĺbke 1,5 metra pod úrovňou chodníka sa čoskoro stratilo aj z dohľadu archeológov. Ešte ho stačili zakresliť, keramiku očistiť a uložiť do múzea s konštatovaním: „Nález je veľkým prínosom pre kultúrnu dokumentáciu Bratislavy, ale súčasne aj dokladom, aké škody môžu vzniknúť neodbornými zásahmi do archeologickej pôdy."

Ak na základe tohto nálezu pripustíme, že v 12. a 13. storočí tu „vládli" hrnčiari, máme písomné dôkazy, že 14. storočie sa nieslo v znamení mäsiarov a pekárov, 16. storočie zase kupcov s obilím. Trh striedal trh a ktovie, ako by sa bol vyvíjal osud tohto miesta, keby neboli do jeho vývoja zasiahli dejiny. Do Uhorska vtrhli Turci, obsadili Budín a Ostrihom a Bratislava sa nečakane stala hlavným mestom Uhorska. Do nášho mesta sa presťahoval aj prímas a svoje postavenie vyjadril i navonok – okolo roku 1540 sa vedľa radnice skvela reprezentačná renesančná kúria. Ako vyzerala, nevieme, lebo v rokoch 1778–81 ju vystriedal klasicistický palác. Štyri stĺpy priečelia podopierajúce balkón, trojuholníkový tympanón, nad ktorým sa týči Zúbkom spomínaný kardinálsky klobúk, výzdoba okien, schodíšť i reprezentačných siení sú výsledkom návrhov architekta Melichara Hefeleho pochádzajúceho z Tirolska.

400 000 zlatých. Bolo to veľa, alebo málo pre ostrihomského arcibiskupa Jozefa Batthyányiho, keď ich musel vyúčtovať staviteľovi? Odpoveď si môžeš dať sám, keď ti prezradím, že prímas si v našom meste vydržiaval ešte jeden palác, letný, na dnešnom Námestí slobody.

Azda ani jedno námestie v Starom meste nepôsobí takým impozantným dojmom ako Primaciálne. Novodobé dlaždice námestia ešte väčšmi zdôrazňujú strohosť klasicistickej architektúry Primaciálneho paláca. Ešte pred pätnástimi rokmi nebolo námestie také kamenné, také prísne. Oživovala ho košatá lipa v jeho prostriedku, na lavičkách v jej tieni si radi posedeli domáci aj turisti. Lipu chránili hrubé železné reťaze upevnené na štyroch kamenných stĺpikoch. A živo si pamätám, ako som sa v detstve s kamarátmi rád na nich postojačky hojdal, pridŕžajúc sa lavičky, hoci moja mama to nerada videla...

### PRE ZVEDAVCOV

■ *Klasicizmus je sloh, ktorý vznikol v poslednej tretine 18. storočia vo Francúzsku. Vychádzal z umenia antického Ríma a Grécka. Naň nadviazal empír, zvaný tiež cisársky sloh (zrodil sa v čase cisára Napoleona Bonaparta), ktorý pretrval celú polovicu 19. storočia. Oba slohy sa prejavili nielen v architektúre a výtvarnom umení, ale napríklad aj v móde.*

■ *Tympanón je trojuholníkový štít nad vchodom alebo nad oknom na čelnej strane budovy.*

■ *V tympanóne Primaciálneho paláca sa nachádza mozaika Ernesta Zmetáka z roku 1959.*

■ *Zrkadlová sieň, pôvodne slávnostná dvorana arcibiskupa, bola najkrajšou sieňou v našom meste. Svojou výškou (11 metrov), ale aj výzdobou (francúzske zrkadlá zväčšujúce priestor) pripomínala zrkadlovú sálu kráľovského zámku vo Versailles pri Paríži. Právom sa používala pri rôznych slávnostných príležitostiach.*

■ *V rokoch 1610–62 bola v Primaciálnom paláci jediná mestská tlačiareň, v ktorej sa tlačili všetky knihy, ktoré v tomto období v Bratislave vyšli.*

# MIER V PRIMACIÁLNOM PALÁCI | 135 )

Centrálnou miestnosťou Primaciálneho paláca je Zrkadlová sieň. Na rytine J. Lanzadelliho v nej palatín Štefan skladá sľub vernosti pred cisárom Ferdinandom V. dňa 12. 11. 1847.

> Okrem mieru z roku 1805 boli v Bratislave uzavreté ďalšie dva: 2. júla 1271 medzi uhorským kráľom Štefanom V. a českým kráľom Přemyslom Otakarom II. a 30. decembra 1626 medzi Gabrielom Bethlenom a cisárom Ferdinandom II.

## BRATISLAVSKÁ ULICA V PARÍŽI

Keď kráčaš po širokom parížskom bulvári Champs-Elysées, už z diaľky vidíš mohutné tvary Víťazného oblúka stojaceho na námestí Place Charles de Gaulle. Dal ho roku 1806 postaviť francúzsky cisár Napoleon Bonaparte na oslavu svojich víťazstiev, ako to robievali už starí Rimania. Víťazný oblúk je vysoký 54 metrov, široký 45 metrov a vyzdobený desiatimi obrovskými súsošiami. Stĺpy tejto stavby, jej vnútorné steny sú pokryté menami víťazných Napoleonových bitiek a menami 558 jeho generálov. Ktovie, aký by musel byť oblúk veľký, keby mal niesť mená všetkých tých, ktorých ctižiadostivý cisár pripravil svojimi výbojmi o život…

Parížanov však Napoleon tak očaril, že aj ulice nachádzajúce sa v blízkosti Víťazného oblúka nazvali podľa miest, kde sa odohrávali víťazné bitky, podľa slávnych maršalov, ktorí tieto bitky viedli, či podľa miest, kde bol uzavretý ten-ktorý víťazný mier. Do takejto spoločnosti sa dostala aj Bratislava – jedna z ulíc sa nazýva Rue de Presbourg.

Čomu za to vďačí? Víťaznej bitke Francúzska proti Rakúsku pri Slavkove neďaleko Brna, po ktorej sa určilo, že Bratislava, presnejšie Primaciálny palác bude miestom mierových rokovaní. V jeho Zrkadlovej sieni bol 26. decembra 1805 podpísaný mier medzi Františkom I. a Napoleonom Bonapartom. Za rakúskeho cisára podpísal dohodu knieža Ján Lichtenstein, za Napoleona jeho minister zahraničných vecí Maurice Talleyrand. Týmto mierom, ktorý vošiel do histórie pod menom Bratislavský, stratilo Rakúsko územie Tirolska, Istrie, Dalmácie a Benátok, čím sa stalo vnútrozemským štátom. Všetky tieto údaje oznamuje aj tabuľa z červeného mramoru vo vestibule paláca.

Bratislavská ulica v Paríži vytvára na juh od Víťazného oblúka poloblúk, akoby chcela chrániť slávnu stavbu, a spája iné ulice, pýšiace sa slávnymi menami: Champs-Elysées, D'Iena, Kléber, Hugo, Foch. Nevyznačuje sa ruchom ani množstvom obchodov. Turisti do nej zablúdia viac-menej náhodou. Len typická parížska kaviareň, ktorá tiež nesie meno nášho mesta, pripomenie, že sa nachádzaš v centre veľkomesta. Pre Bratislavčanov je dotyk s touto ulicou súčasne príjemným zážitkom a poučením, že história Bratislavy bola aj v minulosti úzko spätá so slávnymi európskymi dejinami.

Rakúska strana pripisovala Bratislavskému mieru veľkú dôležitosť, keď pri tej príležitosti bola vydaná ďalšia pamätná medaila (hore). Napoleon zrejme nie, keď o tri roky mesto ostreľoval, čo pripomína spodná medaila.

Napoleon Bonaparte sa zle zachoval voči nášmu mestu. Mier porušil a roku 1809 tri dni ostreľoval Bratislavu z petržalského brehu. Gule z jeho kanónov, dodnes sa nachádzajúce v priečeliach domov na Námestí SNP či na Beblavého ulici, svedčia o vrtošivej povahe vládcu, ktorému patrila takmer celá Európa.

Napoleonove vojská roku 1809 ostreľovali Bratislavu z petržalskej strany. Delostrelecké granáty Napoleonových vojsk zasypávali mesto a hrad 26. – 28. júna. Zhorelo okolo 120 domov…

## PRÍBEH STAREJ MAPY

Keď sa roku 1988 objavil v stánkoch PNS a kníhkupectvách Neyderov plán Bratislavy z roku 1820, milovníci nášho mesta ožili. Tritisíckusový náklad zmizol za niekoľko dní z pultov a Bratislava roku 1820 nenápadne vstúpila do ich domovov. V žiari elektrických lámp dumali nad palácmi, námestiami, ulicami či trhmi s neznámymi nemeckými názvami, porovnávali ich so súčasnými slovenskými názvami. Počítali budovy a s údivom zisťovali, že ich bolo až 1386. Hľadali súvislosti medzi mestom, v ktorom žijú, a mestom zo začiatku 19. storočia, kde bývalo 32 000 ľudí.

Aká bola Bratislava roku 1820? Malá, či veľká? Rušná, alebo tichá? Pekná, či škaredá? Veselá?

V sprievodcovi po Bratislave z roku 1949 som sa dočítal, že roku 1820 dostalo naše mesto chodníky. Neboli asfaltové, po akých chodíš dnes. Tvorili ich kamenné kocky, po ktorých kráčať bolo často umením. Najmä pre mladé dámy, ktoré sa nechávali sprevádzať nápadníkmi po promenáde, akejsi pešej zóne medzi dnešným Hviezdoslavovým námestím a dunajským nábrežím. Ich nôžky, obuté do jemných topánok, ktorých kožené podošvy boli hrubé dva-tri milimetre, opatrne našľapovali. Lepší bol však tvrdý kameň ako blato rozbrázdené kolesami vozov...

Bola malá, či veľká naša Bratislava? Čudná otázka v dobe, keď jej vzdialenosti meriame autami, autobusmi, trolejbusmi či električkami. Ale aj roku 1820 kone a koče Bratislavu riadne „skracovali", len ponáhľať sa nebolo treba tak ako dnes. Iba ak za prácou — s tovarom na trh, do remeselníckej dielne, do obchodu.

Celý život mesta sa odohrával medzi hradom a Krížnou ulicou. Na jej konci sa rozkladal trh a za ním všade naokolo záhrady s ovocím a zeleninou. Severne od mesta sa ťahali vinohrady, takmer sa dotýkali Kozej ulice. A na juhu dominoval Dunaj. Pred Vodnými kasárňami sa vystupovalo z kyvadlového prievozu, ktorým prichádzali do mesta cestujúci z Viedne. Prevážali sa však na ňom aj Bratislavčania, keď si chceli urobiť výlet do Petržalky, veď o stálom moste vtedy ešte nechyrovali. Ten dal postaviť až cisár František Jozef v rokoch 1889—90 presne na tom mieste, kde sa klenie cez rieku „starý" most.

Nedalo mi a prešiel som sa po Bratislave roku 1820. Spod hradu mi cesta na Trnavské mýto trvala necelú hodinu. Z Kozej ulice som k Dunaju zbehol za štvrťhodinu. Tak čo, bola Bratislava malá, či veľká?

Najväčšiu slávu malo naše mesto za sebou. Z hradu zostali len ruiny, spoločenský život v najväčších palácoch ochabol, bývalé korunovačné a hlavné mesto Uhorska sa dostalo do akéhosi útlmu. Prebudí ho až revolučný rok 1848...

No ani tak nemožno povedať, že by Bratislava bola „mŕtvym" mestom. Svoj život žili paláce i bohaté meštianske domy na Ventúrskej, Dlhej či Laurinskej ulici; veselá vrava sa ozývala i z ostatných ulíc Starého mesta, kde v trinástich hostincoch čapovali víno z pivníc tunajších vinohradníkov. Ruch panoval aj pred divadlom, kde slečny s obľubou púšťali na zem jemné batistové vreckovky s vyšitým monogramom v očakávaní, že ich zdvihne ich milovaný. V hľadisku divadla sa zase ako splašené motýle trepotali vejáre vyzdobené maľovanými kvetmi. Mladí muži si radi merali zručnosť a presnosť v mestskej strelnici na Märcelovej ulici (dnes Štefánikovej). Predstav si ich vo frakoch a s cylindrami na hlavách, ako dôstojne držia pušky

■ V Zrkadlovej sieni zasadal roku 1848 uhorský snem, na ktorom boli vynesené zákony, ktorých súčasťou bolo zrušenie poddanstva v Uhorsku.

■ V prvej polovici 19. storočia postavili v Bratislave množstvo budov, z ktorých niektoré dodnes obdivujeme: Župný dom (dnes Slovenská národná rada) na Októbrovom námestí, nemocnica a chudobinec s kostolom (kostol sv. Ladislava) na Špitálskej ulici. Mnohé obytné domy z predchádzajúcich období (renesancia, barok) boli prestavané v duchu klasicizmu.

Na Radetzkého námestí si aj v prvej polovici 19. storočia dávali rande azda všetci mladí Bratislavčania. Na promenáde, ktorá sa končila na Rybnom námestí, sa však radi stretávali aj starší, aby si poklebetili o najčerstvejších novinkách.

a naoko nedbalo mieria na cieľ. Ešteže si odložili rukavičky a vychádzkovú paličku…

Bolo pekné naše mesto? Predovšetkým bolo zelenšie ako dnes. Medzi Grassalkovichovým palácom a letným arcibiskupským palácom sa ťahal pás francúzskych záhrad, ktoré na severovýchode prechádzali do lesoparku a kolibského lesa. Zeleňou dýchali aj dvory ďalších palácov či záhrady početných kláštorov. Bola to však zeleň len pre vyvolených, „obyčajní" ľudia sa museli uspokojiť s verejnými priestranstvami. Do studní a fontán na jedenástich námestiach sa privádzala voda drevenými a neskôr kovovými rúrami z okolitých svahov. Tam si gazdinky naberali vodu do vedier (vodovody neexistovali) a pritom poklebetili so susedkami — o najčerstvejších novinkách i o cenách na Slepačom či Chlebovom trhu.

Zvláštne čaro zahaľovalo hlavné ulice a námestia večer, keď ich osvetľovali olejové lampy. Boli však aj takí, čo túto krásu nevnímali: učni, ktorí od celodennej únavy padali do postelí, či trhovníci, keď s obavou hľadeli, čo prinesie zajtrajší deň. A peknou sa Bratislava zrejme nejavila ani bedárom, ktorí koniec života trávili v chudobinci na Lazaretskej ulici.

Myslím, že roku 1820 bola Bratislava veselým, rozhodne však nie bezstarostným mestom.

Keď sa rodina Scherzova roku 1835 dala zvečniť maliarovi G. Marastonimu, nemohla tušiť, že raz poslúži ako ukážka bratislavskej módy obdobia klasicizmu, ktorému sa v prvej polovici 19. storočia v strednej Európe hovorilo biedermeier.

TVOJA BRATISLAVA — 141)

RUDOLF ALT
TAKTO ZOBRAZIL HLAVNÉ NÁMESTIE
V REVOLUČNOM ROKU
1849.

# Lýceum plné nepokoja
## (štúrovská Bratislava)

8)

IVAN LACIKA

## ZO ŠTUDENTA PROFESOR

Predstavujem si, akí boli: Ľudovít Štúr a jeho druhovia, keď sa uberali po Školskej ulici do lýcea, kde študovali; keď v petržalskom parku či na starodávnom Devíne snívali, čo všetko urobia, aby sa zlepšilo postavenie slovenského ľudu; keď vo Fernolayovom dome na Panenskej ulici vydávali Slovenské národné noviny; keď sa na tancovačkách zamilúvali do bratislavských diev; keď v študentských krčmičkách prevracali vrecká, aby si dopriali skromného jedla i vínka.

Boli azda iní ako dnešní študenti? Myslím si, že nie. Bola len iná doba a tá ich prinútila postaviť sa voči problémom, ktoré ohrozovali existenciu nášho národa. Aj medzi Štúrovými rovesníkmi boli slabšie povahy, mládenci schopní zdupkať pri prvom zvuku bubnov. Ale boli aj takí, ktorých ani paľba z kanónov nevystrašila. Na začiatku ich boja išlo o jazyk, na konci o život. V našom meste sa udialo to prvé. Hoci nie všetci druhovia Ľudovíta Štúra vyviazli z tohto boja živí, cieľ bol čiastočne dosiahnutý – bola uzákonená spisovná slovenčina a Európa sa dozvedela, že v jej strede existuje slovenský národ.

Skôr než som si sadol k písaciemu stolu, aby som ti priblížil pôsobenie Ľudovíta Štúra v Bratislave, vybral som sa na malú prechádzku. Pravda, niekedy sa mi ťažko hľadali stopy človeka, ktoré odvial čas i naša doba plná chvatu a túžby po krajšom, ale i bezstarostnejšom živote. Niekedy až takom bezstarostnom, že z ulice, na ktorej sa nachádza evanjelické lýceum, zostalo len torzo...

Vyrastal som v blízkosti Štúrovej ulice. Tam, kde sa táto ulica stretáva s ulicou Červenej armády, je pamätná tabuľa, ktorá mi Ľudovíta Štúra objavila prvá. Je trochu privysoko a prváčik mal čo robiť, aby vylúštil písmená a prezrel si bronzový portrét. Ešte dnes cítim horúce lúče letného slnka, mäkkosť asfaltu chodníka i bielobu mramoru, ktorý ma oslepoval.

Štvrť, v ktorej sa nachádza Konventná, Panenská či Lýcejná ulica, bola pre mňa priďaleko. Zato však k nej viedli uličky, po ktorých chodil Štúr so svojimi druhmi. Vysokou, Veternou či Drevenou sa poľahky dalo dostať do časti, ktorú nazývali evanjelická. Tento prívlastok získala ešte v sedemdesiatych rokoch 17. storočia, keď evanjelici museli z vnútorného mesta odísť. Pre svoj nový kostol (spočiatku drevený) i spoločenský a kultúrny život si zvolili roh Panenskej a Lýcejnej ulice. Neskôr pribudol ďalší kostol, no hlavne lýceum na Školskej ulici (dnes časť Konventnej medzi Suchým mýtom a Lýcejnou ulicou), so svojimi deviatimi učebňami a sálou na prvom poschodí natoľko pamätné, že bolo vyhlásené za národnú kultúrnu pamiatku.

Jednoposchodová modrosivá budova sa stala semeniskom myšlienok za národnú slobodu. Zo štrnásťročného Ľudovíta, ktorý sem vstúpil prvý raz roku 1829, sa čoskoro vykľul horlivý zástanca všetkých utláčaných a navyše vodca, čo vedel strhnúť väčšinu spolužiakov. Nečudo, že v rokoch 1835–37 pôsobil ako miestopredseda študentskej Spoločnosti česko-slovanskej a v rokoch 1840–43 ako zástupca profesora Juraja Palkoviča na Katedre reči a literatúry česko-slovanskej. Tu, ako spomína básnik Ján Kalinčiak, „...hľadel v mládeži vzbudiť cit pre antickú krásu v umení a literatúre". Odtiaľto roku 1844 odchádzali mnohí študenti do Levoče, keď úrady zakázali Štúrovi prednášať a nemohol zastupovať ani profesora Palkoviča.

Pozerám na pamätnú tabuľu, ktorá je umiestnená o niekoľko desiatok metrov ďalej na budove novšieho lýcea, postaveného v rokoch 1854–55. Dnes v ňom sídli Literárnovedný ústav Slovenskej akadémie vied. Dlhý rad mien je prierezom našich kultúrnych dejín: František

Z evanjelického lýcea na Konventnej ulici od jeho zrodu roku 1783 vychádzali mladí vzdelanci. Príchodom ĽUDOVÍTA ŠTÚRA roku 1829 sa škola stala ohniskom, kde sa zapaľovali srdcia budúcich národovcov.

Ulička spájajúca Konventnú s Panenskou niesla spočiatku meno Mateja Bela, ktorý ju denno-denne meral cestou do chrámu. Keď jeho menom poctili inú ulicu, túto nazvali Lýcejnou.

LÝCEUM PLNÉ NEPOKOJA

## PRE ZVEDAVCOV

■ V petržalskom parku sa štúrovci často stretali. Vychádzky podnikali aj na Kamzík, ktorý básnicky nazývali Tatry, a do Horského parku.

■ Na mieste, kde sa nachádza kino Tatra, študenti roku 1843 protestovali proti nútenému odchodu Ľudovíta Štúra z evanjelického lýcea.

Šesťdesiatsedem mien je vytesaných do travertínu na rohu novšieho evanjelického lýcea, ktoré stojí na križovatke Konventnej a Lýcejnej ulice. Sú to tí, ktorí „V tomto a vedľajšom dome č. 15 bývalého ev. lýcea študovali, účinkovali, vzkriesenie národa pripravovali".

Palacký, Ján Kollár, Pavel J. Šafárik, Ľudovít Štúr, Jozef M. Hurban, Michal M. Hodža, ale aj Karol Kuzmány, Ján Francisci, Andrej Sládkovič a ďalší študovali v našom meste.

Keď budeš chcieť vniknúť do atmosféry štúrovskej doby, prejdi sa Lýcejnou ulicou. Dlažba z kamenných kociek, múry domov a dvorov, pouličná lampa, to všetko dáva ulici zvláštne čaro.

### SLOVENSKÉ NÁRODNÉ NOVINY

Lýcejnú uličku som spomenul zámerne – spája Konventnú s Panenskou, na konci ktorej stál Fernolayov dom, kde Ľudovít Štúr býval a v rokoch 1845–48 vydával Slovenské národné noviny. Po roku 1843, keď mal zakázané pôsobiť na lýceu, tu aj súkromne (a tajne) vyučoval svojich verných študentov.

Jeden z jeho poslucháčov Daniel Maróthy takto roku 1873 spomína na tieto chvíle: „Dva razy týždenne večer okná redakcie boli starostlivejšie pozakrývané. Šuhajci jeden za druhým potichučky, po jednom, ako stíny večerné, kradli sa k bráne domu. Letmým krokom, aby len ani ,hausmeister' o nich nezvedel, vznášali sa po schodoch do miestností redakcie, kde uradovaní, utešení podávali si ruky, že mohli neprajným okom nespozorovaní vkĺznuť do tej svätyne mládeže slovenskej... Ľudovít vstúpil zo susednej svojej svetlice. No a s akou tvárou nás vždy pozdravil... to len tí vedia, ktorým nebo doprialo patriť do toho nevyrovnateľného, duchaplného, šľachetného obličaja! — Započala sa prednáška z dejín národa slovanského, alebo z literatúr jeho, alebo z námah jeho kultúrnych, alebo o povolaní jeho svetohistorickom — a oči, uši i všetky mocnosti ducha viseli, lipli na drahom, vznešenom rečníkovi, až — prišiel zas nevyhnutný čas k odchodu; — lebo keby na našej vôli bolo bývalo, i svitu by sme tam boli dočkali. Ale blížila sa hodina, kde sa v mestách brány domov zatvárajú, a my potrebovali sme času, kým sme sa jeden za druhým, po jednom, tíško, nespozorovaní, novými pokladmi ducha a srdca obohatení, domov porozchádzali..."

Zámerne som text ponechal v pôvodnom znení — vyžaruje z neho vážnosť chvíle i láska, ktorú ešte po toľkých rokoch prechovávali štúrovci k svojmu Ľudovítovi.

Prvé číslo Slovenských národných novín vyšlo v piatok 1. augusta 1845. Noviny vychádzali dva razy do týždňa na štyroch stranách v náklade 400—800 výtlačkov. Aké bolo ich poslanie? Štúr a jeho traja redaktori (M. Jurecký, P. Kellner, B. Nosák) sa snažili v predvečer buržoáznej revolúcie 1848—49 podchytiť a upevniť slovenské národné povedomie. Zameriavali sa na politické, hospodárske a kultúrne otázky, upozorňovali na dôležitosť vzdelanosti; brojili napríklad proti alkoholizmu, ktorý podľa nich vo veľkej miere prispieval k hospodárskemu úpadku Slovenska. Okrem Slovenských národných novín vydával Štúr aj literárnu prílohu Orol tatranský, kde raz za dva týždne uverejňoval práce svojich priateľov A. Sládkoviča, J. Kalinčiaka, S. Chalupku a ďalších. Tu vyšla i báseň Janka Kráľa *Duma bratislavská*:

*Ten prešporský zámok pekný, murovaný,*
*čudujú sa z neho na Dunaj tí páni,*
*čuduje sa z neho aj záhorský šuhaj:*
*ako pekne tečie ten povestný Dunaj.*

*Tí nádherní páni pilnú radu majú,*
*že oni povestný Dunaj zahatajú.*
*A tie naše Tatry zďaleka sa smejú:*
*„Zahatajte, páni, keď máte nádeju!"*

A že to Štúr so Slovenskými národnými novinami nemal ľahké, dokazuje úryvok z knihy Zdenky Sojkovej *Skvitne ešte život*.

„Finančné ťažkosti boli od začiatku veľké. Štúr sa zadĺžil, muselo sa čo najviac šetriť. Redakčné miestnosti a život v nich zariadili čo najúspornejšie. Prvé dve, dosť priestranné izby slúžili súčasne ako pracovňa, knižnica aj ako spálňa a jedáleň. Za pracovný stôl tu zasadali traja mladí ľudia: Kellner-Hostinský, Nosák a Jurecký. V tretej, susednej miestnosti pracoval Štúr, vo štvrtej izbičke a kuchyni gazdinka, jediná Štúrova sestra Karolína, najmladšia zo súrodencov. Aj brat Janko, študent, patril k tomuto štábu a s pýchou nosieval okolo polnoci korektúry do tlačiarne až k Dunaju. Redakcia sídlila na prvom poschodí veľkého domu č. 287 na rohu Panenskej ulice, vtedy ešte blízko viníc."

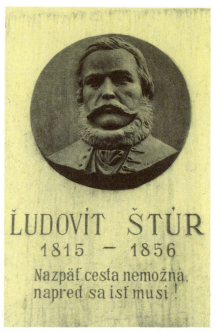

Okrem súsošia na Námestí Ľudovíta Štúra pripomína nášho dejateľa tabuľa na začiatku Štúrovej ulice.

Zatykač na Ľudovíta Štúra a jeho dvoch druhov z mája 1848 trojjazyčne prináša ich podrobný popis. Podľa neho bol HURBAN strednej postavy, chudý, mal podlhovastú bledú tvár, trochu špicatý nos, sivé oči, vlasy gaštanovej farby; HODŽA bol vysoký, chudý, mal podlhovastú tvár, veľké ústa, širší nos, čierne oči a vlasy; ŠTÚR bol vysoký, strunistý, tvár mal podlhovastú, trochu červenú, vlasy gaštanovej farby, nosil fúzy a bradu.

- Slovenské národné noviny tlačil K. F. Wigand v dome na Hviezdoslavovom námestí v blízkosti hotela Carlton. Spolu vyšlo 292 čísel na 1168 stranách. Noviny zanikli 9. júna 1848.

- Roku 1803 založili na bratislavskom lýceu Katedru reči a literatúry česko-slovanskej, ktorú viedol Juraj Palkovič; v rokoch 1817–1818 tu študovali Ján Kollár, Pavol Jozef Šafárik a František Palacký; roku 1828 tu založili Spoločnosť česko-slovanskú a roku 1830 tu Samo Chalupka, Benjamin Červenák a Alexander Vrchovský založili revolučný tajný spolok Vzájomnosť.

Prvé číslo Slovenských národných novín vyšlo v Bratislave 1. augusta 1845 (po štúrovsky „klasňa") a Štúr v úvodnom článku „Čo chceme s novinami našimi" jasne načrtol cieľ, ktorý mali spĺňať.

## UHORSKÝ SNEM

Kráčam dole Michalskou ulicou. Snažím sa predstaviť si tieto miesta 12. novembra 1847, keď v budove Krajinského snemu zasadol Uhorský snem. Kráľ, kráľovná, arcikniežatá, palatín, župani a ďalší vysokí svetskí a cirkevní hodnostári celej ríše sa naposledy stretli v Bratislave čoby hlavnom meste Uhorska. Končí sa tristoročná slávna éra nášho mesta. Turecké nebezpečenstvo už dávno pominulo, Uhorsko bude opäť riadené z Budína...

V knižke Františka Bokesa *Bratislava v historických črtách* som sa dočítal, že pri slávnostnom obede pri príležitosti otvorenia snemu sa v Primaciálnom paláci vypilo vyše 2000 pohárov šampanského. Jedlá pripravované vo františkánskom kláštore nosili na stoly cez akýsi drevený tunel. Salvy z diel oznamovali prípitky a bratislavskí hoteliéri, krčmári a obchodníci si mädlili ruky: zasadnutia snemu budú trvať štyri mesiace a ľudia si potrebujú odpočinúť, najesť sa, vypiť si...

Vo vzduchu však bolo cítiť napätie. V Európe to vrelo už od dôb Napoleonových výprav a aj národy Uhorska čoraz väčšmi túžili nadýchnuť sa slobodného vzduchu. Rakúske feudálne panstvo strácalo pevnú pôdu pod nohami a k slovu sa hlásili predstavitelia mladej buržoázie, ktorí hlásali slobodu a rovnosť, zabezpečenie národných práv. Aj Slováci túžia po sebarealizácii. Bude to možné v tieni iného národa? Niektoré túžby sa už stali skutočnosťou: samostatný spisovný jazyk, noviny. Chýba však sloboda tlače, chýbajú slovenské školy i národná garda, čo „...by bola na obdiv sveta, a veru mohol by s ňou dáky Alexander tiahnuť aj do Indie"...

„My chceme slobodu, to je náš cieľ a svätá naša túžba. Keď však chceme slobodu, dajme slobodu tomu, kto ju vždy zastával, usaďme slobodu tam, kde bolo jej miesto a prítulok, kde ju z krajiny a zo všetkých kútov vyhnali," zneli slová Ľudovíta Štúra v Uhorskom sneme dňa 17. novembra 1847. Aj ďalšie tri jeho vystúpenia (posledné 13. marca 1848) boli mimoriadne revolučné: „Naostatok aj svätá vec človečenstva nás k tomu vyzýva, aby sme zásadu oslobodenia ľudu raz už vyslovili..." V Liptovskom Svätom Mikuláši boli potom 10. mája 1848 prednesené Žiadosti slovenského národa. Slováci v nich odmietli nadradenosť iného národa, žiadali úctu, podporu a bratstvo. Slovenčina sa mala stať úradným a vyučovacím jazykom na celom území Slovenska. Bola požadovaná sloboda tlače i uznanie národnej zástavy.

Dramatické udalosti, ktoré nasledovali a ktorých súčasťou bolo vydanie zatykačov na Štúra, Hurbana a Hodžu, sa síce neodohrávali v Bratislave, ale predsa v nej vyústili. Dňa 21. novembra 1849 na Fürstenalee Slovenské národné vojsko pozostávajúce z dobrovoľníkov, ktorým velil Ján Francisci a Štefan Daxner, skladá zbrane. Boj za úplnú slobodu sa končí neúspešne. A pre Štúra nastáva obdobie prenasledovania a vyhnanstva.

Detail z pravdepodobne jedinej zachovanej fotografie Ľudovíta Štúra. Autorom tejto kolorovanej fotografie z roku 1850 je asi maliar J. B. Klemens.

## POSLEDNÉ ROKY

Stalo sa už tradíciou, že žiaci siedmej triedy si exkurziami do Modry rozširujú učebnicové vedomosti o Ľudovítovi Štúrovi. Svoje pocity z múzea venovaného nášmu národovcovi opísala tvoja bratislavská rovesníčka takto:

„Blížime sa k Modre. Je sychravé počasie, máme však dobrú náladu. Vystupujeme z autobusu na priestrannom námestí. Náš zrak padá na krásne súsošie Ľudovíta Štúra. Prezeráme si ho a kráčame k Múzeu Ľudovíta Štúra. Zastavujeme sa pred mohutnou bránou vyzdobenou hlavami dvoch levov. V ústach im svietia ťažké kovové obruče. V podchode vidíme na stene dve tabule. Na jednej z nich je zaznamenaná história Modry, na druhej báseň Jána Smreka. Pred nami sa otvárajú ťažké železné dvere a my vystupujeme hore schodmi do priestorov múzea. V prvej miestnosti vynikajú osvetlené fotografie našich národovcov Antona Bernoláka, Juraja Fándlyho, Jána Hollého, Jána Kollára, Pavla Jozefa Šafárika a Juraja Palkoviča. Pozorne počúvame výklad o ich živote a diele. V ďalších miestnostiach nachádzame portréty Márie Pospíšilovej, Adely Ostrolúckej a Štúra, Hurbana, Hodžu v čase uzákonenia spisovnej slovenčiny roku 1843 u Jána Hollého na Dobrej Vode. Máme možnosť vidieť aj prvé číslo Slovenských národných novín vydané 1. augusta 1845, rodokmeň Štúrovskej rodiny, Štúrovo vysvedčenie, odev dobrovoľníka Jána Francisciho, rôzne spisy, knihy a časopisy... Vychádzame z poslednej miestnosti a zostupujeme k železnej bráne. Na chodbe stojí ďalšia skupina žiakov, preto zrýchľujeme krok.

LÝCEUM PLNÉ NEPOKOJA

Čaká nás ešte prehliadka pamätnej izby Ľudovíta Štúra a cintorín. Pamätná izba sa nachádza na námestí neďaleko múzea. Je v nej umiestnená posteľ, skriňa, stôl, niekoľko stoličiek a zarámovaný pramienok Štúrových vlasov, ktoré mu po smrti odstrihla dcéra jeho brata Karola. Vychádzame z pamätnej izby, ponáhľajúc sa za ďalším zážitkom.

K cintorínu vedie dlhá aleja a my počúvame výklad o mieste posledného odpočinku Ľudovíta Štúra. Na cintoríne má Štúr dva pomníky – pôvodný a novší, ktorý je krajší, mohutnejší. Na ňom je umiestnená socha dievčaťa nazvaná Slovenská jar.

Ľudovít Štúr sa zapísal svojimi činmi do histórie Slovenska. Celý svoj život venoval kráse slovenského jazyka. Bojoval za jeho uzákonenie. Do Modry sa opäť rada vrátim a znovu si pozriem pamiatky, ktoré pripomínajú jeho život a dielo."

Aj ja chodím rád do Modry. Má krásnu polohu. Učupená medzi karpatskými kopcami a vinohradmi ponúka poéziu Bratislavy môjho detstva. Nepoznačil ju priemysel, len kde-tu vyrástli paneláky, ktoré čiastočne narušili jej príjemnú atmosféru. Stred mesta však zostal nedotknutý. Rád sa túlam tichými modranskými uličkami a občas zablúdim aj na neďalekú Štúrovu lavičku, ,,kde Štúr rád sedával v tichu listnáčov a s pohľadom na Modru".

V Bratislave prežil dvadsať rokov, v Modre posledných šesť rokov života. Smutných, s tragickým koncom. V časopise *Krásy Slovenska* som sa dočítal, že sa uvažuje pospájať modranské pamätné miesta na Ľudovíta Štúra literárnym náučným chodníkom. Je to dobrý nápad. Azda by ho Bratislava mohla nasledovať...

■ *Ľudovít Štúr žil v Modre v rokoch 1851–56 pod policajným dozorom. Zomrel na následky nešťastného zranenia pri poľovačke.*

■ *Na modranskom gymnáziu pôsobil Ľudovítov brat Karol Štúr a Ján Kalinčiak. V Modre žili alebo študovali aj ďalší významní ľudia, napríklad Viliam Paulíny-Tóth, Martin Rázus, Fraňo Kráľ, Ján Smrek, Ladislav Novomeský.*

Na cintorín v Modre vyprevádzal Ľudovíta Štúra veľký zástup študentov, tamojších mešťanov i vlastencov z rôznych kútov Slovenska. Za všetkých sa s ním nad hrobom rozlúčil J. M. Hurban.

TVOJA BRATISLAVA —————————— 149 )

## Pieseň rúk
### (robotnícka Bratislava)

OKREM PRÍJEMNEJ HUDBY,
DOBREJ KÁVY A CHUTNÝCH ZÁKUSKOV
PONÚKALA PETRŽALSKÁ KAVIAREŇ AUKAFÉ
AJ TAKÝTO PÔVABNÝ POHĽAD NA PROTIĽAHLÉ
NÁMESTIE.

9 ) IVAN LACIKA

## MESTO TOVÁRNÍ

Jedna z mojich pratiet pracovala v kefovej továrni Karola Grüneberga. Keď k nám prišla na návštevu, vedel som, že okrem obligátnej desaťkoruny od nej dostanem aj zubnú kefku s poučením, aké dôležité je čistiť si zuby. Neskôr som sa dozvedel, že podobným spôsobom obdarúvala aj ostatných členov rodiny. Hoci v detstve mi jej mravokárne reči neboli dvakrát príjemné, faktom zostáva, že takto súčasne propagovala výrobky prvej väčšej továrne na území nášho mesta.

Prednedávnom som sa v *Zlatej knihe mesta Bratislavy* z roku 1928 dočítal, že táto továreň „bola založená ešte roku 1832, prostriedkami skromnými, avšak tým väčším duševným kapitálom jak čo do usilovnosti, tak i čo do intelektu. Týmto vlastnostiam možno ďakovať, že zakladateľ a jeho potomci priviedli výrobky továrne ku svetovému chýru. Áno, výrobky tieto sú pochvalne známe po celom svete od Vladivostoku až po San Francisco. Amerika a Anglicko sú ich najlepším trhom. Vyhľadávané sú na celom svete, lebo čo do jakosti nemajú vôbec seberovného súťažiteľa".

Po roku 1860 akoby sa so zakladaním tovární v Bratislave vrece roztrhlo. Ich majitelia na jednej strane narobili veľa starostí remeselníkom, ktorých rýchlejšia a lacnejšia továrenská výroba privádzala na mizinu, na druhej strane však umožňovali čoraz väčšiemu počtu ľudí nájsť prácu, živobytie.

Do Bratislavy prichádzali ľudia z bližšieho okolia, aby sa tu zamestnali, a už tu zostali. O pribúdaní robotníckeho obyvateľstva hovoria aj čísla: roku 1890 malo naše mesto 52 000 obyvateľov, roku 1900 takmer 66 000. Ako huby po daždi sa vynárajú doteraz nevídané stavby — továrenské budovy. Ich zvláštna architektúra, charakterizovaná bohatou ornamentikou, plasticky stvárnenou tehlovými stenami, sa prenáša aj do nájomných domov, ktoré obývajú robotníci.

Niektoré časti mesta sa doslova stali továrenskými. Predovšetkým však časť pri Dunaji, ktorú dnes ohraničujú ulice Martanovičova, Košická, Mlynské nivy a Dostojevského rad. Vedľa seba sa tu tlačili takmer dve desiatky tovární. Vyrábali sa tu plachtoviny z ľanu, konopí a juty (Klingerova továreň založená roku 1889, ktorá zamestnávala okolo 1000 robotníkov); petrolej, sviečky a oleje (Rafinéria minerálnych olejov Apollo založená roku 1895, ktorá zamestnávala približne 350 robotníkov), káble (Továreň na káble založená roku 1895, ktorá zamestnávala asi 1000 robotníkov) atď. Keď sa človek zatúlal do tejto štvrte, mohol stretnúť robotníkov z tovární, v ktorých sa vyrábali farby, laky, mydlo, krém na topánky (známa firma Schmoll), jemné kože, ale aj koče. A podľa pachu hneď vedel, kto kde pracuje, lebo pokožka a odev sa po celý týždeň nezbavili charakteristickej vône.

Pravda, muži a ženy nachádzali zamestnanie nielen v tejto továrenskej štvrti, ale napríklad aj medzi Mýtnou a Radlinského ulicou, kde boli továrne na nábytok, ocot, víno (firma Hubert), ale aj kefy (spomínaná firma Grüneberg) či tabaková továreň. V Petržalke zase našla svoje sídlo továreň na gumové výrobky (Matador, založená roku 1904, ktorá zamestnávala okolo 800 robotníkov), ale aj továreň na smaltovaný riad (Sfinx, založená roku 1899), ktorej výrobky sa dostali až do Južnej Ameriky, Indie, Číny. Zvláštne poslanie mala továreň J. Rotha v blízkosti Patrónky: od roku 1870 tu 900 robotníkov vyrábalo patróny čiže náboje pre poľovnícke, ale najmä vojenské účely.

Väčšina majiteľov tovární si začala uvedomovať, že lepšie životné podmienky ich zamestnancov pomôžu zvýšiť výrobu. Tak napríklad Klingerova továreň stavia robotnícku kolóniu pre 88 rodín, podobne

Konečne nedeľa! Otec odložil pracovné šaty, mama zásteru a s vyumývanými a vyobliekanými deťmi sa propelerom odviezli do Petržalky.
Na zákusok z kaviarne Aukafé spomínala robotnícka rodina celý týždeň.

PIESEŇ RÚK

151)

PRE ZVEDAVCOV

■ *Rafinéria minerálnych olejov Apollo vyrábala benzín, petrolej, parafín, sviečky, asfalt i umelý ľad. Po roku 1920 patrila organizácii belgických, francúzskych a švajčiarskych podnikateľov; továreň mala vlastné tankové lode, cisterny a prečerpávacie zariadenia; spracúvala ropu z Kaukazu, Rumunska, ale aj z neďalekých Gbiel či Hodonína. Roku 1914 sa tu spracovalo 14 000 ton ropy, roku 1933 42 000 ton a roku 1943 160 000 ton. Pokračovateľom továrne Apollo je od roku 1949 Slovnaft.*

Za takúto vtipnú reklamu, akou propagovala svoje sladké výrobky firma Stollwerck, by sa nemuseli hanbiť ani dnešní reklamní návrhári.

postupuje aj Káblovka, Matadorka, Dynamitka a ďalšie továrne. V zborníku *Technické pamiatky Bratislavy* z roku 1985 som sa dočítal, že po I. svetovej vojne sa „zvyšujú nároky na čistotu ovzdušia v továrňach, na vybavenosť sociálnymi zariadeniami. Zriaďujú sa šatne, umyvárne, závodné jedálne. Káblovka mala založené dokonca závodné jasle. Zriaďujú sa športoviská. Väčšina závodov tých čias má pekne upravené okolie, parky, zeleň".

Nuž a na záver mám pre teba tak trochu sladkú informáciu. Roku 1896 vznikla v našom meste továreň Stollwerck, dnešné Figaro na Račianskej ulici. Pred I. svetovou vojnou bola najväčšou svojho druhu v Rakúsko-Uhorsku. Ročne sa v nej spracovalo približne 2300 ton výrobkov. A špecialita tejto továrne mliečne karamelky „štolverky" v nezmenenej podobe opúšťajú brány Figara dodnes.

■ *Prvý názov továrne Stollwerck bol Bratia Stollwerckovci, c. k. rakúsko-uhorská dvorná továreň na výrobu čokolády. Majitelia továrne sídlili v Kolíne nad Rýnom a bratislavská prevádzka mala svoje generálne riaditeľstvo vo Viedni.*

### SVEDECTVO DÔCHODCU ŠTEFANA

Píše sa rok 1932. Je všedný letný deň, niečo pred siedmou hodinou rannou. Ťahavý zvuk sirény Továrne na káble zvoláva robotníkov z blízkeho i vzdialenejšieho okolia. Treba zrýchliť krok, každá zameškaná hodina znamená zníženie zárobku, ba teraz v čase krízy hrozí v takom prípade aj strata zamestnania. Len nedávno vyučený nástrojár Štefan sa tiež musí ponáhľať. V jednej ruke drží kanvičku s polievkou, ktorú mu na ráno pripravila mama, v druhej tašku s chlebom. Býva v Káblovej kolónii vzdialenej od pracoviska tri štvrte hodiny chôdze a o mestskej doprave medzi Feribou, pri ktorej sa domčeky kolónie nachádzajú, a stredom mesta niet ani chýru. Treba si všetko dobre vyrátať.

Takto akosi mi opísal svoje pocity z mladosti 74-ročný dôchodca Štefan, dlhoročný zamestnanec Káblovky, hudobník, športovec. Náš rozhovor sa niesol v znamení spomienok na mladosť, na jej pekné, ale i tienisté stránky.

„Krátko po mojom vyučení sa začala kríza a s ňou prepúšťanie. Aj v našej továrni za krátky čas prepustili polovicu pracovníkov. A keď kríza nepoľavovala, nasledovali ďalšie opatrenia. Prepúšťali príslušníkov takých rodín, v ktorých viacerí pracovali v továrni. I v mojom prípade to bolo tak. Predvolali si otca, jedného z prvých zamestnancov továrne, a dali mu vybrať – on, alebo ja. Otec, ktorý bol už v tom čase chorľavý, na mňa pozrel a povedal: ‚Nech zostane syn, je mladý a potrebuje prácu.' Keď totiž v tých rokoch človek akýmkoľvek spôsobom prišiel o prácu, v najbližších piatich rokoch nemal nádej zamestnať sa."

Štefanove tri učňovské roky plynuli v praxi priamo v továrni, vo večerných kurzoch učňovskej školy a napokon v nedeľných hodinách rysovania. Pracovalo sa od 7.00 do 12.00 a po obednajšej prestávke od 13.30 do 17.00 hodiny. V sobotu bol však pracovný čas o tri hodiny kratší.

„Nástrojárstvo, v ktorom som sa vyučil, bolo podľa kolektívnej zmluvy platené najlepšie. Pozostávalo z jemnej a presnej práce. Majster a sústružník vyrábali na sústruhu železné formy, ktoré sme my potom opracúvali a odovzdávali do ďalšej prevádzky. Pred obedom jeden z nás odišiel z dielne skôr, aby zakúril v jedálni, kde sme si počas prestávky na piecke prihrievali polievku prinesenú z domu. Plat sme brali každú sobotu. Zarábal som sedem korún na hodinu. Ťažko posúdiť, či to bolo málo alebo veľa. Guláš stál v tej najjednoduchšej krčme 2 koruny a 50 halierov, slaný rožok šesták, čiže 20 halierov. V obchodnom dome Baťa som dostal poltopánky za 19 korún, ale v luxusných obchodoch stáli také fajnovejšie, lakované aj 60 korún. Oblek bolo možné kúpiť za 280 korún i viac, záležalo na tom, do akého obchodu človek vstúpil."

Rátam, násobím a vychádza mi mesačný plat; vzhľadom na udané ceny výrobkov celkom slušná suma. Malo to však háčik. Štefan, tak ako mnoho iných, bol jediným zarábajúcim členom početnej rodiny – podporoval matku a troch súrodencov. Chorľavý otec síce prvé dva roky po prepustení dostával podporu, ale potom...

„Dnes často rozmýšľam, z čoho ľudia v starobe žili. Veď robotníci dôchodok nemali, mohli si ho predplácať len majstri a od nich vyššie postavení pracovníci. V tom období bol 55-ročný človek už zrobený, starý, nemal už takú pracovnú výkonnosť, a tak sa ho snažili v továrni nahradiť mladou silou. Ľudia sa dožívali nižšieho veku. Môj otec zomrel na následky choroby z povolania ako 53-ročný. Treba však objektívne povedať, že v Káblovke existoval fond Ota Bondyho, bývalého majiteľa továrne, ktorý pred smrťou určil 2 milióny korún zo svojho majetku na výpomoc zamestnancom v prípade úrazu či choroby a pre pozostalých v prípade úmrtia. To bol aj prípad môjho otca."

Podpora však nestačila. Človek bez ruky – tento druh úrazu bol v tom čase v Káblovke bežný – bol po dvoch rokoch podpory odsúdený na žobranie. Zastal sa niekto robotníkov?

„V našej továrni existovali pokrokové organizácie, to boli vlastne zástancovia robotníkov. Ale v čase krízy ani takýto ochranca nepomohol. A pred krízou? Keď si zle pracoval alebo nemal dobrú dochádzku, či nejakým spôsobom si sa majiteľovi továrne znepáčil, v sobotu spolu s výplatou si obdržal pracovnú knižku s poďakovaním, a bol si na ulici. Mnohí spolupracovníci odchádzali z továrne s písomným poďakovaním a prísľubom, že keď bude voľné miesto, znova ich zamestnajú. Nikdy viac som sa však s nimi v našej továrni nestretol."

Pravda, ani v tej dobe život nepozostával len z práce. Mladý človek mal aj vtedy svoje záľuby, šport, hudbu...

■ Zakladateľ Továrne na káble E. Bondy začal svoju kariéru roku 1894 výrobou strún do hodín. K vlastnej továrni boli v rokoch 1911–35 pripojené nové závody v Bratislave (Gumon), Budapešti, Viedni, Krakove, Kolíne a Topoľčanoch. Pokračovateľom tejto továrne je Kablo, ktoré sa sústreďuje na výrobu káblov rôznych druhov.

■ Dynamit-Nobel vznikla roku 1873 ako pätnásta továreň vynálezcu dynamitu Alfreda Nobela. V rokoch 1926–28 sa v továrni vyrábal aj cukor, roku 1925 sa začali vyrábať umelé hnojivá. Pokračovateľom továrne Dynamit-Nobel je Istrochem.

Rodiny robotníkov bývali zväčša v domoch, ktoré pre svojich zamestnancov dali postaviť majitelia tovární. Pre rady takýchto domov sa ujal názov kolónia. Náš záber pochádza z bratislavskej kolónie na Bielom kríži.

Vôňa smoly, horúčava, spotení muži, ale biela košeľa... Tak zostalo asfaltérstvo v pamäti starých Bratislavčanov, ktorí nezabudnú pripomenúť, že ulice mesta nebývali také rozbité ako dnes.

Na mieste starej cvernovej továrne, ktorá poskytovala pracovnú príležitosť stovkám žien z Bratislavy a okolia, stojí dnešná Bratislavská cvernová továreň, kde sa vyrábajú nite a priadze z bavlnených, hodvábnych a syntetických materiálov.

■ Továreň Matador vyrábala gumové hadice a remene, technickú gumu a dopravné pásy. Roku 1926 do výrobného programu pribudli autoduše, gumová obuv, roku 1933 hračky. Pokračovateľom je Matador.

Mládenci a dievčence si nedeľu predstavovali ináč než na vychádzke s rodičmi. Ak nešli na tancovačku alebo do prírody, dobrou zábavou bolo divadelné predstavenie na veľkom dvore medzi blokmi v kolónii.

„Počas mojich učňovských rokov zakladala Káblovka futbalový oddiel. Prihlásil som sa. Veď dovtedy som si do riadnej lopty ani nekopol. U nás na lúke v Káblovej kolónii sme mali lopty z pančúch vypchatých trávou. Postupne som prešiel do prvého mužstva. Hrali sme, kde sa dalo, veď vlastné ihrisko sme spočiatku nemali. Občas sa dočítam, koľko dnes zarábajú futbalisti. V časoch mojej mladosti za peniaze hrali len hráči ŠK Bratislava. Tí, ktorí hrávali nižšie súťaže, boli radi, keď ich na základe futbalového kumštu zamestnali. To bolo pre nich najväčšie šťastie. Pravda, stalo sa, že keď sme vyhrali dôležitý majstrák, vedenie oddielu každému z nás dalo dvadsať korún. Keď niekto hral výnimočne dobre a strieľal veľa gólov, odmenili ho lepšou prácou. Nemusel celý týždeň voziť uhlie, ale pracoval v dielni…"

Celý týždeň vrátane soboty pracovali a v nedeľu hrali „majstrák". A v zime? Telocvičňa nebola, tak sa prebehli v prírode, zväčša pri Dunaji. Znečistené dresy im pral ich „zamestnanec" — čo dres, to koruna.

A ako to bolo s hudbou?

„Veľmi som túžil stať sa huslistom. Aj husle som dostal od strýca. Vtedy však neboli hudobné školy ako dnes. Boli len súkromní učitelia, bývalí hudobníci vojenských kapiel či orchestrov. Samozrejme, nebola to lacná vec — dve hodiny týždenne stáli 40 korún. Otec mi povedal: Nemôžem ťa dať na hudbu, ale nič si z toho nerob. Vyučíš sa, budeš nástrojár a o prácu budeš mať postarané. Čo s hudbou? Ja toľko nezarobím…" Mal som však šťastie. Klingerova továreň mala svoju dychovku, dobrú dychovku. U nás v dielni robil sústružník, ktorý v nej hral a zavolal aj mňa. Spýtal som sa, čo budem platiť — vraj nič, len musím podpísať, že keď sa naučím hrať, nezdupkám. S radosťou som súhlasil. Prídem domov a otcovi hlásim, aké šťastie ma stretlo. Prvá jeho otázka bola, čo budem platiť. Ja, že nič. A tak som sa začal učiť."

Dodnes hráva na niekoľkých nástrojoch. Najmilšia mu je však trúbka. A keď v Káblovke založili orchester, stal sa jeho členom. Káblováci vyhrávali na počúvanie i do tanca. Aj v Robotníckom dome na Dunajskej ulici, kam chodila tancovať chudoba. Honorár bol 25 korún, guláš, rezeň a dve pivá.

Aká bola Bratislava v časoch jeho mladosti, teda pred 55 rokmi?

„Celý život sa odohrával v strede mesta. Rača, Prievoz, Vajnory boli

Tento odznak bol znakom spevokolu maďarských stavbárov.

samostatné obce, ktoré s mestom spájali leda tak vlaky. Bolo veľa chudobných, najmä v Petržalke. Medzi stromami popri Dunaji sa krčili drevené alebo aj plechové chatrče, aké poznáme z filmov o predmestiach amerických veľkomiest. V čase krízy ľudia postávali pred pracovnými úradmi, aby si vybrali dennú desaťkorunovú podporu, prípadne aby išli na prácu, kam ich pošlú. Stalo sa, že keď niektorý nezamestnaný nebol schopný určenú prácu vykonať, zobrali mu podporu. Najmenej nezamestnaných bolo v zime. Mnohí čistili Bratislavu od snehu, ktorého v tých časoch padalo neúrekom. Pravda, mladí ľudia si občas našli aj príležitostnú prácu u majiteľov rôznych obchodov. Roznášali tovar priamo do bytu zákazníka. Vtedy sa dobre osvedčil bicykel, ale jednoduchý človek naň nemal."

Ako sa k svojim zamestnancom správali majitelia tovární, obchodov?

„Pokiaľ bol človek poctivý a dobre pracoval, správali sa slušne. Vždy slušne," smejeme sa.

„Ľudia v časoch mojej mladosti akosi viac držali spolu. Všetci sme treli biedu, tak sme si nemali čo závidieť. A tí, čo ju práve netreli, sa báli, aby sa do nej nedostali. Neboli televízory, ani rozhlasových prijímačov nebolo veľa. Zato však nedeľné futbalové stretnutia ŠK Bratislava v Petržalke boli udalosťou. Aj dve hodiny trvalo, než sme sa po zápase cez preplnený most dostali do mesta. Bratislava mojej mladosti mala veľa kaviarní, vinární, krčmičiek, ale aj kín. V Petržalke bola kaviareň Aukafé, pekne tam bolo najmä v letné večery, keď sa na hladine Dunaja odrážali svetlá mesta. Našimi „kaviarňami" však boli krčmičky pri dunajskom Lide zvané Aulízl. Bolo tu lacno a v záhrade sa dalo tancovať. Keď sme chceli tancovať v lepšom podniku v strede mesta,

Každý spevokol mal svoju zástavu a odznak, ku ktorým sa členovia hrdo hlásili.

■ Roku 1872 dvanásť kníhtlačiarskych pomocníkov založilo v Bratislave robotnícky spevácky spolok Typographenbund, roku 1893 vznikol robotnícky mužský spevokol Liedesfreiheit (Slobodná pieseň), roku 1903 začal pracovať robotnícky spevokol Immergrün (Zimozeleň) a roku 1907 robotnícky český spevokol Bratrství.

■ Roku 1906 sa vytvoril v Bratislave slovenský robotnícky spevokol Napred, ktorý bol zároveň prvým na Slovensku.

TVOJA BRATISLAVA

■ Klingerova továreň vyrábala nite, hadice, stanové plátno, šatky, vrecia. Svojimi výrobkami sa úspešne uviedla na Svetovej výstave v Paríži roku 1900. Jej výrobky sa vyvážali aj do Indie, Japonska, Južnej Ameriky. V rokoch 1894—95 dal majiteľ továrne vybudovať na Továrenskej ulici prvé robotnícke sídlisko na Slovensku.

■ Bratislavská cvernová továreň (založená roku 1900) a pradiareň bavlny Danubius (založená roku 1907) sú predchodcovia dnešnej továrne rovnakého mena. Majiteľmi až do znárodnenia boli rakúski, maďarskí, ale najmä anglickí podnikatelia.

Roku 1933, keď spevokol kovorobotníkov Liedersfreihet (Slobodná pieseň) slávil štyridsať rokov a spevokol robotníkov továrne na kefy Echo desať rokov, zaspievali si ich členovia na spoločnom vystúpení, počas ktorého vznikla táto fotografia.

museli sme sa vyobliekať, a to sme ešte cez okienko nazreli dnu, ktorý hlavný má službu. Bol taký, čo nás vyhodil hneď, ale aj taký, ktorý nás síce neobslúžil, ale nechal nás na pokoji. A keď sme sa nocou uberali domov a mali sme pod čapicou, išli sme tichučko, aby sme na seba neupozornili policajta. Keď nejaký „frišling" začal vyvreskovať, hneď ho brali. Vandalizmus? Neexistoval."

Dôchodca Štefan. Jeho svedectvo o rokoch mladosti je aj svedectvom o živote tisícok bratislavských robotníkov. Mal šikovné ruky pre prácu nástrojára, ohybné prsty a dobré pľúca pre hudbu a rýchle nohy pre futbal. Mal šťastie, že bol zdravý. Podal nám svedectvo o dobe, keď mať prácu bolo aj v našom meste tým najväčším bohatstvom.

## PIESEŇ PRÁCE

Neškolené hrdlá bratislavských robotníkov vydávali silné a jednotné tóny. Silu ich prejavu videli všetci najmä 1. mája, keď robotníci vyšli do ulíc a zanôtili.

Nezáležalo na tom, či si bol Slovák, Nemec, Maďar – vieš spievať, tak príď medzi nás! Kníhtlačiari sa stretávali v spevokole Typograf, kovorobotníci v Slobodnej piesni, stavební robotníci v Zimozeleni. V Magnete spievali robotníci závodu Siemens, v Echu robotníci Grünebergovej továrne na kefy. A roku 1906 vznikol prvý čisto slovenský spevokol Napred.

Aká to bola sila, ktorá po celotýždennej drine priťahovala unavených robotníkov do kina Urania (dnes Hviezda), do Mestského pivovaru či Robotníckeho domu na Dunajskej ulici? Bola to láska k hudbe, kolektívu, spevu. Spev povznášal, dával zabudnúť na celotýždenné

Robotníci Továrne na káble sa veru narobili, kým sa káble takto pekne nakrútené na obrovské „cievky" vykotúľali z fabriky.

starosti. Chlapi každú sobotu večer zasadli a nacvičovali piesne a raz do mesiaca dali do spoločnej kasy po korune, aby nazbierali peniaze na nové noty.

Dnes sa nám zdá už veľmi vzdialený počin robotníkov zo Zámockého vrchu, ktorí roku 1921 založili spevokol Sloboda. Ich výročné koncerty sa konali na nádvorí hradnej zrúcaniny. A keď roku 1923 spevokol zasväcoval červenú zástavu, na ktorej bolo vyšité Hradný robotnícky spevokol Sloboda, prišlo sa sem pozrieť 1200 ľudí!

Niet Waltschekovho hostinca, pamätníka tejto slávnej udalosti, neexistujú domy na Zámockom vrchu, v ktorých žili proletárski speváci. Zmizli či pomaly miznú robotnícke štvrte — Káblova kolónia, Klingerova kolónia, Robotnícka štvrť, stará Petržalka... A nepribúdajú nijaké spevokoly mladých robotníkov.

Čo zostáva, sú piesne, ktoré moji starí rodičia a tvoji prarodičia možno kedysi spolu spievali v prvomájovom sprievode či na majálese na petržalskom brehu.

## MESTO ROBOTNÍKOV

Ako už vieš, Bratislava bola viacnárodnostným mestom. Oddávna v nej mali svoje miesto Slováci, Nemci, Maďari, i keď za Rakúsko-Uhorska bolo toto poradie obrátené: napríklad roku 1890 v nej žilo 31 000 Nemcov, 10 400 Maďarov a len 8700 Slovákov. Až po roku 1918, po vzniku Československa, začalo Slovákov pribúdať, hoci veľa nechýbalo, a bol by sa v meste zvyšoval počet Maďarov či Nemcov...

Totiž Bratislava do novovzniknutej republiky spočiatku nepatrila. Prevažná časť obyvateľstva žiadala, aby bolo mesto pripojené k Maďarsku či Rakúsku. Československé vojsko, ktoré ho malo pripojiť k ČSR, sa zastavilo pri Devíne, kadiaľ prechádzala umelo vytvorená demarkačná (hraničná) čiara. O osude Bratislavy sa rozhodlo v polovici decembra 1918, keď sa maďarská a československá vláda dohodli, komu bude patriť. A tak 30. decembra oddiely talianskych légií obsadili Lamač a Rothovu továreň na Patrónke a v noci z 31. decembra na 1. januára 1919 vstúpili československé jednotky vedené talianskym generálom Piccionem do Bratislavy. Najprv zabrali Hlavnú stanicu a vo večerných hodinách ešte poštu, telegraf a hlavné úrady. Bratislava sa tak stala československým mestom, aby sa vzápätí 16. januára súčasne stala hlavným mestom Slovenska.

Slovákov teda v našom meste pribúdalo. A aké bolo sociálne zloženie obyvateľstva? Prevažovali robotníci — 8600 ich roku 1921 pracovalo v bratislavských továrňach a do tohto počtu nie je zarátaná ďalšia tisícka z Petržalky, lebo tá ešte nepatrila k Bratislave. A o desať rokov 36 % obyvateľov zamestnával priemysel. Tridsaťšesť percent sa roku 1930 rovnalo 44 000 obyvateľom, a keď prirátaš manželky a deti týchto robotníkov, vyjde ti, že možno dve tretiny Bratislavčanov živili továrne. V tom istom roku tu žilo už 35 000 Slovákov, ktorí v prevažnej miere tvorili robotnícky proletariát.

*Mozaika stvárňujúca sv. Alžbetu žiari farbami nad hlavnou bránou Modrého kostolíka, ktorého farebná fotografia uvádza kapitolu o robotníckej Bratislave. Kostol zasvätený sv. Alžbete bol postavený začiatkom nášho storočia v štýle budapeštianskej secesie. Jeho výzdobu pomáhali dotvárať významní budapeštianski a bratislavskí umelci (A. Rigele, J. Tury, J. Dorosinyi). Súčasťou kostola na Bezručovej ulici je fara a neďaleké gymnázium — budapeštiansky architekt Ö. LECHNER všetkým trom stavbám vtisol pečať ľudovej architektúry a románskeho slohu.*

■ *Továreň Siemens bola založená roku 1902. Od roku 1921 sa tu vyrábali elektrotechnické stroje a prístroje a transformátory. Pokračovateľom sú Bratislavské elektrotechnické závody (BEZ).*

TVOJA BRATISLAVA

159)

## Tóny v palácoch a v uliciach

(hudba)

NAJVÄČŠÍM
HUDOBNE NADANÝM BRATISLAVSKÝM RODÁKOM JE
JÁN NEPOMUK HUMMEL.
JEHO RODNÝ DOM NA KLOBUČNÍCKEJ ULICI
SA VĎAKA MIESTNYM NADŠENCOM
PREMENIL NA ÚTULNÉ MÚZEUM VENOVANÉ
JEHO PAMIATKE.

IVAN LACIKA

10)

## TRUBAČI V ČERVENÝCH KABÁTCOCH

Veru by sa začudoval Leonhart Sägel, „vedúci trubačov a nesporne jedna z najvýznamnejších osobností trubačského umenia v našom meste", keby sa dozvedel, že ho mienime pasovať za pôvodcu svetskej hudby v Bratislave. Funkciu si vykonával poctivo – od roku 1526 do roku 1567, keď zomrel. Štyridsať rokov, v čase i nečase, vychádzal každú noc na niektorú z mestských veží, aby trúbil čas, dohliadal na poriadok, a ak bolo treba, aby dohovoreným signálom oznámil živelnú či vojnovú pohromu. Robil tak za pomerne skromný týždenný plat 6 solidov, pričom mu mestská správa raz za štyri roky odmerala päť metrov červeného súkna na nový kabátec. Nejaké solidy síce pribudli aj za celoročnú starostlivosť o učňovský dorast, ale majster Leonhart ani tak nepatril medzi dobre situovaných občanov mesta.

V noci teda trúbil čas, cez deň dával hodiny. Mladí uchádzači o trubačské remeslo boli prijímaní do učenia, len ak splnili prísne požiadavky: museli byť mravne bezúhonní, fyzicky zdatní a museli pod prísahou sľúbiť, že neopustia svojho majstra. Predovšetkým však museli mať výborný sluch, veď signály (a bolo ich neúrekom) si museli zapamätať odpočúvaním. Noty trubači nepoužívali, na nechránenej veži by ich odvial vietor či zmáčal dážď... Majster Leonhart odovzdával mladým to, čo sa naučil od svojich predchodcov.

Keď po Vianociach nastal čas maškarád a svadobných veselíc, aj mravne bezúhonní trubači zapadli do veselého kruhu, nezaobišla sa bez nich ani jedna tancovačka. Solidy sa sypali a zostalo nielen na dobré vínko, ale aj na drobné cifrovačky, ktoré ozdobili ich červené kabátce.

Smrťou Leonharta Sägela akoby sa skončila jedna etapa histórie bratislavských trubačov. V tom čase už Bratislava, ako hlavné mesto Uhorska, chcela byť bezprostrednejšia, veselšia. Správa mesta už netrvala na prísnych trubačských reguliach a poskytla trubačom nové príležitosti predviesť svoje umenie: trúbili napríklad na zasadaní snemu roku 1659, vystupovali každoročne na sviatok sv. Kataríny či sv. Leopolda. Čoraz častejšie sa sťahovali z veží do palácov a chrámov, aby potešili svetských i cirkevných hodnostárov. A tešili sa obľube aj medzi drobným ľudom, boli vítanými spoločníkmi pri povestných bratislavských oberačkách hrozna.

Nasledovníci nášho majstra Leonharta boli hudobne zdatnejší a dobou podkutejší. Samuel Preckhl koncom 17. storočia „reprezentoval s ďalšími svojimi spolupracovníkmi vrchol trubačského umenia v Bratislave", Michal Oetzel v 18. storočí so štyrmi pomocníkmi vystupoval „na námestí Kniežat za radnicou..." a „...za teplých letných večerov hral na svojich nástrojoch kasácie".

Keď cez prázdniny pôjdeš v podvečer Starým mestom a z radničnej veže začuješ zvuky fanfár, spomeň si, že naše mesto si (okrem iného) chce takto uctiť pamiatku Leonharta Sägela a ďalších známych a neznámych trubačov, ktorí sa ako jedni z prvých zaslúžili o hudobný rozvoj Bratislavy.

### PRE ZVEDAVCOV

■ Kasácie sú drobné skladby, ktoré sa hrali na voľnom priestranstve.

■ Joseph Haydn so svojou kapelou, ale aj sám, niekoľkokrát navštívil Bratislavu, napríklad vo februári 1767, ale aj v novembri 1772, keď koncertoval v Grassalkovichovom paláci pri príležitosti sobáša Kristíny, dcéry cisárovnej Márie Terézie, s Albertom Sasko-Těšínskym.

■ Roku 1796 navštívil Bratislavu Ludwig van Beethoven, ktorý koncertoval v paláci Keglevichovcov na Panskej ulici. Spriatelil sa tu s Babetou Keglevichovou a neskôr jej venoval štyri skladby.

TÓNY V PALÁCOCH A V ULICIACH

- Mimoriadne úspešným hudobníckym združením bol bratislavský Cirkevný hudobný spolok (Kirchenmusikverein), založený roku 1828 z podnetu Heinricha Kleina (1756–1832). Jeho prvým dirigentom bol Jozef Kumlík. V rokoch 1921–1949 sa o jeho rozkvet zaslúžil dirigent a skladateľ Alexander Albrecht.

- Bratislavská rodina Schöllnastovcov vyrábala veľmi kvalitné dychové nástroje, ktoré sa vyvážali do celej Európy. Ďalšími významnými výrobcami hudobných nástrojov boli Schmidtovci. Na Schöndorfskej (Obchodná) a na Dunajskej ulici mali klavírny salón, v ktorom s obľubou hrával aj Ferenc Liszt.

- Ferenc Liszt mal k Bratislave neobyčajne blízky vzťah. Dokazuje to aj množstvo koncertných vystúpení či súkromných návštev. Prvýkrát tu vystupoval roku 1820 ako 9-ročný. Roku 1840 sa predstavil ako zrelý klavirista a dirigent. Obyvatelia mesta z úcty k jeho hudbe a z vďaky za jeho vzťah k nášmu mestu dali podnet na vytvorenie jeho portrétu.

Dnes už nikto presne nevie, v ktorom paláci rodiny Pálffyovcov vlastne vystupovalo roku 1762 šesťročné zázračné dieťa WOLFGANG AMADEUS MOZART. Symbolická pamätná tabuľa je umiestnená na Ventúrskej ulici č. 10.

## WOLFGANGOVA NÁVŠTEVA

„…už zo tri týždne nás pozývajú, aby sme pricestovali do Pressburgu. Toto pozvanie bolo ešte naliehavejšie, keď sme na slávnostnom obede pri príležitosti cisárových narodenín hovorili s uhorskými veľmožmi. Zajtra teda cestujeme do Pressburgu; viac ako osem dní tam však nemienime zostať…," napísal 10. 12. 1762 Leopold Mozart, otec šesťročného hudobného umelca Wolfganga Amadea svojmu priateľovi.

Mozartovci Bratislavu naozaj navštívili, aj keď cestovať dostavníkom v tomto ročnom období nebola žiadna slasť, ako dokazuje úryvok z listu zo dňa 29. 12.: „…S Pressburgom sme sa teda rozlúčili na Štedrý deň ráno o pol deviatej a večer o pol deviatej sme boli v našom viedenskom byte. Cestovanie nebolo veľmi príjemné, lebo hoci bola cesta zamrznutá, bola plná hlbokých jám a koľají a strašne nás hegalo…." Navyše otca Leopolda zastihli práve vtedy prozaické a veľmi nepríjemné starosti: rozboleli ho zuby.

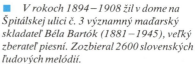

- V rokoch 1894–1908 žil v dome na Špitálskej ulici č. 3 významný maďarský skladateľ Béla Bartók (1881–1945), veľký zberateľ piesní. Zozbieral 2600 slovenských ľudových melódií.

- Ruský klavírny virtuóz Anton Grigorievič Rubinštejn v Bratislave vystúpil trikrát. Jeho prvú návštevu v júni 1847 pripomína pamätná tabuľa na Kutscherfeldovom paláci na Hlavnom námestí.

- Prvá Hudobná škola pre Slovensko bola založená 19. 8. 1919 a stála na mieste dnešného hotela Devín. Jej prvými riaditeľmi boli Miloš Ruppeldt (1881–1943) a Frico Kafenda (1883–1963).

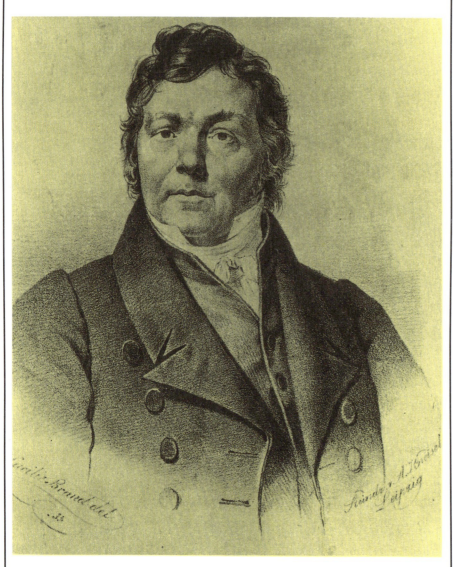

O európskom význame J. N. HUMMELA rozpráva množstvo vyobrazení, medzi ktoré patrí litografia z čias jeho pobytu v nemeckom Weimare (hore) i busta bratislavského sochára V. Tilgnera, ktorú nájdeš v záhrade Grassalkovichovho paláca (dole).

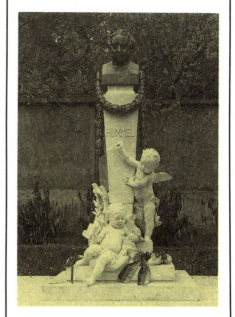

Dnes presne nevieme, kde malý hudobný génius vystupoval. Pamätná tabuľa hovorí, že v Pálffyho paláci na Ventúrskej ulici, mohlo to však byť aj v inom, dnes už neexistujúcom Pálffyho paláci – v miestach Svoradovej ulice. V týchto miestach stál komplex budov a záhrad s divadlom, kde sa pravidelne stretávali poprední predstavitelia bratislavského hudobného života. Sem pozývali aj významných zahraničných hosťov. Je preto pravdepodobné, že tu privítali aj Wolfganga. Hudobní vedci si však myslia, že taký významný hosť – v celej Európe známe zázračné dieťa – nemohol uniknúť ani pozornosti ďalších šľachtických či hudobníckych rodín (Kreibichovcov, Kurzweilovcov a podobne). A tak sa zrejme obrátil aj v ich salónoch.

Rakúsky skladateľ Wolfgang Amadeus Mozart (1756–1791) stihol počas krátkeho života vytvoriť skutočné veľdielo: 54 symfónií, 24 opier, 18 omší, množstvo koncertov pre rôzne nástroje, spolu vyše 650 skladieb, z ktorých mnohé sa hrávajú dodnes. Spolu s Josephom Haydnom (1732–1809) a Ludwigom van Beethovenom (1770–1827), ktorí tiež poctili Bratislavu svojou návštevou, bol predstaviteľom vrcholného viedenského klasicizmu (hovorili im tiež „veľká trojka"). Hoci Mozart nemal ľahký život a zomrel v biede, v jeho hudbe prevláda radosť zo života, akási ľahkosť, s ktorou možno prekonávať ťažkosti. Veľký umelec ospevuje krásu, pre ktorú sa oplatí žiť, a silu, vďaka ktorej človek zvíťazí aj nad zlom.

## ČMELIAK Z KLOBUČNÍCKEJ ULICE

Azda ani dnes nemá Bratislava toľko orchestrov a kapiel, koľko v 18. storočí. Vychádzajme z poznatkov, ku ktorým dospel Zdenko Nováček v knihe *Hudba v Bratislave:* „Najvýznamnejšie svetské hudobné centrá sú spojené s nasledujúcimi rodinami a miestami: Antonovi Eszterházymu patril dom na Kapitulskej ulici, Erdődyovcom rohový dom na Dlhej, na tej istej ulici bol palác Jána Eszterházyho z roku 1759 a hneď vedľa palác Pavla Balassu, stavaný v rokoch 1759—62. K najvýznamnejším patril palác Keglevichovcov na tej istej ulici. Na Ventúrskej vystavali paláce Pálffyovci a Zichyovci. V blízkosti kostola sv. Martina si vybudovali sídlo Csákyovci. Na Hlavnom námestí stál Kutscherfeldov palác (neskôr Imricha Eszterházyho). Všetky sú približne z rovnakej doby a s rovnakými štýlovými prvkami. Treba k nim ešte pripočítať dva paláce za mestskými múrmi: palác grófa Grassalkovicha a Pálffyho letné sídlo na Zámockej ulici…"

A všade sa hrala hudba! A nie hocijaká. Veď u Grassalkovicha hosťoval niekoľkokrát „kráľ symfónií" Joseph Haydn. Hovorí o tom aj pamätná tabuľa na Grassalkovichovom paláci zo Štefánikovej ulice.

Haydn tu vystupoval s orchestrom kniežaťa Eszterházyho a v tomto orchestri hrával aj Ján Nepomuk Hummel starší. Tomu 14. 11. 1778 porodila manželka syna, ktorý dostal meno po otcovi a stal sa skladateľom a slávnym klavírnym virtuózom.

Klobučnícka ulica dnes spája námestie SNP s Primaciálnym námestím. V minulosti sa však končila pri mestských hradbách a väčšinou ju obývali, ako hovorí aj názov, klobučníci. Uprostred zelene sa tu krčili záhradné domčeky. Jeden z nich (roku 1911 obostavaný päťposchodovými budovami) vlastnili Hummelovci a v ňom sa narodil budúci skladateľ. Otec čoskoro postrehol, že syn má výborný sluch, a vzal ho ako sedemročného na návštevu k Mozartovi.

„Viete, drahý priateľ, nerád prijímam žiakov," povedal Mozart. „Zaberie to priveľa času a vyrušuje ma to v práci. Ale pozrieme sa na chlapca a vypočujeme si ho. Potom uvidíme, čo sa dá robiť. Sadni si ku klavíru a ukáž nám, čo vieš."

Že to dobre dopadlo, hovorí fakt, že Mozart prijal Hummela nielen za žiaka, ale na dva roky ho prijal i do rodiny a správal sa k nemu ako k vlastnému synovi.

Tento príbeh pokračoval na koncertných pódiách celej Európy. K menu bratislavského rodáka sa pridávalo množstvo prívlastkov: vzor čistoty, jasnosti a presnosti, elegancie a jemnosti, bohatosti tónu. Hummelova pôvabná, spontánna a fantastická klavírna hra podľa jeho súčasníka, hudobného kritika Karola Zolnera, spájala s nesmiernou výraznosťou a technikou to, čo je prirodzené a nové. „Neuvedomujete si ani prsty, ani struny. Vnímate len hudbu."

Ján Nepomuk Hummel, ktorý neskôr pôsobil v nemeckom Eisenstadte, Stuttgarte a Weimare, kde roku 1837 zomrel, aj tvoril v tomto duchu — niektoré z jeho skladieb sú nám známe, krásu iných len objavujeme.

Hľa, v čom videl zmysel hudby:
  *„Účelom hudby je srdcom pohnúť a potešiť srdce.*
  *Jej povinnosťou je lahodiť i sluchu.*
  *Vyumelkovanosť sama osebe je pedantériou,*
  *čo prináleží očiam."*

J. N. Hummela si veľmi vážil aj taký veľký umelec, akým bol FERENC LISZT, častý návštevník nášho mesta. Jeho busta od Viktora Tilgnera je v parčíku pred Dómom sv. Martina na Rudnayovom námestí.

■ Opera Slovenského národného divadla vznikla roku 1919 ako Družstvo SND. Činnosť opery začala Východočeská spoločnosť operou Hubička 1. 3. 1920. Prvá opera spievaná v SND po slovensky bola Massenetova opera Kaukliar u Matky Božej roku 1924. Zakladateľskými osobnosťami opery boli Helena Bartošová a Dr. Janko Blaho. Úspechy prvého nášho operného telesa dovŕšil Peter Dvorský.

■ Slovenský skladateľ žijúci v Bratislave Tibor Frešo (1918—1987) vytvoril okrem iného balety pre deti: Martin a slnko a Narodil sa chrobáčik.

*No umenie dôvtipne spojené vždy s citom a vkusom
zvyšuje pôvab hudby,
dodáva mu vážnosť a dôstojnosť
a vedie umelca ku pravému cieľu."*

Veľkými ctiteľmi Hummelovho umenia boli medzi inými klavírni virtuózi a skladatelia Maďar Ferenc Liszt (1811–1886) a Rus Anton Grigorievič Rubinštejn (1829–1894). Obaja v Bratislave niekoľkokrát koncertovali (pamätné tabule na Univerzitnej knižnici a na Hlavnom námestí) a peniaze za posledné koncerty venovali na pomník J. N. Hummela. Roku 1887 ho vytvoril sochár Viktor Tilgner. Dlho stál na Hviezdoslavovom námestí, dnes je umiestnený v záhrade Grassalkovichovho paláca.

V tichom prostredí na jednom z dvorov Klobučníckej ulice sa teda nachádza Hummelov rodný dom, premenený na vkusne zariadené múzeum. Nebyť milovníkov hudby a starostlivosti mesta táto pamiatka by asi bola dávno zanikla. A keď prednedávnom dostal dom nový šat, starí Prešporáci idúc okolo familiárne poznamenali: „Unser Hummel aus der Hutterer Gasse." Pre Bratislavčanov je to proste „náš Čmeliak z Klobučníckej".

## OPERA V ZELENOM DOME

Lóža Slovenského národného divadla. Vo svetle obrovského guľatého lustra sa všetko v hľadisku jagá. Sedadlá sa zapĺňajú. Svetlá zhasínajú. Zaznievajú prvé tóny opernej predohry. Budova nášho obnoveného divadla je pekná znútra i zvonku. Ktovie či tá, ktorá sa stavia v blízkosti Domu lodníkov, bude rovnako obľúbená…

■ Symfonický orchester Slovenského rozhlasu je najstarším bratislavským orchestrom. Utváral sa od roku 1927 zo salónneho orchestra. V súčasnosti má okolo sto členov.

■ Uznesením Slovenskej národnej rady vznikla roku 1949 nielen Vysoká škola múzických umení ako najvyššie hudobné a divadelné učilište na Slovensku, ale i Slovenská filharmónia, ktorej orchester v rokoch 1949–52 viedol český dirigent svetového mena Václav Talich. Výrazné medzinárodné úspechy dosiahla Slovenská filharmónia pod taktovkami dirigentov Dr. Ľudovíta Rajtera a Ladislava Slováka. Jej prvými sólistami boli Tibor Gašparek (husle) a Michal Karin (klavír).

■ V okrajovej časti Bratislavy zvanej Rusovce sídli Slovenský ľudový umelecký súbor (SĽUK), ktorý roku 1949 vytvorilo 120 mladých ľudí z 50 slovenských miest a dedín. Súbor rozvíja a po celom svete propaguje slovenskú ľudovú pieseň a tanec.

■ Roku 1960 sa zo Slovenskej filharmónie vyčlenil Slovenský komorný orchester. Založil ho Bohdan Warchal. Patrí k špičkovým európskym komorným orchestrom so zameraním na barokovú a klasicistickú hudbu.

■ Pre lepšie spoznávanie hudby a literatúry o hudbe slúžia hudobné oddelenie Mestskej knižnice na Kapucínskej ulici a Lisztov pavilón Univerzitnej knižnice. Sú tu aj gramofóny a magnetofóny, na ktorých je možné vypočuť si nahrávky obľúbených skladateľov.

■ V našom meste je niekoľko detských speváckych zborov (Bratislavský chlapčenský zbor, Bratislavský detský zbor, Slniečko), v ktorých si môžeš vyskúšať svoje spevácke schopnosti.

Keď roku 1764 prešporácky milovník vína prechádzal okolo Gruenstublhausu (Zeleného domu) na dnešnej Sedlárskej ulici, náramne sa začudoval. Namiesto veselej vravy a štrngotu pohárikov sa odtiaľ ozýval spev. To Domenico Zamperini so svojou opernou spoločnosťou predvádzal operu La Campagna. Zelený dom, zvonka i vnútri pomaľovaný peknými zelenými obrázkami s vinohradníckymi motívmi, sa tak stal svedkom prvých operných vystúpení v kamennej budove. Dovtedy mohli totiž operných umelcov pritúliť len drevené domce, narýchlo postavené pre tento účel.

Nevedno, či gróf Juraj Csáky bol väčším milovníkom opery, alebo dobrého vína. Fakt je, že opera vrátila Zelenému domu jeho starý lesk. Nová operná budova (mohla by sa menovať Opera za hradbami, pretože bola postavená za mestským opevnením medzi Vydrickou a Laurinskou bránou) začala svoju činnosť roku 1776. A že operná hudba zapadla do bratislavského kultúrneho života, potvrdzuje aj skutočnosť, že Ján Erdődy založil v meste stálu opernú spoločnosť. Počas piatich rokov (1785–89) si Bratislava vypočula to najlepšie, čo sa hralo na európskych operných scénach.

To „naše" Slovenské národné divadlo pochádza z neskoršieho obdobia, je staré len sto rokov (otvorili ho 22. 9. 1886). V rokoch 1902 a 1905 zaznel na jeho javisku prvýkrát slovanský jazyk – čeština: to brnenská opera predviedla diela českých skladateľov Bedřicha Smetanu, Antonína Dvořáka a Zdeňka Fibicha. Dovtedy sa tu spievalo len nemecky a maďarsky.

Premiéru prvej slovenskej opery Kováč Wieland od Jána Levoslava Bellu sme zaznamenali až roku 1926. A prvá skutočne národná slovenská opera sa hrala roku 1949. Bola to Krútňava, dielo Eugena Suchoňa.

Prvé divadelné predstavenia v našom meste sa hrali roku 1776 v tejto budove, ktorú Rudolf Alt na litografii z roku 1845 zobrazil oveľa krajšou, než v skutočnosti bola.
O štyridsaťjeden rokov ustúpila tej, ktorú poznáš aj ty.

- *Bratislava je miestom viacerých významných medzinárodných festivalov: Bratislavských hudobných slávností (založené roku 1965), Bratislavskej lýry (1966), Bratislavských džezových dní (1975).*

- *Roku 1970 vznikol OPUS; vydáva gramoplatne a kazety s klasickým i populárnym obsahom, ako aj hudobniny a knihy o hudbe.*

Dychovka má stále svojich skalných, a keď za pekného letného dňa vyjde do ulíc, urobí radosť mnohým Bratislavčanom.

## HUDBA BRATISLAVSKÝCH PROMENÁD

V nedeľu sa nepracovalo, nespievalo. Nedeľa patrila rodine. Aj ten najchudobnejší si dal záležať, aby v kruhu svojich najbližších strávil pekný deň. Dnešné korzo bolo aj v minulosti miestom prechádzok. Mnohí si chvíle oddychu nevedeli predstaviť bez propelera — parníka, ktorý ich previezol na druhý breh Dunaja, do petržalského parku. Prvá zastávka v letnej reštaurácii Auinger bola spojená nielen s občerstvením, ale aj s tónmi, ktoré vyludzovali temperamentné sláčikové nástroje a cimbal Vízváriho kapely. Takýchto kapiel bolo okolo roku 1920 v Bratislave asi tridsať.

Keď sa pozrieš do slovníka cudzích slov, pod slovom promenáda nájdeš nasledovné vysvetlenie: nezastavaná sídlisková plocha, spravidla aleja alebo plocha s parkovou úpravou, so širokými chodníkmi, kde sa ľudia prechádzajú; miesto prechádzok. A promenádna hudba? Hudba, ktorá sa hrá len tak, pre potešenie, v prechádzkovom tempe, obvykle za krásneho letného dňa.

Okrem spomínaných kapiel, ktoré však hrávali predovšetkým v zábavných podnikoch, boli nositeľmi promenádnej hudby najmä vojenské súbory, ale aj menšie dychovky poštárov, železničiarov a rôznych záujmových organizácií. Počas sezóny sa striedali na významných miestach — pred divadlom, Grassalkovichovým palácom či v petržalskom parku.

Aj dnes v pekných letných dňoch vychádzajú do ulíc dychovky a v parkoch a na námestiach hrajú na počúvanie. Deti veselo poskakujú a ukazujú na strýca, ktorý fúka do najväčšej trúby — tuby. Starí Bratislavčania si pohmkávajú do rytmu a s nostalgiou spomínajú na časy, keď sa v meste oveľa viac amatérsky spievalo a muzicírovalo.

V dnešnej budove SND má domovské právo opera a balet. Niektoré predstavenia sú výlučne pre detských divákov.

Každý má iný vkus. Jednému viac svedčí „vážna" hudba a druhý je celý bez seba, keď zazrie a vypočuje si skupinu Elán.

TVOJA BRATISLAVA — 169)

OBCHODÍKY SO ZMIEŠANÝM TOVAROM
PATRILI V MINULOSTI MEDZI NAJBEŽNEJŠIE.
PONÚKALI OZAJ ,,ZMIEŠANÝ'' TOVAR
OD MYDLA A PASTY NA TOPÁNKY CEZ ALPU A SVIEČKY
PO RÔZNE KORENINY, ČAJ, KÁVU A CUKROVINKY,
KTORÉ BOLI POUKLADANÉ V PESTROFAREBNÝCH
PLECHOVICIACH.

# Náš zákazník, náš pán
## (cechy, remeslá, obchod)

11)

IVAN LACIKA

## NA CENTRÁLNOM TRHOVISKU

*„O šiestej hodine každý deň začína
prevádzka povinne, pulty sa zaplnia…"*

spieva sa v pesničke o bratislavskom centrálnom trhovisku. Avšak len my, Bratislavčania, vieme, čo znamená pre naše mesto trhovisko so všetkými naj… Má punc akejsi nefalšovanej prímesi orientálnych nálad a vášní, radostí z dobre a lacnejšie kúpeného tovaru, či zlosti nad vyhodeným peniazom.

Pôvodné „centrálne" bolo v miestach, kde sa dnes nachádza budova Domu odborov, a celé námestie sa volalo Centrálne trhovisko. No už sme si zvykli chodiť na iné, na Miletičovu ulicu; jeho vône a chute lákajú rovnako.

Dnes každý, kto dostane povolenie, môže na trhu predávať, pravda, pokiaľ má kvalitný tovar. V stredoveku to bolo trochu inak. Bratislavské trhy a trhoviská ožívali raz za týždeň – vtedy trhovci vyložili svoj tovar, najmä mäso, ryby, chlieb, vajcia a rôzne pochúťky. Takýmto trhom sa hovorilo potravinárske. Okrem nich sa dvakrát do roka konali jarmoky. Okolo Veľkej noci (zvyčajne v marci) a na sv. Vavrinca (v prvej polovici augusta) si na troch „pľacoch" zmerali sily nielen „potravinári", ale aj trhovci všetkých remesiel. Tu už išlo do tuhého. Presne určené miesta a rovnaký začiatok predaja boli zárukou zachovania dôležitosti jednotlivých cechov a súčasne ochranou pred obchodníkmi, ktorí prišli zvonku. Tí museli trpezlivo čakať a zobrať miesto, aké sa im ušlo. V blízkosti Laurinskej brány (v miestach dnešnej Laurinskej ulice), pri Dóme sv. Martina a na Hlavnom námestí to bzučalo ako v úli. Hotový babylon jazykov a nárečí. Pulty sa prehýbali pod záľahou tovaru a na čiernych tabuliach doďaleka svietili červenou farbou vypísané ceny, aby nik nepýtal viac, než sa patrilo.

Najmä Hlavné námestie s priľahlým priestorom pred františkánskym kostolom bolo miestom stretnutia mnohých bratislavských mešťaniek. Veď okrem tovaru, ktorý potešil žalúdky ich manželov, sa mohli prehŕňať v prekrásnych súknach, ktorých kvalitu zaručovala nielen pečať bratislavského cechu súkenníkov, ale aj pečať s uhorským a mestským znakom.

Počas trvania jarmokov radní páni vyvesovali na mestskú vežu trhovú zástavu a zvony dómskej a františkánskej veže ešte mohutnejšie a naliehavejšie oznamovali začiatok a koniec predaja vína. Našli sa aj takí krčmári, ktorých v horlivosti zastavila len pokuta samého richtára. A tá veru nebola malá.

Trhovcom však nestálo v ceste nič, a tak sa tradícia trhov i jarmokov stáročiami upevňovala. A pretože z Hlavného námestia sa pomaly, ale iste stávalo oddychové miesto, obchod sa presúval predovšetkým na priestranstvá dnešného Námestia SNP. Tam už od stredoveku (v miestach, kde sa Špitálska ulica stretáva s Dunajskou) existoval Obilný trh, premenovaný neskôr na Slepačí a potom i na Zelený trh. Vedľa neho sa nachádzal Chlebový trh. V strednej časti, pred kostolom Milosrdných bratov, si na výročné jarmoky dávali schôdzku s kupujúcimi hlavne výrobcovia ľanových a kožených výrobkov. A v hornej časti sa napájal na námestie Uhoľný trh. Nečudo, že tento „trhový komplex" z rozhodnutia mestskej rady dostal roku 1879 názov Trhové námestie.

Iste, drevené pulty stáli aj na ďalších námestiach a v ďalších uličkách, veď obyvateľov pribúdalo a každý potreboval voľačo do úst.

Krémom na topánky značky Schmoll si čistili topánky ešte moji rodičia.

V dome na Žižkovej ulici, ktorý patril cechu rybárov založenému roku 1550, si môžeš pochutnať na rybích špecialitách.

Na Uhoľnom trhu pred kostolom trinitárov sa v utorok a piatok predávalo drevo a drevené uhlie, také prepotrebné do vtedajších žehličiek. Koncom 18. storočia sa trh presťahoval pred mestskú bránu na Suchom mýte.

## ČO UKRÝVALA CECHOVÁ TRUHLICA

Starší cechmajster Štefan si dnes privstal. Ubehol práve rok, čo bol zvolený na čelo stavovskej organizácie bratislavských čiapkárov a ponožkárov, založenej roku 1651. Ponáhľa sa k dubovej skrinke, ktorej tvar a výzdobu obdivoval ešte ako tovariš. Veru, nemyslel si, že raz bude jej dočasným majiteľom, strážcom. Vyberá spod plášťa cifrovaný kľúč. Jeho zložité zárezy ho fascinujú. Aj minule chcel osloviť majstra zámočníckeho cechu Jána, aby mu vysvetlil tajomstvo jeho práce, ale zháčil sa. Hrdosť mu to nedovolila. Zasúva kľúč do zámky. Dvakrát pootočí vľavo, jemné ťuknutie narúša posvätnosť tejto chvíle. Nemal by takto konať, a keď, tak len v prítomnosti mladšieho cechmajstra Martina, ktorý onedlho nastúpi na jeho miesto. Sadá si. Hoci je sám, dodržiava zvyky vyplývajúce z úcty k truhlici, ktorá je symbolom cechu a stredobodom celého jeho spoločenského života. Dbá, aby nemal pokrytú hlavu, aby nemyslel na nič urážlivé. Zbraň nemá pri sebe, nezvykne ju nosiť, tobôž používať. Možno práve pre jeho miernu, priateľskú povahu ho zvolili za cechmajstra. Dvíha ťažký vrchnák...

Hoci nebol synom majstra, mal šťastie. Príliš často sa potuloval po trhu, a aby si čosi privyrobil, vypomohol raz tu, raz tam. Čiapkári a ponožkári mali na jarmokoch, podobne ako klobučníci, rozmiestnené stánky podľa prijatia do cechu. Posledným v rade bol mladý majster Melichar, ktorý ho prijal do učenia. Boli to štyri roky tvrdej driny, aj keď v poslednom roku dostával týždenne na prilepšenie zopár denárov. Nie nadarmo sa hovorí učeň-mučeň! Potom išiel na vandrovku. Päť rokov sa pretĺkal, osud ho zavial až do Talianska, kde sa najviac priučil. Cestu mu poradil jeden z talianskych kamenárov, s ktorým občas prehovoril slovko-dve na Dlhej ulici. A dobre mu poradil! Také módne čiapky vedel robiť len on! Mešťania sa čoskoro dopočuli o jeho zručnosti a nápaditosti a žiadali si najmä jeho výrobky. Nemohlo sa mu stať to, čo niektorým fušerom. Za zlú prácu im mesto zobralo všetok tovar, ktorý rozpredalo, a polovicu zo získaných peňazí dalo lazaretu. Okrem toho ich potrestal aj mestský súd.

Štefan bol poriadny človek. Hazardné hry ani hlučné pitky nemal v obľube, nanajvýš si dal trochu dobrého vínka, ale o deviatej večer bol vždy v herbergu, spoločnej ubytovni pre slobodných tovarišov. Veď po celodennej práci — od rána od piatej do večera do ôsmej — toho mal akurát dosť. Ešteže mal hodinu a pol na jedenie. Niekedy to bolo na nevydržanie, tá stála kontrola majstrov a cechových komisárov. Až sa mu zdalo, že na jeho dobrú prácu žiarlia. Nebolo to však tak. Veď povinná kontrola pracovnej morálky a časté zasahovanie do súkromného života vyplývali z ustanovení cechu. Podľa nich každý deň mohol urobiť dvanásť čiapok, hoci on by si trúfal na viac.

Po dvoch rokoch tovarišstva prišla jeho príležitosť. Našiel si dvoch ručiteľov, ktorí dosvedčili jeho bezúhonný pôvod. Trinásť týždňov zhotovoval tie najkrajšie čiapky, ich tvary a farebnosť dotváral podľa vlastnej fantázie. Každý večer dvaja majstri jeho dielňu zatvorili a v noci ju strážili, a ráno o piatej mohol znova začať pracovať. Konečne bol majstrovský výrobok na svete! Cechmajster a ostatní členovia cechu boli s jeho prácou spokojní. S radosťou zaplatil majstrovský poplatok a každému majstrovi pintu vína.

Musí sa ponáhľať. O chvíľu tu bude najmladší majster, ktorého pošle pozvať ostatných majstrov na výročnú schôdzu. Vyberá z truhlice zvolávaciu tabuľku, aby ju mal poruke, ako aj artikuly, súbory predpisov a zvyklostí cechu, akési desatoro, ktoré hýbe cechom, usmerňuje celú jeho činnosť. Určujú druh a rozsah výroby, kvalitu a cenu výrobkov, tovarišské platy a poplatky. Nesmie chýbať ani pečatidlo, ktoré zohráva dôležitú úlohu nielen na tovarišskom liste, ale aj na rôznych dohodách či pri voľbe cechmajstra. Usmieva sa, keď ho berie do ruky. Presne napoludnie zapečatí a ,,spečatí" osud cechmajstra Martina, ktorý sa dostane na čelo cechu čiapkárov a ponožkárov. Bude mať trpezlivosť po celý čas vládnuť prísne, ale spravodlivo?

Ešte spočítať peniaze. Na dne truhlice je pekný počet zlatiek, veď členovia cechu poctivo odovzdávali poplatky, aby vypomohli vdovám a sirotám svojich bývalých členov. (Aj ony práve dnes dostanú svoj podiel.) Súčasne si ,,predplácali" vlastný pohreb, aby bol dôstojný, ako sa na remeselníckeho majstra patrí. A tých zopár drobných? To sa zase jeden z tovarišov zabudol po záverečnej v niektorej z viech...

Cechmajster Štefan sa zamyslel. Je už starý. Až dnes si vlastne uvedomuje, ako veľmi bol jeho život spätý s touto neveľkou dubovou truhlicou. Sú v nej zaznamenané starosti a žiale jeho učňovského života, keď musel vykonávať ťažké práce len za stravu a byt. Listiny vypovedajú o jeho tovarišských nádejach a láskach, ale aj o jeho ctižiadosti, a chvália jeho majstrovské výrobky. Áno, táto cechová truhlica má preňho čarovnú moc. A keď raz odíde z tohto sveta, pribudne do nej zápis, pre neho posledný: dňa toho a toho nás opustil majster Štefan, ktorý svojimi výrobkami šíril dobré meno cechu bratislavských čiapkárov a ponožkárov.

## PRE ZVEDAVCOV

■ Na Zelenom trhu sa predávalo ovocie, zelenina, hrach, fazuľa, dvakrát do týždňa i mäso.

■ Obilným trhom sa nazývalo aj dnešné Kollárovo námestie, kde sa tiež predávalo obilie.

Cechová truhlica a pokál z 18. storočia patria k predmetom, ktoré vypovedajú o živote bratislavských remeselníkov.

NÁŠ ZÁKAZNÍK, NÁŠ PÁN

## IN VINO VERITAS

Vo víne je pravda, hovorili starí Rimania a mali tým akiste na mysli úprimnosť ľudského prejavu po vypití čaše ušľachtilého perlivého moku.

Vínko sa ľahšie pije, ako dorába. A ospevovanie jeho kvalít je predovšetkým oslavou ľudskej práce. Kopačka, škrabačka, oberačka, hovoria vinohradníci. Tá prvá, v marci, riadne napraví kríže. Tá druhá, v horúcich letných dňoch, poriadne spáli chrbty. A tá tretia? Nožnice a nožíky sa začiatkom jesene mihajú medzi zrelými plodmi. Plnia sa košíky, v prešovniach tečie čistý mušt.

Neustály kolobeh. Po stáročia sa na ňom takmer nič nezmenilo. Veď ešte donedávna mohli vo vinohrade uspieť len ľudské ruky. Dvojzubá motyka zvaná krampla bola od stredoveku hlavným pracovným nástrojom, drevená putňa a drevený lis jej vernými spoločníkmi. Ostatné vykonal človek.

Dejiny bratislavského vinohradníctva začal písať azda rímsky legionár, keď na skalnatom hradnom brale na príkaz svojho cisára Proba vysadil prvé korene viniča hroznorodého. Aj Slovania prispeli k jeho obľube. Po celý rok, keď vysádzali vinohrad, oberali hrozno či sledovali jeho kvasenie, mali na mysli len jedno: aby prinieslo úžitok.

V dobré víno a pravdu v ňom skrytú veril aj uhorský kráľ Ondrej III. Do mestských privilégií vsunul bod, ktorým umožňuje Bratislavčanom slobodne pestovať hrozno. A naši predkovia túto ponuku s radosťou prijali; už o 144 rokov neskôr – roku 1435 – sa vinohradníctvu venovalo 474 rodín, čiže asi 2500 ľudí, polovica vtedajšieho obyvateľstva.

Zvláštnou láskou k bratislavskému vínu zahorel kráľ Matej Korvín,

Rybné námestie, chýrne predajom rýb z Dunaja a českých rybníkov, by si darmo hľadal na mape. Zaniklo, keď sa rozhodlo, že práve cezeň pôjde Most SNP.

■ *Senný trh spájal Grassalkovichovo námestie s Obilným trhom, a keď sa tu predávalo seno, nesmelo sa fajčiť.*

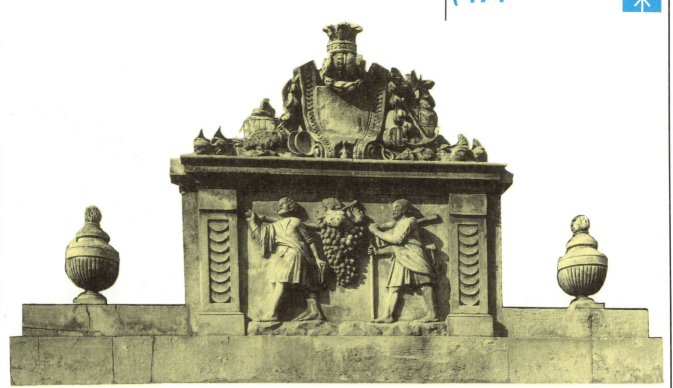

ktorý v Bratislave zriadil dokonca úrad nákupcu vína pre kráľovský dvor. Prečo miloval práve naše vínko?

Žil v Bratislave vinársky majster Ivanuš a povesť o jeho víne sa rozniesla široko-ďaleko. Nech sa ostatní bratislavskí majstri vinári akokoľvek snažili, súperili s ním či uzatvárali stávky, nepochodili. Majster Ivanuš vychádzal zo súboja víťazne. Tradičná objednávka 1129 okovov bratislavského vína pre kráľa, čo bolo asi 60 000 litrov, obsahovala vždy požiadavku, aby v zásielke bolo v prevažnej miere práve Ivanušovo víno. Kráľ Matej platil dobre a Ivanuš dobre obišiel. Za jeden okov obdržal až jeden zlatý a päť denárov. Jeho víno patrilo k najdrahším v celom Uhorsku. Juj, ale to všetkých škrelo!

Všelijako chceli Ivanuša nachytať na hruškách. Aj bannmeistra, kontrolóra, ktorý chodieval od majstra k majstrovi a pomocou osobitej palice zisťoval v sudoch úrodu vína a predpisoval vínnu daň, nahovárali, aby aspoň nejakým podfukom prinútil Ivanuša jednu úrodu nechať v pivnici. Nepodarilo sa. Ešte aj vynadané dostali. Pretože Ivanuš si dával pozor na všetko. A zvlášť dodržiaval zákaz predávania a čapovania vína v čase pôstu, v týždni, na ktorý pripadol sviatok svätého Bartolomeja, v týždni sv. Martina, na Vianoce, na Veľkú noc, na Turíce, ale aj v týždni sv. Jána Krstiteľa. Vtedy prikázal svojmu výčapníkovi, aby zvesil vechať slamy, znak, že sa tam predáva víno, a zavrel bránu domu. V tie dni totiž smelo predávať víno iba mesto.

Len weinkosteri, odborní ochutnávači vína, stretávajúci sa v pivnici U františkánov, poznali Ivanušovo tajomstvo. Ich jemné chuťové orgány rozoznali všetky prísady, ktoré primiešaval do vína. Ivanušovo víno s prísadou medu, ďumbiera, hrozienok, ambry a rôznych korenín bolo ohnivé, vedelo rozohriať telo, rozprúdiť krv. Po vypití pohárika takéhoto vína sa aj v nekráľovských hlavách rodili kráľovské myšlienky. A tak nečudo, že aj kráľ Matej ho pil nadovšetko rád; veď pri spravovaní krajiny potreboval múdrosť ako soľ. A weinkosteri? Keď počuli závistlivé reči bratislavských majstrov vinárov, len sa usmievali popod fúzy. Ani za nič by neprezradili Ivanušovo tajomstvo, veď by prišli o 200 litrov vína, ktoré dostávali v predvianočnom čase od

Vinohradníci a vinári boli v minulosti váženými občanmi nášho mesta. Dodnes nám ich pripomína napríklad pekný štít Zeleného domu na rohu Zelenej a Sedlárskej ulice, či vinársky lis, čo dostal útulok vo dvore domu č. 5 na Bielej ulici.

# NÁŠ ZÁKAZNÍK, NÁŠ PÁN

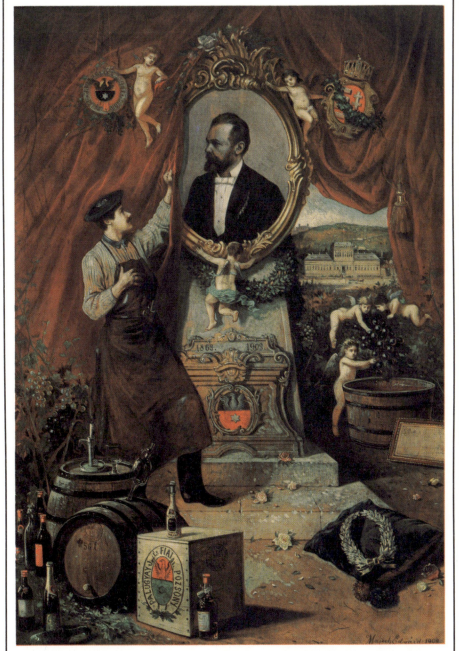

Sklená sifónová fľaša pracovala na rovnakom princípe ako dnešné, iba s tým rozdielom, že sa nedala naplniť doma, ale musela sa vrátiť do fabriky. Prázdne fľaše za plné sa vymieňali v každej cukrárni.

Olejomaľba Eduarda Majscha z roku 1903 oslavuje vinára Jakuba Palugyaya. Budova v pozadí stojí dodnes na začiatku Pražskej ulice a sídlia v nej Vinárske závody.

■ Na námestie zvané Hovädzí trh (a prezývané Svinský trh) privádzali na predaj mäsiari a sedliaci hovädzí dobytok a prasiatka.

■ Správnu dĺžku súkna si kupujúci kontrolovali pri vchode do Starej radnice. Dodnes je na ľavom pilieri umiestnená tenká železná tyč so zárezmi – bratislavský lakeť (0,783 m; 1 m = 1,286 lakťa).

■ Roku 1434 bolo v Bratislave 187 majstrov, čo bolo pravdepodobne najviac v jednom meste na Slovensku: 43 sa venovalo výrobe odevov, obuvi a potravín, 24 spracúvalo drevo, 24 robilo nejaké stavebné remeslo, 21 spracúvalo kovy, 18 vyrábalo a spracúvalo kožu, 10 vyrábalo textil a 4 mali nejaké iné remeslo.

■ Jedným z prvých bratislavských cechov bol cech kováčov (založený roku 1455), okrem neho bolo v meste v tom istom storočí 9 ďalších cechov.

■ Prvým čisto slovenským cechom bol cech slovenských ševcov (obuvníkov). Dokazuje to štatút vydaný roku 1738 v slovenskom jazyku. O národnom povedomí hovorí aj skutočnosť, že členovia tohto cechu prijímali medzi seba len Slovákov.

Ivanuša do daru. Bola to nielen daň za mlčanie, ale aj vďaka za dobré slovo, ktoré pred časom prehodili na Ivanuša u kráľa. A kráľ Matej, známy múdrym spravovaním krajiny, na majstra Ivanuša nikdy nezabudol. Aspoň tak hovorí povesť...

Len ťažko si dnes môžeme predstaviť rozlohu bývalých bratislavských vinohradov. Posúď sám: vinice sa rozkladali od hradu až po Karlovu Ves a Slávičie údolie. Zaberali pahorky Červeného kríža, na ktorých sa dnes nachádza vilová štvrť, ďalej Kamzík, Kolibu, Kramáre a ťahali sa až do Rače. Boli aj v miestach dnešnej Vysokej, Obchodnej a Dunajskej ulice, Štefánikovej ulice i Námestia slobody. Prakticky celé široké okolie Bratislavy, ktoré niekoľkonásobne prevyšovalo rozlohu samého mesta, bolo jeden veľký súvislý vinohrad.

Keď prechádzaš Fazuľovou ulicou, iste ani netušíš, že pôvodne spolu s ďalšími rovnobežnými uličkami, ktoré sa nezachovali, bola chodníkom uprostred vinohradov. Len neskôr, keď sa mesto rozširovalo, si na okraji týchto chodníkov začali stavať chudobnejší vinohradníci domčeky. A tak vzniklo nové predmestie zvané vinohradnícke. Trochu ďalej, viacej von z mesta, žili na Kopáčskej ulici v skromných hlinených domoch kopáči, ktorí denne 12–14 hodín vykonávali vo vinohradoch tú najťažšiu prácu.

Určite poznáš šumivé víno značky Hubert. Patrí k najlepším vínam tohto druhu u nás, dokonca ho vyvážame. Jeho výrobu podľa originálnych francúzskych receptov začal roku 1825 J. E. Hubert a Habermann práve v Bratislave. Továreň, prvá tohto druhu v celom Uhorsku, bola síce po čase presťahovaná do Serede, ale ešte dnes je šumivé víno Hubert pojmom a spomienkou na slávne bratislavské začiatky.

Firma Hubert mohla byť právom hrdá na svoj výrobok. Jej víno získalo množstvo prvých cien na európskych výstavách (okrem iného aj vo francúzskom meste Bordeaux, preslávenom práve vínom).

Pri rekonštrukcii budov na Bielej ulici odkryli odborníci na priečelí obraz vinohradníckych kopáčov, ktorým si majiteľ vyzdobil dom.

# NÁŠ ZÁKAZNÍK, NÁŠ PÁN

- Na dennom poriadku bol boj proti remeselníkom, ktorí na trhoch predávali okrem svojho tovaru aj iný, napríklad variči kávy tabak, kníhári zrkadlá, parochniari púder na vlasy.

- Už v 15. storočí sa používala ako najdôležitejšia miera sypanín bratislavská merica (54,62 litra); mala podobný obsah ako miera na tekutiny — okov (54,30 litra).

- Roku 1880 sa z Bratislavy do New Yorku vyviezlo 2000 hektolitrov vína.

- Jedna pinta sa rovnala 0,56 litra.

- Pivnice firmy Hubert sa nachádzali na Radlinského ulici a boli asanované roku 1974.

- V Bratislave bolo v stredoveku zvykom, že kto mal vlastný dom, mohol v ňom čapovať víno z vlastnej úrody.

- Bratislava mala právo vyberať poplatky za dovezené víno, a to sa mohlo do mesta doviezť len cez bránu Suchého mýta.

- V čase drahoty mohli predávať na trhu ryby všetci bratislavskí občania, teda nielen rybári. Malo sa tak zabrániť zdražovaniu rýb.

Vývesné štíty obchodov mali zlákať okoloidúcich, a tak si obchodníci dali na nich záležať. Mnohé svedčia o ich fantázii a dobrom vkuse. V expozícii Mestského múzea priam žiari štít skladu s farbami a farbivami.

- Predaj rýb bol najprv na Františkánskom námestí, až neskôr na Rybnom námestí, ktoré takto prišlo k menu.

- 1 dukát bol 4 zlatky a 30 grajciarov.

- Roku 1699, na základe výsady cisára Leopolda I., založilo 37 bratislavských obchodníkov zväz, ktorý sa nazýval gilda. Jeho úlohou bolo odstraňovať konkurenciu a bojovať proti feudálom. Medzi zakladajúcimi členmi bratislavskej gildy bolo aj niekoľko Slovákov.

Tržnica na dnešnom Námestí SNP sa v prvej polovici 20. storočia tešila pozornosti všetkých bratislavských gazdiniek. Trhovníci, ktorí nenašli miesto vo vnútri budovy, rozložili svoj tovar na pultoch pred ňou.

Iná svetoznáma bratislavská firma bola založená roku 1863 Jakubom Palugyayom, majiteľom hotela K zelenému stromu. Palugyayove vína poznal takmer celý svet, svojou kvalitou si robili reklamu samy. Ale k ich sláve prispeli aj luxusné zámorské lode, kde sa podával známy sekt Palugyay.

V budove bývalej Palugyayovej firmy na začiatku Pražskej ulice sa aj naďalej dorába víno. Nachádzajú sa tu Vinárske závody. A z pivníc tejto budovy putujú najlepšie bratislavské vína, ktoré nestratili na kvalite a dobrej povesti, do mnohých krajín.

## RYBÁRSKE SIETE NAD DUNAJOM

Ktovie, koľkokrát obuvník z našej ulice ponoril do zelených vôd Dunaja svoju čereň. Celý týždeň sa od svitu do mrku hrbil v malom pivničnom priestore a tešil sa na nedeľu, keď sa bude môcť z plných pľúc nadýchať voňavého riečneho vzduchu. Už na svitaní ho bolo možno vidieť, ako si v búde pri rieke pripravuje náradie. Obrovskú sieť spúšťal do vody pomocou zdvíhacieho zariadenia, ktoré mal pripevnené na brehu. Čereňom lovil po celý rok: v lete i v zime, vo dne, ba niekedy aj v noci. Zvlášť sa mu darilo na jar, keď kalná hladina Dunaja stúpala. Ryby v snahe uniknúť prudkému toku sa uchyľovali k brehu a vtedy sa v jeho sieti po každom vytiahnutí trblietal poriadny šupináč.

Pekný pohľad bol na obuvníka z našej ulice na jeseň. Jeho mohutná postava sa spolu so sieťou črtala na pozadí, ktoré tvorilo zapadajúce slnko. Čereň je už dnes v športovom rybárstve zakázaný a ja tak trochu banujem za týmto obrazom. Akoby panoráma Dunaja bez rybárskych sietí nebola úplná.

Rybárstvo bolo v našom meste vždy poctivou živnosťou. Hovorí o tom aj štatút rybárskeho cechu, ktorý vznikol roku 1543. Pravidlá lovu, predaja a kúpy rýb boli veľmi prísne, dokonca určovali aj druh a počet rybárskych lodí, ktoré môže rybár či obchodník s rybami vlastniť. Na čele cechu stáli rybár a obchodník s rybami, ktorí neustále kontrolovali, či sa dodržiavajú cechové pravidlá: či majstri predávajú ryby len celé a na váhu, a nie po jednej alebo po kusoch; či ich

Palugyayov hotel K zelenému stromu (A zöld fához), ktorý priťahoval hostí nielen kvalitným vínom, ale aj stovkou elegantných izieb a salónov, stál na mieste dnešného hotela Carlton na Hviezdoslavovom námestí.

NÁŠ ZÁKAZNÍK, NÁŠ PÁN — 179 )

Káva, čaj či cukrovinky sa voľakedy predávali v takýchto pestrých plechoviciach. No neboli príťažlivejšie ako dnešné naše obaly?

„My, cechoví majstri poctivého remesla slovenského obuvníckeho v kráľovskom meste Prešporku, svedčíme, že prítomný tovariš Štefan…" začína sa listina prvého čisto slovenského cechu v našom meste z roku 1816.

- Členovia gildy sústreďovali svoje obchodíky najmä na troch uliciach v centre Starého mesta: na Laurinskej, Sedlárskej a Michalskej.

- V minulosti sa ulice strácali v množstve vývesných štítov, ktoré mali za úlohu upútať pozornosť zákazníka. Rožok, hlava prasaťa či nožnice zaviedli aj negramotného vidieckeho návštevníka k pekárovi, mäsiarovi, krajčírovi.

Čerene nad hladinou Dunaja sú už minulosťou…

Kamenný znak cechu rybárov a lodníkov.

predávajú na Rybnom námestí; či ich tu náhodou nepredávajú ľuďom, ktorí prišli do mesta zvonku, alebo či ryby neskupujú od týchto ľudí a potom ich nepredávajú ako svoj tovar. Pretože cudzinci, ktorí do mesta doviezli ryby, ich mohli predávať len za dodatočne určených podmienok – zvyčajne to bola forma určitého poplatku. Každý člen cechu musel postupne nadobudnúť meštianske práva a poslúchať všetky nariadenia mestskej rady vo veci rybolovu. Jeho povinnosťou bolo vyhýbať sa akýmkoľvek sporom, teda musel byť pri predaji úslužný a slušný, pričom jeho tovar neustále kontrolovali cechmajster a na to určení rybári. Zle-nedobre bolo, keď objavili, že drží živé ryby do zálohy, čiže dbali, aby sa k spotrebiteľovi dostal čo najčerstvejší tovar. A u mäsa, rýb bola táto požiadavka zvlášť dôležitá.

Hoci v 18. storočí žilo v Bratislave len sedem majstrov rybárov a primeraný počet tovarišov, nenudili sa. Okrem kaprov, sumcov, šťúk bola častým návštevníkom dunajských vôd jeseterovitá čiernomorská ryba – vyza. Dvakrát do roka, na jar a na jeseň, tiahla proti prúdu a vzrušovala všetkých rybárov na Dunaji. Lovili ju nielen pre chutné mäso, ale aj pre neobyčajne kvalitný kaviár. Jej veľké telo, niekedy až 400–500 kilogramov ťažké, bolo ľahkým terčom pre skúsených rybárov.

V súčasnosti sme radi, ak v Dunaji ulovíme aspoň nejakú rybku, a hromžíme, že je to tak. No pokiaľ nebudú vodné toky čisté, nemôžeme čakať ani radostný pocit z rybačky.

## AKÉ BOLI BRATISLAVSKÉ OBCHODY

Píše sa rok 1935. Adeptka predavačského umenia si musí privstať. Len včera dostala výučný list s nástupným dekrétom do obchodného domu TETA a dnes, trochu nervózna, rezko vykračuje po Feribskej ceste do mesta. Veru, ťažko sa jej bude denno-denne dochádzať peši do práce zo vzdialenej Feriby. Najmä v zime, keď budú hlboké záveje a rozľahlé priestory bratislavských predmestí sa stanú obeťou studeného severáka. Kálmarov dvor, Klingerova kolónia, Hubertove domy, Jakubovo

# NÁŠ ZÁKAZNÍK, NÁŠ PÁN

námestie s množstvom zeleninových stánkov vystrieda vydláždená Kempelenova ulica, ktorá si podáva ruku s Grösslingovou. Únavu z takmer hodinovej pešej túry vymenil pocit úľavy: je 7.40 a o päť minút bude stáť v bielom plášti a s úsmevom na perách za svojím pultom v oddelení lahôdok.

Je presne osem. Dvere do obchodného domu TETA sa otvárajú. Z Grösslingovej a Dunajskej ulice vchádzajú prví zákazníci. Takmer päťdesiat predavačiek, päť dozorcov, okolo dvadsať skladníkov, ale aj pekári a cukrári, ktorí v podzemí pripravujú dobroty, sa dalo do práce.

Láka najmä oddelenie lahôdok z Grösslingovej ulice. Je plné rôznych vôní. Hneď oproti vstupu je pult so zmrzlinou, malinovkami a sódou. Po jeho ľavej strane ponúkajú kakao, mlieko, zákusky a chlebíčky — niet divu, že sa tu prechádza toľko mamičiek s deťmi, najmä keď sa ďalší pult prehýba pod ovocím všetkých druhov. Pravá strana je vyhradená labužníkom a predovšetkým majiteľom trochu „hrubších" peňaženiek. Je tu všetko, čo vonia diaľkami: káva, čaj, kakao, koreniny, olivový olej, ryža, olejové sardinky. Naproti predávajú údenáče a teplé párky, trochu viac dovnútra stojí pult s údenými i tavenými syrmi, našimi, ale aj francúzskymi.

Predavačky sa šikovne zvŕtajú, k ich povinnostiam patrí byť stále v pohybe. Vedúci nesmie zbadať nezáujem o zákazníka, pretože pán Beck a jeho spoločníci, ktorí do tohto obchodného domu investujú, by sa veľmi rýchlo rozlúčili s takým zamestnancom. A keď sa prihodí nejaká nepríjemnosť (veľkou chybou je napríklad ponúkať prasknutý varený párok), pomôže úsmev. Zákazník nezbadal. „Ďalší, prosím!"

Avšak nie každý zákazník vstupoval do TETY s úmyslom sa najesť. Niektorí, tí najchudobnejší, sa sem prišli predovšetkým zohriať a iba očami sa popásť na dobrotách. Iní, ktorí nemali koruniek nazvyš, prichádzali do obchodnému domu vybrať si to najpotrebnejšie do domácnosti či na seba. Motali sa medzi štyrmi dlhými pultmi v hlavnom pozdĺžnom priestore a hľadali najlacnejší tovar.

Takto, alebo podobne, vyzerali aj ďalšie bratislavské obchodné domy: ASO (neskôr Kamzík) či Brouk a Babka (dnes OD Dunaj). Pred vianočnými sviatkami sa pred vchodmi do nich zaskveli reklamné pulty

■ *Trhy, na ktoré nosili svoj tovar Záhoráci, boli v Bratislave azda jediným miestom, kde boli nútené hovoriť po slovensky aj vyššie vrstvy obyvateľstva.*

■ *Najstarší obchodný dom v Bratislave bol Ander a syn (ASO) z roku 1922. Obchodný dom TETA otvorili roku 1929 a Brouk a Babka roku 1936.*

Mlynček značky Sfinx patril medzi nepostrádateľných pomocníkov bratislavských domácností. V tých, v ktorých si ho uchovali do našich čias, ho už len „vystavujú" v kuchyni na vrchu linky, kde pripomína, že aj tvary toho najobyčajnejšieho predmetu môžu byť zdrojom krásy.

Keby si bol roku 1928 vstúpil do obchodu so železom a kuchynským riadom na Trhovom námestí, ktorý patril firme Neurath, bol by sa ti naskytol tento pohľad.

TVOJA BRATISLAVA

Spoznávaš predajňu obuvi na Hurbanovom námestí? Starí Prešporáci jej dodnes hovoria „veľký Baťa".

s južným ovocím, hrozienkami, búrskymi orieškami, orechmi. Predavačky vo filcových čižmičkách a teplých kabátoch, na ktorých mali navlečené biele plášte, ponúkali tovar, čo mal urobiť radosť pri vianočnom stole.

V Bratislave boli v tridsiatych rokoch aj ďalšie obchodné domy či veľkoobchody a mnohé z nich starí Bratislavčania dodnes spomínajú v dobrom. Dnešné obchody, ktoré sa nachádzajú v ich priestoroch, pritom nazývajú po starom.

Dlhé roky bol najvyšším bratislavským domom manderlák na dnešnom Námestí SNP. Postavil ho veľkovýrobca mäsa a údenín Rudolf Manderla. Výklady mäsiarstva v jeho prízemí si pamätajú živé reklamy, keď majiteľ využíval dobrý apetít chudobnejších bratislavských obča-

Predaj výrobkov dvorných klobúčnikov propagovala takáto reklama obchodnej firmy Waldmann.

Posledný zákazník opustil predajňu obchodného domu TETA a predavačky v oddelení potravín si vydýchli: to bol zasa deň! No keď sa zjavil kolega s fotoaparátom, striasli únavu a usilovali sa, aby pamiatka na júnový deň roku 1936 bola čo najveselšia.

nov. Posadil ich do výkladu, aby tam pomaly jedli párky a robili chute okoloidúcim. Pri výklade stálo množstvo ľudí, ktorým sa pri tomto pohľade zbiehali slinky. Nie jeden sa rozhodol minúť poslednú korunku na teplý chrumkavý párok. Ale dobrý bol aj „poliš", napodobenina klobásy, plná cesnaku a rôznych príchutí.

Ďalší známy obchodník bol Pallehner, ktorý si už roku 1790 otvoril veľký obchod so železiarskym tovarom a kuchynskými potrebami. Zachoval sa po naše časy, len námestie zmenilo názov na Hurbanovo námestie.

Dom Obuvi (tiež na Hurbanovom námestí) patril pôvodne Baťovi, ktorý mal v Bratislave aj niekoľko menších obchodíkov, ktorým sa hovorilo „malý Baťa". Jeden slúži aj v súčasnosti na Obchodnej ulici.

Bežne počujem vetu „Poďme k Pavúkovi". Tento obchod s textilným tovarom na Obchodnej ulici svojou pôvodnou podobou pripomína atmosféru nie tak dávnej bratislavskej minulosti.

Najviac som sa v detstve potešil, keď ma mama zobrala k Meinlovi alebo Leviusovi. Zatiaľ čo obchodné domy vo mne vzbudzovali obdiv pre nezvyčajný ruch a pestrosť rôznorodého tovaru, malé obchodíky som mal rád pre ich pokojnejšiu atmosféru, ako aj pre zvláštne vône. Július Meinl založil svoju firmu roku 1862 a v Bratislave mal niekoľko pobočiek, menších obchodov plných kávy, kakaa, čaju, cukríkov, korenia a ďalších fajnových vecí, ktoré boli ukryté v zásuvkách s tajuplnými názvami. Stroj na praženie kávy sa takmer celý deň nezastavil. Dodnes cítim vôňu, ktorá z neho vychádzala.

A Levius? Tri schodíky nahor, a ocitol som sa v kráľovstve človeka, ktorý rozumel včelám. Med, veľké mäkké perníky poliate cukrovou polevou a sviečky. Zvláštne okrúhle sklené poháre sa zapĺňali medom rôznych odtieňov a kľučku na dverách si tu podávalo veľké množstvo ľudí. Zdalo sa mi, že život v tomto obchode sa podobá životu včiel v úli.

Zeleninári nemali svoje obchody, predávali jedine na trhoch alebo v starej tržnici na dnešnom Námestí SNP. Tu sa kupovalo aj mäso, ryby, huby. Súčasťou tržnice bolo aj oddelenie predaja ľadu – pravidelné kusy mi rozsekali podľa želania a ja som s mäsom a ľadom rýchlo utekal domov, aby mama uložila tovar spolu s ľadom do ľadničky.

Voľakedy bolo fľaškové pivo skôr výnimkou ako pravidlom. Možno aj preto si mohli bratislavské pivovary dovoliť zdobiť fľaše reliéfnymi firemnými nápismi.

Návrh na reklamný plagát prvého Orientálneho trhu v Bratislave roku 1921 urobil známy slovenský výtvarník MARTIN BENKA.

■ *Bratislava má dlhú tradíciu veľtrhov. Začal ich Orientálny trh roku 1921, ktorý o dva roky vystriedal Dunajský veľtrh (zanikol až tesne pred II. svetovou vojnou). Na túto tradíciu nadviazala roku 1969 Incheba, ktorej nové pavilóny sa budujú v Petržalke, v blízkosti Mosta SNP.*

# TVOJA BRATISLAVA

Mlieko sa nepredávalo v igelitových vrecúškach ako dnes, ale mliekári ho pollitrovými či litrovými odmerkami naberali z veľkej kanvy a prelievali do kanvičiek, ktoré zvierali najčastejšie detské ruky.

Deti chodili aj po sódu do cukrární, kde prázdne sifónové fľaše s kohútikom vymieňali za plné. Rôzne veľké a rôznofarebné fľaše boli súčasťou nedeľného obeda, podobne ako džbán s pivom, ktorý som otcovi nosil každú nedeľu z najbližšieho hostinca.

## JEDEN DEŇ V PRIORI

O chvíľu bude osem. Pred hlavným vchodom do obchodného domu Prior netrpezlivo postávajú prví zákazníci. Čakajú, až zaznie zvonkohra, ktorá oznámi začiatok predaja. Každodenný kolotoč, na konci ktorého je takmer 40 000 zákazníkov, sa začína. Je viac ako pravdepodobné, že k návštevníkom Prioru patríš aj ty, či už v Bratislave bývaš, alebo si v nej hosťom. Pri nákupe strávíš v ňom hodinu, možno dve, zamestnanci tu však trávia celé dni, mesiace, ba sú i takí, čo sa mu upísali na celý život.

Možno vieš, že bratislavský Prior je najväčší na Slovensku — predajná plocha meria takmer 11 000 m² a zamestnaných je tu okolo 1300 ľudí, prevažne žien. Určite však nevieš, čo všetko musia zamestnanci Prioru denne vykonať, aby uspokojili kupujúcich.

Je 5,00. Ulice mesta sa ešte len prebúdzajú zo spánku, ale na bránu prijímacej rampy v Priori klopú pracovníci pekární, mliekární a mäsopriemyslu, aby z áut zložili debničky s 1300 kg chleba a pečiva, 1000 kg mäsa a údenín či 1500 litrami mlieka. Táto prvá zásielka uspokojí nakupujúcich obyvateľov z centra mesta ráno a dopoludnia. Ďalšia príde o šestnástej hodine.

Je 5,00 a v mnohých domácnostiach zamestnancov Prioru drnčia budíky. Prečo tak skoro? Prevažná väčšina predavačiek býva mimo Bratislavy, a tak treba stihnúť ten správny autobus, ktorý ich napríklad zo Záhoria dopraví na autobusovú stanicu Mlynské nivy. Pretože o 6,30 musia byť na svojom pracovisku. Tak to určuje pracovný poriadok nielen predavačkám, ale aj pracovníkom skladu.

Prvý pohľad patrí čistote — treba odstrániť prebytočné papiere a obaly, v spolupráci so skladníkmi doplniť tovar. Pred ôsmou hodinou prichádzajú vedúci oddelení skontrolovať, či je všetko (a všetci) na mieste, či môže prísť prvý zákazník.

Okrem predavačiek sú celý deň „na nohách" aj pracovníci skladu. Veď denne musia prevziať päť vagónov potravín (čo je 50 ton), raz za týždeň im cez ruky prejdú dodávky z veľkoobchodných skladov (napríklad domáce potreby, športové potreby, obuv, hračky), raz za štvrť roka zasa priamo z výroby dostanú zásielky priemyselného tovaru, ako televízory alebo chladničky. Okrem toho kontrolujú cenu a kvalitu tovaru, vybavujú reklamácie. Zásobovacie autá bez prestania prúdia medzi skladmi v Rači, Šenkviciach a prístave, zapájajú sa do výmenných akcií Priorov z rozličných miest, spolupracujú aj pri vývoze tovaru do zahraničia.

Je 11,30. Nastupuje druhá smena. Tie predavačky, ktoré o pätnástej hodine vymenia za pultmi svoje unavené kolegyne. Dovtedy zabezpečia zásobovanie svojho oddelenia, skontrolujú tovar a uložia ho.

Takto alebo podobne to prebieha vo všetkých štyridsiatich oddeleniach dvoch budov bratislavského Prioru. Sú však aj také oddelenia, kde sa nepredáva — mamka si tu môže dať ušiť záclonu z práve kúpenej

■ *Obchodný dom Prior začal činnosť 20. 11. 1968 (prvá budova). Druhú časť odovzdali do užívania 18. 9. 1978.*

■ *Pri hlavnom vchode do Prioru môžeš vidieť hodiny so zvonkohrou. Jej melódie s názvami Jar, Leto a Vianočná pieseň zložil slovenský hudobný skladateľ Ján Szelepcsényi. Môžeš ich počuť vždy o ôsmej, dvanástej a devätnástej hodine.*

Náš najväčší obchodný dom Prior je zvonka obklopený stánkami so všakovakým tovarom, najmä však s rôznymi pochúťkami.

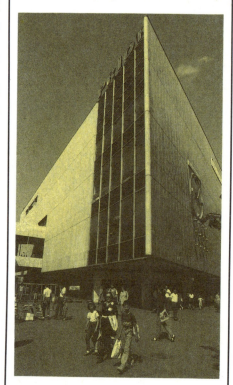

látky, otec si môže dať urobiť fotografie a ich potomok si zatiaľ môže v bufete pochutnať na zákusku.

Je 19,00. Hlas z reproduktora oznamuje, že predajná doba sa končí. Vchody sa zatvárajú. V Priori zostávajú len predavačky a ich vedúci. O pätnásť či tridsať minút aj oni opustia pracovisko. Služba na každom poschodí skontroluje, či sa na nič nezabudlo. Nastupujú upratovačky.

Je 20,00. Prevádzkoví pracovníci sa rozchádzajú do svojich domovov.

Určite si už niekedy pozoroval mravenisko. Pokiaľ si doňho neštuchal paličkou a neznervóznil jeho obyvateľov, mohol si vidieť, že ruch, ktorý v ňom panuje, nie je chaotický. Akoby tam vládol pevný režim, poriadok. Keď som sa zaujímal o jeden pracovný deň v našom najväčšom obchodnom dome Prior, nevdojak mi napadol obraz veľkého mraveniska. Množstvo ľudí — úradníci, predavačky, skladníci, údržbári — sa stará o chod celého obrovského mechanizmu. Pravda, v niektorých oblastiach im pomáha výpočtová technika, počítače, priemyselná televízia, podstatnú časť práce však musia vykonať sami. Vlastným umom a vlastnými rukami. Ročný obrat rovný takmer jednej miliarde je výsledkom ich úsilia, ale iste aj lásky k jednému z najstarších povolaní.

Niet azda ani jedného návštevníka Bratislavy, ktorý nenavštívil najväčší bratislavský obchodný dom Prior.

TVOJA BRATISLAVA 187)

# Z ateliéru do galérie
(výtvarné umenie)

ŠESŤ GOBELÍNOV,
DO KTORÝCH ANGLICKÍ TKÁČI VTESNALI PRÍBEH
O HERE A LEANDROVI,
TREBA VIDIEŤ SPOLOČNE, LEN TAK MOŽNO NAPLNO
OCENIŤ ICH UMENIE.
KÝM SI ICH PREZRIEŠ V MIRBACHOVOM PALÁCI,
OBOZNÁM SA ASPOŇ S JEDNÝM – MÁ NÁZOV
STRETNUTIE HERO S LEANDROM.

12)

IVAN LACIKA

## PRÍBEH O HERE A LEANDROVI

Leandros pochádzal z maloázijského Abýda. Azda bol rybárom alebo prievozníkom medzi jeho rodiskom a protiľahlým Séstom, kde počas slávnosti na počesť bohyne lásky Afrodity spoznal krásnu Hero. Láska „na prvý pohľad" sa stala pre Leandra zmyslom života. Každý večer, hoci unavený po celodennej práci, sa vnáral do vĺn morskej úžiny a plával smerom, ktorý mu určovalo svetlo Herinho lampáša. Nedbal na varovanie sestry Hermiony pred zradnými morskými prúdmi. Celý deň žil pre chvíľu, keď bude svoju milú môcť objať.

V osudný večer fúkal búrlivý vietor. Vlny bláznivo poskakovali, akoby sa chceli dotknúť čiernej oblohy. Leandros sa do nich vrhol a úporne s nimi zápasil. Pohľady na svetlo Herinho lampáša ho uspokojovali – utvrdzovali ho, že pláva správnym smerom. Zrazu svetlý bod zmizol. Zmocnil sa ho nepokoj. Prílivové vlny ho čoraz silnejšie bili do chrbta. Tej najmohutnejšej sa už nevedel ubrániť.

Nadránom zúfalá Hero našla na brehu mŕtveho Leandra. Márne preklínala vietor, ktorý zahasil oheň v jej lampáši a odniesol do diaľok varujúce volanie. Jej skok z vysokého brala sa už niesol v očakávaní posmrtného stretnutia s Leandrom. Obaja milenci napokon našli v tragickom konci naplnenie svojho sna – byť navždy spolu.

Čo má táto povesť, odohrávajúca sa v staroveku na pôde dnešného Turecka, spoločné s Bratislavou? Stačí zájsť do Mirbachovho paláca a nájdeš vysvetlenie. Osobne sa zoznámiš s hrdinami príbehu prostredníctvom šiestich gobelínov vyšívaných farebnými niťami. Kto ich vytvoril a ako sa do Bratislavy dostali?

Pri zrode gobelínov stál Francis Cleyn, maliar, kresliar a rytec. Pochádzal z Nemecka a bol synom zlatníka Hansa Kleina z Rostocku. Píše sa rok 1628 a Cleyn stojí pred neľahkou úlohou – má navrhnúť kartóny pre gobelíny, ktoré budú zdobiť steny paláca Jeho Veličenstva anglického kráľa Karola I. Riaditeľ kráľovskej tkáčskej dielne v Mortlake pri Londýne sir Francis Crane mu dôverne oznámil, že hoci v nedávnej minulosti, za života Karolovho otca kráľa Jakuba I., boli uprednostňované predlohy veľkého Rubensa a Raffaela, tentokrát dostal prednosť on.

Cleyn sa hrbí nad básňami Ovidia. Pri svite sviečok sa mu postupne vynárajú postavy, ktoré neskôr pokryjú plátno gobelínov. Zatiaľ nevidí detaily, tuší však, že táto práca je pre neho ako šitá, že práve táto téma ho preslávi.

Podľa Cleynových kartónov boli zhotovené štyri kompletné série príbehu Hero a Leandros. Prvá, s anglickým kráľovským znakom (päť kusov), sa nachádza vo Švédsku. Ďalšie dve – druhá séria, z ktorej sa zachoval len jeden kus, a tretia séria v počte päť kusov – sa nachádzajú v Anglicku. No a štvrtá séria (šesť kusov) je tá naša, bratislavská.

Osudy a cesty bratislavských gobelínov čiastočne vysvetľuje Ladislav Šášky v knihe *Hero a Leandros*. Píše: „...Kráľ, zmietajúc sa vo finančnej tiesni (Karol I., pozn. autora), nemohol už v tridsiatych rokoch 17. storočia zaplatiť Francisovi Cranovi za gobelíny vyhotovené pre kráľovský dvor. Pri smrti Crana, ktorý sa dal roku 1636 operovať v Paríži na kamene, dlhoval mu za 284 flámskych lakťov jednej série Hero a Leandros 1704 libier; pri rozpredaji Cranovej pozostalosti získal túto sériu francúzsky kardinál Mazarin. Po kráľovej smrti revolučná republikánska vláda na čele s Cromwellom rozpredala bohaté umelecké zbierky kráľovského dvora. Komisia, ktorá roku 1654 likvidovala kráľovskú zbierku gobelínov, predala londýnskemu kupcovi Rolfovi Graftenovi inú sériu Hero a Leandros za 180 libier;

### PRE ZVEDAVCOV

■ *Príbeh o Leandrovi a Here poznáme z diela gréckeho básnika Músaia (žil v 4. alebo 5. storočí n. l.), ktorý ho prevzal pravdepodobne od Kallimacha, básnika žijúceho v rokoch 300 až 240 pred n. l. a pôsobiaceho v egyptskej Alexandrii.*

■ *Publius Ovidius Naso, ktorý tiež venoval pozornosť tejto dvojici, žil v rokoch 43 pred n. l. až 18. n. l. Patril k najoslavovanejším básnikom starovekého Ríma. Jeho diela dodnes vychádzajú v mnohých vydaniach po celom svete.*

■ *Gobelín je ručne tkaný alebo vyšívaný nástenný koberec, nazvaný podľa francúzskej rodiny Gobelinovcov, ktorá rozširovala túto techniku v 16. storočí. Slovo gobelín sa v súčasnosti často nahrádza výrazom tapiséria, ktorý má rovnaký význam.*

■ *Výtvarná zbierka v Galérii hlavného mesta SR Bratislavy obsahuje vyše 27 000 diel.*

Z ATELIÉRU DO GALÉRIE

keďže séria mala šesť kusov a podľa ceny išlo o gobelíny bez kovových nití, možno sa domnievať, že touto sériou boli dnešné bratislavské gobelíny. Nemáme bezpečné správy o ich ďalších osudoch; možno je pravdivá domnienka, podľa ktorej sériu kúpil kardinál Batthyányi od nemeckého obchodníka s umeleckými dielami Jabbacha a umiestnil ju vo svojom novopostavenom paláci v Bratislave."

Koncom roka 1903 Bratislavu vzrušila správa o objave šiestich gobelínov neobyčajnej umeleckej hodnoty. Našli sa v Primaciálnom paláci, ktorý práve mestská rada zakúpila na reprezentačné účely, v otvore pod papierovými tapetami. Ich umelecká a finančná hodnota bola taká veľká, že mohla pokryť kúpu samotného paláca.

Z Primaciálneho paláca boli neskôr gobelíny prenesené do Mirbachovho paláca, sídla Galérie hlavného mesta SR Bratislavy. Ale zatiaľ neodhalené osudy bratislavských gobelínov medzi rokmi 1654 až 1903 zamestnávajú historikov umenia dodnes.

Vyše dvesto rokov stojí Mirbachov palác v spoločnosti starých domov a chrámov. Rokoková, oku lahodiaca budova je dôstojným stánkom mestskej galérie.

## PALÁC GRÓFA MIRBACHA

Začudoval by sa veru bohatý majiteľ pivovaru Michal Spech, keby vstúpil do dnešného Mirbachovho paláca na Františkánskom námestí, ktorý dal postaviť v rokoch 1768–70. To, že nebol dlho jeho majiteľom (vzápätí ho predal grófovi Imrichovi Csákymu), dokazuje, že mal iné problémy, než vyzdobovať interiéry paláca umeleckými predmetmi. A začudoval by sa i posledný jeho majiteľ gróf Emil Mirbach, ktorý ho na sklonku II. svetovej vojny v testamente odkázal mestu.

Hudbu, tanec, štrngot príborov a pohárov, šuchot šiat bratislavskej šľachty vystriedalo ticho. Len v nedeľu doobeda narušia pokojnú atmosféru paláca koncerty vážnej hudby. Avšak vnímať obrazy a sochy stredoeurópskeho umenia 17.–19. storočia za zvukov Mozartových či Beethovenových kvartet je príjemné. Zrak a sluch si posielajú pozdravy v podobe tvarov, farieb a tónov...

Dnes kde-kto niečo zbiera. Možno aj ty patríš k zberateľom známok či starých mincí, police v tvojej izbe zdobia „angličáky". Avšak zberateľstvo minulých storočí bolo výsadou bohatých. Výtvarné umenie nevynímajúc. Chudobnejšie vrstvy obyvateľstva sa museli uspokojiť s pohľadmi na sochy či fontány, ktoré boli ozdobou verejných priestranstiev, zážitok z umeleckého majstrovstva im ponúkali aj obrazy a sochy v kostoloch.

Nebude ďaleko od pravdy, že praotcom bratislavských zberateľov umeleckých diel je miestodržiteľ Uhorska Albert Těšínsky, ktorý so svojou manželkou Máriou Kristínou pätnásť rokov býval na Bratislavskom hrade. Láska tohto manželského páru k výtvarnému umeniu prerástla vo vášeň, veď napríklad roku 1776 vlastnili okrem iného okolo 30 000 grafických listov prevažne talianskych majstrov. Škoda, že táto zbierka je dnes vo Viedni, kde si ju možno prezrieť v galérii Albertina.

Bratislava však mala aj iných podporovateľov výtvarného umenia. Pozoruhodné obrazy vlastnil kardinál Batthyányi v Primaciálnom paláci, prekrásne sochy, obrazy a úžitkové predmety barokového obdobia mali Pálffyovci vo svojom sídle pod hradom, nezaostávali ani šľachtické rodiny Törökovcov či Nyáriovcov. Pri čítaní kníh o Bratislave sa dozvieš, že bohatí mešťania Keményovci, Jesenákovci, Ederovci, Scherzovci, Šimkovci a ďalší boli nielen vášnivými zberateľmi, ale svoje mesto si natoľko vážili, že postupne mu odkazovali svoje zbierky.

Mnohé z výtvarných diel spomínaných rodín sa dnes nachádzajú v bratislavských galériách či múzeách, iné sa stali obeťou vojnového ničenia, ďalšie sa síce zachránili tým, že boli odvezené, ale dnes zdobia steny zahraničných galérií. Sme vďační mnohým známym i neznámym milovníkom výtvarného umenia, ktorí po vojne pomáhali zachraňovať umelecké hodnoty a zaslúžili sa o dobudovanie zbierok mestskej galérie, ktorá roku 1975 zaujala svoje miesto vo vynovenom Mirbachovom paláci.

Možno vieš, možno nie, že na nádvorí Mirbachovho paláca sa môžeš učiť maľovať. Naučíš sa rozoznávať farebné odtiene, vôňa „olejoviek" ťa ešte dlho bude štekliť v nose. A keď tu zbadáš vysokého, dobromyseľne vyzerajúceho pána s krátko pristrihnutými fúzami, nečuduj sa. To sa len gróf Emil Mirbach prišiel pozrieť do svojho bývalého paláca, aby sa potešil jeho novou podobou. Že si vymýšľam, že ten pán už dávno nežije? Veď áno...

Pôvabná soška *Viedenskej chyžnej* pochádza od VIKTORA OSKARA TILGNERA, ktorý ostal prítomný v našom meste vo svojich fontánach.

Mirbachov palác vlastní časť pozostalosti ALOISA RIGELEHO, majstra, ktorého budú mať Bratislavčania „na očiach" dovtedy, kým bude stáť čo len jediný dom alebo cintorínsky náhrobok vyzdobený jeho sochami.

## Z ATELIÉRU DO GALÉRIE

191)

■ Najväčšou našou galériou je Slovenská národná galéria v Bratislave. Vznikla roku 1948 a roku 1955 boli jej umelecké diela umiestnené v budove bývalých Vodných kasární. V rokoch 1977 a 1991 boli verejnosti odovzdané nové priestory v prístavbe a v Dessewffyovskom paláci.

Vnútro Mirbachovho paláca formovali celé generácie milovníkov a znalcov výtvarného umenia, o čom svedčí aj tento kabinet s kolekciou francúzskej rokokovej maľby.

■ Vysoká škola výtvarných umení bola založená roku 1949 a spočiatku sa na nej mohlo študovať maliarstvo, sochárstvo, grafika a reštaurovanie umeleckých pamiatok. Neskôr k týmto odborom pribudli ilustrácia, úžitková grafika, dizajn, sklo, textil a kreslený film.

■ Prvá škola umeleckého smeru na Slovensku bola Škola umeleckých remesiel v Bratislave so zameraním na úžitkové umenie, založená roku 1928. Po II. svetovej vojne na ňu nadviazala Stredná umeleckopriemyselná škola.

■ Prvou bratislavskou inštitúciou zaoberajúcou sa zbieraním umeleckých predmetov bolo Mestské múzeum.

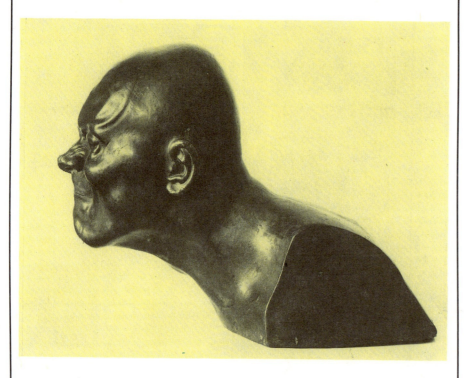

Portréty F. X. Messerschmidta pochádzajú z rokov 1770–1783. Prevažná väčšina z nich bola vytvorená v Bratislave, avšak len niektoré sa nachádzajú v bratislavských zbierkach. Väčšinu z nich vlastní Rakúske barokové múzeum vo Viedni.

FRANTIŠEK XAVER MESSERSCHMIDT hľadal chute a vône tohto sveta a prchavé vnemy zvečňoval v charakterových hlavách. Táto sa nazýva *Silná vôňa*.

## SOCHÁRI A MALIARI STAREJ BRATISLAVY

Nedeľné ráno. Jarné zubaté slniečko nesmelo vysiela lúče do okien domov starého mesta. Napoly stiahnutá roleta a záclony tlmia slnečný svit a vytvárajú na stene fantastické obrazce. Jedným okom pozorujem túto hru svetla a tieňov, druhé – to, ktoré je v zornom uhle mojich rodičov – nechávam zatvorené. Zbadali by, že nespím, a pokazili by moju obľúbenú hru. Veď je nedeľa a mne sa tak nechce z postele.

„Vstávaj, spachtoš!"

Rýchlo zatváram oko a tvárim sa, že spím. Neskoro. Otec v takýchto prípadoch nepozná žarty. Je náruživý turista, a keď si zaumieni vyšliapnuť do prírody, naša rodina nemá šancu.

Vyskakujem z postele, ale nikde nevidím „starých známych" – batoh, chlebník, kotlík.

„Aha," myslím si, „nový trik." Sviatočné oblečenie, ktoré mám na fotelí pripravené, ma však vyvádza z miery. Spamätám sa, až keď pristúpime k bráne Starej radnice. Vstupujeme dovnútra, medzi línie, farby, tvary, ktoré otec pomenúva.

Sme na výstave kresieb, grafík, malieb a sôch starých bratislavských majstrov v Mestskom múzeu. Najbližšie sú mi tvary sôch; porovnávam ich s tými, ktoré takmer denne vídam na námestiach.

Na Primaciálnom námestí pofukuje chladný vietor, ale ja mám rozpálené čelo a uši sfarbené dočervena. Držiac otca pevne za ruku, rozmýšľam nad tým, čo som práve videl. Otázky striedajú odpovede, tie sú však nad moje sily.

Uplynul týždeň. Na hrebeni Malých Karpát sa medzi otcom a synom rozvinul dialóg. Jeho výsledkom bola hra: „prednášky" o živote a tvorbe umelcov, ktorí v minulosti pôsobili v Bratislave. Rokmi táto hra, ktorú sme nazvali „Dobrý deň, majster…!", bola čoraz vášnivejšia, hoci ubúdalo spoločných vychádzok do prírody.

Otec už dávno nežije, ale hra, ktorou ma vyzval na súboj, mi zostala v pamäti. Občas museli tasiť kord aj moje deti, keď som ich pozval na prechádzku po starej Bratislave a na návštevu k starým majstrom.

Významný európsky sochár JURAJ RAFAEL DONNER dokonale ovládal anatómiu ľudského tela, čo dokazuje soška *Venuše Kallipygos*.

Z ATELIÉRU DO GALÉRIE 193)

- Prvým známym pohľadom na Bratislavu je drevorez v kalendári Almanachu viedenského vydavateľa Reysachera z roku 1554.

- K novodobým maliarom starej Bratislavy patril aj Janko Alexy (1894–1970). Pastelovými kresbami zachytil zanikajúcu romantiku uličiek Starého mesta.

- Na ilustrácie Mikuláša Galandu k Dobšinského rozprávkam okrem Ľudovíta Fullu nadviazali aj ďalší slovenskí umelci: Martin Benka, Štefan Cpin, Róbert Dúbravec, Vincent Hložník, Ľubomír Kellenberger, Karol Ondreička, Jaroslav Vodrážka, Albín Brunovský, Viera Bombová, Miroslav Cipár, Dušan Kállay, Ondrej Zimka a iní.

- Na rohu Panskej ulice pri Moste SNP stojí Dom Bienále ilustrácií Bratislava zvaný Bibiana. Bol vytvorený pre teba, pre tvoje túžby a schopnosti v oblasti výtvarného umenia.

*Fischkalter v Bratislave* je názov obrazu, ktorý zvečnil miesto na nábreží, kde sa predávali ryby. Jeho autor EDUARD MAJSCH zanechal po sebe dielo, o ktorom sa hovorí, že je akousi kronikou doby, v ktorej žil.

Dobrý deň, majster Donner! Vaše súsošie sv. Martina, ktoré ste roku 1734 vytvorili pre bratislavský dóm, je prekrásne. Dokonale ste ovládali anatómiu ľudského tela, čo ste dokázali aj v malých soškách, zobrazujúcich postavy z gréckej mytológie. Dovoľte, aby som vás predstavil: vaše celé meno je Juraj Rafael Donner a žili ste v rokoch 1693 až 1741. Pochádzate z rakúskeho mestečka Esslingenu a váš otec bol tesár. Pôvodne ste mali byť zlatník a rytec, avšak okrem dobrých učiteľov vás ovplyvnili umelecké zbierky viedenskej šľachty, a stali ste sa sochárom. Desať rokov ste, zásluhou pozvania grófa I. Eszterházyho, strávili v Bratislave. Bolo to desať najtvorivejších rokov vášho života, na konci ktorých ostalo dielo, ktoré nám robí radosť dodnes.

Dobrý deň, majster Messerschmidt! Vaše portréty vás preslávili, ale urobili z vás aj blázna. Žili ste v rokoch 1736 až 1783 a vaším rodiskom je bavorský Wiesensteig. Boli ste neobyčajne nadaný a stali ste sa veľkým sochárom. Dávali sa vám portrétovať významné osobnosti, medzi nimi aj cisárovná Mária Terézia a jej manžel František Lotrinský. A predsa ste zostali sám a museli ste hľadať ochranu u svojho brata v Bratislave. Živorili ste a hľadali. Nachádzali ste chute a vône tohto sveta, ktoré ste vložili do 69 tvárí neznámych mužov. Ich výrazy však nenašli pochopenie u vašich súčasníkov a aj my sa na ne pozeráme s rozpakmi. „Smiešnosť" vašich portrétov pripomína výrazy tvárí cirkusových klaunov. Vo vašom srdci zostal až do smrti smútok.

TVOJA BRATISLAVA

Dobrý deň, majster Tilgner! Vám patrí vďaka za vrúcny vzťah k mestu, v ktorom ste sa roku 1844 narodili. Vaše práce, práce Viktora Oskara Tilgnera, profesora viedenskej akadémie, boli vo vtedajšej strednej Európe pojmom. Sochy z vašich rúk dodnes zapĺňajú verejné priestranstvá Starého mesta: môžeme sa kochať Ganymedovou fontánou na Hviezdoslavovom námestí, pomníkom J. N. Hummela v záhrade Grassalkovichovho paláca, či pomníkom Ferenca Liszta v parčíku pri dóme. Aj keď vás pracovné povinnosti prinútili opustiť Bratislavu, nezanevreli ste na ňu a posmrtne, roku 1896, ste jej odkázali svoje diela.

Dobrý deň, majster Alois Rigele! Na vás sa ešte niektorí starí Bratislavčania pamätajú. Veď nielenže ste sa v našom meste roku 1879 narodili, ale prežili ste v ňom takmer celý život. Iste ste netušili, že po štipendijnom pobyte v Ríme a po vytvorení vynikajúcich plastík – náhrobku kardinála Petra Pázmányho a sochy kráľovnej Alžbety – bude nasledovať taký prozaický život. Prežili ste ho v drevenom ateliéri na dnešnej Štefánikovej ulici v spoločnosti ilúzií a čakali ste na svoju príležitosť. Keď neprichádzala, museli ste si zarábať tvrdou kamenárskou prácou. Kameňu a mramoru ste vedeli vdýchnuť život – hovoria o tom mnohé z krásnych náhrobkov na bratislavských cintorínoch. Avšak vašimi dielami sú pokryté aj fasády viacerých bratislavských domov. Postavy robotníkov, roľníkov, historických osobností, ale aj šantiacich detí vás pasujú za sochára všedných dní.

Dobrý deň, majster Eduard Majsch! Vaše maliarske dielo je akousi kronikou doby, v ktorej ste žili (1841–1904). Hoci ste sa narodili v Bratislave, až do svojej štyridsiatky ste pôsobili vo Viedni. S veľkým odhodlaním ste sa púšťali do spodobovania osobností bratislavského verejného života, akou bol napríklad očný lekár K. Kanka, ale vďačným objektom pre vaše plátna a štetce boli aj chudobní, medzi ktorých patril i slepý Jožko. Hoci vašim prácam, podľa názoru odborníkov, „chýbal dar malebného pôvabu", tváre, ktoré sa na nás pozerajú z vašich obrazov, vypovedajú o takmer storočnom živote Bratislavy.

Dobrý deň, majster Ľudovít Pitthordt! Posledné roky života ste prežili v dnes už neexistujúcom dome na Rybnom námestí. Tu vás navštívil maliar Janko Alexy a opísal toto stretnutie v knihe *Osudy slovenských výtvarníkov:* „Zaklopeme na dverách jeho tichučkého bytu. Patina pesimizmu zahaľuje predizbu, dvere sa otvoria len po dlhom čakaní. Akým spôsobom sa dostali do jeho bytu neznámi hostia? – je podistým jeho prvá myšlienka. Jeho biele vlasy zatrasú sa splašene, jeho výrazná tvár prezrádza, že sme ho nenazdajky prekvapili. Ale šípi, že sme prišli k nemu so záujmom o jeho umenie." Narodili ste sa roku 1860 v Pezinku a tak veľmi ste chceli byť umelcom! Ale matka rozhodla inak, stali ste sa učiteľom. Vaše umelecké nadanie preveril až čas a Bratislava, kde ste sa popri svojom povolaní mohli venovať maliarstvu. Od roku 1886 až do svojej smrti roku 1946 ste v tomto meste „umenie brali vážne ako samu smrť", ono bolo jedinou vašou láskou. Zostali po vás pohľady na Bratislavu a jej okolie, portréty vinohradníckych a remeselníckych majstrov.

Dobrý deň, Géjza Bosáczky, Ján Fadrusz, Karol Frech, Adolf Messmer, Július Schubert a ďalší! Dobrý deň vám všetkým, ktorí ste nám prostredníctvom svojho umenia zanechali dôkaz o tepe života nášho mesta.

Aj ĽUDOVÍT PITTHORDT zobrazoval Bratislavu, ale v jeho námetoch mali pevné miesto i vinohradnícki a remeselnícki majstri, deti.

Obraz *Milostný lístok* bratislavského rodáka FRANTIŠKA KOZIČA vznikol okolo roku 1890. Umelec, ktorého otec Eduard bol prvým fotografom slovenského pôvodu a mal na Hviezdoslavovom námestí fotografický ateliér, sa neskôr natrvalo usadil v Mníchove, kde na sklonku života tvoril obrazy s rozprávkovými námetmi.

Z ATELIÉRU DO GALÉRIE | 195 )

TVOJA BRATISLAVA

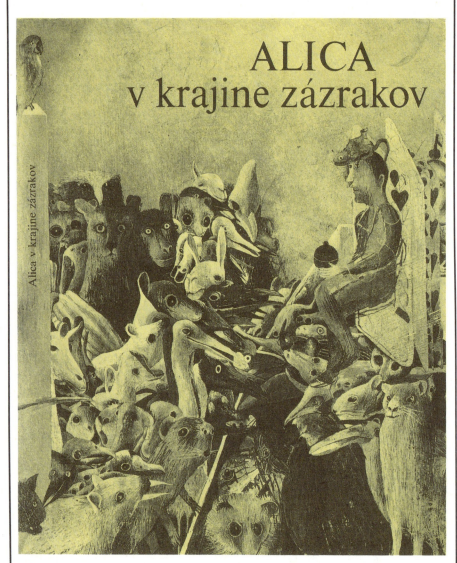

## TVOJE BIENÁLE

Spisovateľ Rudo Moric v úvode knihy Pavla Dobšinského *Slovenské rozprávky* napísal: „...Slovenské rozprávky v jeho prerozprávaní sú najčítanejším dielom u nás doma, ale sú známe aj za hranicami našej vlasti. Najpopulárnejšie sú v spojení s ilustráciami národného umelca Ľudovíta Fullu. Pred Fullom však rozprávky, pôvodne nazývané prostonárodnými slovenskými povesťami, ilustroval Fullov umelecký druh Mikuláš Galanda. Vtedy, v rokoch 1919 až 1922, vychádzali Prostonárodné slovenské povesti v skromných zošitoch, pretože na lepšie vydanie nebolo. Ale aj v takej podobe znamenajú svetlý edičný čin, ktorý v našom národe zanechal hlbokú brázdu."

V týchto niekoľkých vetách je vystihnutá problematika zrodu knižného vydania slovenskej ľudovej rozprávky a jej súčasti — ilustrácie. Keď pred vyše sto rokmi vznikali Dobšinského rozprávky (prvýkrát vyšli v zošitovom vydaní v rokoch 1880—83), azda ani autor netušil, že sa stanú prameňom poznania a žriedlom, z ktorého budú čerpať ďalšie generácie. Azda v každej slovenskej rodine sa nájde niektoré z ich vydaní.

A nie jedno dieťa v dvanástich krajinách sveta prežíva dobrodružstvá spoločne s hrdinami našich rozprávok. Pretože v toľkých krajinách vyšli Dobšinského rozprávky.

■ *Usporiadateľmi a organizátormi Bienále ilustrácií Bratislava sú Slovenská národná galéria a Česko-slovenská komisia pre spoluprácu s UNESCO. Medzinárodná porota BIB udeľuje hlavnú cenu Grand Prix, päť Zlatých jabĺk, desať Zlatých plakiet, štyri čestné uznania. Grand Prix doteraz získali:* YASUO SEGAWA *(Japonsko, roku 1967)*, EVA BEDNÁŘOVÁ *(ČSSR, 1969)*, ANDRZEJ STRUMILLO *(Poľsko, 1971)*, LIESELOTTE SCHWARZOVÁ *(NSR, 1973)*, NIKOLAJ POPOV *(ZSSR, 1975)*, ULF LÖFGREN *(Švédsko, 1977)*, KLAUS ENSIKAT *(NDR, 1979)*, ROALD ALS *(Dánsko, 1981)*, DUŠAN KÁLLAY *(ČSSR, 1983)*, FRÉDÉRIC CLÉMENT *(Francúzsko, 1985)*, HANNU TAINA *(Fínsko, 1987)*, MARIAN MURAWSKI *(Poľsko, 1989)*, STASYS EIDRIGEVIČIUS *(Poľsko, 1991)*.

Roku 1983 si Bratislavčan DUŠAN KÁLLAY ilustráciami ku knihe *Alica v ríši zázrakov* vyslúžil hlavnú cenu BIB-u — Grand Prix.

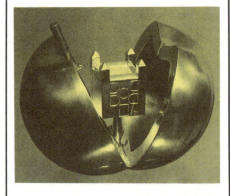

Každý nepárny rok sa v Bratislave koná súťaž Bienále ilustrácií, v ktorej výtvarníci z desiatok krajín súperia aj o päť takýchto Zlatých jabĺk.

Z ATELIÉRU DO GALÉRIE 197)

Medzi rozprávkársku a ilustrátorskú tradíciu je možné dať rovnítko. Rozprávka pôsobí inšpiratívne; kresliar, grafik či maliar od svojho detstva skrýva v mysli farby a tvary rozprávkových bytostí. Potom stačí ponuka vydavateľstva, a kniha je na svete.

Iste poznáš veľa pekne ilustrovaných rozprávkových alebo dobrodružných kníh. Autori obrázkov, ktorých meno sa obvykle dozvieš na začiatku knihy (pri značke ©), majú od roku 1967 možnosť zúčastňovať sa na súťažnej prehliadke svetového významu nazvanej Bienále ilustrácií Bratislava.

Každý nepárny rok v septembri bratislavské ulice omladnú. Priestranstvá pred divadlom, Priorom, Grassalkovichovým palácom, ale najmä Domom kultúry na Námestí SNP, kde sa výstava koná, sú vyzdobené pútačmi, ktoré oznamujú, že prebieha bienále čiže slávnosť konaná každé dva roky.

Bola to záslužná myšlienka, ktorá predurčila naše mesto pre takúto akciu. Dala mu krídla a bratislavské deti, teda aj teba, obohacuje o krásne zážitky. Vystavovanými kresbami ku knihám z celého sveta, kreslenými filmami a ďalšími výstavnými a zábavnými podujatiami ťa chce nielen potešiť, ale aj prebudiť v tebe lásku k umeniu.

Slovenská národná galéria na Rázusovom nábreží okrem diel našich umelcov vlastní aj skvosty európskeho umenia. Patria medzi ne napríklad plátna Talianov Caravaggiu a B. Veroneseho alebo drevorezy a medirytiny Nemca A. Dürera.

TVOJA BRATISLAVA — 199)

# Od Landerera po Televízne centrum
## (tlač, rozhlas, televízia)

IVAN LACIKA

13)

V JEDNOM ZO ŠTYROCH ŠTÚDIÍ
TELEVÍZNEHO CENTRA
SA ROKU 1985 NAKRÚCALA AJ HRANÁ ROZPRÁVKA
VYNÁLEZY HODINÁRA AURELA.

## BRATISLAVSKÉ NOVINY

Vlastným očiam nemôžem uveriť – v rukách držím prvé číslo Pressburger Zeitung čiže Bratislavských novín, ktoré vychádzali neprestajne od roku 1764 do roku 1929, teda celých 165 rokov! Ohmatávam neveľké (22 × 17,5 cm) trojlistové a päťstranové vydanie prvého čísla zo dňa 14. júla. Z titulnej strany na mňa pozerá gotické nemecké písmo, švabach, a oboznamuje ma s udalosťami, ktoré sa stali 12., 15. a 23. júna v Madride, Neapole a Londýne. Ide o akési politické správy, stručne opisujúce udalosti, ktoré vtedy hýbali Európou. V podobnom duchu sú zostavené aj ďalšie dve strany. Na poslednej sa okrem správ zo života Bratislavy našlo miesto aj pre oznamy.

Stredný list je jednostranový. Prináša príhovor prvého vedúceho redaktora Karola Gottfrieda Windischa, v súkromnom živote obchodníka s vínom, ktorý sa neskôr stal bratislavským richtárom. Zvedavosť mi nedala a pokúsil som sa rozlúštiť text, ktorý bol azda napísaný v už neexistujúcom dome na rohu Rybárskej brány a Hviezdoslavovho námestia (dnes tu stojí Kernov dom, v ktorom je detská cukráreň), kde býval a mal redakciu tlačiar, vydavateľ, a teda aj majiteľ Pressburger Zeitung Ján Michal Landerer.

### OZNÁMENIE

*Ján Michal Landerer, privilegovaný kníhtlačiar v Pressburgu, sa v novinách s názvom Pressburger Zeitung rozhodol vydávať týždenne správy o najnovších a najzaujímavejších udalostiach v Európe, ale i v samom Uhorsku. Bude sa však usilovať zverejňovať aj zaujímavosti z iných novín: zvesti, verejné dražby, možnosti kúpy a predaja, ako i oznamy o úmrtiach. Prvé číslo neslúži len ako vzor, ale aj vysvetľuje. Napokon, pán vydavateľ iste bude najlepšie vedieť, ako možno zabezpečiť najzaujímavejšie správy, ako urobiť noviny čo najužitočnejšie a najpríjemnejšie. Získal niekoľko šikovných dopisovateľov, ktorí pomôžu dosiahnuť jeho úmysly a spolu s ním urobia noviny slávne. Bude tiež veľmi vďačný, keď mu priaznivci a priatelia v cudzine budú pomáhať. No predovšetkým mu bude lichotiť, keď mu budú spoluobčania prinášať správy, čo jemu a jeho práci veľmi pomôže.*

*Čo sa týka tlače, formátu a celej vonkajšej podoby, budú rovnaké ako v prvom čísle. Noviny budú vychádzať týždenne dvakrát po pol hárku, keby však bolo treba, bude možné jeden až dva hárky pridať. Mimobratislavskí záujemcovia sa môžu obrátiť na kráľovskú hlavnú poštu, prípadne na ostatné poštové úrady a môžu si noviny pol roka dopredu predplatiť. Cena predplatného je 8 florénov. Aj tunajší záujemcovia si môžu noviny predplatiť pol roka vopred za 6 florénov alebo si ich môžu pravidelne v stredu a sobotu poobede za 4 grajciare kupovať u vydavateľa.*

Možno sa spýtaš, prečo rozprávam o novinách, ktoré vychádzali v nemeckom jazyku? Z viacerých dôvodov. Nemci dali svetu Gutenberga, vynálezcu kníhtlače, ktorý od polovice 15. storočia zostavoval odlievané kovové písmená do riadkov a strán, natieral ich tlačiarenskou čerňou a dreveným lisom pretláčal na papier. Ďalší dôvod už poznáš: Pressburg roku 1764 bol mestom, v ktorom sa hovorilo najmä nemecky. Hoci Ján Michal Landerer si na svoj nemecký pôvod (jeho rodina pochádzala z Bavorska) natoľko nepotrpel. Bol veľkým

Pressburger Zeitung, Erstes Stück, Sonnabend den 14. Julii 1764. Bratislavské noviny, prvý kus. Sobota, 14. júla 1764. Tak znie preklad titulnej strany prvého čísla novín, ktoré od roku 1764 nepretržite do roku 1929 nahrádzali kroniku mesta.

## PRE ZVEDAVCOV

■ Prvá známejšia bratislavská tlačiareň bola v Primaciálnom paláci v rokoch 1610–62. Ako jediná v celom Uhorsku slúžila katolíckej cirkvi a protireformácii.

■ Od roku 1668 do 1673 pracovala v meste tlačiareň Gottfrieda Gründera, ktorý tlačil pre miestnu evanjelickú školu a cirkev, ale aj pre iné uhorské mestá.

■ Ďalšími známymi tlačiarmi a vydavateľmi boli Ján Pavol Royer (tlačil týždenník Nova Posoniensia), ktorého tlačiareň založenú roku 1715 kúpil roku 1750 Landerer; František A. Patzka, ktorý umiestnil tlačiareň na Ventúrsku 9; Anton Löwe, ktorý pracoval od roku 1783.

„Slabikar slovenský, ku kterému jsú včil znovu pridané některé modlitby a naučení víry kresťanské. Vytištený v Prešporku, u Jana Michala Landerera, léta Páně 1762." Dôkaz, že vydavateľ LANDERER urobil nemálo pre rozširovanie slovenského tlačeného slova.

priateľom Slovákov. Hovorí o tom aj Ladislav Šášky v *Učebných textoch pre vlastivedných sprievodcov po Bratislave:* „Landerer mal úzke spojenie so slovenskými profesormi a študentmi v Generálnom seminári na hrade a údajne na jeho podnet vyšli v jeho kníhtlačiarni prvé Bernolákove jazykovedné práce." A okrem nich roku 1783 aj prvý slovenský román *René mládenca príhodi a skúsenosti* od J. I. Bajzu.

Pressburger Zeitung boli najdlhšie vychádzajúce, nie však prvé, ani jediné bratislavské noviny. Prví tlačiari kočovali a jeden z nich, Ján Valo, vytlačil roku 1594 v Bratislave najstaršie letákové noviny na Slovensku s názvom Zwo Wahrhaftige Newezeitung (Dve pravdivé noviny). Okrem prvých pravidelných novín v Uhorsku, Belovho

TVOJA BRATISLAVA

týždenníka Nova Posoniensia, vychádzali v Bratislave aj prvé noviny v slovenskom jazyku s názvom Nowiny o rolním a polním hospodářství, ktoré roku 1783 začal vydávať František Augustín Patzka. Tieto, ale aj ďalšie (napríklad Prešporské noviny či Štúrove Slovenské národné noviny) však nemali dlhé trvanie.

A tak sú Pressburger Zeitung jediným novinovým svedkom života starej Bratislavy a jej obyvateľov v neprerušenom slede 165 rokov.

## U KAMARÁTA

„Haló, redakcia časopisu Kamarát? Prosím si šéfredaktorku. Rád by som navštívil vašu redakciu za účelom reportáže pre pripravovanú knihu Tvoja Bratislava. Môžem? Ďakujem a dovidenia!"

O niekoľko dní som už sedel v kancelárii šéfredaktorky Anky a dozvedel sa čo-to z kuchyne nášho populárneho časopisu pre chlapcov a dievčatá tvojho veku. Dohodli sme sa, že si od pondelka do piatka každý deň nájdem čas, pobudnem v redakcii a na základe vlastných postrehov ti priblížim prácu kolektívu, ktorého výsledky určite poznáš.

Pondelok ráno. Klopem na dvere a som svedkom zrodu čísla 10, ktoré o štyri týždne dostaneš do rúk. V kancelárii šéfredaktorky to vrie. Nad kopou rukopisov, fotografií, kresieb, ilustrácií sa skláňa šéfka Anka, jej zástupkyňa Domica, grafickí upravovatelia Paľo a Ivan a redaktorka Maja, ktorá dbá o správnu slovenčinu. Ešte posledná kontrola, či všetko sedí tak, ako to do makety (presne rozkreslenej a rozpočítanej podoby časopisu) vložili dvaja upravovatelia, a tajomníčka redakcie Sabka sadá k písaciemu stroju. Spisuje obsah čísla, titulky článkov, texty ku fotografiám. Pretože dnes číslo 10 opúšťa redakciu a cestuje do Východoslovenských tlačiarní v Košiciach.

Utorok. Cez pootvorené dvere počujem, ako sa šéfka radí s Domicou, či kompletné číslo 12, ktoré jej práve priniesla, je v poriadku, či súhlasia dĺžky textov, počty fotografií...

Streda. Paľo s Ivanom narábajú ceruzami, gumami a špeciálnymi typografickými pravítkami a prenášajú texty a obrázky na papiere, z ktorých poskladajú číslo 11. Niektoré miestnosti sú prázdne. Tí, ktorí sú v nich doma, práve v služobnom aute merajú cestu za čitateľmi. Stretajú sa s nimi na besedách, organizujú s nimi športové podujatia, vyhľadávajú stálych dopisovateľov.

Vo štvrtok je v redakcii azda najväčší pokoj. Takmer všetci sú niekde mimo. Irenka, ktorá má na starosti kultúru, hľadá zmysel pôvabu

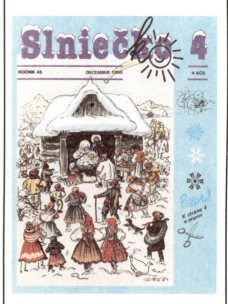

Veľa zaujímavého a zábavného prináša školákom každé číslo časopisu SLNIEČKO.

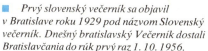

- Prvý slovenský večerník sa objavil v Bratislave roku 1929 pod názvom Slovenský večerník. Dnešný bratislavský Večerník dostali Bratislavčania do rúk prvý raz 1. 10. 1956.

- Prvým slovenským časopisom pre mládež bola Zornička, vydávaná v Novom Sade (Juhoslávia) roku 1864. Spolu vyšlo 5 čísel. V súčasnosti vychádza časopis s rovnakým názvom dvojtýždenne v Bratislave a je určený deťom prvých dvoch ročníkov základných škôl.

Kamarát si nájde cestu do každej školy a domácnosti, do rúk každého chlapca či dievčaťa, ktorí túžia poznať trochu viac, než sa dozvedia zo školských učebníc.

ilustrácie pre deti; Andrej, ktorého doménou je šport a reportáže zo zahraničia, zapisuje mená víťazov a dosiahnuté časy na atletických alebo iných pretekoch; Vladovia hľadajú podklady pre reportáže z vedy a techniky a prenikajú do tajov prírody; Ľudmila vstupuje do manéže, aby čitateľom priblížila život v cirkuse; šéfka Anka a jej zástupkyňa Domica zväčša vychádzajú s fotoreportérmi Bohušom či Renátou do „terénu" za tým najsprávnejším záberom. Nuž a Aňa, ktorá má na starosti styk s dopisovateľmi a rubriku Poradňa Kamaráta, využíva chvíľu pokoja a hľadá slová pre listy dôvery.

Zato v piatok je u Kamaráta ako v úli. Ľudia a rukopisy lietajú od ôsmej do deviatej hodiny. Potom nastáva hodina pravdy. Hlavná týždenná porada ukáže, kto ako zodpovedne pristupoval k svojej práci, ktoré materiály z čísla 6, ktoré v ten týždeň v pondelok prišlo do predaja, sú najkvalitnejšie.

Všimol si si, že zatiaľ čo ty si prečítaš jedno číslo Kamaráta, redaktori pracujú súčasne na viacerých číslach? Takto nejako to vyzerá v redakcii časopisu Kamarát každý týždeň. To preto, aby sa k tebe a tvojim kamarátom dostal čo najzaujímavejší textový a obrazový materiál.

Pravda, za ten týždeň som sa dozvedel čo-to aj z redakčnej „kuchyne". Niektoré moje poznatky sú možno známe aj tebe. Napríklad, že redakcia je spoluorganizátorom Ceny Kamaráta v klasickom lyžovaní. Účastníkmi tohto podujatia boli pred niekoľkými rokmi aj dnešné olympioničky – Havrančíková, Klimková, Svobodová. Inou zaujímavosťou je, že časť časopisu doslova tvoria čitatelia, ktorí v úlohe dopisovateľov pomáhajú riešiť problémy jednotlivých okresov. Dopisovatelia, ktorých je päťdesiat, sa každý rok v júni vždy na inom mieste Slovenska stretávajú s redaktormi Kamaráta, podnikajú s nimi výlety, čítajú im svoje práce.

Určite si zbadal, že v časopise už niekoľko rokov prebieha miniškola poézie a prózy, ktorú vedie poetka Danka. Z literárnych prác uverejnených v Kamarátovi bola vytvorená kniha Ahoj, svet! (vyšla roku 1986 v Mladých letách), kresby a maľby z Kamaráta sa rozbehli po

„Haló, tu redakcia časopisu Kamarát."

TVOJA BRATISLAVA

■ Budova rozhlasu na Jakubovom námestí, postavená vyslovene pre rozhlasové účely, bola prvou budovou tohto typu v republike. Do prevádzky bola daná 21. 1. 1930.

■ Aj rozhlasová stanica Bratislava (podobne ako Praha) mala takmer od začiatku vysielania svoju zvučku. Boli ňou úvodné tóny piesne Hej, Slováci.

Moderná ofsetová tlačiareň a scener (zariadenie na výrobu dokonalých obrázkov) v Polygrafických závodoch v Krasňanoch pomáhajú na svet rozličným knihám a časopisom.

svete — posádka Tatry ich rozdávala deťom v krajinách, ktoré navštívila.

Každý deň príde do redakcie asi 200 listov. Možno aj ty si Kamarátovi napísal. Vylúštil si krížovku, odpovedal na rôzne súťaže, posťažoval sa na problém, s ktorým si nevieš rady. Kamarát tvoje listy prijal, odpovedal ti, poradil...

Pred niekoľkými rokmi vypísal Kamarát počas letných prázdnin hru: každý, kto zaslal do redakcie štvorlístok, mohol vysloviť želanie. Štvorlístkov prišli stovky, želanie striedalo želanie. A čo so štvorlístkami? Vyžiadal si ich jeden výtvarník a zakomponoval ich do veľkého obrazu. Ak je štvorlístok symbolom šťastia, tak tento obraz je symbolom úsilia Kamaráta. Veď mať dobrého kamaráta je šťastie.

## TLAČOVÉ CENTRUM

Bratislavčania neradi spomínajú na ničivé bombardovanie rafinérie minerálnych olejov Apollo dňa 16. júna 1944. Dielo skazy bolo vidieť až v Skalici — veľká červená žiara a husté kúdoly dymu nad mestom oznamovali tragédiu továrne, v ktorej zhoreli desiatky ľudí.

Dlho po skončení vojny ľudia obchádzali zbúranisko Apolky medzi Martanovičovou ulicou a Káblovkou, zarastené burinou. Akoby sa nikomu nechcelo rozoberať obhorené železobetónové konštrukcie. Táto časť Bratislavy, oddávna považovaná za továrenskú a prístavnú, patrila k najškaredším. Ešte aj vzduch tu bol presiaknutý pachmi z lodných motorov, káblov a rýb z neďalekej mraziarne.

Onedlho to už nebude platiť. Miesto, na ktorom sa nachádzala Apolka, bude zónou pokoja. Budú si tu podávať ruky Tlačové centrum s divadlom, Dunaj s pešou zónou. Tam, kde lomozili ťažké továrenské strojové zariadenia, už počuť novinové rotačky, kde žeriavy vykladali tovar z lodí celej Európy, budú sa schádzať ľudia v očakávaní pekného divadelného zážitku.

V zborníku *Technické pamiatky Bratislavy* som sa dočítal, že po svetovej vojne pôsobilo v meste 27 tlačiarní. Technickým vybavením a kvalitou práce sa do povedomia našich občanov zapísalo najmä týchto

Poznáš tieto časopisy? Určite, veď spolu s mnohými ďalšími sa z bratislavských vydavateľstiev a tlačiarní rozbiehajú do celého Slovenska, aby potešili čo najviac detí.

šesť: Andrej, Atlas, Concordia, Ľudotypia, Slovenská grafia a Štátna kníhtlačiareň.

Súčasnej dobe už nevyhovujúca technika kníhtlače i požiadavky, aby tlačiareň a redakcie boli pokope, rozhodli, že v rokoch 1969—70 sa prikročilo k výstavbe Tlačového centra. Našli v ňom miesto redakcie mnohých novín a časopisov, ktoré sú tlačené ofsetovou technikou.

V tichom a bezprašnom prostredí jednej z budov Tlačového centra, ktorá má názov Výrobný závod, sa pohybujú ľudia v bielych plášťoch. Ani sa ti nezdá, že si v tlačiarni, skôr v akomsi projektovom ústave.

V susednej budove sídli Česko-slovenská tlačová kancelária. Je tu rádio, teletext, diaľnopis, ktoré zabezpečujú príjem informácií z celého sveta a obratom ich rozosielajú do všetkých bratislavských i mimobratislavských redakcií.

Nech sa však blížiš k Tlačovému centru z hociktorej strany, na prvý pohľad ťa zaujme 27-poschodová Výšková budova redakcií — svojimi 105 metrami je najvyššou budovou v Bratislave. Redaktori vďaka modernej technike prakticky ani nemusia vyjsť zo svojich miestností, ale noviny vyjdú, veď na ne čakajú nielen Bratislavčania, ale čitatelia z celého Slovenska.

Budova Tlačového centra je sídlom tlačiarne, Česko-slovenskej tlačovej kancelárie a redakcií mnohých novín a časopisov, ktoré sú tlačené ofsetovou technikou.

## HALÓ, TU BRATISLAVA!

Rádioprijímač stál na poličke pri okne. Bol trvalým miláčikom celej našej rodiny. No tak ako dnes televízor, neraz sa stal zdrojom sporov, keď sme sa nemohli dohodnúť, aký program sa bude počúvať: rozhlasová hra, hudba alebo športová reportáž. Otec, vyučený elektrikár, zostrojil preto „konkurenciu", najjednoduchší rozhlasový prijímač – detektor s ladeným obvodom a slúchadlami. Obyčajnú kryštálku. Takýto prijímač, ktorý možno ani tebe nie je neznámy z krúžku rádioamatérov, mal však jednu nevýhodu: dala sa na ňom chytiť len miestna stanica Bratislava. No keďže začiatkom 50. rokov rozhlas ešte nemal toľko programov ako dnes – na stredných vlnách si mohol počúvať programy národných okruhov Bratislava a Praha a na dlhej vlne spoločný český a slovenský program Československo – nebolo to ani tak málo.

História bratislavského rozhlasu však siaha omnoho ďalej, do roku 1926, keď sa prvýkrát ozvalo „Haló, tu Bratislava!"

Prvé pokusy s rozhlasovým vysielaním v našej republike sa robili roku 1923 a z pražskej rozhlasovej spoločnosti Radiojournal sa vtedy ozývali české a slovenské hlasy spoločne. Roku 1924 sa prvýkrát pokusne vysielalo z Brna, o rok neskôr z Košíc. To už nemohla zaostať ani Bratislava. Technici z pošty a rádioamatéri inštalovali vysielač a anténu do budovy Policajného riaditeľstva na Špitálskej ulici, ale to bolo iba dočasné riešenie.

Na dobrých vysielacích podmienkach bratislavského rozhlasu záležalo medzi inými aj riaditeľovi Slovenského národného divadla Oskarovi Nedbalovi a profesorovi Hudobnej akadémie Milošovi Ruppeldtovi, ktorí pripravovali hudobné relácie. Napokon sa našla vhodná miestnosť na Vajanského nábreží (dnešná Koncertná sieň Alexandra Moyzesa v budove Filozofickej fakulty UK). Pracovník rozhlasu Vladimír Draxler si na tieto chvíle spomína takto: „Začiatkom augusta noviny oznámili: ,3. august 1926 bude pre Slovensko opäť jedným z významných dní. Dnes večer o 18,30 hodine po prvý raz počujú rádioposlucháči – Haló, tu Bratislava! Je niekoľko tých šťastných, ktorí už boli účastní skúšok, najmä technického rázu. Dnes večer po prvý raz vysiela Bratislava program vopred ohlásený!' " A ďalej pokračuje: „V ten večer sa v rozhlasovom štúdiu na bratislavskom nábreží Dunaja zišli spevák Alojz Urban, violončelista Eduard Pollák a klavirista Zdenko Hoblík. K mikrofónu pristúpil Július Randýsek, úradník riaditeľstva pôšt v Bratislave a teraz už aj hlásateľ bratislavského rozhlasu. Technik dal pokyn rukou a v štúdiu i z rádioprijímačov poslucháčov sa ozvalo: ,Haló, tu Bratislava!' Potom hlásateľ ohlásil skladbu talianskeho hudobníka Tomasa Giordaniho Caro mio ben. Nasledovali skladby A. Dvořáka, P. I. Čajkovského, R. Schumanna, M. Schneidera-Trnavského a ďalších skladateľov v poradí, ktoré určil zostavovateľ prvého bratislavského rozhlasového programu profesor Ruppeldt. V ďalších týždňoch mohli poslucháči už pravidelne – vždy v utorok a v piatok – zachytiť bratislavské vysielanie. V októbri 1926 sa prešlo ku každodennému programu. Rozhlas, dôležitý činiteľ odrážajúci i spoluvytvárajúci dianie v politike, hospodárstve, umení a vzdelávaní, sa natrvalo začlenil do života Slovenska."

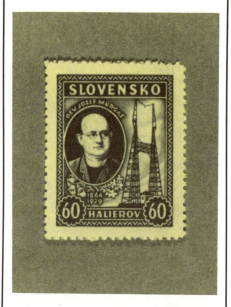

Keď JOZEF MURGAŠ (1864–1929) študoval v Bratislave teológiu, nik netušil, že sa z neho stane vynálezca, priekopník bezdrôtovej telegrafie. Aj vďaka nemu sa mohlo rozniesť do éteru prvé „Haló, tu Bratislava!".

## TETA VIERA

„Velikánsku knižku mám, pred sebou ju otváram. Rozprávočky v celom svete do písmeniek v nej sú skryté. Jednu z nich vám prečítam."

Ubehlo už takmer štyridsať rokov od okamihu, keď roku 1952 prvýkrát zazneli tieto slová v rozhlase na stanici Bratislava. Vždy v stredu alebo vo štvrtok večer deti netrpezlivo čakali, až im mama prisunie štokerlík k rádioprijímaču, naladí ho a ony budú počúvať láskavý hlas tety Viery, ktorý ich preniesol do tajomného sveta kráľov, princezien, víl, škriatkov. Nepoznali jej priezvisko, a predsa patrila k nim, k veľkej rodine detí od troch do pätnásť rokov.

Moje prvé osobné stretnutie s herečkou Vierou Bálintovou bolo poznačené nostalgiou, s akou sa zvykneme obzerať za krásnymi spomienkami. Trošku som sa bál, že teraz sa rozplynú, že ich stratím. Našťastie to nedovolil jej hlas. Stále ten istý — milý, ale keď treba, aj jemne karhavý. Hlas, za akým sa môže skrývať len človek prežiarený láskou k druhému.

Rozprávame a rôčky ubiehajú. Za nami sú chvíle, keď sa zamestnala v rozhlase ako pokladníčka, len aby mohla čo najčastejšie stáť pri mikrofóne. Ba aj chvíle, keď pôsobila v rozhlase ako režisérka či vedúca hereckého súboru. Spomienky na zaujímavé rozhlasové postavy sa striedajú so spomienkami na zaujímavých spolupracovníkov: hercov, herečky, literátov, režisérov.

Jej rozhlasové začiatky úzko súvisia s pionierskymi časmi bratislavského rozhlasu, s atmosférou prvých rozhlasových štúdií na Jakubovom námestí či na Zochovej ulici.

„Vtedy sa všetko vysielalo priamo do mikrofónu, naživo. Každá chybička, ktorú sme povedali, vyšla von k poslucháčom. Občas som musela aj hlásiť program. Ale práve hrali tanec krakoviak z operety Poľská krv a ja som zabudla, že hlásim, a tancovala som, tancovala... Potom som zadychčaná bežala k mikrofónu a lapala po dychu. Najradšej som však hrala. To bola moja srdcová záležitosť, štúdio bolo pre mňa azyl radosti. Hrávala som veľmi krásne úlohy. Pravdaže naživo. Poslucháč mohol zbadať aj tie najmenšie chybičky. Niektoré mu boli aj milé, lebo mu pomohli lepšie sa vžiť do deja."

Herečka VIERA BÁLINTOVÁ — pre deti jednoducho teta Viera — desať rokov každý večer otvárala velikánsku knihu, aby z nej vybrala rozprávku pre najmenších (ale i tých trochu väčších) poslucháčov.

V rozhlasovej hre Deti kapitána Granta vysielanej v päťdesiatych rokoch vystupovali (zľava) Pavol Mikulík, Eva Markovičová, Vlado Durdík a František Dibarbora.

TVOJA BRATISLAVA (208

Teta Viera opisuje parafínové pásky, na ktoré sa hry spočiatku zaznamenávali. Ihla, ktorá do nich vyrývala zvuk, veru nepridala prejavu na kráse. Neskôr sa objavili mäkké platne, na ktoré sa nahrávali rôzne zvuky a hromadné scény a potom sa miešali s hovoreným slovom.

„V rozhlase som začala účinkovať roku 1932, a to v Košiciach. V Bratislave som začínala roku 1938 v budove na Jakubovom námestí. Dve štúdiá, jedno väčšie, druhé menšie, boli určené na vysielanie hudobných programov. Ďalšie dve štúdiá slúžili pre hry. Najmilšia mi bola ‚trojka‘, odtiaľ sme vysielali hry naživo. Pamätám si, že som hrala dvojrolu, dve sestry. Martinu pri jednom mikrofóne a Silvu pri druhom. Behala som od jedného mikrofónu k druhému, stále som musela meniť hlas, prispôsobovať ho charakteru postáv. Bol to pre mňa akýsi skúšobný kameň. Keď bola roku 1944 budova na Jakubovom námestí ohrozená leteckými náletmi, prešli sme na Zochovu ulicu, do budovy bývalého gymnázia. Bolo tu päť štúdií. Trojka a štvorka pre hry, päťka pre rozhovory. No a do telocvične sa nasťahoval orchester. Tu sa nahrávali a naživo vysielali silvestrovské programy. Poslucháči si posadali na stoličky a robili prirodzenú zvukovú kulisu. Stávalo sa, že v redakcii na poschodí sa ešte dopisoval scenár a na prízemí v telocvični sme už hrali jeho začiatok."

Zasypávam ju rozmanitými otázkami. Ako sa napríklad vyrábali zvukové efekty?

„Vietor sme vyrábali pomocou veľkého bubna, na ktorom boli priklincované laty obtiahnuté látkou. Čím rýchlejšie sa bubnom krútilo, tým bol zvuk vetra vyšší. Ak sme potrebovali pleskot morských vĺn, pohybovali sme rukami vo vaničke s vodou. Trepotanie kohútích krídel sa dalo nahradiť otváraním a zatváraním dáždnika. Na vrzgot dverí sme používali starý drevený stojan na noty. Mali sme aj imitátora, istého uja Srnu z Pezinka. Bol veľmi šikovný, nádherne vedel napodobňovať zvieratá. Len jednu chybu robil. Vždy, keď zaerdžal či zakikiríkal, spýtal sa: ‚Dobré to bolo?' Zabudol, že vysielame naživo."

Dnes teta Viera meria kroky do novej budovy rozhlasu, ktorej Bratislavčania hovoria obrátená pyramída. Tu sa najčastejšie premieňa na Ruženu v rodinnom seriáli Čo nového, Bielikovci?

Murgaš si dal svoj vynález patentovať.

Rádiá, kryštálky, slúchadlá, ktoré si pamätajú začiatky vysielania bratislavského rozhlasu roku 1926.

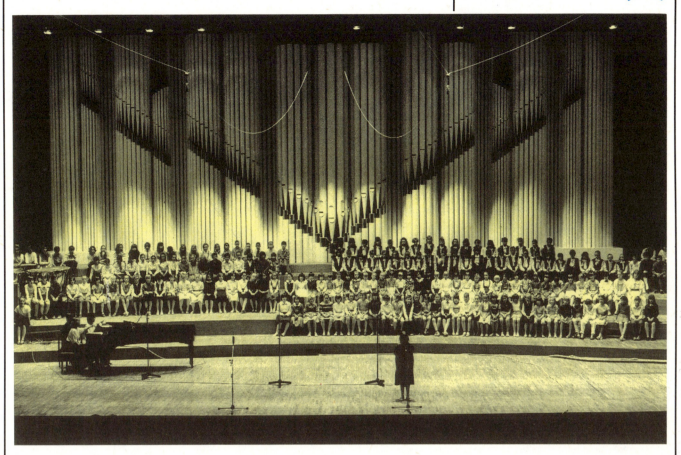

"Do novej budovy sme sa chystali veľmi dlho. A báli sme sa sťahovania. Čo to bude za chaos? Toľko ľudí, strojov, oddelení, knižníc. Ale napokon sme sa tak dobre pripravili, že všetko prebehlo hladko. Prvé chvíle boli poznačené novotou. Akosi sme si nemohli zvyknúť na veľké miestnosti. Potom sa začali z kobercov odlupovať drobné čiastočky, ktoré nám išli na priedušky, do očí, bolievala nás hlava. Ale už to máme za sebou. Občas sa smejeme, že sú tu také veľké priestory, že raz za rok by sa mal urobiť zoznamovací večierok, aby sme sa zase všetci stretli."

Okrem rozhlasu si teta Viera našla čas aj na televíziu. Bola jedným z prvých aktívnych účastníkov televízneho vysielania.

"Prvé detské vysielanie sa uskutočnilo 11. novembra 1956, len niekoľko dní po prvom vysielaní televízie vôbec. Uvádzala som detský program slovami: ,Deti, všimli ste si, že na niektorých domoch sú také akoby zavreté vešiaky? To je televízna anténa, ktorá prijíma program.' Deti tancovali, recitovali, aj rozprávočka bola. Prvé vysielania sa odohrávali na Kamzíku, v dnes už neexistujúcej budove prvého televízneho vysielača. Na prízemí bola hlásateľňa, maskérňa a technika, na poschodí štúdio, odkiaľ sa vysielal program. Keď som ho zahlásila, musela som sa rýchlo pritisnúť k stene, aby mohli pred kameru pristúpiť ďalší účinkujúci. Tak málo priestoru tam bolo."

Spomíname na roky, keď teta Viera spolu s ďalšími vychovávala detských interpretov pre Detskú dramatickú družinu, a opäť sa vraciame k rozhlasovým rozprávkam.

"Mala som aj fotografiu, ako sedím s veľkou knihou na kolenách, aby si deti vedeli predstaviť, z akej veľkej knihy čítam rozprávky. Desať rokov som to robila, až kým ma nevystriedala iná postava – Osmijanko. A koľko listov a kresieb som dostávala! Bol ich plný kufor. Mala

Nová budova Slovenského rozhlasu na Mýtnej ulici má pôsobivý nielen zovňajšok, ale aj vnútorné riešenie. Patrí doň i koncertná sieň a priľahlé nahrávacie štúdio.

■ *Celý areál Slovenského rozhlasu na Mýtnej ulici zaberá plochu 37 000 $m^2$.*

som aj čarovný ďalekohľad a ten som si vždy po rozprávke zamerala a ,zisťovala' som: ,Tamtá Darinka vyplazovala jazyk, a to sa nemá. Preto ju dám na čiernu tabuľu a ostatných na zlatú tabuľu.' "

Akoby to bolo včera. V ušiach mi znejú slová, ktorými sa teta Viera lúčila na konci rozhlasovej rozprávky: „Skončil sa už príbeh ten, skryl sa opäť do písmen. O týždeň si v tento čas otvoríme knižku zas."

Mixážny pult je súčasťou každého nahrávacieho štúdia v budove Slovenského rozhlasu.

## OBRÁTENÁ PYRAMÍDA

Keď sa roku 1968 začal stavať komplex Rozhlasového strediska na Mýtnej ulici, kde-kto krútil hlavou. Starí Bratislavčania aj preto, že im bolo ľúto budov v bezprostrednej blízkosti historického jadra, ktoré museli byť zbúrané, ale predovšetkým pre nedôveru v nevídanú novinku. Pyramída v Bratislave! A ešte k tomu obrátená!

Dnes už budova rozhlasu v blízkosti Námestia slobody patrí k všednosti našich dní. A predsa ešte môže prekvapiť, napríklad pri pohľade z hradu, keď vynikne jej krása a originalita tohto komplexu budov. V tomto prípade deviatich samostatných, ale súčasne vzájomne prepojených objektov. Pozývam ťa na ich prehliadku.

Ak z Mýtnej ulice vstúpiš do budovy zvanej Vstupná časť, prekvapí ťa, ale aj trochu zmätie rozľahlý priestor. Našťastie ti príde na pomoc prehľadná orientačná tabuľa, kde si ľahko nájdeš pracovisko, ktoré chceš navštíviť. Pokiaľ musíš čakať na niektorého rozhlasového pracovníka pri vrátnici, môžeš vojsť do snack-baru. Nielenže sa občerstvíš džúsom, ale je viac ako pravdepodobné, že tu stretneš známeho herca, hudobníka či speváka, ktorý sa počas pracovnej prestávky osviežuje kávičkou.

Obrátená pyramída sa úradne nazýva Prevádzková budova. Keď som sa prvý raz viezol v jednom zo štyroch osobných rýchlovýťahov v železobetónovom pylóne na jedenáste poschodie, môj sprievodca vysvetľoval: „Tvar obrátenej pyramídy nie je samoúčelný. Architekti takto chceli vyjadriť podstatu rozhlasového vysielania, čiže šírenie zvukových vĺn. Zároveň sa chceli vyhnúť nie práve najlepšiemu zvyku stavať v historickom jadre vežiaky."

Prevádzková budova je akýmsi mozgom v tvorbe programov. Tu redaktori vymýšľajú programy, z ktorých približne 51 percent tvorí hudba a 49 percent hovorené slovo. Okrem toho sa tu nachádzajú ďalšie pracoviská: študovne, kancelárie, knižnice. Aj fonotéka, v ktorej sú na magnetofónových páskach zaznamenané rozprávky, rozhlasové hry, hlasy populárnych spevákov, zvukové efekty... teda celá história rozhlasu.

Štúdiá, kde sa tvoria programy, sídlia v samostatných budovách, ktorými je obostavaná obrátená pyramída. V súčasnosti, keď sa najmä hudobno-slovesné umelecké relácie vysielajú stereofónne, aj najmenší šum z okolia pôsobí rušivo. Preto miestnosť každého štúdia je zvukovo izolovaná nielen od ulice, ale aj od samej budovy. Takéto riešenie zvukovej izolácie sa nazýva „dom v dome".

Prvé televízne vysielania sa robili naživo, často vo veľmi „bojových" podmienkach. Na zábere vidieť provizórnu „miestnosť" vytvorenú v prvých štúdiách v telocvični na Zochovej ulici, ktorú prezrádzajú obrovské okná v pozadí.

Nebudem ťa unavovať podrobnosťami o jednotlivých štúdiách; azda ti postačí ich náplň: Diskusné štúdio slúži komentátorom (i rozprávačom rozprávok), Činoherné štúdio zase výrobe zvukovo náročnejších rozhlasových hier. V Estrádnom štúdiu sa nahrávajú hudobno-zábavné relácie a rôzne súťaže. Tu má svoj domov aj orchester ľudových nástrojov. V koncertnom štúdiu sa nahráva vážna hudba, môže sa však premeniť i na koncertnú sálu, kam sa zmestí 521 poslucháčov. Obrovský organ v tejto sále patrí medzi päť najväčších v Česko-Sloven-

Prvé televízne štúdiá boli umiestnené v budove bývalej tržnice na Námestí SNP, v budove bývalého rozhlasu na Zochovej ulici a v dnes už neexistujúcej synagóge, ktorá bola súčasťou Rybného námestia. Programy sa vysielali prostredníctvom prenosových autobusov, aký stojí pred synagógou.

sku. Vo Veľkom hudobnom štúdiu sa denne stretávajú členovia Symfonického orchestra Slovenského rozhlasu a nacvičujú skladby, ktorými šíria dobré meno nášho interpretačného umenia aj za hranicami. Napokon je tu ešte štúdio, v ktorom má domov tanečný orchester.

## Z DRUHEJ STRANY TELEVÍZNEJ KAMERY

Televízne prijímače 4001, Athos či Mánes boli v tie večery, keď Československá televízia vysielala, obklopené skupinkami divákov. Nie každá rodina mala televízor, a tak sa chodilo so stoličkou k susedom. Televízor fascinoval malých i veľkých, umožňoval byť doslova pri tom, veď takmer každý program sa vysielal priamo, naživo. Atmosféra tak veľmi podobná tej, ktorá vládla v dobe nástupu filmu! Ľudia mali o jednu vášeň viac – drevenú skrinku plnú drôtikov, odporov a kondenzátorov, ktoré spolu s elektrónkami a veľkou obrazovkou vytvárali a dotvárali čaro večera. Málokto divák však tušil, kde a ako sa rodia televízne programy, koľko úsilia treba na to, aby bolo možné odvysielať rôzne hudobné festivaly či športové podujatia. Skúsení televízni pracovníci dnes s úsmevom spomínajú na časy, keď boli štúdiá v budove bývalej tržnice na Námestí SNP, v budove bývalého rozhlasu na Zochovej ulici či v už neexistujúcej synagóge, ktorá stála neďaleko dnešnej Bibiany na konci Panskej ulice.

Alfou a omegou každého vysielania z týchto (dočasných) štúdií bol prenosový autobus. Modro-biely s nápisom Československá televízia bol symbolom tvorby programov či priameho vysielania. Jeho posádka deviatich mužov zodpovedala za kvalitu odvysielaného obrazu a zvuku.

TVOJA BRATISLAVA | (212

Možno ťa bude zaujímať, čo všetko bolo treba vykonať, než sa začalo vysielať. Prenosový autobus sa k štúdiám pristavoval skoro ráno. Na určitú hodinu boli objednaní „káblisti", ktorí ťahali z autobusu kábel pre elektrickú sieť a káble k trom kamerám.

Iné dvierka ukrývali kamery. Každá mala vlastný priestor a zasúvala sa do neho koľajničkami. Kamery boli dosť ťažké a azda aj preto technici, ktorí ich obsluhovali, boli urastení. Kameru museli udržiavať vo vzornom poriadku, veď predovšetkým od ich práce závisel výsledok úsilia celého kolektívu prenosového autobusu. Zvláštnym rituálom bolo vkladanie snímacej elektrónky zvanej superorthykon do kamery. Ruky kamerového technika sa chveli od nervozity, veď hodnota „srdca kamery" presahovala jeho celoročný plat. Záležalo na tom, ako elektrónku držal. Mohol len vodorovne alebo citlivou vrstvou smerom navrch. Inak sa mohlo stať, že na citlivú vrstvu padla nečistota

Budova bývalej Tatrabanky, v ktorej ešte stále sídlia niektoré redakcie Slovenskej televízie, bola postavená v rokoch 1922—1925 podľa projektu architekta MICHALA MILANA HARMINCA.

a poznačila obraz — fľak z nej sa objavoval vo všetkých televízoroch.

Protipólom kamerových technikov boli technici obsluhujúci kamerové kontrolné jednotky. Sedeli v prítmí prenosového autobusu a vyšli z neho len občas, keď zatúžili pretiahnuť si telo na čerstvom vzduchu. Kameroví technici s nimi museli byť zadobre, veď oni im prostredníctvom slúchadiel oznamovali poruchy, doostrovali obraz, pridávali či uberali kontrast a jas, naprávali nepresnosti zavinené nepravidelným osvetlením scény.

Zvukoví technici mali na starosti magnetofóny, mikrofóny a mixážne pulty. Za ne si sadal pri vysielaní zvukový majster a miešal zvuky zo štúdia s hudbou.

Dušou kolektívu bol merací technik. Mohol svojimi prístrojmi zachrániť to, čo sa predtým pokazilo. Naňho sa spoliehalo celé mužstvo.

Vedúci prenosového autobusu zasa musel byť diplomatom. Citlivo organizoval a riadil, predostieral programovým pracovníkom požiadavky technikov a naopak.

Niekoľkodňové úsilie posádky prenosového autobusu spelo k jednému bodu: úspešne ukončiť nahrávanie programu, prípadne jeho priame vysielanie. Keď nadišla tá chvíľa, všetci boli naladení akosi slávnostnejšie.

Pravda, zväčša sa všetko dobre skončilo. Slová vďaky vystriedala o niekoľko minút prozaická práca — balenie kamier, mikrofónov, káblov, proste techniky. Osem mužov, technikov prenosového autobusu bratislavskej televízie, sa lúči s deviatym. Tým, ktorý súčasne vykonáva funkciu vodiča. Ešte v tú noc dopraví autobus do prenosového oddelenia v blízkosti letiska. Diváci programu vysielaného týmto prenosovým autobusom už sladko spia, keď si on a jeho kolegovia líhajú do postelí.

■ 28. 1. 1960 sa v Budapešti rozhodlo o založení medzinárodnej televíznej siete Intervízia. K jej zakladajúcim členom patrí aj Čs. televízia.

## DOMINANTA V MLYNSKEJ DOLINE

Keby si chcel prejsť pozdĺž celého Vydrického potoka, veru by si sa našliapal. Od prameňa po ústie meria 15 kilometrov. Voľakedy, keď bolo v našich končinách viac vody, slúžil okrem iného na poháňanie mlynských kolies. Dnes už človek ani uveriť nemôže, že len v samej Mlynskej doline klepotali štyri mlyny — niektoré boli zbúrané koncom tridsiatych rokov, iné museli ustúpiť stavbe mosta pri Lafranconi.

Mlynskú dolinu poznáš iste najmä preto, že je domovom rôznych našich i exotických zvierat — nachádza sa tu zoologická záhrada. Je tu však aj areál Prírodovedeckej fakulty UK, vysokoškolské internáty a — Televízne centrum.

Prečo bolo roku 1964 rozhodnuté postaviť v Mlynskej doline také veľké a nákladné televízne stredisko? Azda postačí, keď nadviažem na predchádzajúcu kapitolu a prezradím ti, že v tom čase sa televízne pracoviská v našom meste nachádzali na takmer 90 miestach! Takáto rozdrobenosť komplikovala televízii život a zvyšovala cenu jednotlivých vysielaní. Avšak drahá bola (a stále je) aj výstavba Televízneho centra, veď celková plocha zastavaná jeho objektmi je 65 000 m². Stavba, ktorá bola započatá roku 1966, sa chýli ku koncu.

Najpálčivejším problémom boli štúdiá. Budova rozhlasu na Zochovej ulici, bývalá tržnica a budova synagógy vyhovovali čoraz menej, a preto sa hneď v prvej etape výstavby pristúpilo k budovaniu troch štúdií. Prvé dve boli určené pre pravidelné relácie typu Televízny klub mladých, tretie sa používa na nahrávanie väčších inscenácií, hraných

Pracovníci Televízneho centra v Mlynskej doline majú k dispozícii najmodernejšiu techniku.

rozprávok, programov, ktoré si vyžadujú okolo 50 minút vysielacieho času a väčší počet účinkujúcich. K nim pribudlo o pár rokov i posledné, najväčšie štúdio s plochou 1000 m².

V ďalšej etape výstavby sa myslelo na užšiu a lepšiu spoluprácu medzi programovými pracovníkmi (redaktori, dramaturgovia, režiséri, kameramani, strihači), ktorí dostali jednu spoločnú strechu vo výškovej budove, z diaľky viditeľnej dominante celého Televízneho centra. Do Mlynskej doliny sa presťahovali aj ďalšie nemenej dôležité pracoviská: Filmová výroba, kde sa spracúvajú filmové materiály, a Zvuková výroba, kde sa spracúvajú či vyrábajú zvukové záznamy.

Azda si ani neuvedomuješ, koľko filmov, prírodopisných či iných seriálov zo zahraničia vysiela naša televízia. Herec z inej krajiny sa ti prihovára čistou slovenčinou, otvára ústa presne tak, ako má, a nebyť cudzojazyčných úvodných titulkov, mnohokrát by si ani nezbadal, že nejde o náš program. Štúdio, ktoré nahráva slovenský text, sa nazýva dabingové. Na filme, ktorý naša televízia zakúpi zo zahraničia, sú okrem obrazu zaznamenané dvojité zvuky: ruchy s hudbou a hovorené slovo. Stačí vypustiť zvuk, ktorý obsahuje anglické, francúzske či ruské dialógy, a nahradiť ich slovenskými. Ľahšie sa poslovenčujú dokumentárne filmy, kde všetko vyrieši hlas komentátora. V budúcnosti sa vraj majú natáčať televízne filmy v troch jazykoch súčasne. Nasadíš si slúchadlá, na prístroji si zvolíš jazyk, ktorý ovládaš, a môžeš sledovať program.

Niektoré programy sa však ešte stále vysielajú zo stredu mesta, zo štúdia v budove bývalej Tatrabanky na Námestí SNP, kde ostali redakcie Televíznych novín a Športového aktuálneho spravodajstva.

Časy, keď sa všetko vysielalo naživo, sa nenávratne minuli. Televízny magnetický záznam zvaný ampex zachytí obraz spolu so zvukom na pásku, a možno ho hocikedy spustiť. Jeho prednosti oceňuješ napríklad pri futbalových prenosoch, keď ti zopakuje gól.

Počas písania tejto kapitolky som spozoroval, že aj naša televízia začala vysielať aktuálne informácie nahrádzajúce tlač — teletext. Ide o vynález, ktorý spočíva vo využívaní voľných miest v televíznom signále. Obrazne povedané, v čase vysielania (napríklad od ôsmej ráno do dvanástej v noci) si zapneš televízor s kanálom prispôsobeným na príjem teletextu, ktorý ťa oboznámi s obsahom televíznych novín. „Nalistuješ" si stranu, čo ťa zaujíma, a keď ťa „čítanie" unaví, môžeš teletext použiť na rôzne hry.

- Prvé verejné pokusné predvádzanie televízie sa uskutočnilo roku 1950 v aule Slovenskej vysokej školy technickej.

- Televízne štúdio Bratislava začalo vysielať 3. novembra 1956 ako tretie v republike (po Prahe a Ostrave). Priamy prenos bol uskutočnený z Parku kultúry a oddychu (na dunajskom nábreží).

- 21. 7. 1969 sa uskutočnil prvý priamy prenos z Mesiaca, keď americkí astronauti z Apolla 11 vstúpili ako prví ľudia na Mesiac.

- 9. mája 1970 začal vysielať II. program Čs. televízie.

- 9. mája 1973 začala Čs. televízia pravidelne vysielať vo farbe.

- 26. augusta 1974 uviedli na bratislavskom Kamzíku do prevádzky televízny vysielač na novej televíznej veži.

Na farebný monoskop Slovenskej televízie sme si už všetci zvykli.

TVOJA BRATISLAVA —————————————— 217)

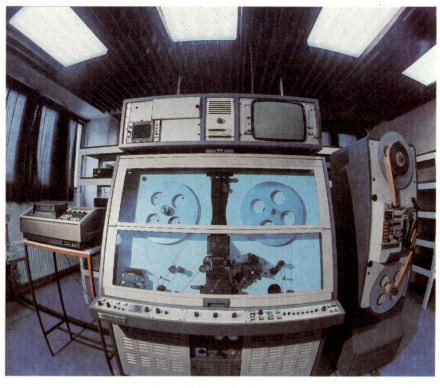

PREVAŽNÁ VÄČŠINA
SLOVENSKÝCH FILMOV VZNIKÁ V ATELIÉROCH
SLOVENSKÉHO FILMU NA KOLIBE.
SPOMEDZI DOKONALE VYBAVENÝCH TECHNICKÝCH PRACOVÍSK
PREDSTAVUJEME VIDEO PRACOVISKO.

## Lístok na zážitok (divadlo a film)

IVAN LACIKA

14)

## ZAKLADATELIA

Príbeh slovenskej činohry sa začal roku 1919, keď v Bratislave vzniklo Družstvo Slovenského národného divadla, ktoré si vytýčilo cieľ hrať divadelné hry slovenských autorov. A to napriek tomu, že väčšina Bratislavčanov boli starousadlíci maďarského a nemeckého pôvodu, že slovenských profesionálnych hercov v Bratislave nebolo a že o budovu divadla a o čas predstavení muselo Družstvo bojovať s maďarským a nemeckým súborom.

Robiť divadlo bez hercov sa nedá a českí kolegovia nemohli donekonečna vypomáhať. Vedenie Družstva SND sa preto rozhodlo skúsiť to s nadanými slovenskými ochotníkmi. Onedlho naozaj vznikla herecká profesionálna spoločnosť, ktorá kočovala po Slovensku a hrala hry slovenských autorov (Palárika, Tajovského, Stodolu, Urbánka). Súbor síce existoval len jednu divadelnú sezónu (od 15. 8. 1921 do 30. 6. 1922), ale vďaka nemu sa stretli a „zohrali" herci, o ktorých dnes hovoríme ako o zakladateľoch slovenského profesionálneho divadla. Boli to Gašpar Arbét, Andrej Bagar, Ján Borodáč, Jozef Kello a Oľga Országhová.

Ako spomína na začiatky SND Gašpar Arbét (1898—1987), spočiatku herec, neskôr šepkár a inšpicient?

„Roku 1921 som navštívil Bratislavu, kde som robil telegrafické skúšky. Dočítal som sa vtedy v Robotníckych novinách, že v Martine sú vypísané skúšky do SND. Správu som čítal nejako v piatok a v nedeľu sa už v Národnom dome v Martine konali skúšky. Sadol som si preto do vlaku, a hybaj do Martina. Tu som sa zoznámil s vtedy ešte mladíkmi, zapálene sa zaujímajúcimi o divadlo — Andrejom Bagarom, Jozefom Kellom, ktorého sme prezývali Kelík, a Rudom Bachletom. Všetci traja boli prijatí za hercov a ja ako štvrtý za šepkára. V Košiciach sa k nám pridali ešte Janko Borodáč a Oľga Országhová, ktorí práve absolvovali pražské dramatické konzervatórium. Do Košíc sme nastúpili 15. augusta. Tu sme potom mesiac nacvičovali prvé hry do nášho repertoáru, s ktorým sme postupne navštevovali všetky mestá a mestečká na Slovensku."

Najstarším slovenským profesionálnym hercom bol Jozef Kello (1889—1951). Ako desaťročný sa ocitol v Budapešti, kde jeho otec robil vedúceho stavby. Tu začal hrávať divadlo, najskôr v Slovenskom katolíckom kruhu a od roku 1907 v slovenskej spoločnosti Kriváň, až kým maďarské úrady ochotnícku činnosť Slovákov nezakázali.

Po I. svetovej vojne sa Kello usadil v Košiciach a tu ho zastihla správa o prijímacích skúškach v SND. A keď sa kočujúca spoločnosť rozpadla, na výzvu vtedajšieho riaditeľa SND Oskara Nedbala nastúpil v auguste 1923 na dosky bratislavskej činohernej scény.

Jozef Kello mal divadlo neobyčajne rád. Vysedával v ňom aj vo chvíľach voľna. Návštevníci činoherných i operných predstavení ho mohli vidieť v hereckej lóži, ako pozorne sleduje dej. Dioptrické sklá v čiernych rámoch čiastočne zakrývali jeho dobrácke oči. Motýlik dokresľoval jeho vždy upravený zovňajšok. Akoby patril k inventáru divadelnej budovy na Hviezdoslavovom námestí. Aj Ondriš Jariabek naňho vo svojej knihe spomína v tomto zmysle:

„Nuž a tretím v šatnici je Jožko Kello. Ten ale naozaj viac toho povie na javisku než v živote. Aj roly v šatnici si opakuje pred zrkadlom len tak, že mu iba ústa chodia. A divadlo má tak rád, že všetok voľný čas presedí pred ním na lavičke..." Keď Jozef Kello roku 1951 nečakane zomrel, kde-kto sa zamýšľal, v čom to je, že jeho odchodom naše divadelníctvo natoľko osirelo. Starší i mladší herci si akosi nemohli bez

### PRE ZVEDAVCOV

■ *Prvé divadelné predstavenia v Bratislave sa hrávali v 15. storočí na Hlavnom námestí. Išlo predovšetkým o pašiové hry, čiže hry s biblickým námetom.*

■ *V 17. storočí sa už hrávali aj hry so svetským námetom. Prevažne nemecké kočujúce divadelné spoločnosti vystupovali v divadelnej sále na Širokom dvore (zhruba na rohu Zámočníckej ulice a Františkánskeho námestia).*

■ *V rokoch 1775—76 postavili pred Rybárskou bránou budovu Mestského divadla, ktorú roku 1884 zbúrali. Na tom istom mieste vyrástla v rokoch 1885—86 budova dnešného SND, ktorú navrhli H. Helmer a F. Fellner. Jej výstavba stála 340 000 zlatých.*

■ *Prvé slovensky hrané činoherné predstavenie malo premiéru v SND 21. 5. 1920. Išlo o dielka J. G. Tajovského* Hriech *a* V službe.

LÍSTOK NA ZÁŽITOK

neho zvyknúť; chýbal im nielen ako divadelník, ale aj ako človek. To isté pociťovalo bratislavské publikum.

Oľga Borodáčová-Országhová (1899—1986) bola prvou slovenskou činohernou profesionálnou herečkou a vytvorila 320 postáv. Aj ona sa usadila v Bratislave roku 1924 a svojou umeleckou (divadlo, rozhlas, film, televízia) i pedagogickou činnosťou (Hudobná a dramatická akadémia, Vysoká škola múzických umení) zasiahla do vývoja slovenskej kultúry.

Jej spomienky na Bratislavu priblížila v časopise *Bratislava* Bibiana Wallnerová.

„Vracia sa do detských rokov. Prvé stretnutie s Bratislavou nebolo zvlášť vzrušujúce. Bolo to pred prvou svetovou vojnou. Dievčatko Olinka Országhová sem prišlo na jeden deň s otockom. Neveľké mesto s dvoma-troma električkami nezapôsobilo na dievčatko... Ľudia hovorili prevažne po nemecky a po maďarsky. To dcérke Hviezdoslavovho bratanca znelo cudzo. Otec jej kúpil šaty a šlo sa domov. Mesto ako mesto. Jej skutočná cesta do Bratislavy viedla z Vrútok okľukou — cez Prahu. Musela si najprv vybojovať svoj prvý životný zápas: presvedčiť otca, že ju má pustiť do Prahy študovať herecké umenie. Do Bratislavy už potom prišla so skupinkou mladých slovenských hercov,

Na doskách pódia SND sa až do roku 1955 odohrávali tak činoherné, ako operné predstavenia. Vtedy sa činohra presťahovala do nového Divadla P. O. Hviezdoslava na Laurinskej ulici.

s prvou garnitúrou slovenských divadelníkov, ktorí prišli s úmyslom vytvoriť slovenskú profesionálnu scénu. Doba dozrela, aby k tomu mohlo vôbec dôjsť. Medzi touto plejádou bol aj životný druh Oľgy Országhovej Janko Borodáč. Prišli do starej Bratislavy, ešte viac do Prešporka než Bratislavy. No pred ich očami a ich pričinením sa mesto menilo na centrum slovenskej kultúry, a teda i divadelníctva."

Najvýznamnejšími členmi veľkej divadelníckej päťky sú však Ján Borodáč (1892—1964) a Andrej Bagar (1900—1966).

Andrej Bagar stál pri kolíske Vysokej školy múzických umení, na ktorej dlhé roky vyučoval. Často vystupoval v rozhlase, hrával vo filme, napísal viacero rozhlasových hier. Predovšetkým bol však známy ako vynikajúci herec, neskôr aj ako režisér.

„Sú herci, ktorí prídu na javisko a razom si podmania diváka," napísala Viera Protušová o Andrejovi Bagarovi krátko po jeho úmrtí. „Majú ho vo svojej moci. Intonácia, výrazné gesto, sústredený mimický prejav, sugescia očú — a divák je v pasci. Andrej Bagar k nim patril...

Bagarove postavy vždy stáli v strede spoločenského diania. Kráľ Claudius, Matúš Trenčiansky, Roman Koškin, Herodes, Zloboh. Všetky potvrdzujú, že vedel preniknúť do mentality ich sveta, zasadiť ich do dobových súvislostí. Andrej Bagar, ktorý dal vznešenosť, pýchu a majestát mužom so žezlom v ruke, vedel priznať ľudské slabosti Falstaffovi vo Veselých paniach z Windsoru. Tu mohol prejaviť zmysel pre radosti tohto sveta: náruživosť, slasť, smiech i potešenie...

Nepoznal odstup od postavy. Skôr túžil po stotožnení sa s ňou, aby ukázal jej ľudskú zložitosť. Andrej Bagar-herec rozprával prostredníctvom svojich postáv o ľudských poznatkoch a skúsenostiach Andreja Bagara-človeka."

Ján Borodáč od roku 1924 postupne budoval program činohry SND tým spôsobom, že zaraďoval do repertoáru predovšetkým hry slovenských klasických autorov (J. Chalupku, J. Gregora-Tajovského, P. O. Hviezdoslava, J. Palárika, J. Záborského). Dával prednosť slovenským hercom (čo vtedy nebolo samozrejmé) a súbor dopĺňal absolventkami a absolventmi Hudobnej a dramatickej akadémie. Začínal síce ako herec, ale postupne sa vypracoval na vynikajúceho režiséra a uznávaného pedagóga.

Archívna fotografia a kresby Karola L. Zachara predstavujú ANDREJA BAGARA (vľavo dole), JÁNA BORODÁČA (hore) a JOZEFA KELLU (dole), spoluzakladateľov slovenského profesionálneho divadla.

LÍSTOK NA ZÁŽITOK

**221)**

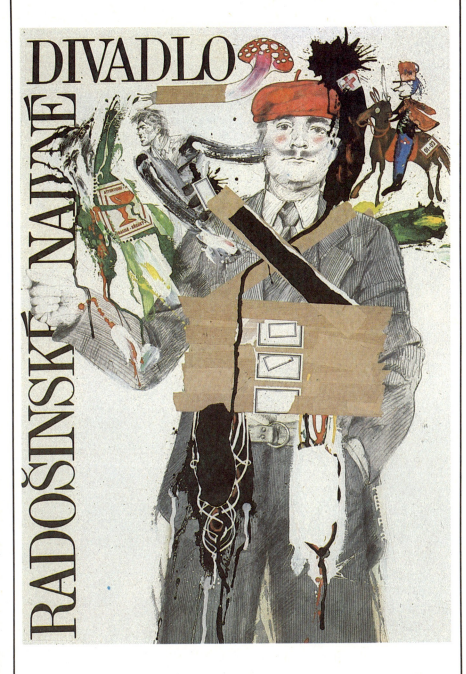

- *Inšpicient je režisérov pomocník, ktorý sleduje (a riadi) priebeh celého predstavenia.*

- *Medzi najúspešnejšie predstavenia SND patrí komédia* Zlatí chlapci *a spevohra* Na skle maľované.

- *V Bratislave sú okrem SND ďalšie divadlá: Divadlo P. O. Hviezdoslava a Malá scéna (zameriavajú sa na činohru); Nová scéna (vznikla roku 1946), kde sa okrem činohry hráva aj spevohra; Štúdio S; Korzo '90; Štátne bábkové divadlo (založené roku 1957). Našlo tu svoj domov aj Radošinské naivné divadlo.*

- *V Petržalke, v blízkosti starého mosta, sa dodnes nachádza budova Arény, letného divadla, kde sa koncom 19. storočia a v prvých desaťročiach 20. storočia od júna do augusta hrávalo divadlo, hlavne v nemeckej reči.*

- *Busty zakladateľov slovenského divadelníctva zdobia predsieň Divadla P. O. Hviezdoslava, socha Andreja Bagara stojí na Hviezdoslavovom námestí.*

Radošinské naivné divadlo utvorili divadelní nadšenci roku 1963 v Radošinej z podnetu STANISLAVA ŠTEPKU, ktorý je dodnes jeho umeleckým vedúcim, autorom hier, režisérom i hercom. Roku 1970 kolektív divadla presídlil do Bratislavy, kde pravidelne vystupuje.

A ako naňho spomínal herec Mikuláš Huba?

„Bolo treba postaviť nielen súbor, nielen repertoár, ale uzákoniť javiskovú reč, bolo treba vytvoriť štýl a základy hereckej a divadelnej školy, bolo treba odrážať útoky mnohých, ktorí tvrdili, že slovenské divadlo je nezmysel, lebo slovenského národa niet, útoky tých, ktorí mali kedykoľvek pripravený posmech alebo aspoň úsmešok, ale nikdy nie pochopenie. Čokoľvek cenného v našej činohre, či v tých časoch, či pozdejšie až podnes vzniklo, ... na všetkom má Janko Borodáč zásluhu prvoradú ...

Najnespokojnejším a najnešťastnejším býval cez prázdniny — až do konca svojho života. Jediné, čo na nich oceňoval, bolo to, že sa skončia a že sa začne práca. Pred ničím nemal väčší strach ako pred nečinnosťou. Nikdy nehovoril o smrti, bral ju ako samozrejmosť, o ktorej hovoriť je nie dosť cudné, nepatrí sa a netreba. — Hoci o tom nehovoril, som presvedčený, že túžil po tom, aby ho, keď už raz príde tá chvíľa — zastihla na javisku v práci."

TVOJA BRATISLAVA

## HEREC A BRATISLAVČAN JÚLIUS SATINSKÝ ODPOVEDÁ NA OTÁZKY

*Ako vyzerala Bratislava vášho detstva?*

Keď som sa v Bratislave narodil roku 1941, bolo to útulné prístavné mestečko. Okolo Dunaja sa prechádzali juhoslovanskí, rumunskí, maďarskí, bulharskí, ruskí aj rakúski námorníci, mestečko voňalo bratislavskými chýrnymi makovými a orechovými rožkami, pečenou husacinou a gaštanmi. V zime Dunaj zamrzol a dalo sa po ňom korčuľovať do Petržalky a späť. V lete fungovalo pri Dunaji kúpalisko Lido s krásnymi okrasnými kvetinovými záhonmi, kríkmi a mramorovými chodníkmi. Plávať sa dalo aj v Dunaji a v jeho ramenách pri Pečnianskom lese. Zúrila druhá svetová vojna a Bratislava sa stala frontovým mestom. Armády sa o ňu bili, bombardovali ju, dobýjali a obyvatelia s deťmi sa ustrašení schovávali v bunkroch a pivniciach.

Po vojne darovali dospelí Bratislavčania deťom prekrásny barokový palác a začali sme chodiť do neho ako do Pionierskeho paláca. Divadelný krúžok viedla obetavá teta Anna Koštiaľová, zakladateľka detského ochotníckeho divadla v Bratislave. Boli sme – ako deti – dobrá parta. Dnes sú z nás slávni divadelníci – Božidara Turzonovová, Pavol a Peter Mikulíkovci, Karol Strážnický, Zora Kolínska, Fero Kovár, Marián Labuda, Stano Dančiak a mnohí iní. Všetci s láskou spomíname na detstvo v Pionierskom paláci.

Mal som rád prechádzky po Starom meste, po bratislavskom korze, ktoré pripomínalo balkánsky Dubrovník, po Horskom parku s altánkami, v máji a v júni plnom kvetov, po Podhradí, kde žili v minulých storočiach slávni básnici, maliari, hudobníci, prechádzky po meste Petőfiho, Mozarta, Haydna, štúrovcov i gotického Dómu sv. Martina. Z týchto častí mesta poznajú dnešné bratislavské deti už len veľmi málo. Snaživí dospelí, ktorí sa sem prisťahovali z rôznych dedín a miest Slovenska, prestavali svoje hlavné mesto na obrovské sídlisko z betónu, s mamutími mostami, diaľnicami a súsošiami.

Vyrastal som na Dunajskej ulici, kde bývam doteraz. Som rád, že ju nikdy nepremenovali ako mnohé iné staré ulice. Voľakedy tieklo na jej mieste dunajské rameno. Na našej ulici bolo v mojom detstve všetko na svete: čínsky obchod s lahôdkami, kde Číňan Li s vrkôčikom a záhadným úsmevom predával dokonca aj turecký med, obchod

■ Za najlepšie herecké výkony v kalendárnom roku sa udeľuje Cena Andreja Bagara a Cena Janka Borodáča.

■ Kino Fisograf na Dlhej ulici vzniklo roku 1906 a bolo druhým stálym kinom v Bratislave; Apollo Bio vzniklo roku 1908 na Michalskej ulici, vo dvore Segnerovej kúrie; Kráľovský biograf bol umiestnený v budove na Primaciálnom námestí, na miestach, kde dnes stojí nová radnica.

■ Ľudo-bio v Petržalke vzniklo roku 1921, kino Dynamitka roku 1926.

■ Pri slávnostnom otvorení kina Metropol roku 1928 (premietal sa film Anna Kareninová) bol senzáciou orchestrálny organ umiestnený po stranách hľadiska, ktorý okrem hudby reprodukoval aj rôzne zvuky.

JÚLIUS SATINSKÝ a MILAN LASICA spolupracujú už vyše tridsať rokov. Slávnu éru prežili v Divadle na korze, ale poznáme ich aj z Novej scény, z televízie či filmu. Často vystupujú i v Štúdiu S, v priestoroch, kde kedysi začínali.

LÍSTOK NA ZÁŽITOK — — — — — — — — — — — — — — — — — — | **223** )

s hudobninami, parádna cukráreň, opravovňa starého porcelánu, kníhkupectvá, ústredie slovenských kominárov, holič, detské ihrisko s morušami a čerešňami, bazénom, sprchami a klziskom v zime, škola, do ktorej som chodil, a medzinárodná banka! Školu som mal tak blízko, že som mohol vstávať pred trištvrte na osem! A v škole bolo veselo. Mali sme letecko-modelársky krúžok a vyrábali sme modely lietadiel. Doteraz visia po chodbách školy. Už vyše 35 rokov.

*V šesťdesiatych rokoch ste doštudovali, stali ste sa divadelníkom. Čo bolo potom?*

Potom sme na bratislavskom korze dostali divadlo. Nazvali sme si ho Divadlo na korze. Bola to pivnica, do ktorej sa zmestilo len 80 ľudí, ale Bratislavčania ho napĺňali každý deň, niekedy aj dvakrát denne. Hrali sme s kamarátmi také divadlo, že ľudia z neho vychádzali úplne vyčerpaní od smiechu. Smiali sa a smiali ešte aj vtedy, keď išli popri Dunaji na električku. Vtedy mala Bratislava okrem Národného divadla, Novej scény, Bábkového divadla aj Divadlo na korze, ktoré bolo najliečivejšie, pretože smiech je liečivý — to vám povie každý doktor. Ach veru, čo všetko Bratislava mala!

*Napríklad futbal…?*

Som šťastný, že som v detstve zažil slávnu éru bratislavského futbalu. Báli sa nás od Ria de Janeiro až po Kuvajt všetky mužstvá. Bratislavský Slovan bol niekoľkokrát majstrom republiky a raz víťazom Pohára

Štúdio S vzniklo roku 1982 v priestoroch voľakedajšej Tatra revue. Do tohto nevšedného divadielka návštevníci radi chodia kvôli bezprostrednému kontaktu s hercami.

víťaza pohárov. Chlapci hrali s chuťou, obecenstvo napĺňalo každý týždeň tribúny do posledného miestečka. Futbalový zápas, to bola slávnosť pre celé mesto. A keď sme vyhrali, pochodovali sme všetci svorne do stredu Bratislavy k Manderláku, kričali sme „Nech žije Slovan!" a rozišli sme sa, až keď sa nám v okne Manderláka ukázal vtedy najslávnejší komik Fero Dibarbora a tíšil nás, aby sme nezobudili jeho syna Miška.

V Bratislave sa hral dobrý futbal aj v Petržalke. Všade. Bolo to preto, lebo všetci chlapci od malička hrali po trávnikoch futbal, trénovali radostne od jari do jesene. Mali totiž kde a kedy. Na trávniky bol vstup povolený a na futbal mali viac času – nebolo počítačov, ani televízie...

*Z tých 700 rokov, čo má teraz Bratislava, ste vy s Milanom Lasicom vyše 30 rokov obľúbenými komikmi. Kde všade ste hrávali?*

Po začiatkoch v Tatra revue (dnes Štúdio S) a po slávnej ére v Divadle na korze sme dva roky hrali v Brne, v tamojšom Divadle satiry. Po návrate do Bratislavy sme uvádzali hudobné komédie v spevohre Novej scény, neskôr v činohre a od roku 1982 opäť v Štúdiu S. Všade sme mávali vypredaný „dom" a ešte aj teraz, keď začnú na naše predstavenia predávať lístky, stojí pri pokladni divadla dlhočizný niekoľkostupňový rad. A to je v divadle známka kvality. Za tých 30 rokov chodí do divadla už tretia generácia. Mnohé naše dialógy, scénky, pesničky vyšli na gramofónových platniach a v knižkách, takže mnohé vtipy, pesničky a scénky vedia deti naspamäť.

*A čo dnešné deti? Sú iné, ako ste boli vy?*

Musia byť. Toto storočie prinieslo ľudstvu toľko prevratných vynálezov, že všetci sme iní. Pamätám sa na prázdniny u môjho starého otca Štefana, keď do ich dediny zavádzali elektrinu. Starý Štefan stál v maštali pri koňoch na stoličke a fúkal do svietiacej žiarovky na povale. Zabudol, že svetlo zhasína vypínač. Teraz sa deti pozerajú na mňa, ako bezradne sedím pri počítači, neviem s ním zaobchádzať, a smejú sa mi, aký som primitív. Dnešné deti poznajú svet cez farebnú obrazovku, telefonujú z idúceho auta, nosia so sebou kalkulačky, vysielačky, hrajú sa videohry... Bojím sa, aby neprestali čítať knižky. Veď dívať sa na obrazovku je oveľa pohodlnejšie.

Dospelí majú na dnešné deti menej času. Keď budú mať dnešné deti svoje vlastné deti, určite im to vynahradia. Keď som mal ja trinásť rokov, sedávali sme celá rodina okolo rádia a počúvali sme rozhlasové hry. Dnes sledujú deti cez družicovú anténu všetky televízne kanály sveta a nemajú čas ani na jarné guľky, ani chodiť po lese... Držím im palce, aby nestratili športového ducha a zmysel pre humor. A vôbec. Držím im palce, aby bola na svete tráva, stromy, guľky a sranda. Aby tu po nás nezostali len počítače a betón. Som optimista! Deti si trávu, les i guľky zachránia – tak ako sa to podaktorí z nás snažia robiť už teraz.

Na rohu Strakovej ulice a Hviezdoslavovho námestia sa zachovalo prvé bratislavské (a stredoeurópske) kino, dnešná Mladosť.

LÍSTOK NA ZÁŽITOK — 225 )

- Roku 1919 vznikla v našom meste prvá požičovňa filmov. Bola to odbočka Syndikátu československých filmových požičovní a výrobní so sídlom v Prahe.

- Prvý zvukový film videli diváci v kine Urania 11. 3. 1930.

- Roku 1956 začali v kine Tatra premietať širokouhlé filmy, roku 1965 v kine Dukla panoramatické filmy.

- Na sklonku I. svetovej vojny bolo v Bratislave 8 kín, roku 1929 16 kín, roku 1938 21 kín, roku 1989 24 kín.

- Vstupné na prvé filmové premietania bolo 40 grajciarov na sedenie, 20 grajciarov na státie a polovicu pre deti, študentov a vojakov.

Aj Bratislava sa dočkala! Prvé predstavenie kinematografu sa uskutoční 25. decembra 1896 v Palugyayovom hoteli K zelenému stromu! (A aby reklama bola účinnejšia, prináša aj oznam, že predstavenie kinematografu navštívil vo Viedni 24. apríla 1896 cisár František Jozef I.)

## ČARO STRIEBORNÉHO PLÁTNA

Francúzsky filmový teoretik Georges Sadoul v predslove k slovenskému vydaniu knihy *Zázraky filmu* roku 1961 okrem iného napísal:

„Som veľmi rád, že sa jedna z mojich kníh prekladá do slovenčiny. Som totiž dávnym priateľom vašej krajiny a vašej reči. Keď som na jar 1946 mohol po takmer desiatich rokoch opäť prekročiť hranice Francúzska, objavil som vzápätí po Prahe aj vaše hlavné mesto – Bratislavu. A neviem zabudnúť na jej privítanie, na jej úsmev, jej ruže, na biele víno, za ktorým sa chodí do Modry, na ryby čerstvo vylovené z Dunaja, čo rybári opekajú na dlhých paliciach, naklonení ponad horúcu pahrebu…"

Táto útla knižka ukrýva tajomstvá ateliérov i tajomstvá zo života hercov, ktorých „kúsky" sme ako deti obdivovali v kine Mladosť.

Kinu Mladosť na Hviezdoslavovom námestí, ktoré sa hneď po oslobodení nazývalo Kino mladých, sme hovorili blšie kino. To preto, že detskí diváci z Podhradia sem občas „prepašovali" zvieratko veselo preskakujúce z človeka na človeka. Ale kto by si všímal nepríjemné svrbenie, keď nám pred očami poskakoval nevyčerpateľný Charlie či keď sme od smiechu padali pod sedadlá pri príhodách Laurela a Hardyho. Na tieto grotesky sme o týždeň zase prišli, netušiac, že sa pravidelne vraciame do priestorov, kde roku 1905 vzniklo prvé stále kino nielen v Bratislave, ale v celej republike. Jeho názov bol Elektro-Bioscop.

Ale tomuto kinu predchádzalo v našom meste veľké dobrodružstvo objavovania pohyblivých obrázkov, podobné, aké krátko predtým opantalo ľudí vo Francúzsku a v celej Európe, keď bratia Louis

# TVOJA BRATISLAVA (226

- Prvá filmová škola v Česko-Slovensku sa spája s menom Karola Plicku, fotografa a filmára českého pôvodu, ktorý celý svoj život venoval Slovensku. Od roku 1937 vyučoval na bratislavskej Škole umeleckých remesiel fotografiu a v školskom roku 1938/39 zaviedol kurz pre kinetickú fotografiu a kinematografiu.

- Prvý slovenský zvukový film mal názov Zem spieva a mal premiéru v kine Metropol roku 1933; prvý slovenský farebný film mal názov Bratislava 4. apríla 1946 a mal premiéru 20. 9. 1946.

Z filmových ateliérov sa herci niekedy presunú von, do prírodného či historického prostredia. Pri nakrúcaní *Sebechlebských hudcov* sa niektoré scény odohrávali na nádvorí Starej radnice. Herci pooblíekaní do teplých kostýmov sa vďačne aspoň na chvíľu uchyľovali do tieňa starobylej architektúry.

Najväčším bratislavským kinom bol amfiteáter na hrade, v severnej časti areálu. Ani dážď, vietor alebo komáre nemohli odradiť divákov, ktorí sem prišli na festivalové filmy.

a Auguste Lumièrovci 28. 12. 1895 v Paríži zverejnili svoj vynález – kinematograf. Od tohto okamihu neuplynul ani rok a v bratislavskom hoteli K zelenému stromu (dnes Carlton) sa stretla skupinka ľudí, aby si pozreli dvanásť filmov, ktoré dnes patria do prvých písmen abecedy filmového vývoja – Príchod rýchlika na stanicu, Francúzska pechota cvičí, Rýchlomaliar, Uličné výjavy z Paríža a Londýna a ďalšie.

Ivan Rumanovský v článku *Pohyblivé obrázky* píše, že v Bratislave sa pod prvé premietanie „podpísali" Lužický Srb Maximilián Gierke a Nemec Theodor Siegmann.

„...dva kratučké oznamy v nemeckej mutácii novín Nyugatmagyarországi Hiradó, Westungarischer Grenzbote 24. decembra 1896, ktoré uverejnil Maximilián Gierke, vzrušili obyvateľov mesta. V oboch mutáciách novín boli zároveň inzeráty dvoch kinematografov, ktoré predvádzali od 25. decembra 1896 programy predpoludním od deviatej hodiny v šermiarskej sále Palugyayovho hotela K zelenému stromu a od desiatej aj v hoteli Uhorský kráľ na Mostovej ulici. Programy oboch kinematografov boli rovnaké, dokonca zvukové; zvuk bol zaznamenaný na fonografických valčekoch... Program trval približne hodinu a jeho zostavovateľ správne predpokladal, že ho budú sledovať ľudia rôznych spoločenských, vekových, triednych, a teda aj vzdelanostných kategórií. Preto pôsobí ako miniatúrna filmová encyklopédia..."

V tom istom článku sa spomína, že niektoré filmy už mali hudbu synchronizovanú s obrazom, a dokonca boli ručne kolorované. Preto nečudo, že ešte aj v prvom týždni roku 1897 bol o premietanie veľký záujem.

Prví majitelia kín riskovali požiar a tým zničenie filmového materiá-

LÍSTOK NA ZÁŽITOK |227)

lu, lebo pri vyššej teplote, ktorá vznikala pri premietaní, sa prvé filmy rýchlo vznietili. No koho to neodradilo, dobre zarobil. Najlepšie sa darilo majiteľom kín na rušných uliciach — na Dlhej a Michalskej, či na Primaciálnom námestí. Kiná s názvami Fisograf, Apollo Bio či Kráľovský biograf boli stále plné.

Filmové predstavenia sa stali skutočne ľudovou zábavou najmä na bratislavských predmestiach. Jedným z typických kín tohto druhu bolo Ľudo-bio v Petržalke, ale aj kino Dynamitka v robotníckej kolónii Dynamit-Nobel.

Mnohé z kín, do ktorých chodíme (alebo sme donedávna chodili) majú veľmi dávnu minulosť: roku 1925 vzniklo kino Atlon, neskôr Praha; roku 1907 kino Fidelio, neskôr premenované na Urania a dnes Hviezda; roku 1924 kino YMCA, dnešná Dukla; roku 1925 bolo v budove Tatrabanky otvorené kino Tatra, neskôr Pohraničník. Bývalé kino Palace začalo premietať roku 1928, kino Lux (dnešná Tatra) roku 1932, kino Liga (dnes Mier) roku 1937.

Aké filmy sa v minulosti premietali v bratislavských kinách? Spočiatku, keď v našom meste nebola požičovňa filmov, sa takmer každá snímka privážala zo zahraničia. O toto sa starali spoločnosti Urania, Atlon, Apollo Bio. Diváci nemali veľký výber, chodili prevažne na filmy zábavného charakteru, predovšetkým na obľúbené nemé grotesky s Chaplinom, Frigom, Haroldom Lloydom, Laurelom a Hardym, na príbehy o Tarzanovi, na *Troch mušketierov*. Medzi filmy vyšších umeleckých kvalít patril film *Anna Kareninová* so slávnou Gretou Garbo, ktorý sa u nás premietal iba rok po svetovej premiére.

A slovenský film? Začiatkom dvadsiatych rokov sa aj na Slovensku uskutočňovali prvé pokusy o hraný film. Tvorcovia filmov *Jánošík*, z roku 1921, a *Strídža spod hája*, z roku 1922, sa už spoliehali na vlastné zdroje hercov i tém, práve tak kameramanov a celého filmárskeho štábu. Oba tieto filmy boli dielami Slovákov, bratov Siakeľovcov.

A to sú začiatky, ktoré predznamenali prácu súčasných filmových inštitúcií sídliacich v Bratislave.

Povedal by si, že v tejto miestnosti na bratislavskej Kolibe zvanej strižňa dostávajú slovenské filmy konečnú podobu?

## POHYBLIVÉ OBRÁZKY VIKTORA KUBALA

Kto by nepoznal kreslené vtipy Viktora Kubala zo stránok Roháča? Mnohí obdivujú i jeho kreslené filmy, no nie každý vie, že je aj autorom prvého kresleného slovenského filmu, a teda jeho zakladateľom.

„Od detstva ma fascinoval kreslený film. Neuspokojovali ma statické obrázky, ktoré som vytvoril, túžil som vdýchnuť im život. Ale ako na to? V časopise *Encyklopedie věd a umění* som sa dočítal podrobnosti o pohybovom mechanizme filmu a za päťkorunu, čo som našiel na ulici, som si v hračkárskom obchode kúpil päť metrov filmu. Doma som ponoril film do teplej vody a zubnou kefkou zošrabal z filmu emulziu. Na priesvitný film som potom tušom kreslil svoje prvé, skutočne filmové pohyby. Mal som vtedy jedenásť rokov a zaujímali ma predovšetkým lietadlá, tanky, a tie sa stali prvými hrdinami mojich filmov Tank ide cez prekážku a Štart lietadla. Ako však vychutnať pohyb týchto obrázkov? Pomohol som si drevenou stavebnicou Matador, akýmsi predchodcom Lega. Poskladal som z nej kinematograf a film sa dal do pohybu. Obraz sa však nedal premietať na plátno, a tak som ho sledoval zväčšovacím sklom priamo v okienku."

Od roku 1934, keď sa odohral tento príbeh, ubehlo osem rokov. Absolvent staviteľskej školy nastúpil do Školfilmu.

„Bol to ústav pre školský osvetový film. Pridelili mi niekoľko štvorcových metrov priesvitných celuloidových fólií, ktoré sa pôvodne používali na okienka áut s plátennými strechami. Narezal som z nich 150 primeraných kusov a začal som na ne kresliť príbeh filmu Studňa lásky. Tento desaťminútový čiernobiely film, ktorého dĺžka je tristo metrov, ma stál jeden rok usilovnej práce. Nielen pre veľké množstvo obrázkov (vo filme je ich približne 3000), ale najmä pre nedostatok materiálu. Každú kresbu som musel vzápätí nafilmovať, skontrolovať jej kvalitu, a keď bola vydarená, zmazať z fólie. Až potom som mohol začať robiť kresby pre ďalší záber…"

V časopise Roháč pôsobil Kubal od jeho druhého čísla roku 1948. Na Slovensku sa vtedy nik nevenoval karikatúre, a tak museli vypomáhať známi výtvarníci. Jedným z nich bol aj akademický maliar Ľubomír Kellenberger, ktorý požiadal Kubala o niekoľko kresieb. Uverejnili ich a Viktor Kubal kúpil za svoj prvý „roháčovský" honorár manželke svadobnú kyticu. Zdá sa mi to symbolické – od tej chvíle bol „zosobášený" aj s Roháčom a vydržal to s ním štyri desiatky rokov.

Hoci sa kreslenému filmu niekoľko rokov nevenoval, nezanevrel naň. Vrátil sa k nemu ako k starej láske.

„Roháč sa rozrastal, ale do štúdia kresleného filmu ma akosi nevolali. Pomohla náhoda. Vymyslel som niekoľko vtipov, ktoré sa nedali vyjadriť jednou kresbou, ani sériou kresieb, ale potrebovali pohyb. Povedal som si, že to urobím pomocou filmu. Vďaka riaditeľovi spravodajského filmu sa mi podarilo získať 300 metrov filmu a v byte som nainštaloval kameru. Onedlho som mal v pohybe desať vtipov, ktoré zaraďovali v kinách po žurnáli. Veľmi ma potom prekvapilo, keď som sa dozvedel, že je o ne záujem aj v zahraničí."

Jednou z najznámejších kreslených postavičiek Viktora Kubala je Dita. Ako prišla na svet?

„Nový šéfredaktor Roháča nám na porade oznámil, že o týždeň od každého z nás očakáva nejaký objavný nápad. Ja som doniesol Ditu. Neskôr som ju „oživil", pomohol som jej rozbehnúť sa do sveta. Stala sa hrdinkou kreslených filmov a zdá sa, že je stále v obľube. Len nedávno som odovzdal okolo dvadsať jej príbehov, ktoré sa čoskoro objavia na filmovom plátne a televíznej obrazovke."

Aj Dita sa narodila a vyrástla v našom meste. Na pracovnom stole Viktora Kubala.

LÍSTOK NA ZÁŽITOK

229)

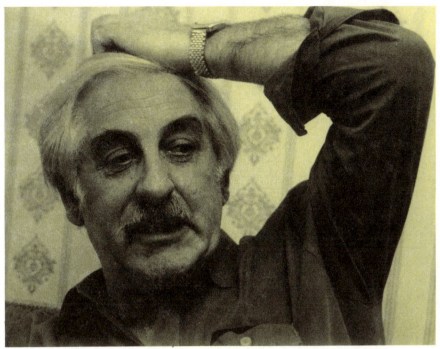

■ *Medzi najvýznamnejších slovenských filmových tvorcov žijúcich v Bratislave patria Paľo Bielik, Vladimír Bahna, Štefan Uher, Peter Solan, ďalej napríklad Martin Hollý, Juraj Jakubisko, Dušan Hanák.*

■ *Viktor Kubal sa narodil roku 1923 vo Svätom Juri. K ďalším figúrkam, ktorým vdýchol život, patria Puf a Muf, Cvik a Cvak, Janko Hraško, Pán Homo.*

Výtvarník a režisér VIKTOR KUBAL raz o sebe povedal, že najviac sa cíti byť výmyselníkom. Hrá sa pre radosť z hry, ktorá prináša radosť aj ostatným, či už malým alebo veľkým.

A celovečerné filmy *Zbojník Jurko* a *Krvavá pani*?
„Začať prácu na celovečernom filme si vyžaduje veľkú odvahu. Mal som za sebou okolo sto krátkych filmov, a tak som si povedal, že to skúsim. Vyrátal som, že ak mi práca na desaťminútovom filme trvá tri až štyri mesiace, celovečerný film by som mohol zvládnuť za dva roky. Keď roku 1976 prišiel Zbojník Jurko do kín, mal úspech, premietali ho nepretržite šesť týždňov. Na uliciach ma zastavovali ľudia, ďakovali mi. Podobne roku 1980 vznikol film Krvavá pani a dúfam, že onedlho diváci uvidia ďalší celovečerný kreslený film s názvom Marcipánová komédia."
Za najvýznamnejší a najúspešnejší film Viktora Kubala sa považuje Šach, ktorý vznikol roku 1974. Prešiel celý svet, získal rozličné ceny.
„Šesťminútový film Šach sa zamýšľa nad najdôležitejšími ľudskými hodnotami. Ide o príbeh figúrky pešiaka, ktorá odmieta vstúpiť na jedno šachové pole. Núti ju kôň, kráľ, veža, ktorá ju dokonca mučí, ale ona odmieta urobiť takýto krok. Podarí sa to až kráľovnej. No len čo pešiak vstúpi na osudné pole, s rachotom sa zrúti do priepasti. Tento film, v podstate s vážnou filozofickou výpoveďou, mal tak trochu humoristické dohry. Z Poľska mi prišiel list šachových fanúšikov, ktorí mi ďakovali, že konečne existuje aj film o šachu, z Juhoslávie mi prišla pozvánka na medzinárodný šachový turnaj, kde majú film Šach premietať."
Žije v Bratislave, vníma ju humorne i vážne.
„Keď som ako chlapec prišiel do Bratislavy, bola mi neznámym, cudzím mestom. Bývali sme na Šumavskej ulici. Pamätám si prvý trolejbus, ktorý bol označený písmenom M. Neskôr, keď trolejbusy číslovali, urobili z M číslo 11. Stačilo prehodiť jednu nožičku... Keď idem okolo novej rozhlasovej budovy, napadne mi, či obrátená pyramída nevznikla z môjho popudu. Dávnejšie prišiel za mnou redaktor architektonického časopisu a opýtal sa, aký typ budovy by podľa mňa zaujal Bratislavčanov na prvý pohľad. Odvetil som mu: ‚Čo ja viem, napríklad obrátená pyramída.' Môj názor uverejnili a o pár rokov neskôr začali stavať novú rozhlasovú budovu. Škoda, že ju nepostavili na vyvýšenom mieste, viac by vynikala."

TVOJA BRATISLAVA

231)

TOTO KNÍHKUPECTVO
BY SA TI PATRILO POZNAŤ.
JE NA HURBANOVOM NÁMESTÍ A ČAKÁ NA KAŽDÉHO,
KTO SI CHCE VYBRAŤ Z KNÍH
MLADÝCH LIET.

# Medzi riadkami

(literatúra)

IVAN LACIKA

15)

## NOVODOBÍ ROZPRÁVAČI

„Už aby si vedel čítať!"

Touto vetou sa mama so mnou lúčila večer čo večer. A ja som tú vetu aj mal rád, aj nemal rád. Na jednej strane som sa nevedel dočkať, keď si budem môcť čítať sám a koľko chcem. Na druhej strane som veľmi rád počúval mamin hlas, čítala naozaj pekne.

Ale keď som sa konečne i ja naučil tomuto umeniu, už mi nechýbali mamine „večerníčky". Prekročil som prah trinástej komnaty, ktorá ma drží vo svojej čarodejnej moci dodnes a z ktorej sa ani nechcem vymaniť. Nevedel by som povedať, koľko kníh som v živote prečítal, ale jedno viem – bez kníh si neviem predstaviť svoj život. Znie to ako fráza, ale ver mi, že to hovorím úprimne.

A úprimne sa priznám aj k tomu, že som veľmi váhal, čo vybrať do tejto kapitoly. Som si vedomý, že mnohí budú mať výhrady, že im všeličo bude chýbať, veď naše mesto je na literatúru a literátov skutočne bohaté. Myslel som si však, že ťa budú zaujímať skôr ľudia, ktorí píšu a pripravujú knihy pre deti a mládež.

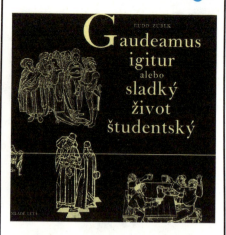

Ľudo Zúbek napísal veľa kníh. Dve z nich – *Moja Bratislava* a *Gaudeamus igitur alebo Sladký život študentský* – venoval Bratislave.

Jaroslav Rezník v knihe *Po literárnych stopách na Slovensku* napísal, že životy spisovateľov sú zo všetkých ľudských životov najdlhšie. Spisovateľ prežíva totiž život každej postavy, ktorú vytvorí vo svojich dielach. A na záver si Rezník kladie otázku: koľko cudzích ľudských osudov prežil vďaka svojej literárnej tvorbe Ľudo Zúbek, ktorý písal predovšetkým životopisy?

„Šesť dní trvala únavná cesta z Prahy do Prešporka.

Polomŕtvi prišli na šiesty deň popoludní k mestským hradbám. Padací most pred Michalskou bránou bol spustený ponad hlbokú a širokú priekopu, naplnenú vodou. Koč prehrkotal mostom a prešiel úzkou bránou, kde sa sotva zmestil. Kočiš musel kričať na chodcov, aby sa vyhli do výklenku na ľavej strane brány, lebo ináč by ich boli kone zadlávili.

Ubytovali sa v hostinci U zeleného stromu neďaleko Dunaja. Dalo to veľa námahy, kým sa majiteľ odhodlal prepustiť Jeseniovi jednu zo svojich izieb, pretože mesto bolo nabité hosťami. Študenti spali v stodole. Do Prešporka sa schádzali vzácni návštevníci z celej Turkami neobsadenej časti krajiny, aby sa zúčastnili na korunovácii."

Akou ľahkou rukou je napísaných týchto deväť viet! No len ich autor vie, koľko námahy sa skrýva za nimi aj za celým rozsiahlym historicko-životopisným románom *Doktor Jesenius*. Ľudo Zúbek patril k tým spisovateľom, ktorých bytostne zaujímala naša národná minulosť. Od roku 1938, keď napísal svoj prvý román (o maliarovi Jánovi Kupeckom), stále sa prihováral najmä mládeži, aby ju zasvätil do histórie. Romány o slepom rozširovateľovi slovenskej literatúry Matejovi Hrebendovi, sochárovi majstrovi Pavlovi z Levoče, lekárovi Jánovi Jeseniovi či Ľudovítovi Štúrovi a jeho veľkej láske Adele Ostrolúckej sú výsledkom tisícok hodín presedených v knižniciach a za písacím stolom. Pretože Zúbek bol nielen vzácny a dobrý človek, ale aj zodpovedný spisovateľ. Nevypustil z rúk dielo, ktoré by nebolo historicky verným obrazom doby, v ktorej sa dej odohrával.

Ľudo Zúbek mal však okrem svojej práce nadovšetko rád Bratislavu. Žil v nej nepretržite od roku 1932 až do smrti. Dôverne ju poznal a roku 1965 vydal dve knihy, v ktorých sa vyznáva z lásky k nej: *Moja Bratislava* a *Gaudeamus igitur alebo Sladký život študentský*.

„Sú ľudia, ktorí sa tešia na dovolenku len preto, lebo budú môcť na

MEDZI RIADKAMI

233)

PRE ZVEDAVCOV

■ Ľudo Zúbek (1907—1969) bol aj dobrým prekladateľom, najmä historických kníh z maďarčiny a češtiny. Pre mládež preložil a upravil napríklad Cervantesov román *Dômyselný rytier don Quijote de la Mancha*.

Keď budeš s rodičmi prechádzať cez Malacky, nezabudni sa pokloniť pamiatke ĽUDA ZÚBKA, ktorý sa tu narodil a je pochovaný. Na jeho náhrobku nájdeš otvorenú knihu, do ktorej je vyrytý spisovateľov odkaz: „Otvor dušu múdrym slovám a naplň ju dobrotou a láskou k pravde!"

TATRAN

niekoľko týždňov odísť z Bratislavy. I ja rád chodím na dovolenku mimo Bratislavu — ale naozaj iba na tých niekoľko týždňov. Lebo potom ma vždy ovládne clivota a nemôžem sa už dočkať chvíle, keď sa s ňou zase zvítam. Vraciavam sa potom ako stratený syn, vždy dojemne, láskavo vítaný. Neviem, či všetkým obyvateľom Bratislavy prirástlo ich mesto k srdcu tak ako mne (myslím, že nie), a práve preto má môj vzťah k Bratislave čosi sebeckého, čo vari najlepšie vystihnem označením moja Bratislava."

Možno si ho videl v škole, na besede. Čakali ste všetci na spisovateľa, na človeka, ktorého meno ste často vyslovovali. Keby sa vás boli opýtali, ako si ho predstavujete, asi by ste zarazene mlčali. No keď vošiel, veľký a hrmotný, a hneď sa vám prihovoril, prestali ste sa ostýchať a sypali ste otázky.

Rudo Moric. Jeden z najplodnejších a najčítanejších spisovateľov pre deti a mládež. Určite poznáš aspoň jednu z jeho štyridsiatich kníh, možno máš nejakú i vo svojej poličke. Bol to mnohostranný autor. Písal diela zo športového prostredia (Majster pästiarskych rukavíc, Cez šesťdesiatjeden končiarov, Smutný Suarez), zo života súčasných detí (Trikrát som ušiel, Oktávia ide stovkou), vedecko-fantastické romány (Prípad Tubercilín), cestopisy (Pri zakliatej rieke), historické príbehy (Explózia) aj povesti čerpajúce z minulosti Bratislavy (Zvon lumpov).

Srnček Parožtek, dvaja mravci Pobehajci, Harík s Billom a ďalšie zvieratká zaiste kedysi vkĺzli aj do tvojej izbičky. Za najlepšie dielo Ruda Morica považujú odborníci zbierku príbehov z *Poľovníckej kapsy*, ktorá prvýkrát vyšla roku 1955. Podobne ako Zúbkov *Doktor Jesenius* patrí medzi knihy, na ktoré sa pamätajú azda všetci, čo ich vzali do rúk. A za tých vyše tridsať rokov ich nebolo málo, pokojne môžem povedať, že je to už pár čitateľských generácií.

Na otázku, ako vznikla kniha *Z poľovníckej kapsy*, Rudo Moric odpovedal: „...Už ako chlapci sme poznávali horu a jej tajomstvá. Vedeli sme, kade chodí zver k potoku, kde má ležoviská, v ktorej hore sa skrýva líška a v ktorej jazvec, poznali sme vtáčie hniezda a vedeli sme, čo sa v nich deje. Aj neskôr som bol v prírode doma, chodieval som po hore s puškou, ale viac som strieľal očami. Neraz som si choval doma zvieratá alebo vtáky. A odjakživa som túžil o tom písať..."

Túžba a čin. Talent a veľmi veľa usilovnosti. Bez nich by ani z pera novodobých slovenských rozprávačov nemohli vyjsť také pekné a pútavé príbehy. Ľudo Zúbek a Rudo Moric už nežijú, ale ich knihy sa určite budú prihovárať aj tvojim deťom.

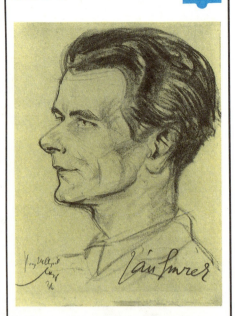

Tento portrét Jána Smreka vznikol roku 1936 v jednej z bratislavských kaviarní. Nakreslil ho český maliar Otokar Šorš.

## LITERÁRNA BRATISLAVA

Zatiaľ čo hudba, divadlo a výtvarné umenie v predchádzajúcich storočiach v Bratislave prekvitali a písali kapitoly aj v európskych súvislostiach, literatúra sa nemala možnosť prejaviť. Iste tušíš, prečo. Pre mesto, v ktorom žilo predovšetkým nemecky a maďarsky hovoriace obyvateľstvo, sa hudba a výtvarné umenie stali akýmsi esperantom – rozumeli im všetci.

Prvé ozaj slovenské literárne počiny sa viažu k Matejovi Belovi a Jozefovi Ignácovi Bajzovi, ktorí tu žili v 18. storočí. A v 19. storočí Ľudovít Štúr urobil z nášho mesta centrum slovenského jazyka a literatúry.

Po roku 1918 sa začali do nášho mesta sťahovať redakcie časopisov, umelecké spolky, vysoké školy a s nimi zaplavil Bratislavu príliv ambicióznych spisovateľov. Azda najsilnejším „literárnym" obdobím sa stali dvadsiate a tridsiate roky, keď tu pôsobili Vladimír Clementis, Peter Jilemnický, Fraňo Kráľ, Laco Novomeský a ďalší, ktorí sa združovali v pokrokovom časopise DAV. Svoje tvorivé plány často rozoberali v prostredí, akých bolo v tom čase v našom meste neúrekom. Môžeš sa o tom dočítať aj v knihe *Dejiny Bratislavy*.

„V kaviarni Astória na Suchom mýte č. 17 sa často stretávali starší literární druhovia, napríklad Janko Jesenský a Jozef Gregor Tajovský. V akademickej kaviarni Tvarožka na Štúrovej ulici sa schádzali mladí začínajúci literáti regrutujúci sa z poslucháčov filozofie a práv. Vo Fajke na Suchom mýte sa schádzali zasa príslušníci avantgardnej revue Dav. V kaviarni Grand na Námestí Slovenského národného povstania sa koncom tridsiatych a začiatkom štyridsiatych rokov združovala pri literárnom stole mladá priebojná skupina nadrealistov. V kaviarni Luxor na Štúrovej ulici sedávali za dlhým „literárnym stolom" básnici Ján Smrek, Emil Boleslav Lukáč, Ján Rob Poničan, Ladislav Novomeský a iní. Smrek tu neraz redigoval celé číslo mesačníka Elán. Do

Kam sa asi uberal básnik JÁN SMREK, keď ho roku 1927 „cvakli" na jednej z bratislavských ulíc? Do Spolku slovenských umelcov, do Barošky (ako volali dnešnú kaviareň Krym), a či na klobásu k Jozefovi Gregorovi- -Tajovskému?

■ Davisti boli umelci a príslušníci inteligencie zoskupení okolo časopisu DAV, ktorý vychádzal v rokoch 1924—26, 1929, 1931—37.

Posedieť v priateľskom kruhu pri poháriku vínka sa dalo nielen v kaviarni či vinárni, ale aj na palube bratislavského propelera, ako dosvedčuje skupinka mladých davistov z roku 1938 (zľava: K. Svetlík, V. Clementis, L. Novomeský, J. Rybák, D. Okáli).

kaviarne Metropol na Mickiewiczovej ulici chodievali koncom tridsiatych rokov davisti a neskôr aj nadrealisti. Tu mala spolkové miestnosti Spoločnosť pre kultúrne a hospodárske styky s novým Ruskom. V Redute na Mostovej ulici sa v dvadsiatych rokoch schádzali literáti, výtvarníci a hudobníci..."

A ako sa vtedy cítili títo umelci slova v našom meste? Zaiste podľa okolností, ktoré ich sem zaviali, a podľa podmienok, v ktorých tu žili. Básnik Ján Smrek si v knihe *Poézia, moja láska* (vyšla roku 1968) spomína takto: „Teraz, keď som obidvoma nohami na pôde Bratislavy, chcem o nej predovšetkým vyznať, aká bola vtedy — i potom! — pre mňa čarovným mestom...

Mesto toto poznám od svojho dvanásteho roku, vtedy som sa prvý raz viezol aj propelerom, keď som tu na maďarskom lýceu skladal prvú skúšku z latinčiny. Cítil som, že na pôde tohto Štúrovho mesta budem najbezpečnejšie vedieť, čo robiť, aby som mal dokonalý pocit života. A hľa, konečne som tu, a ako elegantne, na slávnej ulici Konventnej, kde pôsobil Štúr, a v budove, na ktorej sú do kameňa vyryté mená aspoň sto patriarchov slovenskej kultúry, ktorí tu študovali. Mal som nohy ako jeleň, keď som po prednáškach skákal dole týmí schodmi a potom chodil po meste ruka v ruke vždy s troma-štyrmi kolegami. S obdivom som hľadel na palác Reduty a potom na dunajskú promenádu, ktorá tomuto pomerne malému mestu dávala ráz veľkomesta. Vtedy mala Bratislava už hádam 120 000 obyvateľov (plánujeme ju dnes na mesto polmiliónové, ale nie viac). Dnes sa však ukazuje, že čím je naše hlavné mesto menšie v pomere k iným hlavným mestám, tým je príťažlivejšie. Veď je to katastrofálny stav, keď na svete rastú mestá takzvané mamutie. Paríž bol centrom sveta, keď mal tri milióny, to bolo vtedy, keď mala Bratislava 120 000. Dnes má Paríž už osem miliónov a nedá sa tam vraj ani bývať ani dýchať...

Dnes má Bratislava skoro 300 000, ale kde sú jej pôvaby z čias, keď mala sotva 100 000! A ja som bol vtedy na jej pôde študentom, žurnalistom a literátom. Cítil som, že žijem. Lebo všetci okolo mňa vyznávali ,leben und leben lassen' (žiť a nechať žiť) a nebolo skupánstva, ani závisti, pri viechárskych pultoch pulzovala energia, ktorá neťahala človeka pod stôl, ale hore, ad astra (k hviezdam)...

Obálka časopisu DAV z roku 1926.

TVOJA BRATISLAVA

Spisovateľ JANKO JESENSKÝ žil v Bratislave od roku 1929 až do smrti roku 1945. V jeho vile na Somolického ulici sa zriadilo Múzeum Janka Jesenského, odkiaľ je snímka umelcovej pracovne.

Na ceste do Karlovej Vsi bol prízemný domček a jeho majiteľ... bol ochotný otvoriť nám aj o tretej nad ránom, keď počul klopkanie na okno: Hier ist Tido! Majiteľ vstal, zobudil ženu a syna — a on, otec, nám potom nalieval (zázračné sudové, ale aj zahraničné, keď sme chceli), žena pražila kurence a syn pri klavíri spieval: Ružičky kvitnú zase v májovej svojej kráse a srdca žiaľ uletí v diaľ...: To bola naša Hospoda k zlatej fantázii — také meno sme jej dali."

## VYDAVATEĽSTVO PRE TEBA

V bratislavskom manderláku žije Lýdia Kyseľová, dlhoročná šéfredaktorka vydavateľstva Mladé letá. Stála pri jeho zrode, spoluvytvárala stovky kníh, z ktorých mnohé prešli aj tvojimi rukami. Vlastne až teraz si uvedomujem, že jej meno, zaznamenané nenápadným písmom na poslednej strane knihy, je súčasťou takmer všetkých mojich kníh z detstva, ktoré si úzkostlivo chránim.

Zašiel som za ňou a z jej slov som vycítil, že prvé kroky literárnej tvorby pre deti a mládež u nás neboli urobené na rovnej, vydláždenej ceste a vyžiadali si veľa voľného času, neraz na úkor rodiny, zdravia.

„Roku 1951 sa vydávanie detskej literatúry sústreďovalo do vydavateľstva Smena. Bolo to vysiľujúce obdobie, veď všetky vtedajšie knižné vydavateľstvá nám odovzdávali rozpracované rukopisy adresované deťom. Na jednu kôpku sme ukladali prínosné práce, na druhú nekvalitné, slabé. Uvedomovali sme si, že našou povinnosťou je formovať spoločenské vedomie, vkus mladého čitateľa, jeho estetické cítenie, a odmietali sme dať do tlače také ‚dielo‘, ktoré by mohlo našu snahu narušiť. A tak sme spočiatku uprednostňovali knihy, ktoré už v minulosti vyšli a patrili medzi základné kamene slovenskej literatúry pre mládež, napríklad diela Fraňa Kráľa, Jozefa Horáka, Ľudmily Podjavorinskej. Ale súčasne sme uvažovali, ako získať nových, perspektívnych autorov. Pomáhala nám pri tom edičná rada zložená z mladých literátov (veď aj oni mali menšie deti) aj redaktorov z nášho vydavateľského kolektívu, z ktorých sú dnes mnohí literárnymi kritikmi, spisovateľmi či jazykovedcami. A radi spomínajú na svoje začiatky v mládežníckom vydavateľstve."

Z knihy KAROLA BENYOVSZKÉHO Povesti zo starej Bratislavy, prvej známej „zbierky" bratislavských povestí, čerpali všetci spisovatelia, ktorí nám podávajú minulosť mesta v tejto literárnej forme.

MEDZI RIADKAMI

237)

Ako vznikol názov Mladé letá?

„Názov Slovenské nakladateľstvo detskej literatúry, ktorý malo vydavateľstvo do roku 1956, nebol príťažlivý. Hľadali sme niečo, čo by našim čitateľom priraslo k srdcu, prebudilo v ňom ešte väčší záujem o naše knihy. Tipy boli rôzne, pri viacerých sme sa pobavili. Napokon sa do ,finále' dostali dva návrhy — Dobré slovo, ku ktorému nás inšpirovala voľakedajšia edícia Matice slovenskej, a Mladé letá, názov novely Martina Kukučína. Povereník pre školstvo Ernest Sýkora zareagoval jednoznačne: ,Mladé letá, to je skvelé!' A názov vydavateľstva bol na svete.

Ako prví sa priblížili k deťom mladí básnici: Ľubomír Feldek, Miroslav Válek, Štefan Žáry. A kedy nastal obrat v próze?

„Azda vtedy, keď vyšla knižka Kláry Jarunkovej *Hrdinský zápisník*, ktorá rozpráva v prvej osobe o ,darebáctvach' detských hrdinov. Autorke sa podarilo narušiť spoločenské normy, zmeniť názor na to, čo sa v detskej literatúre smie a čo nie. A to bol už len skok k ďalším takýmto dielam, akými boli knihy Márie Ďuríčkovej *My z ôsmej A, Stíhač na galuskách.*"

Akýže by to bol rozhovor v knihe o Bratislave, keby sa v ňom neobjavil aj pohľad na naše mesto.

„Do Bratislavy som prišla roku 1938 zapísať sa na vysokú školu a všetko sa mi videlo ľahké a krásne. Nasledovali však strašné udalosti, vojna. Učila som na dievčenskom gymnáziu na Dunajskej ulici. Roku 1943 nás vysťahovali z „ohrozeného pásma" a naše triedy rozmiestnili po celom meste. V júni 1944, v deň prijímacích skúšok na našu školu, sme sa po dlhšom čase všetci stretli v budove gymnázia. A zrazu začali padať bomby. Deti a rodičov sme stiahli do pivníc... Keď bolo po všetkom, aj ja som vybehla z budovy, črepiny okenných tabúľ mi siahali po členky. Len niekoľko metrov chýbalo, aby naša škola dostala priamy zásah — na protiľahlej strane zíval obrovský kráter po bombe."

Roku 1985 vyšla vo vydavateľstve Mladé letá kniha Lýdie Kyseľovej s názvom *Nadpočetné hodiny života*. Zhŕňa v nej svoje celoživotné poznatky a názory na literatúru pre deti a mládež.

„Nadpočetné hodiny života, to môžu byť ponajprv tie, čo prežíva redaktor (tak ako každý čitateľ) s literárnymi hrdinami. Podlieha ich úzkostiam, trápeniu, rozhodovaniu, stravujú ho ich výhry či prehry, slovom, prežíva ich osudy ako svoje vlastné. Tak nám literatúra ponúka tisícky hodín životnej skúsenosti navyše našej vlastnej. V šľapajach hrdinov objavujeme svoje vlastné životné situácie, prehodnocujeme vlastné názory a životné programy. A navyše — nadpočetné hodiny boli pre nás tie, v ktorých sme sa vracali ku knihám vlastných detských rokov, vážili ich obsahy stratenou radosťou detskou a nadobudnutou múdrosťou dospelého."

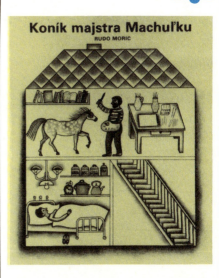

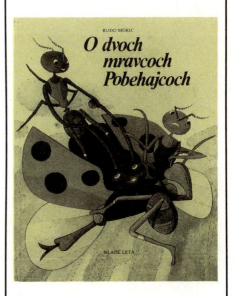

Koník majstra Machuľku, O dvoch mravcoch pobehajcoch... Vedel by si vyrátať všetky knihy RUDA MORICA.

Nový znak vydavateľstva Mladé letá navrhol MIROSLAV CIPÁR.

TVOJA BRATISLAVA — 239)

PARNÁ LOKOMOTÍVA
BOLA DLHO ZNAMENÍM POKROKU
A OBJAVOVALA SA VŠADE TAM, KDE MALA POTVRDIŤ,
ŽE DOTYČNÝ IDE S DUCHOM ČASU.
TAK AKO MAJITEĽ TOHTO
VÝVESNÉHO ŠTÍTU.

# Nie na vlastných

(doprava)

VLADIMÍR TOMČÍK

16)

TVOJA BRATISLAVA                                                              (240

## BRATISLAVSKÝ ROBINSON

Na Ondrejskom cintoríne som viackrát prešiel okolo veľkého pieskovcového náhrobného kameňa, na ktorom je vyrytá trojsťažňová plachetnica. Je tu pochovaný nejaký námorník alebo cestovateľ, pomyslel som si, ale nepristavil som sa, nezačítal do nemeckého nápisu. Až raz, keď som opäť kráčal okolo, dal som sa lúštiť text: „Na tomto mieste odpočíva Karol Jetting – bratislavský Robinson, ktorý sa v Bratislave narodil roku 1730 a tu aj zomrel roku 1790. Pomník dala postaviť mestská rada roku 1844."

Kto bol tento bratislavský Robinson?

Narodil sa jedenásť rokov po tom, ako Daniel Defoe napísal svetoznámy román o nešťastnom stroskotancovi Robinsonovi. A sedem rokov po Jettingovej smrti vyšli vo Viedni jeho zápisky, ktoré sa stali veľmi populárnymi. Čo sa odohralo medzitým?

Karol bol zrejme šikovným žiakom, lebo sa rýchlo naučil viacero svetových jazykov. Rodičia ho poslali do Viedne, kde pracoval ako pisár u istého advokáta. Tomu však spreneveril peniaze a musel utiecť. Ktovie, ako by sa bol jeho život ďalej vyvíjal, keby mu v jednom hostinci nebol skrížil cestu bohatý anglický zmenárnik. Ten sa mladého muža ujal, zobral ho so sebou do Londýna a zamestnal v svojej banke. Karol sa asi osvedčil, lebo jeho dobrodinec mu vybavil miesto kráľovského úradníka v Senegale.

A tým sa začínajú Jettingove skutočné cestovateľské dobrodružstvá. 26. októbra plachetnica Delfín vyplávala z Londýna a zamierila k africkým brehom. Vo veľkej búrke však vinou kapitána stroskotala

Podobný pomník nenájdeš v celej Bratislave. A jedinečný bol i život KAROLA JETTINGA, bratislavského Robinsona, ktorý pod ním odpočíva.

### PRE ZVEDAVCOV

■ *Presný rok, v ktorom Jetting odplával z Londýna do Afriky, nepoznáme.*

■ *Česko-slovenský úsek Dunaja meria 172 km, na 7,5 km tvorí štátnu hranicu s Rakúskom a na 140,8 km hranicu s Maďarskom.*

■ *Priemerný prietok Dunaja v Bratislave je 1992 $m^3/s$, najnižšiu hladinu – 56 cm – namerali 22. 11. 1983 (prietok bol 838 $m^3/s$).*

■ *Vodočetná stanica v Bratislave vznikla roku 1823 a pravidelná hydrologická služba sa datuje od roku 1886. V súčasnosti je na česko-slovenskom úseku Dunaja 13 vodočetných staníc.*

Prvé dve parolode priplávali do Bratislavy
roku 1818, ale trvalo ešte roky,
kým para a lodná vrtuľa vytlačili z Dunaja
ostatné plavidlá.

Neodmysliteľnou súčasťou bratislavskej atmosféry prestal byť staručký propeler roku 1967. Istý čas fungoval ešte ako lodná reštaurácia Zlatá rybka, ale potom ho zošrotovali.

a celú posádku zajali ľudožrúti. Jetting mal zrejme šťastie, lebo ho predali do otroctva, vlastne vymenili za tri kozy. Vo svojich zápiskoch dopodrobna opisuje strasti, hlad, poníženie, beznádej aj bitku, ktorú utŕžil. Vymenil viacero majiteľov, až ho nakoniec vykúpil anglický konzul v Maroku. Šťastne sa vrátil do Londýna a jeho dobrodružstvá zaujali samého kráľa, takže ho vymenoval za konzula v Marseille. A udalosti sa opakovali: len čo loď opustila Londýn, šesť dní sa zmietala v búrke, zablúdila a prepadli ju tuniskí piráti. Jetting sa stal otrokom bohatého tureckého obchodníka. Jedného dňa zachránil svojmu majiteľovi život a ten ho obdaroval a prepustil na slobodu. Žiarlivý obchodníkov syn, ktorému Karol prekazil jeho plány s dedičstvom, ho však na ceste domov prepadol, olúpil a predal za galejníka na otrokársku loď. Nešťastníci prikovaní k veslám využili situáciu, keď sa ich loď pustila do boja s maltskou vojnovou loďou, vzbúrili sa a všetko smerovalo k oslobodeniu, no jedna z delových gúľ zasiahla skladisko pušného prachu. Jetting sa prebral na brehu neobývaného ostrova a začala sa jeho niekoľkoročná robinzonáda, veľmi podobná osudom anglického námorníka Crusoa. Dokonca stretol aj svojho Piatka — francúzskeho kapitána, ktorého vzbúrení námorníci vysadili na pustý breh. Po strastiplných rokoch sa nakoniec šťastne dostal do Londýna i do rodnej Bratislavy.

Jettingove zápisky som čítal s chuťou a neprekážalo mi, že neuvádza presné zemepisné údaje a že si niekde trochu vymýšľa. A myslím si, že ak sa pustíš do nich aj ty, dáš mi za pravdu.

■ Galejníci boli po piatich prikutí k sebe reťazami, spávali pod holým nebom a dostávali biednu stravu. Máloktorí vydržali takýto život viac ako dva roky a zomreli od vyčerpania.

NIE NA VLASTNÝCH

243)

## PROPELER A TIE ĎALŠIE

Určite som nebol jediný, komu bolo ľúto, keď roku 1967 odchádzal do výslužby staručký propeler. Bez parníčka s trochu šikmým komínom, z ktorého odletovali chumáče dymu, som si nevedel nábrežie Dunaja ani predstaviť. A zdalo sa mi, že pri troche dobrej vôle mohol dostať nový šat, prejsť generálkou a ďalej prevážať Bratislavčanov (a nielen ich) z jedného brehu na druhý...

Keď podnikateľ Henrich Hörnes roku 1890 založil propelerový podnik, kúpil tri parníky a v letnej sezóne organizoval vyhliadkové plavby s hudbou a tancom. Zaviedol aj pravidelné lodné spojenie s petržalským brehom. A od roku 1911 až do roku 1967 ho zabezpečoval propeler Devín, starý známy a miláčik bratislavských detí. Loď, ktorá ho nahradila, je modernejšia, rýchlejšia, ale s ním odišiel do nenávratna kus srdca starej Bratislavy.

Starí Gréci nazývali Dunaj Ister a po Níle ho považovali za druhú najväčšiu rieku na svete. Rimania ho poznali pod menom Danubius a považovali ho za samostatnú rieku. Až na prelome 1. a 2. storočia n. l. zistili, že Ister a Danubius sú len dve pomenovania toho istého vodného toku, a onedlho už prepravovali po ňom všetko, čo potrebovali. Na ľavej strane vybudovali popri ňom vojenské stanice a predsunuté pevnosti.

Na miestach starých rímskych táborov sa v stredoveku vyvíjali mestá, ktoré od obchodníkov, čo sa plavili po Dunaji, vyberali poplatky. Obchodníci museli navyše vyložiť svoj tovar, ponúknuť ho tamojším obyvateľom, a len s tým, čo zostalo, sa mohli plaviť ďalej. Ak im loď uviazla na plytčine, tovar prepadol v prospech toho, komu patrila táto časť rieky.

Na plavbe po Dunaji sa stáročia v podstate nič nezmenilo. Dole riekou to mali lode ľahké, unášal ich prúd. Na konci cesty sa menšie plavidlá rozobrali a drevo sa predalo — boli to lode na jednu cestu. Horšie to bolo proti prúdu. Na dolnom toku a na ramenách ešte stačili

■ *Lodníci nemali svoj vlastný cech, ale boli združení do spolku — bratstva sv. Mikuláša.*

■ *Na stavbu lodí a na dopravu po Dunaji už od 16. storočia dohliadala Plavebná komora a jej činnosť v 18. storočí prešla do Lodného úradu.*

■ *Roku 1719 vznikla Orientálna spoločnosť, ktorá sídlila na Františkánskom námestí, mala vlastné sklady aj vlastné lode. Spoločnosť dostala povolenie prepravovať tovar po Čiernom mori.*

■ *Prvý parník sa na Dunaji objavil roku 1817.*

■ *Roku 1850 vznikla Paroplavebná spoločnosť, ktorá o dvadsať rokov vlastnila 37 osobných parníkov, 10 nákladných lodí a 15 remorkérov.*

Žeriavy v bratislavskom prístave majú stále čo robiť, veď sem prichádzajú i veľké riečno-námorné lode.

# 5. Feber 1850

plachty, ale pri Bratislave, kde je tok prudký, museli pomôcť kone a ľudia. Túto obrovskú drinu spočiatku vykonávali otroci, neskôr poddaní z okolitých obcí, platení nádenníci aj odsúdenci – galejníci. Bežnú, štyristotonovú loď ťahalo tridsať mužov a štyridsať koní alebo volov. Najskúsenejší lodník išiel na koni a hľadal najlepšiu cestu, posádka lode zasa bidlami odstrkávala loď od plytčín. Roku 1850 sa napríklad ťahalo proti prúdu 800 lodí a na brehoch stálo množstvo prepriahacích staníc (v komárňanskej mali vyše 1000 koní!). Takáto plavba bola, prirodzene, nielen drahá, ale aj pomalá – z Budapešti do Viedne trvala jeden mesiac.

Ak si spomínaš, už v privilégiu kráľa Ondreja III. sa uvádza, že Bratislavčania môžu vlastniť lode a plaviť sa po Dunaji. A tak naši lodníci preberali od viedenských kupcov rozličný tovar (najmä soľ, dobytok, víno a látky) a vozili ho ďalej na juh vo veľkých sudoch, lebo lode ešte nemali kryté paluby a náklad mohol ľahko zmoknúť. V 14. storočí mali bratislavskí obchodníci výsadné právo na obchod s Rakúskom a rozšírili styky s morskými prístavmi v Dalmácii. Množstvom prepravovaného tovaru Bratislava vtedy predstihovala nielen všetky mestá na Slovensku, ale aj v Uhorsku. Prácu bratislavských lodníkov si vážili aj v cudzine, dokonca sa predpokladá, že keď ruský cár Peter Veľký roku 1698 navštívil Bratislavu, chcel sa oboznámiť so stavaním lodí v jej lodeniciach.

V tých časoch bol ešte Dunaj plný nástrah, plytčín a vírov, tiekol, ako chcel a kade chcel. Prvé pokusy zregulovať jeho tok sa uskutočnili už koncom 18. storočia, ale plavba po ňom bola naďalej veľmi nebezpečná. Po viacerých nešťastiach zverovali bratislavskí obchodníci tovar už len skúseným a bohatým lodníkom, ktorí sa svojím majetkom zaručili za prepravu. Oživenie nastalo až v 19. storočí po medzinárodných dohodách, keď bol Dunaj vyhlásený za medzinárodnú rieku.

Vynálezca Anton Bernard z maďarského Pécsu sa už okolo roku 1815 usiloval získať povolenie prepravovať náklady paroloďou. Musel však dokázať, že parník sa vie plaviť proti prúdu rieky. Jeho loď Karolína priplávala do Bratislavy 2. septembra 1818 a pred udivenými mešťanmi vykonala ukážkovú plavbu: s vlečným člnom postupovala proti prúdu a urobila aj niekoľko obratov. A hoci 17. septembra prišla do Bratislavy ďalšia paroloď František I., ktorej velil istý Francúz, paroplavba sa neudomácňovala rýchlo.

Akiste aj preto nemala Bratislava z dunajskej dopravy väčší zisk. Voľakedy slávne lodenice upadali a výroba plavidiel sa presunula do Pešti a do Komárna. Minuli sa časy, keď bratislavskí vynálezcovia Segner a Kempelen hľadali a našli taký tvar lodí, aby kládli čo najmenší odpor pri ťahaní proti prúdu. Na prelome 19. a 20. storočia sa v Bratislave vyrábali len drevené člny na prepravu kameňa. Z voľakedajších prístavov pod Devínom, na Vydrici a na dnešnom Vajanského nábreží zostal iba jeden – na miestach medzi dnešným nástupiskom

---

Keď sa vo februári 1850 Dunaj opäť nezmestil do svojho koryta, Bratislavčania označili tabuľkami na budovách, kam až siahala hladina zaplavujúca mesto. Na dome č. 9 na Laurinskej ulici nájdeš tabuľku vo viac ako metrovej výške!

■ *Cesta loďou z Viedne do Bratislavy trvala dve a štvrť hodiny (stála dve zlatky), kým cesta z Budapešti do Viedne proti prúdu 50 hodín.*

■ *Slávny hudobný skladateľ Johann Sebastian Bach má svoje korene v Bratislave. Jeho prastarý otec vlastnil dunajský mlyn a zo strachu pred Turkami sa aj s rodinou vysťahoval do Bavorska.*

■ *Prvý žeriav v bratislavskom prístave začal pracovať roku 1916.*

■ *Česko-slovenská plavba dunajská má dnes závod riečnej a námornej dopravy, prístav a lodenice v Bratislave i prístav v Komárne.*

propelera a prístaviskom Danubius. Prekladalo sa v ňom ručne a až projekt z roku 1897 (podľa neho mal mať zimný prístav až 23 hektárov vodnej plochy) ukázal, že svitá na lepšie časy.

Roku 1922 vznikla Československá plavba dunajská (ČSPD), pre ktorú sa kúpili lode od rakúskych a maďarských spoločností. Prepravovala tovar z balkánskeho juhu po Dunaji do Bratislavy a odtiaľ vlakom do poľskej Gdyne, čo bolo lacnejšie a rýchlejšie, ako oboplávať celú Európu. Roku 1938 vlastnila spoločnosť 167 plavidiel a bratislavský prístav patril k najlepšie vybaveným európskym riečnym prístavom. Ako mnohé iné úspešné podnikanie aj toto prerušila II. svetová vojna.

Dnes plávajú lode z Bratislavy po celom splavnom úseku Dunaja až do Čierneho mora a ročne prepravia na 3 milióny ton nákladu. Moderné remorkéry tlačia niekoľko člnov naraz a do každého z nich sa zmestí tovar, ktorý by odviezol vlak so 100 vozňami. Plavba do čiernomorského sovietskeho prístavu Izmail trvá 9 dní a Bratislavský hrad uvidia naši námorníci opäť po 25 dňoch.

> Dunaj je veľrieka a voda nebezpečný živel. V minulosti narobila Bratislavčanom veľké problémy, ba nie raz premenila ich mesto na Benátky.

## KEĎ PLÁVAJÚ STROMY

Na jún 1965 si veľmi dobre pamätám. Ležal som v posteli s angínou pri otvorenom okne. Keď som sa zobudil, zazrel som na bielom strope plno čiernych bodiek. Nesníva sa mi to? Nie, boli to komáre. Kde sa ich tu toľko vzalo? Čo sa deje?

Otec ma upokojoval. Vieš, že už dva týždne vo dne v noci leje. Prší takmer v celej Európe, všade sú záplavy, celé lány polí sú pod vodou, komáre sa množia a všade sa pchajú. Najhoršie je to s Dunajom. Jeho hladinu dvíhajú nielen dažde, ale aj obrovské prívaly vôd z dunajských prítokov, ktoré odvádzajú z rakúskych Álp vody z prudko sa topiaceho snehu. V rakúskom Pasove sa musela vysťahovať štvrtina obyvateľov, Dunaj sa vylieva vo Viedni, a aj u nás už vyhlásili pohotovosť: vodomer pri propeleri ukazuje dnes 756 cm a hladina prudko stúpa.

Na druhý deň, teda 12. júna, som počúval rozhlasové správy veľmi pozorne. Doteraz stúpajúce spodné vody ohrozovali najväčšmi Vajnorčanov – 200 domov malo vo dvoroch vodu, polia boli zaplavené, ľudia sa brodili po uliciach vo vode a v bahne. V Petržalke zatiaľ vysťahovali 14 rodín, voda z Dunaja zaplavila všetky studne, takže pitnú vodu rozvážajú cisternami. Za jediný deň Dunaj stúpol o meter. Najlepšie to vraj vidieť na propeleri: na nástupný mostík by sa muselo ísť hore kopcom, propeler so svojím komínom trčí vysoko nad hrádzu. V Petržalke sú hotové Benátky!

Prosil som otca: „Poďme sa pozrieť na Dunaj! Veď už nemám horúčku a ešte nikdy som ho nevidel taký rozvodnený!"

Podarilo sa. Išli sme rovno k propeleru. Nástupište bolo zahradené drevenými kladami a vrecami piesku. Vodočet pri ňom ukazoval 855 cm a krivka smerovala nahor. Od propelera po budovu múzea bolo zábradlie medzi stĺpikmi obložené hrubými doskami a voda už cez ne presakovala na chodník.

Pri moste, kde bola príjazdová cesta do prístavu, sa voda vylievala skoro až po hlavnú cestu, darmo jej cestu zahatávali vrecami piesku. Dunaj bol ako žltosivé blato, unášal celé stromy, kusy nábytku, trámy, dosky. Na petržalskej strane voda postupovala hore Pečnianskym ramenom a ligotala sa všade, kam až oko dovidelo. Petržalčania sa mohli člnkovať! Lenže oni mali iné starosti, než sa prevážať z dlhej chvíle! Ďalšie rodiny sa museli z domov vysťahovať.

A Dunaj vyčíňal ďalej. 16. júna sa pretrhla hrádza pri Číčove, voda zaplavila štvrtinu Žitného ostrova a ohrozila nielen úrodu, domáce zvieratá, domy, ale aj životy obyvateľov a ich záchrancov. Celá republika im pomáhala v boji proti tomuto živlu, aj potom, keď už vody opadli. Zo zatopených oblastí museli vysťahovať 50 000 ľudí a škody dosiahli tri miliardy korún.

To bolo roku 1965. No iste si nemyslíš, že to bolo jediné vyčíňanie Dunaja.

Najstaršou správou o povodni v Bratislave je list hainburského richtára bratislavskému, že jeho zať sa pre povodeň nemôže dostaviť na súd. List je zo 14. mája 1445. Z roku 1526 máme záznamy o záplavách v dolných častiach mesta, ktoré spôsobili topiace sa ľady. Voda sa vyliala z koryta nečakane, v noci a prikvačila ľudí v spánku. 53 ľudí sa utopilo. Ľady zapríčinili aj povodne v rokoch 1721 a 1771. Roku 1850

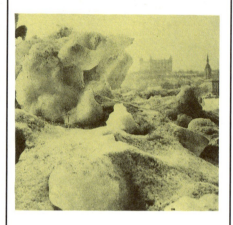

Dnes je Dunaj už priveľmi znečistený, aby mohol zamrznúť ako voľakedy. Ešte roku 1947 sa ľady tak nakopili, že zahatali rieku a poradili si s nimi len pyrotechnici – odstreľovali ich, aby sa voda nerozliala do mesta.

Kým sa z jedného brehu na druhý nedalo prejsť po pevnom moste, prevážali sa Bratislavčania lietajúcim kyvadlovým mostom.

Árviz 1899 Szeptember havában
Hochwasser September 1899.
Pozsony — Pressburg

Dunaj zamrzol do veľkej hĺbky. Vo februári prišiel odmäk a ľady sa pohli. Bolo ich také množstvo, že zahatali koryto rieky a voda sa rozliala po uliciach mesta. O tom, ako vysoko ich zaplavila, hovoria tabuľky s vodoznakom na Leningradskej ulici a na rožnom dome na Uršulínskej ulici. Podľa dnešných prepočtov musel Dunaj vystúpiť do výšky 11,82 metra (samozrejme, od dna koryta). Ale najväčšia povodeň postihla Bratislavu roku 1501. Podrobnosti nevieme, ale podľa odhadov z Viedne dosahoval tamojší prietok 14 000 m³/s. Ako vtedy Dunaj zatopil Bratislavu, môžeme len predpokladať podľa prietoku z roku 1954, keď dosiahol 10 400 m³/s, pričom najvyššia nameraná hladina bola 984 cm.

Aj rok pred novým storočím mútne dunajské vody zaplavili skladiská v prístave a priľahlé ulice.

## 2113,6 METRA MOSTOV

Na „starom" bratislavskom moste je bronzová tabuľa:
*Most zničili nemeckí fašisti roku 1945. Obnovili ho na rozkaz maršala Sovietskeho zväzu Koneva technické jednotky Červenej armády za spolupráce priemyselných podnikov Československej republiky.*
*Začiatok: september 1945*
*Dokončenie: január 1946.*

Áno, ide o most, ktorý sa v našom meste dlhé roky sám klenul nad Dunajom. Bol síce jediný, ale nie prvý, a ako dnes vidíš, ani posledný. No kým spojil oba brehy, museli si Bratislavčania pomáhať, ako vedeli.

Brod cez rieku priamo pod hradnou skalou existoval pravdepodobne už za Keltov a Rimanov a pán hradu bol aj pánom brodu. Už z roku 1002 máme záznam, podľa ktorého opát pannonhalmského kláštora dostal jednu tretinu príjmov z mýta — poplatkov za prechod cez brod.

■ *Najstarším zachovaným mostom v Bratislave je kamenný Michalský most, postavený roku 1727 namiesto dreveného mosta, ktorý prechádzal pred Michalskou bránou cez vodnú priekopu pri mestských hradbách.*

TVOJA BRATISLAVA                                          (248

- Most cisára Františka Jozefa stavali od júna 1889 do 30. 12. 1890, keď ho slávnostne otvoril sám cisár.

- Most SNP je dlhý 431,8 metra a hmotnosť oceľovej konštrukcie je 7537 ton.

- Most hrdinov Dukly je dlhý 460,8 metra.

- Most pri Lafranconi je dlhý 761 metrov a skladá sa zo siedmich polí.

- Červený most bol mohutný železničný viadukt, ktorý mal 8 oblúkov a piliere z granitu. Bol to prvý oblúkový most v Uhorsku.

Dlhé roky museli obyvatelia nášho mesta i jeho návštevníci vystačiť s jediným pevným mostom, ktorý bol postavený roku 1890, ba na jar 1945 prišli aj oň, keď ho ustupujúce nemecké vojská vyhodili do vzduchu.

O druhé dve tretiny sa delili pilišský opát a bratislavský župan. Bolo to veľmi výnosné vlastníctvo, preto roku 1254 dal pilišský opát Ján na ochranu brodu postaviť Vodnú vežu (pri dnešnom Rybárskom cechu).

Už v 13. storočí dostalo mesto veľmi výnosné právo práma, čiže právo prepravy cez Dunaj. Prvé miesto prepravy bolo pod hradnou skalou, kde mešťania využívali pontónový most, ktorý im po smrti cisára Žigmunda Luxemburského daroval jeho zať Albert. Na starých kresbách a rytinách Bratislavy si môžeš všimnúť, že na Dunaji bolo viacero mostov: menšie pontónové a na ramenách aj pylónové mosty. Zvláštnosťou bol lietajúci most – akási kompa či skôr kyvadlový most. Podobne ako kyvadlo na hodinách premával z jedného brehu na druhý veľký čln upevnený na dlhej reťazi, ktorá bola ukotvená vysoko proti prúdu rieky. Ďalšie člny držala reťaz nad vodou a umožňovala už spomínaný kyvadlový pohyb. Súčasne jestvovali aj pontónové mosty. Jeden z nich roku 1676 Bratislavčania zo strachu pred Turkami nahradili lietajúcim mostom, ktorý neskôr z tých istých dôvodov spálili. Kým fungoval, premával od polovice marca do polovice decembra, a keď Dunaj začal zamŕzať, vytiahli ho na breh.

Celé 18. storočie sa dalo prechádzať cez Dunaj iba lietajúcim či pontónovým mostom. Mesto sa staralo o ich údržbu, určovalo výšku

V minulosti vymlel Dunaj pri Bratislave množstvo ramien. Ostrovy, ktoré takto vznikli, spájali v stredoveku drevené mosty na pylónoch.

mýta i poplatkov za prechod. Pre parolode sa most otváral dva razy denne a súkromné lode mali vyhradené dva časy prechodu doobeda a poobede. V noci museli pomáhať aj lodníci na lodi, kvôli ktorej sa most musel otvoriť. Všetky lode museli mať povolenie na prechod ešte prv, ako k mostu dorazili. Rakúske parolode platili za prechod ročný poplatok 2500 zlatých, ostatné parolode 2 zlatky a zlatku dávali personálu mosta.

Aj peší platili mýto. Poplatky sa vyberali za jednu osobu, za kone, za naložený i prázdny voz, za prevážaný tovar. Bratislavčania neplatili mýto za tovar, iba za prechod.

Keď však dostalo mesto roku 1890 most Františka Jozefa, zrieklo sa všetkých dovtedajších práv súvisiacich s mýtom i prechodom lodí. Železný, 460 metrov dlhý most, postavený podľa plánov anglického inžiniera Francisa Cathryho, sa o rok rozšíril o „prístavbu" — ďalšiu železnú konštrukciu, ktorá niesla koľajnice bratislavsko-trnavskej a bratislavsko-šopronskej železničnej trate. Zrejme by most stál až dodnes, keby ho ustupujúce nemecké vojská neboli na jar 1945 vyhodili do vzduchu.

K starému mostu roku 1972 pribudol Most Slovenského národného povstania. Táto unikátna stavba — oceľová konštrukcia zavesená na jednom šikmom pylóne — je siedmym najväčším zaveseným mostom na svete. Je dvojpodlažný, hore sú štyri prúdy pre autá a dole chodníky pre nemotorizovaných. Na vrchole pylónu vo výške 80 metrov je vyhliadková kaviareň Bystrica pre 127 návštevníkov. Dostaneš sa do nej rýchlovýťahom umiestnenom v jednej nohe pylónu (v druhej je núdzové schodisko so 430 schodmi).

Tretím bratislavským mostom je Most hrdinov Dukly, tiež dvojpod-

V búdke na bratislavskej strane pontónového mosta sedeli výbercovia a vyberali poplatky za ľudí, povozy a tovar, čo použili tento priechod cez rieku.

# TVOJA BRATISLAVA (250

lažný: na spodnom podlaží sa nachádzajú železničné koľajnice, chodníky pre peších i jazdný pruh pre cyklistov, na druhom diaľnica. Most sa skladá zo štyroch oceľových polí uložených na piatich pilieroch a do užívania ho odovzdali roku 1985.

Najnovším je most pri Lafranconi, ktorý sa stal prvým betónovým mostom v Bratislave. Spočíva na obrovskom pilieri v strede rieky, pričom rozpätie hlavného mostového poľa meria 173 metrov. Vďaka mostu možno odkloniť diaľkovú dopravu od stredu mesta, a tým zlepšiť životné prostredie.

Spomedzi štyroch bratislavských mostov je najzaujímavejší Most SNP. Škoda len, že Bratislava zaň zaplatila priveľkú daň – pobúrala sa časť mesta, s ktorou sa stratili mnohé historické cennosti a zaujímavosti.

## HIJÓ!

Dlhé roky opustená, ošarpaná a chátrajúca budova na križovatke Krížnej a Legionárskej ulice má už dnes nový šat. No koľkí Bratislavčania museli venovať svoj voľný čas a námahu, aby sa mohla takto vynoviť! Koľko papiera sa popísalo na jej záchranu, keď ju chceli zbúrať, lebo čas na nej predvádzal svoju moc a prekážala aj pri rozširovaní cesty!

Načo toľko zhonu okolo jednej starej barabizne? Lebo je to najstaršia železničná stanica u nás a na celom svete jediná z obdobia, keď vznikla (1840). Z nej odchádzali vozne konskej železnice do Jura,

# NIE NA VLASTNÝCH

Pezinka a Trnavy. Cestujúci sa viac nemusel dlhé hodiny trmácať v prachu, blate a daždi po rozbitých cestách, ale sadol si do koča na koľajniciach a o necelé tri hodiny bol v Trnave. Pohodlne, rýchlo a bezpečne.

Z Bratislavy smerovali v stredoveku obchodné cesty najmä do Rakúska, na Moravu, do Nemecka a do Poľska. Obchodníci po nich vozili víno, dobytok, kone, ovce, sušené ryby, a keďže na nich striehlo nejedno nebezpečenstvo, združovali sa do väčších skupín. Roku 1699 založili obchodnícky spolok – gildu. Podporoval ich aj mestský patriciát, veď bratislavskí bohatí mešťania boli tiež obchodníkmi, alebo dodávali iným víno na predaj.

Zásadný obrat vo vývoji dopravy prinieslo zrušenie nevoľníctva. Uvoľňovali sa pracovné sily pre vznikajúci priemysel, zrušili sa colné bariéry s Rakúskom a nová, kapitalistická výroba potrebovala ďalšie a väčšie trhy. Na cestách nastal odrazu nevídaný pohyb, ľudia cestovali, prevážali, obchodovali. Cesty v Uhorsku boli poväčšine zlé, prašné. Už roku 1802 požiadali bratislavskí obchodníci snem, aby dal opraviť a dobudovať cesty z Bratislavy cez Trnavu do banských miest a Kežmarku. A iste by sa bolo zišlo zlepšiť aj náš úsek obchodnej cesty, čo viedla z Viedne cez Bratislavu do Krakova, Varšavy, Rigy a Petrohradu. A zatiaľ v Anglicku už rok fungovala prvá verejná konská dráha medzi ústím rieky Temže a Londýnom. Každý, kto mal konský záprah a vyhovujúci voz, mohol si na nej prevážať, čo chcel. Kone ťahali vozy po koľajniciach a všetci si pochvaľovali rýchlosť, s akou prišli do cieľa.

Bratislavský snem rokoval o zlepšení dopravy v rokoch 1825–27. Bol vypracovaný návrh na trasy konskej železnice a po prvý raz sa na sneme použili latinské slová ductus ferreos = železné cesty, ktoré sa roku 1836 začali nazývať železnicou. Toho istého roku sa 17 bratislavských veľkoobchodníkov a statkárov rozhodlo založiť spoločnosť na vybudovanie konskej železnice medzi piatimi západoslovenskými kráľovskými mestami – Bratislavou, Sv. Jurom, Pezinkom, Modrou a Trnavou. Dúfali, že pomocou nej rýchlejšie a lepšie predajú svoje výrobky a produkty. Práce sa síce začali, ale podnikatelia čoskoro

■ Železničné spojenie s Budapešťou existuje od roku 1850.

■ O premávke na železničnej stanici začiatkom storočia si môžeš urobiť obraz podľa údajov z roku 1912: do Bratislavy každý deň prichádzali z Budapešti 4 rýchliky, 1 expres, 5 osobných vlakov; z Viedne 4 rýchliky, 1 expres, 4 osobné vlaky; zo Žiliny 1 rýchlik, 4 osobné vlaky; zo Skalice 3 osobné vlaky; z Bratislavy ich bol vypravený takmer rovnaký počet. Navyše v nedeľu a vo sviatok šiel k Červenému mostu jeden mimoriadny vlak.

V Mestskom múzeu v Starej radnici sú vystavené i cestovné lístky konskej železnice a toto pečatidlo z jej trate Bratislava–Trnava.

Vieš si predstaviť, ako Bratislavčania (aj cezpoľní) uvítali konskú železnicu? Konečne sa nemuseli trmácať po zlých cestách, ale nasadli do pohodlného kupé, a za tri hodiny vystúpili v Trnave.

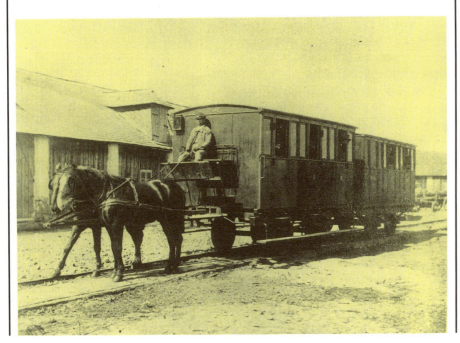

zistili, že nemajú dosť peňazí, a tak požiadali panovníka, aby sa na projekte mohli zúčastniť aj viedenskí bankári.

28. septembra 1840 vyrazila na pätnásťkilometrovú trasu do Svätého Jura prvá koňka. Nasledujúci rok už chodila aj do Pezinka, roku 1845 do Báhoňa a 1. novembra 1846 bola Bratislava spojená železnicou s Trnavou. Keď o pol siedmej odišla koňka z Bratislavy, o pol desiatej bola v cieľovej stanici. Pár koní ťahal dva vozne (hoci mohol utiahnuť aj päť) a na trase sa denne otočil dvakrát. Každý tretí deň mali ťahúne voľno. Kone slúžili šesť rokov a medzimestská trať disponovala viac ako stovkou týchto zvierat.

Neušlo ti, že som nespomenul Modru? Koňka musela mestečko obísť, lebo Modrania sa obávali, že táto „novota" ohrozí ich dobré mravy. A dodnes vlak Modru obchádza...

Bratislavskí podnikatelia chceli urýchlene spojiť mesto s okolitým svetom, a najmä s Viedňou a Budapešťou. Práce postupovali veľmi rýchlo, veď napríklad vo februári na trati medzi Bratislavou a Devínskou Novou Vsou pracovalo 2000 robotníkov a 500 povozov.

Bratislavsko-trnavská konská železnica slúžila presne 26 rokov a 11 mesiacov. Naposledy po nej prešli cestujúci 10. októbra 1872, vtedy poslednýkrát zaznelo pred našou stanicou pohoničovo hijó. Konskú silu mala vystriedať para.

Stanicu konskej železnice vystrčili radní páni za hranice mesta, aby nerušila ctených mešťanov. Krížnu ulicu, kde sa stanica donedávna rozpadávala, môžeme dnes ešte s privretím oka považovať za centrum. Aj takto sa dá dokumentovať rast nášho mesta.

# NIE NA VLASTNÝCH

## DIABLOV VYNÁLEZ

Takto sa vyjadrovali o prvej železnici mnohí naši praprarodičia. Boli presvedčení, že „obrovskú" rýchlosť, s akou lokomotívy uháňali, nemožno prežiť so zdravou kožou. Stávalo sa, že vydesení dedinčania s drúkmi v rukách vyháňali nešťastných zememeračov zo svojich polí, keď pripravovali výpočty pre železné „šíny". No možno aj my by sme sa správali podobne, keby k nám prišli takéto správy: „Na železnej dráhe môže jazdiť rad pospájaných kočov a nemusí ich ťahať desať párov koní, ale len obyčajná železná potvora, čo hlce vodu a drevo, z komína vyhadzuje oheň a sadze. A toto diabolské dielo, silné ako dvadsať koní, naraz odvezie toľko ľudí, čo žije v jednej dedine, a ešte desať volov a sto vriec žita."

Lenže pokrok nezastavíš, a tak aj do Bratislavy vošiel v nedeľu 20. augusta 1848 prvý vlak ťahaný parnou lokomotívou. Bola vyrobená v Anglicku a dostala meno Bihar. Nová železnica sa napájala na Severnú dráhu cisára Ferdinanda a spojila naše mesto s Viedňou a Břeclavom. Hneď pri meste vznikli dve dôležité železničné stavby – 703,6 metra dlhý tunel (vlak sa v ňom ocitne hneď, ako sa pohne smerom na Brno a Prahu) a osemoblúkový most cez údolie potoka Vydrica. Toto miesto Bratislavčania dodnes nazývajú Červeným mostom.

Podobne ako stanica koňky, aj prvá stanica parnej železnice ešte stojí. Aj ona síce mala na mále, aj túto budovu sa podarilo zachrániť len dva týždne pred plánovaným zbúraním. A pritom je to zase jedno naj-: najstaršia stanica parnej železnice nielen na Slovensku, ale v celom Uhorsku. Postavili ju roku 1848 a jej kryté nástupištia prežili dodnes. Mnohí obyvatelia ani návštevníci Bratislavy vôbec netušia, že keď kráčajú od stanice krytým chodníkom smerom do mesta, po pravej strane za plotom majú práve tieto nástupištia. A v tej ošarpanej budove na zákrute pravdaže nemôžu spoznať prvú stanicu, ibaže by sa lepšie prizreli na jej priečelie, kde tabuľka oznamuje, že ide o technickú pamiatku...

Dnešná Hlavná stanica vznikla iba na skok od prvej a má už svoje roky. Po celý ten čas nenarástla, zato premávka cez ňu áno. Pri tých tristo vlakoch denne, ktoré musí prijať, doslova praská vo všetkých švíkoch. Nie div, že prestala byť dôstojným vstupom do hlavného

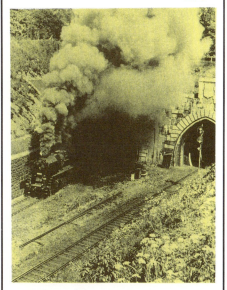

V blízkom susedstve železničnej stanice (na trati Bratislava–Marchegg) bol v rokoch 1846–48 prerazený jednokoľajový tunel, prvý v Uhorsku a jeden z prvých v Európe. Meral 703 metrov. Keď sa premávka zväčšila, chceli ho prestavať, urobiť ho dvojkoľajovým, ale počas prác sa časť z neho zrútila a zasypala trať. Roku 1900 napokon dostal dvojča, cez ktoré išla druhá koľaj. Oba tunely vydržali nielen parnú éru, ale znášajú aj elektrifikáciu našich tratí.

Pre parné lokomotívy potrebovala Bratislava nové prístrešie. A čím skôr! A tak ešte roku 1848 bola vybudovaná železničná stanica s osobnými nástupišťami a skladmi pre nákladnú dopravu.

TVOJA BRATISLAVA — — — — — — — — — — — — — — — — — — | 254

mesta Slovenska. Ako som začal písať tieto riadky, v Dome kultúry sa konala výstava výsledkov architektonickej súťaže o novú Hlavnú stanicu a riešenie okolitého priestoru. Na súťaži sa zúčastnili pracovné tímy našich popredných architektov. Nová odbavovacia hala, čakárne, reštaurácie, kaviarne, hotel, obchody a podzemné parkoviská na stoloch projektantov by sa mali čo najskôr premeniť na betón, kameň a sklo. Aby aj cestovanie z nášho a do nášho mesta bolo na úrovni konca dvadsiateho storočia.

Hlavná stanica bola v prvých desaťročiach nášho storočia oveľa výstavnejšia ako dnes. Ustavičné prestavovanie ju zmenilo a rozšírilo, a napriek poslednej prístavbe sa uvažuje vybudovať novú, ktorá by zvládla vzrastajúce požiadavky železničnej dopravy.

## PRÍBEH PRVEJ ELEKTRIČKY

Pánmi mestských ulíc boli stáročia chodci. Len sem-tam po rozbahnenej či kameňmi vydláždenej ceste prešiel voz s nákladom alebo koč šľachtica či bohatého mešťana. Ako sa mestá rozrastali, chodiť peši na také veľké vzdialenosti bolo nepohodlné. Ulice postupne zapĺňali nájomné koče (fiakre) a konské omnibusy a onedlho sa do pouličného zmätku zapojili parné vozy a prvé autá. Môžeš si predstaviť, ako sa kone plašili, keď im pri uchu zatrúbil klaksón či zavrčal motor! V Bratislave chodili takto konské omnibusy od roku 1840 od hotela Carlton k stanici konskej železnice. Kone sa museli po hodine prepriahať a denne prešli najviac 20 kilometrov, nehovoriac o tom, že špinili ulice. Napokon im odzvonili električky.

Dodnes si pamätám hrkot a cenganie starých bratislavských električiek. Chodievali vždy dva vozne, v ktorých sa sedelo chrbtom k oknám. Ako chlapci sme sa najradšej vozili na zadnej plošine a ešte radšej (ak nás sprievodca neodohnal) na schodíkoch. Sprievodca bol neodmysliteľnou súčasťou týchto vozňov. Cez krk mal prevesenú koženú tašku

■ *Československý rýchlostný rekord na parnej lokomotíve dosiahol rušňovodič Róbert Procházka z bratislavského rušňového depa roku 1964. Na rýchlikovej lokomotíve Albatros dosiahol rýchlosť 162 km/h.*

■ *Prvý elektrický vlak vošiel do bratislavskej stanice 10. novembra 1967 o 10.30 h.*

■ *Posledný parný rušeň odišiel z Bratislavy 17. októbra 1980 o 7.30.*

NIE NA VLASTNÝCH

s lístkami i peniazmi a v ruke držal klieštiky, ktorými štikal lístky a označoval tak číslo linky, deň, hodinu. Lístok stál šesťdesiat halierov, platil hodinu a mohlo sa s ním prestupovať. Pre deti od 6 rokov boli polovičné (červené) lístky po tridsať halierov, ale ak hoci päťročný chlapec čo len o chlp trčal ponad rysku na tyči na zadnej plošine, rodičia zaň museli zaplatiť „detský". Na zastávke sprievodca upozorňoval: „Postúpte ďalej do voza!", vyklonil sa, pozrel, či už nik nevystupuje alebo nenastupuje, a potiahnutím šnúry dal vodičovi signál na odchod. Potom sa pustil predierať pomedzi cestujúcich, sem-tam zahlásil: „Lístky, prosím!" a ak náhodou bolo miesto, sadol si na lavicu. Koľkokrát sa mi sprievodca prihovoril, keď som sa viezol sám, bez rodičov, a nejeden sa načahoval, že ma vytiahá za uši, keď som naskočil do rozbiehajúcej sa električky.

Bratislavská električka patrí medzi najstaršie v Európe. Aj keď v Prahe František Křižík skonštruoval prvú električku už skôr, mestskej hromadnej doprave slúžila až od roku 1896, v Budapešti a vo Viedni od roku 1897, kým v Bratislave od roku 1895. Vtedajšia Bratislava rozhodne nepatrila medzi veľké európske mestá, ale jej význam ako obchodnej križovatky stále vzrastal a vďaka tomu sa do nej sťahoval i technický pokrok. Inžinier Alexander Werner už roku 1893 požiadal mestskú radu o povolenie zriadiť v meste električkovú trať, zmluvu však podpísali až o rok. Určili v nej aj budúce električkové trasy. Keďže Werner nemal dostatok peňazí, musel sa spojiť s budapeštianskou firmou Ganz a s viedenskou firmou Lindheim. Práca na výstavbe hlavnej električkovej trasy pokračovala veľmi rýchlo. Začiatkom augusta 1895 podstúpila električka prvú skúšobnú jazdu – hore dnešným Námestím Slovenského národného povstania musela utiahnuť vrecia s tromi tonami piesku. Druhá skúšobná jazda sa uskutočnila so zástupcami mesta a 27. augusta odovzdali prvú električkovú trať v Bratislave do užívania.

Prvé električky mali výkon 12 koní, otvorené plošiny a 12 miest na sedenie a 8 na státie. Na trase A od hotela Medveď (stál na konci Štefánikovej ulice) až po Vítězovu ulicu na Podhradí (pri dnešnej reštaurácii Rybársky cech) hneď v prvý deň prepravili 2468 cestujúcich. V nedeľu to bolo až 5690, a za prvé dva týždne dokonca 36 400 ľudí. Trasu A neskôr predĺžili na Hlavnú stanicu a spojazdnili aj bočné trasy B a C, ktoré smerovali po Špitálskej ulici k Filiálnemu nádražiu

■ *Trolejbusy premávali v Paríži od roku 1900 a od roku 1904 aj z Popradu do Starého Smokovca a späť.*

■ *Na výstavbe bratislavskej električkovej i trolejbusovej dopravy sa podieľal aj vynálezca Stanislav Fodor, ktorý zhromaždil skúsenosti z celej Európy. Jeho vedomosti sa uplatnili nielen v Bratislave pri jednoduchej konštrukcii električiek, ale aj v Brne, kde vybudoval elektráreň na spaľovanie mestských odpadkov, a v Poprade (v tatranskej trolejbusovej doprave).*

■ *Pravidelnú autobusovú dopravu zaviedli v Bratislave roku 1927 a zabezpečovalo ju 11 autobusov. Roku 1930 mala autobusová doprava už 7 liniek a 23 autobusov Praga NO a Škoda 750. Dnes je to vyše 750 autobusov, z toho vyše polovicu tvoria „harmonikové" maďarské autobusy Ikarus.*

Prvý vozeň električky, ktorá chodila od nás do Viedne, sa podobá skôr malému motoráčiku, ale starí Bratislavčania ti budú i dnes tvrdiť, že to bola električka.

TVOJA BRATISLAVA

■ Mestská hromadná doprava v Bratislave má skoro 60 liniek, ich dĺžka meria vyše 1400 kilometrov. Električkami, trolejbusmi a autobusmi sa každý deň prepraví skoro milión ľudí.

■ Najdlhšou bratislavskou linkou je číslo 12, ktorá z Ružinova do Dúbravky musí prekonať 33,2 kilometra.

Hlavná stanica – Trhové námestie – Ružová ulica – Vitézova ulica (dnešná Železničná stanica – Nám. SNP – Jesenského ulica – Žižkova ulica), taká bola trasa tohto električkového vozňa, ako oznamujú tabule na jeho streche. V depe sa oň starala aj táto opravárenská čata.

a z Barossovej ulice k Malej stanici (v miestach pri dnešnej autobusovej stanici). Prvú vozovňu postavili na Martanovičovej ulici, kde sa nachádzala aj parná elektráreň, ktorá vyrábala prúd výlučne pre električky. Ak mala elektráreň poruchu, dopravu zabezpečovala 160-článková batéria.

Električková doprava sa začala rozvíjať pomerne sľubne, postavila sa trať cez dnešnú Obchodnú ulicu, aj ďalšie linky sa predĺžili, ale po I. svetovej vojne zahraniční majitelia venovali na jej údržbu smiešne malé sumy a samo mesto nemalo možnosť pôsobiť na rozvoj mestskej hromadnej dopravy.

Možno si už počul starých Bratislavčanov hovoriť: „To bolo vtedy, keď chodila do Viedne električka..." A zrejme si zapochyboval: električka do Viedne? Veru áno. Spojenie týchto dvoch podunajských miest skutočne existovalo od roku 1914, ibaže rozchod koľají zodpovedal vlakovému rozchodu a v rakúskom Kitsee sa k súprave

Poschodové autobusy nie sú len v Londýne! Voľakedy vozievali aj Bratislavčanov, najmä v lete na vyhliadkové jazdy. Tento zvečnili pred kaštieľkom na Železnej studničke.

Na Železnú studničku chodieval i trolejbus, ktorý vôbec nevyzerá podľa našich predstáv o takomto druhu dopravného prostriedku. Prúd si bral zberačom idúcim po pravej strane strešnej podpery.

pripájala lokomotíva na striedavý prúd (teda z električky sa stal vlak), kým od Schwechatu sa zasa používal jednosmerný prúd. Azda nemusíme byť až takí dôslední, jednosmerný či striedavý prúd, pre Bratislavčanov to bola električka. Z Bratislavy, presnejšie odtiaľ, kde dnes stojí Slovenské národné múzeum, odchádzala 6-krát denne (mestské spojenie do Petržalky častejšie), urobila okruh cez dnešnú Mostovú, Jesenského a Štúrovu ulicu a po starom moste prešla do Petržalky a do Rakúska. Premávala do roku 1934, keď bratislavskú časť trate prestavali na metrový rozchod, ale spojenie s Viedňou jestvovalo až do roku 1938. Po II. svetovej vojne sa doprava obnovila po zastávku Petržalka-sad a viedenská električka sa stala históriou a nostalgickou spomienkou: „To keď sme chodili do divadla a na vínko do Grinzingu električkou…"

Už pri prvom projektovaní bratislavských električkových trás v minulom storočí sa uvažovalo, že spoja mesto s obľúbeným výletným miestom Železnou studničkou. Bratislavčania sa však potom nadchli pre nový vynález – trolejbus, „elektrický koč Siemensov", ktorý podobne ako električka neznečisťoval mesto výfukovými plynmi a navyše nepotreboval koľaje.

19. júna 1909 prešiel prvý bratislavský trolejbus po trase od hotela Medveď na Železnú studničku. Trolejbusy premávali len v letnej sezóne a po trase jazdilo sedem vozidiel Mercedes – tri kryté a štyri otvorené, vyhliadkové.

Autobusy dlho nenašli uplatnenie na kamennej dlažbe miest. Ujali sa, až keď kolesá s gumenými obručami nahradili pneumatiky. Ich obrovskou výhodou je, že nepotrebujú ani koľajnice, ani troleje a nie sú

závislé od elektrického prúdu. Ich naftový motor však znečisťuje ovzdušie, a tak sa v Bratislave uvažuje aj o premávke autobusov na zemný plyn a mnohé autobusové linky sa postupne nahradia trolejbusmi.

Najposlednejšou novinkou v doprave v našom meste má byť rýchlodráha, ktorej prvá trasa má ísť z Petržalky popod Dunaj do centra.

Nová autobusová stanica pre diaľkové linky je na Mlynských nivách. Denne odtiaľto odchádzajú desiatky spojov do všetkých kútov republiky aj do zahraničia.

## SVETOVÉ PRVENSTVÁ

V marci pred desiatimi rokmi sme sa so synom vybrali na bratislavské letisko. Stálo tam niekoľko túčok. Zrazu k letiskovej budove prirolovalo lietadlo talianskej leteckej spoločnosti Alitalia. Nezdalo sa mi to – Bratislava predsa nemá pravidelné letecké spojenie s Talianskom. Ale nezaoberal som sa tým ďalej. Keď talianske, tak talianske, no keď som zbadal priateľa Štefana, ktorý vyštudoval na leteckom učilišti v Trenčíne a teraz pracuje ako mechanik Slovairu, pristavil som ho a opýtal sa ho na to.

„To sú futbalisti turínskeho Juventusu. Letia do Prahy na zápas a Praha neprijíma, má zlú viditeľnosť."

„Chceš povedať, že medzi Bratislavou a Prahou sú až také rozdiely? Veď je to len niečo vyše tristo kilometrov."

„Bratislavské letisko má ideálnu polohu a ideálne poveternostné podmienky. Kým v Prahe, Budapešti alebo vo Viedni je hmla a zlá viditeľnosť, u nás nie sú problémy. Tak prijmeme aj lietadlá, ktoré pôvodne mali letieť do týchto miest. A cestujúcich potom ďalej povezú autobusy."

„A Slovair?" prerušujem ho.

„Máme na starosti najmä špeciálne úlohy. Diaľkovú dopravu vnútroštátnu i medzinárodnú zabezpečujú Aerolínie na túčkach a iľjušinoch. My robíme ostatné – striekame polia, na prieskumných letoch zisťujeme napríklad, ako sa škodce rozšírili na lesných poras-

Pamätník s bustou na bratislavskom letisku pripomína ŠTEFANA BANIČA, vynálezcu padáka. Roku 1914 si ho dal Banič patentovať pod číslom 1 108 485. Padák bol vyskúšaný zoskokom z mrakodrapu i z lietadla.

# NIE NA VLASTNÝCH

toch, fotografujeme, zabezpečujeme rôzne stavebné práce. Nedávno sme vozili stavebný materiál na Téryho chatu do Vysokých Tatier. A hlavne do Bratislavy prevážame chorých, ak potrebujú nejaký špeciálny zásah, ktorý robia len tunajší odborníci. Lietame na turboletoch, Andulách, Čmeliakoch, na vrtuľníkoch MI-2 a MI-8."

Pred časom vysielala rakúska televízia seriál o histórii Viedne. Na obrazovke sa objavil muž v gotickom odeve a púšťal mechanického vtáka. V pozadí bolo vidieť akúsi známu budovu. Nie je to naša Academia Istropolitana? Bola. A mužom bol profesor bratislavskej univerzity Regiomontanus, ktorý vraj roku 1467 pred Academiou za účasti množstva Bratislavčanov predvádzal svoj vynález, mechanického naťahovacieho orla. Orol zamával krídlami, preletel štyristo metrov a vrátil sa nazad. Tento lietajúci stroj predviedol Regiomontanus aj cisárovi v Norimbergu a veľký úspech zožal aj vo Viedni. Tam urobili kópiu orla, ktorého použili v spomínanej relácii. Ak je táto historka pravdivá, potom má Regiomontanus svetové prvenstvo. Ikaros je len báj a Leonardo da Vinci, ktorého považujeme za jedného z prvých, čo sa vážne zaoberali myšlienkou lietať, a aj ju podložili výpočtami, náčrtmi a modelmi, svoje myšlienky o lietaní publikoval až o sedem rokov neskôr.

Popri iných vynálezoch Leonardo pracoval aj na vynáleze padáka. Podľa jeho nákresov bratislavský profesor Faustus Verančič skonštruoval padákový mechanizmus (plátnom obtiahnutý rám veľký 6 × 6 metrov, s ktorým bol parašutista spojený pomocou štyroch povrazov) a za účasti väčšiny mešťanov s ním roku 1603 zoskočil z veže Dómu sv. Martina. Pokus zopakoval aj v Belehrade a v Benátkach.

Prvé použitie balóna priznáva história francúzskym bratom Montgolfierovcom, ktorí roku 1783 z pruhov tenkého papiera zlepili balón,

■ *Prvý medzimestský let v Uhorsku absolvoval 1. 8. 1908 Andrej Kvas. Vzdialenosť medzi Bratislavou a Trnavou (45 km) preletel za 58 minút.*

■ *Štefaj Sablík sa so svojím balónom vzniesol z Firšnálu 25. 5. 1784 a pristál v Malých Karpatoch.*

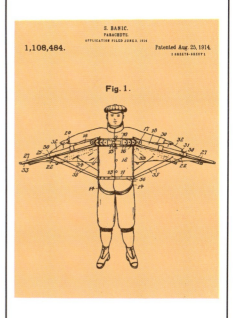

Náčrt z Baničovej patentovej listiny.

Pre výhodnú polohu a ideálne poveternostné podmienky využívajú bratislavské letisko všetky lietadlá, ktoré pre nepriaznivé počasie nemôžu pristáť v Prahe, Budapešti či vo Viedni.

TVOJA BRATISLAVA

naplnili ho teplým vzduchom a do koša pod ním vložili kačku, kohúta a ovcu. Keď zvieratá let prežili, kráľ ešte v ten istý rok povolil pokus s človekom. Len o rok po nich liptovský rodák profesor Štefan Sablík predvádzal balón na bratislavskom Firšnáli (dnešnom Námestí slobody).

Pokusy a „letecké dni" v Bratislave si získali obľubu, leteckí nadšenci sa usilovali, aby sa ich tradícia zachovala, a v našom meste sa na svojich cestách zastavili mnohí svetoví priekopníci vzduchoplavby.

■ Orwille Wright vzlietol prvý raz na stroji s benzínovým motorom 17. 12. 1903 v Kitty Hawk v Severnej Karolíne. Vzniesol sa 60 centimetrov nad zem a po 40 metroch sa zrútil. Pokus ešte párkrát zopakoval, zakaždým preletel dlhšiu vzdialenosť, čo stačilo na to, aby sa bratia Wrightowci zapísali do histórie ako prví ľudia, ktorí vzlietli so strojom ťažším ako vzduch.

■ 4. 8. 1905 na vylepšenom vrtuľníku preletel Ján Bahýľ 1500 metrov vo výške 4 metre.

■ Bahýľ si dal svoj vynález patentovať pod číslom 3392. Dokumentácia k stroju sa našla až roku 1977.

Jedným z prvých priekopníkov letectva u nás bol JÁN BAHÝĽ. Je pravdepodobné, že mu patrí svetové prvenstvo v lete na stroji ťažšom ako vzduch.

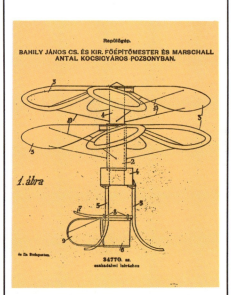

Takto nejako vyzeral Bahýľov vrtuľník.

Takýto obraz sa naskytol Bratislavčanom roku 1909 a vyvolal rozruch i nadšenie. My už ani nevnímame lietadlá, čo preletúvajú nad mestom...

Ešte väčšmi ohúrila Bratislavčanov roku 1909 riaditeľná vzducholoď zeppelin. Jej konštrukciou sa zaoberali bratia Petrovičovci z Trnavy v rokoch 1890—94 a svoj vynález či nápad predali nemeckému grófovi Ferdinandovi Zeppelinovi. Ten ho zdokonalil a skonštruoval vzducholoď, ktorej dal svoje meno. Keď jeden zo zeppelinov prelietal ponad Bratislavu, mesto bolo po prvý raz fotografované z vtáčej perspektívy.

Stavebný dôstojník Ján Bahýľ pracoval na balóne so vzdušnou turbínou i na vrtuľníku už predtým, ako roku 1895 prišiel do Bratislavy. Tu (na dnešnej Fučíkovej) sa spojil s výrobcom kočov Antonom Marschallom a pokračoval v pokusoch. Najskôr s vrtuľníkom na šliapací pohon, neskôr vybaveným aj ľahkým spaľovacím motorom. 30. mája 1897 pred vojenskou komisiou vzlietol do výšky 3 metrov, o čom pohotovo informovali čitateľov miestne noviny Pressburger Zeitung. Škoda, že sa nezachovala fotografia z letu, máme iba snímku vrtuľníka na dvore Marschallovej továrne. Je teda pravdepodobné, že Ján Bahýľ sa ako prvý na svete vzniesol do vzduchu na stroji ťažšom ako vzduch, veď americkí bratia Wrightovci leteli na stroji s benzínovým motorom až o šesť rokov neskôr.

Bahýľ nemohol pokračovať v pokusoch tak, ako by bol chcel — nemal peniaze. Časom upadol do zabudnutia a svetové prvenstvo sa dnes priznáva Američanom.

Pri zmienke o prvých letoch nemôžem nespomenúť Andreja Kvasa, priateľa slávneho francúzskeho letca a konštruktéra Louisa Blériota, ktorý ako prvý preletel Lamanšský prieliv. Kvas podnikal letecké vystúpenia na rozličných miestach, okrem iného aj vo Vajnoroch.

Bratislavské letisko môže prijať aj tie najväčšie stroje, ale vzrastajú-

cej leteckej doprave už nevyhovuje. A to už dávno nie je iba upravenou lúkou, aká bola vo Vajnoroch, kde 29. októbra 1923 pristálo lietadlo A 14 na prvom lete Československých aerolínií. Stroj pilotoval Karel Brabenec a jeho jediným pasažierom bol novinár Václav König. Let z Prahy do Bratislavy trval vtedy toľko ako dnes cesta expresným autobusom, pilot i cestujúci leteli bez spojenia so zemou, orientovali sa podľa mapy a kompasu a pristávali pomocou signalizačnej pištole a zástaviek. Reklamný plagát takto pozýval odvážlivcov:

Letecké spojenie medzi Bratislavou a Prahou bolo prvou pravidelnou linkou Československých aerolínií. Cestujúci sa na tento druh dopravy nehrnuli, bolo ich treba navnadiť. Pokúšal sa o to aj tento plagát.

**Dovolujeme si Vás co nejsrdečněji pozvati k zahájení pravidelné osobní přepravy Československých aerolinií mezi PRAHOU a BRATISLAVOU. Moderní a houževnaté letadlo Československých aerolinií — předělaný dvousedadlový vojenský letoun Brandenburg uletí 320-kilometrovou vzdálenost mezi hlavními městy Čech a Slovenska za 3 a půl hodiny. Cestovní rychlost bude 110 km za hodinu. Služební let bude proveden 29. října 1923.**

KAREL BRABENEC
*pilot*

P. S.
Nezapomeňte si vzít ochrané letecké brýle.

Balón nad Bratislavou na dobovej pohľadnici síce nie je skutočný, ale to nič nemení na skutočnosti, že v našom meste sa prvý balón vzniesol onedlho po lete balóna bratov Montgolfierovcov v Paríži.

**263)**

- Prvým letiskom v Bratislave bolo od roku 1923 letisko vo Vajnoroch.

- 1. 3. 1924 otvorili Československé aerolínie pravidelnú linku z Bratislavy do Košíc.

- Dnešné bratislavské letisko dali do prevádzky roku 1951 a novú budovu odovzdali do užívania roku 1970. Letisko má dve vzletové a pristávacie dráhy a jeho kapacita je 30 letov a 1500 cestujúcich za hodinu.

Na letisku vo Vajnoroch bolo 4. mája 1919 všetko pripravené na prijatie lietadla, ktoré privážalo vzácneho hosťa – generála MILANA R. ŠTEFÁNIKA. Lietadlo sa z doteraz neznámych príčin zrútilo a všetci traja ľudia na jeho palube zahynuli.

Generál M. R. Štefánik v leteckej kombinéze stál v rokoch 1938–1950 na dunajskom nábreží (na mieste súsošia Ľ. Štúra).

TVOJA BRATISLAVA —————— 265)

ŠKODA, ŽE ROVNOŠATY
DNEŠNÝCH POŠTÁROV A POŠTOVÝCH ZAMESTNANCOV
UŽ NIE SÚ TAKÉ PARÁDNE A FARBISTÉ
AKO UNIFORMY POŠTMAJSTROV I POSTILIÓNOV
(SPRIEVODCOV POŠTOVÝCH VOZOV)
V 19. STOROČÍ.

# Služby mestu
## (spoje, elektráreň, vodáreň, plynáreň, požiarnictvo)

**17)**

IVAN LACIKA

TVOJA BRATISLAVA

(266

## IDE, IDE POŠTOVSKÝ PANÁČIK

„**1)** Poštmajster nech neposlúži v poštovej prevádzke nikomu, kto by sa nevedel preukázať cestovným lístkom buď od kráľovského dvora, alebo od hlavného kapitána toho miesta, kde sa nachádza pošta, z ktorej chce cestovať. **2)** Aby každý, nech je hocijakej hodnosti, stavu, kto by poštárov chytil a vo vlastných veciach zadržal poštu od riadnej trasy, bol príslušným úradom donútený zaplatiť všetky trovy služby. **3)** Každý úrad, ktorý sa s poštami stýka, je povinný brať tieto do ochrany a chrániť ich pred znepokojovateľmi a škodcami. **4)** Každý, prv než sadne na koňa, je povinný zaplatiť stanovený poštový poplatok za každú osobu a koňa. Pri jazde na koni má sa držať dávnejšieho zvyku, aby pre veľkú rýchlosť kôň neodpadol a nezahynul. Keby sa tak stalo, je povinný, nech je to ktokoľvek, cenu koňa pošte zaplatiť. **5)** Ani jeden poštmajster nech nie je povinný viac než 40 alebo 50 funtovú ťarchu niesť alebo viezť. **6)** Každý pán alebo zeman, taktiež každé mesto, hrad alebo dedina, kde bola alebo je pošta postavená a patrili k nej budovy, ktoré im boli v minulých vojnových časoch skonfiškované, alebo odcudzený majetok so všetkým k tomu patriacim, je povinný dať späť a uviesť do poriadku. **7)** O ubytovanie poštmajstrov má byť postarané pod ťarchou trestu ako v mestách, tak i v dedinách. Okrem toho stravovanie a vydržiavanie koní, ako aj potrebné veci majú byť vždy za primeranú cenu k dostaniu."

Na tento poštový poriadok, vydaný 20. júla 1626, i na ďalší z 8. 5. 1630, by som sotva bol naďabil, keby nie Dokumentačného centra spojov, ktoré sa nachádza na Františkánskej ulici v budove Riaditeľstva pôšt. V jedno dopoludnie som zazvonil pri jeho bráne a zoznámil som sa so Štefanom Gazdom, vedúcim a opatrovateľom tohto múzea, ktoré zaberá päť miestností bývalej colnej pošty.

„Ako ďaleko siahajú dejiny bratislavskej pošty?" zamýšľa sa nad mojou prvou otázkou. „K cisárovi Ferdinandovi I. Habsburskému. Onedlho po tom, ako nastúpil na uhorský trón, bola v Bratislave na krátky čas — v rokoch 1527—28 — zriadená pošta. Slúžila panovníkovi, jeho manželke a jeho armáde počas ich pobytu v Bratislave. No už o dva roky začali medzi Bratislavou a Viedňou premávať vojenskí kuriéri, ktorí nosili správy pre cisárskych generálov. Niektorí poštoví historici považujú rok 1530 nielen za základ bratislavského, ale aj uhorského, a teda i slovenského poštovníctva. Myslím však, že skutočné poštovníctvo, čiže pravidelne sa opakujúca preprava správ, sa spája až s rokom 1538, keď cisár ustanovil za prvého poštmajstra Bratislavy Petra Paara, o dvadsať rokov vymenovaného za hlavného poštmajstra Uhorska. Po ňom vykonávalo tento úrad ešte jedenásť poštmajstrov, posledný — Ján Fridrich Eyrl — do roku 1690. Všetci usmerňovali poštové stanice a poštmajstrov na trasách Bratislava—Košice (23 staníc), Košice—Sibiu (26 staníc), Bratislava—Győr (4 stanice) a Bratislava—Nové Zámky—Komárno (5 staníc)."

Dozvedám sa, že rodina Paarovcov dostala „poštovanie" do vienka. Celé generácie sa striedali v tomto úrade a Ján Krištof Paar sa napokon roku 1624 stal generálnym dvorným poštmajstrom dedičných kráľovstiev a krajín, čiže „vládol" nad všetkými poštami v cisárstve.

Mária Terézia bola panovníčkou, ktorá zasiahla do všetkých možných oblastí života v krajine. Žeby bola poštu obišla?

„Kdeže! Tromi patentmi z rokov 1748 až 1750 urobila v nej väčší poriadok. Poštový poriadok, poriadok pre poštmajstrov a posolský poriadok veľmi presne vymedzili povinnosti a práva pošty, ako aj povinnosti a práva jej užívateľov, nezabudli ani na kontrolnú činnosť

### PRE ZVEDAVCOV

■ *Hmotnosť 40—50 funtov zodpovedala 20—25 kilogramom.*

■ *Peter Paar mal bohaté skúsenosti zo zriaďovania a udržiavania prevádzky vojnových poštových staníc. Cisár v ňom videl schopného človeka a roku 1558 ho poveril vedením všetkých pôšt v Uhorsku.*

■ *V 18. storočí mohli byť poštové stanice od seba vzdialené najviac 2—3 míle. Listy sa prepravovali v zapečatených kapsách, ktoré smeli otvoriť jedine zamestnanci poštových staníc.*

Princíp poštovej schránky je už desiatky rokov rovnaký, mení sa len tvar a farba — do takýchto schránok hádzali Bratislavčania listy už v medzivojnovom období, ale ešte aj v päťdesiatych rokoch.

SLUŽBY MESTU | 267)

a vyvodzovanie dôsledkov za porušovanie zákonov. Patent z roku 1750 upravil a vyhlásil aj nové poštové poplatky. Tieto patenty sú obsiahnuté už v prvej rakúsko-uhorskej príručke, vydanej roku 1749 bratislavským poštovým úradníkom Jozefom Hechtom, čiže pracovník našej pošty sa stal prvým v strednej Európe, ktorý spracoval právne poštové normy! V tých časoch boli zavedené štátne prepravné vozy, koče na prepravu osôb a pošty. Vozom pre štyri osoby sa vravelo diligencia a na trati Bratislavy–Košice premávali okolo roku 1780 dvakrát týždenne, kým medzi Bratislavou a Viedňou zabezpečovali každodenné spojenie."

Štefan Gazda mi predstavil vystavené exponáty.

„Trúbkou či poštovým rohom sa oznamoval nástup poštového dostavníka i jeho odchod. Ak zaznel jej hlas, ostatné vozidlá na ceste museli uhnúť. Mestskí strážnici na jej signál otvárali brány a nechali poštu prejsť bez vyberania mýta. No ak niekto poštovú trúbku zneužil, neminul ho prísny trest. Previnilcovi mohli odňať koňa a všetky veci, ktoré mal pri sebe. Ba nepravému kuriérovi mohli vyťať až sto úderov na chodidlá. Bratislavský snem vydal roku 1780 zákaz neoprávneného používania poštovej trúbky a tento zákaz prebral aj poštový zákon z roku 1837.

Túto rovnošatu nosili poštmajstri v 19. storočí. Pozrite, aká je parádna!"

Pozerám na biele nohavice, červenú blúzu s pozlátenými gombíkmi, čierne vysoké čižmy, trojrohý červený klobúk a slávnostný kord.

„Toto zase patrilo postiliónom, sprievodcom poštových vozov. Trúbku mali prehodenú cez plece, nohavice mali z jelenice, blúzu z červenej alebo sivej látky a na čiernom cylindri brko. No neboli to fešáci?"

Bratislavská pošta sa roku 1853 nasťahovala do paláca, ktorý mesto odkúpilo od grófov Szapáryho a Pallaviciniho a ktorý stál na konci Trhového námestia.

TVOJA BRATISLAVA — — — — — — — — — — — — — — — — — — (268

■ Uhorská pošta: od roku 1780 dopravovala aj noviny, od roku 1817 označovala listové zásielky pečiatkou, roku 1850 zaviedla poštové schránky, od roku 1886 doručovala balíky do bytov, roku 1893 prestala dopravovať osoby.

■ Poštári koncom 19. storočia mali náročnú službu — od 5.00 do 22.00 hodiny. Niekedy pracovali aj v nedeľu.

■ 3. 12. 1893 prebehol prvý medzimestský telefónny hovor, a to medzi Bratislavou a Budapešťou.

Budapeštiansky architekt G. Pártos urobil návrh novej pošty, ktorú dalo mesto v rokoch 1909—12 postaviť na zbúranisku predošlej, lebo nestačila zvýšeným požiadavkám Bratislavčanov.

Avšak v múzeu sú vystavené aj predmety, ktoré spájajú ľudí omnoho rýchlejšie, ako to dokáže list či pohľadnica. Áno, ide o telegraf a telefón.

Keď 26. decembra 1847 prebehlo prvé telegrafné spojenie medzi Bratislavou a Viedňou, hovorilo sa o senzácii. Prvé signály vychádzali z telegrafnej stanice na hlavnej železničnej stanici, lebo telegrafný úrad vznikol až o 6 rokov. Spočiatku bol umiestnený na Laurinskej ulici, od roku 1860 na Kapucínskom námestí. Roku 1867 dokonca vyťukávali Morseho signály v hoteli National (dnešnom Carltone), až napokon telegraf skončil roku 1873 v budove hlavnej pošty. Za každý podaný telegram platili Bratislavčania roku 1850 2 zlaté (manipulačný poplatok) a 24 grajciarov (tzv. doručné). K týmto základným poplatkom sa však pripočítavali ďalšie sumy za počet slov i diaľku. Tak napríklad za 1—20 slov sa platilo 5 grajciarov za každú míľu, za 21—60 slov 10 grajciarov za každú míľu. Boli to dosť vysoké sumy a nie každý si mohol telegrafovanie dovoliť.

Aj telefón bol vynález, ktorý ľudí očaril. Vynašiel ho Američan Graham Bell roku 1876 a už nasledujúceho roku zriadili v Bostone prvé telefónne linky. Roku 1877 sa telefón dostal aj do Nemecka, o rok do Anglicka. Roku 1881 si podmanil Budapešť i Viedeň. A 15. júna 1884 začala svoju činnosť bratislavská telefónna ústredňa v budove na rohu Námestia Ľudovíta Veľkého a Schöndorfskej ulice. Majiteľ prvého bratislavského telefónu Karol Kragl musel spočiatku presviedčať bohatších občanov, aby si túto novinku dali zaviesť do príbytkov i do tovární. K prvým predplatiteľom patril veľkoobchodník s vínom Jozef Palugyay, majiteľ továrne na kefy Karol Grüneberg aj firma Dynamit-Nobel. Spočiatku mal mestský telefón 12 predplatiteľov (a ďalších 15 čakateľov), ktorí platili Kraglovi nie malý peniaz 8 forintov za mesiac.

„Telefónna" firma však aj napriek tomu rozkvitala, koncom roka 1887 mala 68 a koncom roka 1893 až 156 predplatiteľov. A medzitým — roku 1891 — si otvorila prvé dve verejné telefónne hovorne. Jednu pri Rybárskej bráne a druhú v Horskom parku.

Keď roku 1894 odkúpil telefónnu ústredňu štát a umiestnil ju do

Telefón na kľuku poznáme iba zo starých filmov. Dnes nám pripadá smiešne, že stačilo zatočiť kľukou a z druhej strany linky sa ozval hlas.

SLUŽBY MESTU

269 )

■ Prvá bratislavská pošta sa nachádzala pravdepodobne v budove Starej radnice. Prvý štátny poštový úrad zriadený v Bratislave roku 1725 bol umiestnený do budovy Kráľovskej komory na rohu Ventúrskej a Prepoštskej ulice. Roku 1753 poštový úrad presťahovali na Schöndorfskú 12, do budovy zájazdného hostinca. V dnes už neexistujúcej budove bol listový úrad a mali tu svoje miesto poštové dostavníky a kone. Roku 1853 zakúpilo mesto budovu na dnešnom Námestí SNP, roku 1860 aj vedľajšiu – do prvej umiestnilo riaditeľstvo pošty, do druhej poštový úrad z Schöndorfskej ulice. Roku 1908 obe budovy zbúrali a na ich mieste v rokoch 1909–12 postavili novú dvojposchodovú neobarokovú budovu, ktorá roku 1928 dostala ďalšie poschodie a slúži dodnes.

■ Prvýkrát bol telefón v Bratislave vyskúšaný v Grassalkovichovom paláci 28. októbra 1877.

■ Roku 1850 bola v Rakúsko-Uhorsku vydaná prvá poštová známka; v rokoch 1939–60 sa tlačili známky aj v Bratislave.

■ Poštárske vozy ťahané koňmi boli v našom meste vyraďované v rokoch 1953–55. Roku 1953 slúžilo ešte pošte 177 súkromných prepravcov so 185 konskými záprahmi (na celom Slovensku).

Z Námestia SNP je len skok na Františkánsku ulicu, k zadným bránam hlavnej pošty. Portál jednej z brán nesie (akože ináč) poštársky symbol – poštovú trúbku.

budovy hlavnej pošty, pošta, telegraf a telefón sa konečne stretli, aby niekoľko desaťročí nažívali vo vzájomnej zhode. Prečo a ako sa rozišli, to je už iná kapitola, na ktorú som sa opýtal Štefana Gazdu.

„Začnem od konca. V súčasnosti všetky služby, o ktorých sme hovorili, ale aj mnohé ďalšie, patria pod heslo spoje. Keď zalistujete v telefónnom zozname, zistíte, že činnosť spojov je náramne bohatá, ale aj zložitá. Obsahuje telekomunikácie a poštu. Do prvej skupiny patria telefón, telegraf, technická časť rozhlasu a televízie, rozhlas po drôte a diaľkové a kozmické spoje. Do druhej skupiny zase prijímanie a doručovanie zásielok, obstarávateľské služby (napríklad vyberanie nájomného a iných poplatkov), peňažné služby, Poštová novinová služba a Poštová filatelistická služba. Také rôznorodé služby nemohla hlavná poštová budova zabezpečovať sama. A tak roku 1950 vyrástla na Námestí slobody obrovská Ústredná spojová budova. Roku 1957 pribudla telekomunikačná budova na Kolárskej ulici, kam sa z hlavnej pošty na Námestí SNP presťahovala telegrafná služba, a pridala sa k nej telefónna ústredňa. Ako zatiaľ posledná začala prevádzku ústredná telekomunikačná budova na Jarošovej ulici roku 1984."

Začalo sa to rýchlymi koňmi vojenských kuriérov, a teraz máme diaľkové (i kozmické) spoje! Dohovoríme sa s človekom na druhej polovici zemegule či s kozmonautom krúžiacim okolo Zeme. A niekedy sa nám stane, že sa nedohovoríme s našimi najbližšími, že si nevieme porozumieť. V tom nám nepomôže ani najmodernejšia technika...

## ÚPLNE ELEKTRIFIKOVANÁ DOMÁCNOSŤ

Šťukneš vypínačom, a žiarovka svieti, stisneš tlačidlo, a rozozvučí sa rádio, rozsvieti sa televízna obrazovka. Stlačíš gombík, a pohne sa výťah. Ak v niektorý večer čo len na chvíľu vypadne elektrický prúd a musíš sa uspokojiť so svetlom sviečky, hneď šomreš. Hoci vieš, že kedysi sa svietilo len sviečkami.

Kým sa elektrina dostala do povedomia ľudí, musela prekonať veľa prekážok. Spočiatku jej nedôverovali, báli sa jej. Svietiplyn videli ako plamienok, ale elektrina? Kde nič, tu nič, a zrazu svieti žiarovka, hýbu sa stroje. A tak priekopníkom elektriny nezostávalo nič iné, len agitovať a niekedy aj rôznymi trikmi získavať ľudí pre nový druh energie.

Ešte v polovici dvadsiatych rokov sa v obciach, ktoré dnes už patria Bratislave, konali súťaže vo varení. Agitátori chceli presvedčiť gazdinky o užitočnosti elektriny. Na pódium postavili dva sporáky, jeden na uhlie a druhý elektrický. Vedľa jedného stála kôpka dreva, nad druhým svietil novučičký elektromer. Na povel sa kuchárky pustili do práce. Jedna zakladala oheň, druhá pootočením vypínača zapla sporák. Z hrncov onedlho vychádzala príjemná vôňa guláša. Početné obecenstvo, ktoré v sále sledovalo toto predstavenie, s údivom mohlo konštatovať, že guláš uvarený na elektrickom sporáku bol rýchlejšie hotový a vôbec nevyšiel drahšie.

Gazdinky videli, ochutnali a uverili. A presviedčali svojich nedôverčivých (a šetrných) manželov, ktorí neboli až takí nadšení. No keď si sused dal do maštale zaviesť čo i len jedinú lampu, bolo rozhodnuté. Elektrina sa stala vecou prestíže.

Ďalší „krok" do bratislavských domácností urobili zamestnanci elektrárne tým, že za mesačné korunové splátky ponúkli domácim elektrickú žehličku, a každá takáto kúpená žehlička znamenala väčšiu spotrebu elektrického prúdu.

Na bratislavskom Dunajskom veľtrhu začiatkom tridsiatych rokov predvádzali elektrifikovanú domácnosť a elektrifikované gazdovstvo. Mnohí, najmä mimobratislavskí návštevníci si išli oči vyočiť na strojoch,

- Roku 1900 boli položené prvé telefónne káble v našom meste.

- Celkové náklady na výstavbu budovy pošty na dnešnom Námestí SNP v rokoch 1909–12 prevýšili 2 milióny korún.

- Prvá lietadlová pošta na trase Praha–Bratislava–Košice sa viaže k roku 1924.

- Od roku 1947 sa používa v našom rozhlase hlásenie presného času prostredníctvom telefónu.

- Termín spoje sa začal používať roku 1952.

- Od roku 1953 počúvame rozhlas po drôte.

- Roku 1953 vznikla Poštová novinová služba.

- Na Tomášikovej ulici pracuje od roku 1982 automatická triediaca linka, ktorá triedi zásielky podľa poštových smerových čísiel.

Morseho rycí telegraf z roku 1850.

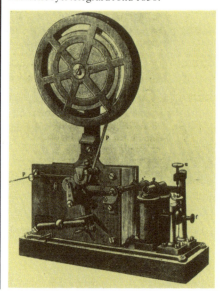

SLUŽBY MESTU | 271)

ktoré pomocou elektriny pílili, mlátili, rezali, šrotovali. Pre nich to bol podobný zázrak, akým sa mnohým zdá dnes mikroelektronika.

V knihe *Elektrina, budúcnosť Slovenska* z roku 1947 som sa dočítal, že plne elektrifikovaných domácností na Slovensku bolo v tomto období 3500, z toho väčšia časť v Bratislave. A čo sa za takouto domácnosťou skrývalo?

„Úplne elektrifikovaná domácnosť používa elektrinu nielen na osvetlenie, varenie, pečenie, prípravu teplej vody, ale má celý rad prístrojov, ktoré sú výdatnými pomocníkmi gazdinej pri domácich prácach. Sem patria: elektrická žehlička a malý elektrický varič, ktoré už dnes patria do každej domácnosti, ďalej: čajovar, kávovar, opekač hrianok, forma na oblátky, ponorný varič, elektrický pekáč (grilux), mlynček na kávu, univerzálny kuchynský motor (robot), ktorý melie mäso, mak, orechy, zeleninu, strúhanku, kosti, lisuje ovocie, paradajky, miesi cesto, šľahá vaječné bielky a smotanu, robí zmrzlinu, ostrí nože, čistí obloky atď. Okrem toho v modernej domácnosti nemá chýbať: práčka, stroj na umývanie nádob, vysávač prachu, leštič podlahy, osušovač vlasov a rúk, elektrická poduška, umelé horské slnko, teplomet, ventilátor, elektrické hodiny, rozhlasový prijímač, elektrický gramofón, holiaci strojček, motor na šijací stroj, elektrické zrkadlo, otvárač dverí atď."

Odberateľov elektriny v našom meste rýchlo pribúdalo a zapínacie zariadenie Mestskej elektrárne každý večer rozožíhalo čoraz väčší počet žiaroviek. Elektrina nenásilne a nenávratne vstúpila do života Bratislavčanov.

## MESTSKÁ ELEKTRÁREŇ

Kedy v Bratislave prvýkrát zasvietilo elektrické svetlo? Bolo to 2. februára 1884, keď v Ludwigovom mlyne na Krížnej ulici zapli dynamo, ktoré rozžiarilo nielen 85 žiaroviek, ale aj tváre všetkých prítomných. Od krásy, ale aj od hrdosti, že naše mesto sa tým pripojilo k veľkým európskym metropolám.

A predsa muselo uplynúť ešte 17 rokov, než sa Rada slobodného

TVOJA BRATISLAVA

(272

kráľovského mesta Bratislavy rozhodla postaviť elektráreň. A že to radní páni tentokrát mysleli vážne, hovorí aj skutočnosť, že v priebehu piatich mesiacov bolo do zeme uložených vyše 53 kilometrov elektrických káblov a na povrchu bolo zavedených ďalších 32 kilometrov drôtov! Dňa 1. januára 1902 sa z Mestskej elektrárne na Čulenovej ulici do ulíc a domov rozbehla elektrina.

Úrady i jednotlivci prichádzali s návrhmi, ktorá ulica, ktoré námestie má pri osvetlení dostať prednosť. Už v polovici roku 1902 elektrina „prepochodovala" cez most do Petržalky, kde sa v tom čase konala poľnohospodárska výstava. Osvetlenie dostali vežové hodiny na Michalskej veži, o rok aj vežové hodiny na Starej radnici, v nasledujúcich dvoch rokoch hodiny na námestí pred divadlom i hodiny na Blumentálskom kostole. Medzitým sa rozžiarili lampy na Hlbokej ceste, na Krížnej ulici a na uliciach vedúcich k mostu. Na osvetlenie veľkých námestí finančne prispievali bohatší mešťania — tak veľmi im záležalo na rýchlej elektrifikácii mesta. Chudobnejšie vrstvy pozerali na novinku nedôverčivo, najmä ak si predstavili, čo bude ten „luxus" stáť. A pritom mnohí z nich pracovali v továrňach, v ktorých sa vyrábali káble a stroje, bez ktorých by Mestská elektráreň nebola mohla existovať.

O továrňach Kablo a Siemens som písal už v jednej z predchádzajúcich kapitol. Ale v súvislosti s bratislavskou elektrárňou a celou mestskou elektrickou sieťou ich musím spomenúť znovu. Káblovka totiž roku 1905 bola nútená kúpiť ďalší pozemok, aby sa mohla postaviť hala na výrobu izolačných rúrok, a Siemens chrlil elektrické stroje a zariadenia na osvetlenie a prenos energie, elektrické výťahy, čerpadlá, poľnohospodárske stroje, zariadenia pre dopravu.

Ľudia si určite zvykli na elektrinu vo svojich príbytkoch, veď na dobré a užitočné si človek ľahko zvyká. Horšie im bolo odvykať si, či lepšie povedané obmedzovať spotrebu, keď počas I. i II. svetovej vojny nielenže smeli svietiť iba povoleným počtom žiaroviek (aj to nie najvýkonnejších), ale dokonca len v určitú časť dňa. A v júni 1944 po americkom nálete na rafinériu olejov Apollo prišlo mesto aj o elektráreň, ktorá stála celkom blízko rafinérie.

Napriek tomu je Čulenova ulica aj dnes sídlom elektrárne, pravda, už nie Mestskej, ale Západoslovenských energetických závodov, ktoré majú na starosti nielen Bratislavu, ale celý kraj.

■ Skúšobná prevádzka Mestskej elektrárne sa uskutočnila 30. septembra 1901.

■ Roku 1902 bola v Petržalke osvetlená lodenica.

■ Dynamá v Mestskej elektrárni, ktoré vyrábali elektrický prúd, poháňali plynové motory.

■ Osadenstvo elektrárne tvorili roku 1903 1 hlavný strojník, 1 strojník, 2 obsluhovači strojov, 1 obsluhovač akumulátorov, 1 kurič.

■ Roku 1905 bolo v meste okolo 60 000 metrov elektrického vedenia a ulice osvetľovalo 118 žiaroviek a 82 oblúkových lámp.

■ Roku 1938 mala Mestská elektráreň 7846 odberateľov.

■ Medzi 20 najväčších veľkoodberateľov roku 1941 patrili továrne Apollo, Dynamit-Nobel, Káblová továreň, Bratislavská mestská elektrická železnica, Stollwerck, hotel Carlton.

Pri nekonečnom výpočte elektrických spotrebičov v úplne elektrifikovanej domácnosti nesmel chýbať ani obrázok, aby si ženy (a niekedy aj ich manželia) vedeli predstaviť ponúkané výhody.

# SLUŽBY MESTU

Nočnú Bratislavu si bez elektrického osvetlenia nevieme ani predstaviť.

## SPEV FONTÁN

Ak bývaš na Kútikoch či na Záluhách a cestuješ do centra mesta po dunajskom nábreží, musíš prejsť okolo Vodnej veže, stojacej neďaleko Rybárskeho cechu pod hradným vrchom. Táto bývalá malá pevnôstka držala stráž na brehu rieky pri výbere mýta a viackrát zmenila majiteľa, kým ju roku 1620 nevyhodili cisárski vojaci do vzduchu pri obliehaní hradu. Ešte donedávna ležala v rozvalinách, no odborníci pomaly končia jej výskum a začína sa črtať jej sčasti obnovená podoba.

Meno Vodná mala veža odjakživa, no azda najväčšmi si ho zaslúžila v druhej polovici 18. storočia, keď sa stala súčasťou hradného vodovodu. Zo studne na dunajskom nábreží sa systémom tlakových čerpadiel vyháňala voda hore na hradný vrch. Čerpadlá poháňali kone. Od studne stúpal do vrchu tunel so schodišťom, kde boli umiestnené medené potrubia, kadiaľ prúdila voda. Vo výške okolo 70 metrov jej vytekalo za 1,5 minúty jedno vedro. Keď roku 1811 hrad vyhorel, prestal fungovať aj vodovod. Neskôr ho obnovili a používali až do roku 1887, kým sa hradné budovy nenapojili na mestský vodovod.

Autorom tohto dômyselného zariadenia, ktoré slúžilo 125(!) rokov, bol bratislavský rodák Ján Wolfgang Kempelen, ktorý uzrel svetlo sveta roku 1734 v dome na rohu Dunajskej a Klemensovej (predtým Kempelenovej) ulice, okolo ktorého takmer denne prechádzam. A čerpadlo nebolo jediným Kempelenovým dielom týkajúcim sa vody: navrhol pontónový most cez Dunaj pre Bratislavu a fontánu pre

■ Rímska studňa, ktorá sa našla v rusovskej Gerulate, mala rozmery 2 × 2 metre, hĺbku 6 metrov a hrúbku muriva 50—60 cm.

■ Studňa na Hlavnom námestí bola vybudovaná ešte pred rokom 1439, ako dokazuje záznam o jej oprave.

■ Roku 1977 bola na Primaciálnom námestí odkrytá stredoveká studňa.

Náčrt Kempelenovho hradného vodovodu.

Viedeň. Priznám sa, že tieto jeho činy považujem za osožnejšie než zábavný šachový automat a hovoriaci automat, ktorými vošiel do povedomia širokej verejnosti.

Možno si povieš: „Bratislave bolo hej, veď Dunaj mal toľko vody, že mohol uhasiť smäd všetkým jej obyvateľom." A nebudeš ďaleko od pravdy, lebo v minulosti mala dunajská voda naozaj výbornú chuť, o čom sa presvedčili už Rimania, ktorí na území Bratislavy kopali studne.

A v stredoveku studní postupne pribúdalo. Šľachtické paláce a kláštory ich mali často vo dvore, chudobnejší si museli po vodu zájsť na voľaktoré námestie do verejnej studne. Hoci aj na Hlavné alebo Františkánske námestie, či na Trhové námestie v miestach pred Michalskou bránou a pred kostolom Milosrdných bratov.

Všetky tieto studne čerpali z prameňov na území mesta, neskôr sa však do verejných fontán privádzala voda z malokarpatských kopcov. Zachytávala sa priamo z prameňov, zhromažďovala sa do kamenných nádrží a odvádzala do mesta pomocou drevených (neskôr aj kovových) rúr. Jeden kilometer sa skladal z približne 250 štvormetrových rúr, ktoré sa spočiatku získavali z kmeňov tridsaťročných borovíc. Na ten kilometer ich padlo 125! Malý lesík...

A aby sa malo aj oko „na čom popásť", studne vyzdobovali umelci sochami a rozličnými dekoratívnymi prvkami. Niektoré čiastočne zmenili svoj výzor, iné zase „pôsobisko" – stoja na nádvoriach bývalých meštianskych domov či múzeí a sú iba na ozdobu. Bolo by dobré oživiť ich, dopriať im ich pôvodný živel, vodu, a tešiť sa z ich spevu.

Spev? Áno, dobre čítaš. Nájdi si raz čas a započúvaj sa do spevu bratislavských fontán. Začni na Hlavnom námestí pri Rolandovej studni, kde znejú starofrancúzske legendy o rytierovi z družiny francúzskeho kráľa Karola Veľkého. Historici sú presvedčení, že socha na vrcholci znázorňuje samého cisára Maximiliána II., ale starí Bratislavčania sa držia rytiera Rolanda. Jeho meč Durandal a roh Olifant sa stali symbolom hrdinstva a podľa jednej bratislavskej povesti sa aj naše mesto teší Rolandovej ochrane.

Pod korunami starých javorov v malom parčíku sa skrýva veselá Kačacia fontána.

SLUŽBY MESTU

275)

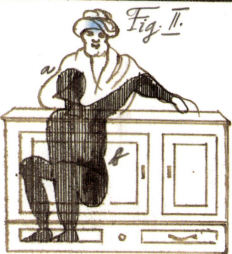

JÁNA W. KEMPELENA považovali už súčasníci za skvelého mechanika, cenili si najmä jeho šachový automat. Škoda, že geniálny vynálezca nevenoval viac pozornosti potrebám svojich rodákov...

- Bývalý letný arcibiskupský palác (dnes sídlo vlády SR na Námestí slobody) mal vlastný vodovod. Pitnú vodu dostával z Koliby.

- Roku 1894 mesto Bratislava kúpilo od Rakúskej vodárenskej spoločnosti bratislavskú vodáreň za 2 227 543 zlatých.

- Potrubie, ktoré viedlo z čerpacej stanice v Karlovej Vsi do vodojemu na Somárskom vrchu, bolo liatinové a malo 5710 metrov. Jeho trasa bola: Karloveská cesta, Žižkova ulica, dunajské nábrežie, Hviezdoslavovo námestie, Jesenského ulica, Kapucínska ulica, Zámocká ulica, Mudroňova ulica.

- Roku 1945, keď počet obyvateľov dosiahol 121 000, bola denná dodávka vody 22 563 $m^3$, čiže vyše 186 litrov na jedného obyvateľa.

- Významnú úlohu v hygiene nášho mesta zohrala kanalizácia, ktorej počiatky siahajú až do stredoveku.

- V 17. storočí existovali kamenné podzemné stoky, ktoré boli prikryté veľkými kamennými doskami, v 18. storočí ich vystriedali tehlové kanály. Jedným z prvých konštruktérov kanálov bol Samuel Mikovíni.

- V 18. a 19. storočí bolo v Bratislave vybudovaných asi 20 kilometrov stôk, ktoré ústili do Dunaja. Roku 1906 bola kanalizácia dokončená a náklady na stavebné práce dosiahli tri milióny zlatých. Prevažná časť stôk sa používa dodnes.

- Mestská vodáreň zabezpečovala v minulosti aj rôzne iné služby, napríklad výrobu blokov ľadu v Ľadovej továrni (od roku 1924), prievoz medzi Bratislavou a Petržalkou propelerom (od roku 1930).

- Pracovníci kanalizačnej prevádzky sa v súčasnosti starajú o údržbu a čistenie kanalizačnej siete v dĺžke takmer 650 kilometrov, pričom sa vybudovali čistiarne (Karlova Ves, Petržalka, Dolné Hony, Rača), aby nebol znečisťovaný Dunaj.

Fragment z pôvodnej Maximiliánovej fontány.

Príbeh o rytierovi Rolandovi na vrcholci kamennej fontány je fantázia. No to, že fontána patrí medzi najkrajšie v meste, je pravda, o ktorej sa môže každý presvedčiť na vlastné oči.

Aj v tebe vyvoláva Ganymedova fontána dojem, že ju zastiera jemnulinká záclona?

Ganymedova fontána pred divadlom na Hviezdoslavovom námestí, dielo Viktora Tilgnera, spieva o najkrajšom chlapcovi sveta. Jeho krásu si všimol aj najvyšší z gréckych bohov Zeus a premenený na orla uniesol ho na Olymp. A aby ho mal stále na očiach, urobil z neho čašníka, ktorý nalieval bohom božský nápoj. K tejto fontáne by mali chodiť predovšetkým zamestnanci našich cukrární, kaviarní a reštaurácií, možno by sa z Ganymedovho spevu priučili, v čom spočíva čaro ich povolania.

Chlapci z Kačacej fontány na Šafárikovom námestí dopadli oveľa horšie. Rudolf Kühmayer ich roku 1914 zvečnil vo chvíli, keď sa vysmievali vodnej víle, a tá ich nechala skamenieť. Počuješ smiech chlapcov a splašený trepot kačacích krídel?

Na Námestí slobody rozkvitá a šumí kovový kvet Fontány družby, ale azda najintenzívnejší je spev Planéty mieru, ktorá stojí pred Grassalkovichovým palácom od roku 1982. Jej autor Tibor Bártfay do jej šumu vložil túžbu celého ľudstva — žiť na našej planéte v mieri.

Fontány už dávno neplnia svoju pôvodnú funkciu, len holuby a vrabce namáčajú do ich vôd smädné zobáčiky. A my v sparnom lete so závisťou hľadíme na ne a vďačne prijmeme spršku vody, ktorou nás ochladí lapajský vetrík.

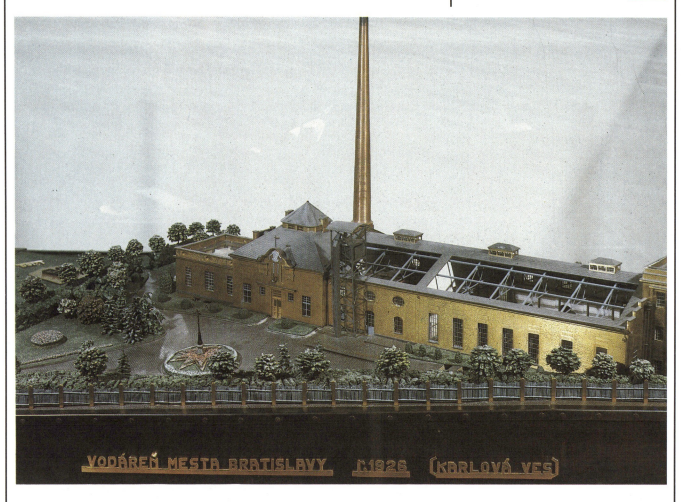

## VODA ZO SOMÁRSKEHO VRCHU

Okrem Rolandovej studne všetky fontány, ktoré som spomínal, boli už len ozdobné a pripojené na mestský vodovod.

K výstavbe vodovodu sa prikročilo roku 1884 a prvú vodu z neho obyvatelia nášho mesta pili roku 1886 – pochádzala z prameňov na ostrove Sihoť, nachádzajúcom sa na začiatku Devínskej cesty. Radní páni, skôr než uzavreli s pražsku firmou C. Corte a spol. dohodu o výstavbe vodovodu, si veru dali niekoľko veľmi náročných podmienok: voda musela byť dostatočne tvrdá, pomerne studená (v priemere dvoch ročných období najviac 11,5° C) a pramene museli dodávať denne 3000 m$^3$, v prípade potreby až 6000 m$^3$. Vodu zo studní prečerpávala čerpacia stanica v Karlovej Vsi, odkiaľ putovala potrubím do vodojemu na Somárskom vrchu. Tritisíc kubických metrov vody z neho prúdilo do domovov 50 000 obyvateľov, ktorí spotrebovali 20 litrov denne na osobu. Po roku 1918 sa vybudovala čerpacia stanica na Mudroňovej ulici, vodojem na Podkolibskej ceste i vodojem na Murmanskom vrchu.

A odkiaľ dostávame vodu dnes? Šesť základných vodných zdrojov (Karlova Ves, dva v Petržalke, Rusovce, Kalinkovo, Šamorín) a štyri ďalšie (Devín, Devínska Nová Ves, Rusovce a Čunovo) dodávajú pre 450 000 obyvateľov dostatočné množstvo. Preč sú tie časy, keď jednému obyvateľovi postačilo na deň 20 litrov. Denná spotreba je okolo 108 000 m$^3$, čiže 670 litrov na jedného občana. Pravda, v tomto čísle je započítaná voda aj pre poľnohospodárstvo, priemysel, obchody a podobne, ale predsa... Je to priveľa.

Model Vodárne mesta Bratislavy vyhotovil roku 1926 Ernest Zacskó presne podľa čerpacej stanice v Karlovej Vsi, ktorá vznikla roku 1886. Dnes je majetkom Mestského múzea.

SLUŽBY MESTU

## LAMPÁRI

Vieš, kto boli lampári? Nie, nie zamestnanci lampárne, kam nás občas niekto pošle sťažovať sa. Bratislavčania tak volali mužov, ktorí večer zapaľovali a ráno zhasínali pouličné plynové lampy. Dobre som si zapamätal najmä lampára z dunajského nábrežia. Vždy podvečer prifrčal na bicykli s dlhou drevenou tyčou zakončenou kovovým hákom. Nacvičeným pohybom zakvačil hák do kovovej slučky pod horákom a s hlavou vyvrátenou dozadu pozoroval, ako sa rozháral modravý plamienok. Takto zapaľoval jednu lampu za druhou.

Ako dieťa som veľmi rád pozoroval lampára. Pripomínal mi prácu divadelných osvetľovačov, ich čarovanie so svetlom, ktoré som tiež mal možnosť často pozorovať. Pravda, tam už bola v hre elektrina, kým tu šlo o svietiplyn. Lampár vo mne vyvolával aj iné pocity: múrik popri Dunaji, po ktorom sme ako deti s obľubou chodili, ťahal sa za lampárom ako strieborná stužka, a on mi pripomínal bájneho hrdinu Prométea, ktorý dal ľuďom oheň, aby im uľahčil život. Tak mi to aspoň rozprával otec... A ráno? Hocijako som sa snažil, lampára som vždy prespal.

O desať rokov neskôr, po maturitnom večierku, uberal som sa nad ránom popri Dunaji domov. A neviem, čo to do mňa vošlo, či zvedavosť, samopašnosť alebo dobrá vôľa ušetriť prácu neznámemu, a predsa mne blízkemu lampárovi, len som sa pristihol, že stojím na múriku a rad-radom zhasínam plynové lampy. Keď som skončil „prácu", obzrel som sa. Nábrežie bolo ponorené do tmy. Zosmutnel som. Náhle som si uvedomil, že každá práca má svoj najvhodnejší čas. Lampár presne vedel, kedy má prísť a „vziať" nám svetlo lampy. Prichádzal vtedy, keď sa k slovu hlásilo slnko. Ja som ho však zastúpil privčas.

Táto spomienka mi zišla na um, keď som sa prechádzal medzi exponátmi na výstave Svietidlá v minulosti Bratislavy, ktorá sa konala roku 1987 v Mestskom múzeu. V jednej miestnosti sa stretli rímske olejové kahance z 1.–3. storočia, stredoveké hlinené svietniky, ale aj pozlátené svietidlá zo 17. či 18. storočia. Osobitne zaujímavé boli svietidlá z 19. storočia, na ktorých vidieť, ako sa majstri remeselníci prekonávali v nápadoch: každá firma sa podpísala na svietidlo osobitým umeleckým rukopisom. „Moje" plynové pouličné lampy tu boli iba na fotografiách, ale aj tak ma potešili.

## VEČNÝ OHEŇ

Kniežacia aleja, námestie zaplavené zeleňou stromov a krov, opäť stratila časť svojich starých „nájomníkov" – stromy museli ustúpiť technike, presnejšie Mestskej plynárni, ktorú v juhovýchodnej časti námestia odovzdali do prevádzky roku 1856. Po Prahe a Brne ako tretiu na území dnešného nášho štátu. A v Uhorsku Bratislava dokonca predbehla Budapešť!

Robotníci v plynárni ťažko pracovali od rána do večera. Svietiplyn, na rozdiel od zemného plynu, ktorý sa ťaží „hotový", sa musel vyrábať. Z moravskej Karvinej sa dovážalo čierne uhlie a pálilo sa v špeciálnych peciach. Okrem svietiplynu vznikal pri tom koks, ktorý sa spočiatku vyhadzoval. Až neskôr, keď sa zistilo, že tento „odpad" je veľmi výhodným kurivom, začali ho predávať. Najmä cez II. svetovú vojnu, keď bol veľký nedostatok paliva (a tuhé zimy), kupovali ho najmä chudobnejší Bratislavčania.

■ V stredoveku osvetľovali naše mesto pri slávnostných príležitostiach lampióny. Neskôr sa pri mestských bránach a na Hlavnom námestí umiestňovali veľké kovové kotly s horiacou smolou.

■ Roku 1766 sa objavili na uliciach olejové lampy a roku 1823 ich bolo okolo 400.

■ Prvý rok sa v plynárni vyrobilo 350 000 m³ plynu. Súkromníci platili za 1000 m³ 5 zlatých a 77,5 grajciara. Za pouličné osvetlenie – 209 lámp plus ďalších 167 svietiacich len do polnoci – zaplatilo mesto 19 800 zlatých.

Pre deti na obrázku je zaujímavý pracujúci žeriav, pre nás zase pôvabná plynová lampa, akú v meste už neuvidíš (iba ak v niektorej záhrade rodinných domov na Červenom kríži).

„V plynárni, ktorá stojí na otvorenom priestranstve, dul vietor, od rána do večera zanášal všetko snehom, stroje zamrzli, rúry sa trhali, lámalo sa všetko, a robotníci od rána do večera v najväčších fujaviciach pracovali s takou húževnatosťou, ktorá sa takmer opísať nedá," píše sa v knihe *Bratislava* z roku 1943. Autor opisuje už novú plynáreň na Mlynských nivách, otvorenú roku 1936, „keď bol horiaci ‚večný oheň' slávnostne prenesený zo starej plynárne do novej". A tu sídlia Západoslovenské plynárenské závody dodnes.

Podobne ako vodáreň, aj plynáreň spočiatku patrila cudziemu majiteľovi – Rakúskej plynárenskej spoločnosti, ktorá ju postavila. A mesto ju roku 1891 od tejto spoločnosti kúpilo za 470 000 zlatých. V tom istom roku vznikol zlúčením vodárne a plynárne nový podnik, ktorý mal názov Závody na vodovod a osvetlenie mesta Bratislavy.

Mestská plynáreň vo svojom prvom pracovnom poriadku určovala práva a povinnosti zamestnancov, hovorila o ich úlohách i platoch. Napríklad o tom, že „plynárenský personál, obstarávajúci verejné osvetlenie, musí byť označený služobným číslom i za noci viditeľným tak, aby týchto zamestnancov bolo ľahko poznať tak obecenstvu, ako aj kontrolným orgánom mesta".

Plyn osvetľoval ulice, vykuroval byty, varil, ba dokonca aj žehlil bez konkurencie až do roku 1902, no potom dostal veľkého súpera – elektrinu. Veľa ľudí si myslelo, že plynu odzvonili. Mali pravdu – čiastočnú. Lebo svietiplyn naozaj (aj keď nie hneď) doslúžil. Roku 1977, čiže po 121 rokoch, jeho svetielko navždy vyhaslo. „Remeslo," ktoré vykonával, však „zostalo v rodine", ešte za jeho účinkovania sa ho ujal zemný plyn. Najprv prenikol do Bratislavy plynovodom z Plaveckého Štvrtka (roku 1951) a od roku 1967 prichádza cez medzištátny plynovod Družba z bohatých sovietskych nálezísk.

V plynárni na Kniežacom námestí (dnes Námestie slobody) sa spaľovalo uhlie z Karvinej.
Vyrobený svietiplyn sa rozvádzal potrubím k odberateľom, ale plynáreň mala i dva zásobníky, kde skladovala 2400 m³ plynu.

Plynové svietidlá sa celkom ponášali na elektrické.

# SLUŽBY MESTU 281)

Kult plynových svietidiel vyvrcholil v 19. storočí, ulice zalievalo žltkasté svetlo z lámp, ktoré boli často malým umeleckým dielom. Plynové lampy na dobovej pohľadnici osvetľovali časť dunajského nábrežia, presnejšie korunovačný pahorok.

■ Prevádzka plynárne sa roku 1918 takmer zastavila pre nedostatok sena – 4 páry koní, ktoré dovážali uhlie zo železničnej stanice do plynárne, nemali čo žrať.

■ Plynáreň na Mlynských nivách z roku 1936 bola postavená v pomerne krátkom čase – za jeden rok.

■ Plynové osvetlenie sa držalo v meste dlho: roku 1932 osvetľovalo ulice 1572 plynových lámp, roku 1935 ešte 1020; posledné lampy dožívali v polovici šesťdesiatych rokov.

■ Roku 1938 bolo v našom meste 14 406 odberateľov svietiplynu, pričom 1 $m^3$ plynu stál 1–2 koruny.

■ Na Kollárovom námestí postavili roku 1938 výrobňu tlakových fliaš plnených svietiplynom, ktoré sa používali na pohon automobilov. Jedna fľaša postačila na 150 km jazdy.

■ Koncom 60. rokov sa v meste začal na kúrenie, varenie, zváranie používať propánbután. V súčasnosti sa plní do fliaš v prevádzkarni v Podunajských Biskupiciach.

■ Večný oheň musel horieť kvôli tomu, že pece na čierne uhlie nesmeli vyhasnúť. Súčasne symbolizoval dlhú existenciu plynárenského remesla v našom meste.

## HORÍ, HORÍ!

Donedávna žili pamätníci, ktorí vedeli zaujímavo rozprávať o hasičoch, ako sa predtým (a podľa mňa výstižnejšie) nazývali požiarnici. Medzi takých patril aj Samuel Malárik, vďaka ktorému sa zachovali zaujímavé spomienky.

Bratislavský dobrovoľný hasičský zbor založil roku 1867 Ferdinand Martinengo. Sídlil v Starej radnici a jeho členmi sa mohli stať ľudia všetkých vrstiev, tak Nemci ako Slováci či Maďari. Dôležité bolo, že chceli pomáhať postihnutým, ktorými sa mohli zajtra stať sami. Spočiatku mali len jednu ručnú striekačku a voz s veľkým sudom na vodu, s čím toho asi veľa nenahasili. No za I. svetovej vojny už vyrážali k požiaru s dvoma parnými striekačkami a po vojne im pribudli motorové a automobilové striekačky a motorové rebríky.

Keby si sa roku 1920 chcel stať členom hasičského zboru, musel by si si (podľa spomienok Samuela Malárika) podať žiadosť o prijatie, podpísanú dvoma ručiteľmi. Zaručiť by sa však za teba mohol len člen zboru, ktorý slúžil v hasičstve aspoň tri roky. Po súhlase veliteľstva by ťa predvolali na členskú schôdzu, ktorá sa obvykle konala každý prvý pondelok v mesiaci, dostal by si na preštudovanie stanovy zboru a musel by si opustiť miestnosť. Za dverami by si čakal, až predseda vyzve prítomných, aby sa vyjadrili. Ak by nemali námietky, oznámili by ti, že na nasledujúcej schôdzi pred zástavou zboru zložíš sľub podaním ruky veliteľovi.

Nato by si si ako nováčik kúpil prekrásnu čiapku, ktorá bola

■ Prvými požiarnymi jednotkami boli v stredoveku cechy, ktorým sa museli podriadiť pri hasení požiaru aj necechoví obyvatelia mesta.

■ Prvá písomná správa hovoriaca o požiarnej ochrane na našom území pochádza z roku 1221, prvý požiarny poriadok bol napísaný roku 1530 po latinsky. Okrem iného prikazoval, aby každý, kto vlastní povoz a kone, zapožičal ich v prípade požiaru na dovážanie vody.

Keď začalo horieť, bolo zle. Oheň preskakoval zo strechy na strechu a často vyhoreli celé mestské štvrte. Takto to vyzeralo po veľkom požiari na Podhradí v máji 1913.

■ Z roku 1785 pochádza nariadenie vydané cisárom Jozefom II., podľa ktorého sa riadili aj dobrovoľné zbory v našom meste. Na zdolanie požiaru bol vtedy potrebný celý regiment ľudí, veď len jednu striekačku obsluhovalo 16 osôb!

■ V stredoveku najbežnejšími boli primitívne vodné pušky, vlastne z dreva vydlabané (prípadne medené) rúry, z ktorých voda ledva vystrekla ďalej, ako ju silní chlapi vyšustli z vedier.

■ Zbory slovenských dobrovoľných hasičov vydávali hasičské cvičebníky, kalendáre a mnohé ďalšie príručky o spôsobe hasenia a o technických pomôckach.

Pamätná listina na V. krajinský snem požiarnikov v Bratislave roku 1880.

Tento hasičský znak zdobil prvú budovu požiarnikov na Radlinského ulici.

TVOJA BRATISLAVA

symbolom hasičstva, a "vyfasoval" by si uniformu ako na vojenčine. To znamená, aké nohavice, blúzu, hasičský opasok, prilbu a sekerku by skladník podľa svojho odhadu pre teba vybral, do takých by si sa musel obliecť. A mohol by si sa utešovať jedine tým, že len čo absolvuješ výcvik a staneš sa ozajstným hasičom, dostaneš vychádzkovú uniformu šitú na mieru.

V súčasnosti majú bratislavskí požiarnici svoj domov na Radlinského ulici, tak ako v minulosti. Verejné požiarne zbory sa však nachádzajú v každom mestskom obvode a majú k dispozícii požiarne hasiace vozy, cisternové a automobilové striekačky na vodu alebo penu, automobilové vysúvacie rebríky, vysokozdvižné plošiny, hadicové automobily a mnohé ďalšie technické vymoženosti. A požiarnici oheň nielen hasia,

■ Zemská hasičská jednota na Slovensku bola založená roku 1922. Združovala a usmerňovala aj prácu bratislavského dobrovoľného hasičstva.

■ Bratislavské hasičstvo malo v minulosti dychovú hudbu, husľové kvarteto, spevokol, divadelný krúžok, ale aj atletický krúžok.

■ V Bratislave existovala stolová spoločnosť Schubleiter, ktorej členmi boli všetci hasiči dobrovoľného zboru a ktorá z ušetrených peňazí pomáhala sirotám po zomrelých hasičoch.

■ Od roku 1907 bola súčasťou hasičstva aj záchranná služba. Spočiatku vozila pacientov na dvojkolesovej káre, ku ktorej neskôr pribudla ďalšia, a ešte neskôr zabezpečoval prevoz nemocných a zranených záchranný voz na konský záprah.

■ Roku 1937 sa konal v Bratislave zjazd československého hasičstva. Naše mesto, ktoré v tom istom roku oslavovalo 70. výročie založenia hasičského zboru, privítalo vyše 25 000 hasičov.

■ Stála hasičská stráž z povolania existovala v meste od roku 1894. Spočiatku mala 9 členov, roku 1935 už 67 členov.

Slovenských (a bratislavských) požiarnikov nespájal len oheň. Boli to zrejme družní ľudia, keď stavali "hasičské" domy a zakladali spolky, v ktorých sa spievalo, hralo divadlo, usporadúvali sa bály. A ich zástavy a krásne uniformy s parádnym čákovom lákali chlapcov i dospelých mužov.

ale snažia sa aj zisťovať príčiny, z ktorých požiare vznikajú, aby sa im dalo predchádzať.

A na záver obrázok z čias, keď ešte hasiči neboli organizovaní. V Bratislave vtedy fungovalo viac dobrovoľných zborov, z ktorých najznámejší bol židovský. Zaiste preto, že sa usiloval byť prvý pri požiari a jeho členovia obetavo a bez dlhého rozmýšľania nasadzovali životy. A keďže boli aj primerane ctižiadostiví, záležalo im na tom, aby mohli veliť ostatným zborom. Nato však museli byť pri požiari prví, čo jednoznačne dokázali, ak hneď po príchode strhli domové číslo. To bol znak, ktorý ich oprávňoval organizovať záchranné práce, čomu sa museli podriadiť všetci „kolegovia".

Oheň si zvyčajne neveľmi vyberá, pustí sa do všetkého, čo mu vojde do cesty. Roku 1834 oblizovali plamene požiaru aj dómsku vežu.

TVOJA BRATISLAVA 287)

# V zdravom tele zdravý duch
## (šport, zeleň)

PETRŽALSKÝ PARK
(DNES SAD JANKA KRÁĽA)
VZNIKOL PO ROKU 1775, KEĎ EURÓPU ZACHVÁTILA MÓDA
VEREJNÝCH PARKOV.
BOL OBĽÚBENÝM MIESTOM TANCOVAČIEK,
DIVADELNÝCH PREDSTAVENÍ
A V JEHO BLÍZKOSTI SA NACHÁDZALI
POČETNÉ ŠPORTOVISKÁ.

18)

IVAN LACIKA

## ĎURI BÁČI

Takto sme sa mu vždy prihovárali, keď nás pred takmer štyrmi desaťročiami zasväcoval do tajov turistickej mapy, oboznamoval nás s topografiou, mierkou, učil nás narábať s buzolou. A keď sme pri prvých turistických pretekoch strácali hlavu a na kontrole zápasili s nešťastnou teóriou, Ďuri báči pomohol. Nenápadným gestom naznačil správnu odpoveď a povedal: „Utekaj!" A my sme sa hnali krížom cez malokarpatské kopce.

Pracovné a rodinné povinnosti nás neskôr rozdelili. Láska k turistike však zostala. Tá láska, ktorú do našich sŕdc vštepoval Ďuri báči. A hoci sme sa niekoľko rokov nestretli, nezabudol som naňho, veď som sa často stretával s „jeho" značkami.

Ďuri báči pozná v Malých Karpatoch každý chodník. Dal mu akýsi rodný list v podobe evidenčného čísla (jeho nápad sa ujal v celej republike). Vie, kde a kedy treba odstrániť polomy, odrezať halúzku, aby značka bola dobre viditeľná a doviedla turistu bezpečne do cieľa. Každý chodník v Malých Karpatoch pozná Ďuriho báčiho. Jeho nižšiu, šľachovitú postavu, tiché kroky, isté ruky. Tie ruky, ktoré vytvárali červené, zelené, modré a žlté turistické značky za stolom v pracovni, aby potom jemne štetcom dokončili dielo na kmeni stromu či na smerovke.

Raz ma šťastná náhoda s týmto vzácnym človekom opäť spojila. On i ja sme sa vybrali na zvyčajnú sobotňajšiu túru rovnakým smerom. Východiskom bola Pekná cesta v Bratislave-Krasňanoch. Pozvanie na spoločnú cestu som prijal rád v očakávaní, že sa dozviem veľa zaujímavého zo značkárskej kuchyne.

„Pýtaš sa na históriu značkovania," rozhovoril sa Ďuri báči. „Nuž, ľudia sa už od nepamäti snažili viditeľne označovať lesné chodníčky a cesty, aby zakaždým nemuseli blúdiť. Robili záseky na stromoch, ukladali rôznym spôsobom kamene či haluze. Turistické chodníky sa začali značkovať až na začiatku minulého storočia, keď sa už turizmus organizoval. Prvé jednoduché značkovanie – popri cestách navŕšené kamene – sa objavilo v Durínskom lese v Nemecku a v hlavných alpských dolinách. Neskôr ho vystriedali tvarové a viacfarebné značky. Rakúsko a Švajčiarsko pokrývala v polovici 19. storočia súvislá sieť značkovaných chodníkov."

Prichádzame k oddychovému miestu bratislavského lesoparku. Ďuri báči ma upozorňuje na červenú značku, ktorú na tomto mieste križujeme. „Je chrbticou všetkých značiek na Slovensku a symbolicky spája Devínsky hrad s Duklou, pričom prechádza oblúkom celými Karpatmi v dĺžke asi 750 kilometrov."

„Táto značka," pokračuje Ďuri báči, „vychádza z prvej značenej červenej cesty, ktorá bola vytvorená po I. svetovej vojne a viedla z Devína na Brezovú pod Bradlom. Ale prvé značenie v Malých Karpatoch vôbec vzniklo už roku 1892 vytýčením chodníka z Harmónie na Modranskú Babu a chodníkov v okolí Modry."

Prechádzame cez potok Vydricu a vstupujeme na Pánovu lúku. Pýtam sa na vývoj smeroviek. Dozvedám sa, že existovali už za I. svetovej vojny. Boli však nejednotné – drevené, maľované a vypaľované, kovové, medzi Devínom a Brezovou aj liate.

Ďuri báči sa občerstvuje vodou zo Zbojníckej studne a zamýšľa sa. „Značkárom sa musí človek narodiť, no musí aj dospieť do určitého veku, aby ním mohol byť. A do terénu nemá chodiť sám, ale s partnerom, s ktorým si dobre rozumie. Keď zostaneš sám, môžeš dopadnúť ako ja v Sološnici. Stojím na siahovici a rozmýšľam, ako

## PRE ZVEDAVCOV

■ *Ďuri báči je Juraj Szomolányi (narodený roku 1905), popredný predstaviteľ slovenskej turistiky a turistického značkovania.*

■ *O obnovu 12 000 kilometrov značkovaných chodníkov na Slovensku sa stará 500 kvalifikovaných odborníkov.*

■ *Bratislavský lesný park má 80 km značkovaných chodníkov.*

JURAJ SZOMOLÁNYI patrí medzi turistických nadšencov a ochrancov bratislavskej a slovenskej prírody.

upevniť na strom smerovku. Jednou rukou pridŕžam, klinec vkladám ústami do otvoru v smerovke, zubami pritláčam a druhou rukou, za neustáleho balansovania, pritĺkam. Už aj to sa stalo, že jeden z nás sa musel priviazať o strom horolezeckým lanom, aby mohol pripevniť smerovku."

V tomto mieste sa opäť stretávame s červenou značkou a po zelenej značke zostupujeme do Rače. Počúvam ďalšie tragikomické príbehy zo života značkárov. Pri spomienkach na veselé príbehy Ďuri báči žiari, znovu prežíva svoje nádherné dobrodružstvá. Haní a chváli. ,,Mnohí ľudia si našu prácu naozaj vážia. Sú dokonca takí, ktorí zo spadnutého stromu vyrežú značku aj s kôrou a pripevnia na iný, zdravý strom. Vtedy značkárovi poskočí srdce od radosti."

Ďuri báči. Býva v našom meste, ale pozná ho nejeden turista od Svidníka po Záhorie, od Tatier po Žitný ostrov. Vychoval celé generácie turistických nadšencov. A ja si želám, aby sa mi ho niekedy ešte pošťastilo stretnúť na značkovanom chodníku.

Horský park tvoril kedysi okrajový pás Bratislavy. Dnes stačí pár krokov z centra, a objímu ťa tiene jeho storočných stromov.

## VÍŤAZI

Nebolo azda jedinej bratislavskej domácnosti, kde by sa v ten pamätný májový podvečer nerozsvietili obrazovky televízorov či nerozozvučali reproduktory rádioprijímačov. 21. máj 1969 bol slávnym dňom nielen bratislavského, ale celého československého futbalu. A ako sa ukázalo, najslávnejším dňom Slovana Bratislava v celej jeho doterajšej histórii. Na štadióne sv. Jakuba vo švajčiarskom Bazileji videlo 22 000 divákov strhujúci boj červeno-modrých (FC Barcelona) a bielych, boj, ktorý

TVOJA BRATISLAVA (290

- Históriu Slovana Bratislava začalo písať niekoľko nadšencov, ktorí sa v hostinci na dnešnej Mariánskej ulici dňa 29. marca 1919 dohodli na jeho založení.

- Prvý telocvičný spolok v Bratislave mal názov Pozsonyi Torna Egyesület – Bratislavský telocvičný spolok (PTE) – a založili ho roku 1880. Prvé ihrisko si tento spolok vybudoval v Petržalke (dnešné ihrisko 1. FC Petržalka).

- Roku 1862 bol v Bratislave založený Bratislavský veslársky klub – Pozsonyi Hajós Egylet (PHE), ktorý bol prvým tohto druhu v Uhorsku. Tento klub roku 1864 usporiadal v Bratislave prvé atletické preteky.

Hráči Slovana Bratislava a pohár druhej najvýznamnejšej európskej futbalovej klubovej súťaže sa takto spolu odfotografovali v máji 1969, po finálovom víťazstve Slovana nad Barcelonou.

nás dvíhal z fotelov a tých slabších na srdce nútil občas vybehnúť na balkón, nadýchať sa čerstvého vzduchu. Víťazmi Pohára víťazov pohárov, druhej najvýznamnejšej európskej klubovej súťaže, sa stali hráči Slovana!

Od tejto slávnej chvíle uplynulo už vyše dvadsať rokov. Spomienky zoslabli, ustúpili novým, čerstvejším dojmom, ale prekrásny pocit zostal. Našťastie, v knižniciach sú uložené noviny a časopisy, ktoré toto nezabudnuteľné finále podrobne opisujú.

„...už v 1. minúte dal Cvetler vedúci gól. Bola to nezabudnuteľná akcia. Horváth perfektne zastavil Fusteho, vyrazil dopredu, Jokl sa skvelými jasličkami zbavil Castru, vystihol nabiehajúceho Hrdličku, ten zasa pohotovo našiel Cvetlera. Bratislavský krídelník trochu zaváhal, preto sa jeho prvá strela odrazila od španielskej obrany. Loptu znovu rozohral Hrdlička a Cvetler umiestnenou strelou k pravej žrdi prekonal Sadurniho..."

Boli medzi nami aj takí, čo pochybovali. Tvrdili, že vychýrená Barcelona nemôže prehrať. Považovali prvý gól Slovana za vec náhody. „Teraz prídu góly, ktoré nás zrazia na kolená," tvrdili.

Aj prišli, nie všetky však do siete Slovana.

„...keď sa nad štadiónom sv. Jakuba rozsvietili reflektory, zdalo sa, že priniesli svetlo do hry Španielov. V 16. minúte Zaldua vyrovnal..."

Ale nadišla 30. minúta. „...Hrivňák z hĺbky poľa prudko vyrazil do sólovej akcie, každý čakal prihrávku, on si však narazil loptu až pred veľkým štvorcom s Joklom tak skvelo, že sa dostal pred posledného hráča Španielov Olivella. Nechal si spadnúť loptu a prudkou strelou k pravej žrdi znova získal Slovanu dôležité vedenie..."

V tú chvíľu bola otrasená nedôvera aj najväčších pochybovačov. Z balkónov a okien vyletovali prskavky. Nadšenie vrcholilo, keď „... v 43. minúte Jokl vybojoval aut, bleskove ho aj sám zahral, jeho dlhé kolmé vhadzovanie tak zmiatlo španielsku obranu, že obranca Pereda spadol, stopper Olivella v snahe krížovať minul loptu i Jána Čapkoviča. Bratislavské ľavé krídlo pred Sadurnim nezaváhalo a pravačkou popri

Horný znak Slovana pochádza z čias, keď jeho futbalový oddiel získal Pohár víťaza pohárov, dolný nosia na dresoch slovanisti dnes.

vybiehajúcom brankárovi perfektnou strelou do opačného rohu stanovilo nečakaný výsledok polčasu – 3:1...".

Čo na tom, že v 51. minúte hráč Barcelony znížil na 3:2! Slovan víťazstvo udržal. V ten večer sa bratislavskí futbaloví nadšenci objímali, fanúšik Interu úprimne blahoželal fanúšikovi Slovana. Veď všetci chápali, že bratislavské mužstvo ukázalo celému svetu, aký pekný, útočný a technikou podložený futbal vieme hrať.

Ubehlo necelých 24 hodín.

„Vytrvalé trúbenie osemnástich taxíkov oznamovalo vo štvrtok popoludní návrat novopečených víťazov PVP, futbalistov Slovana Bratislava, do hlavného mesta Slovenska. Ich priaznivci spomedzi bratislavských taxikárov sa sami rozhodli čakať už na hraničnom priechode v Bergu. Každý hráč dostal k dispozícii taxík a tak vznikol nezvyklý sprievod, ktorý prechádzal hlavnými ulicami Bratislavy. Stovky Bratislavčanov na chvíľu zastali, aby pozdravili svojich slávnych spoluobčanov."

Po slávnom víťazstve Slovana Bratislava nasledovalo nemenej slávne obdobie tohto mužstva – tri majstrovské tituly, o ktoré musel Slovan tuho bojovať so Spartakom Trnava. A roku 1976 séria úspechov vyvrcholila – sedem hráčov Slovana sa zaslúžilo o to, že Československo sa stalo v Juhoslávii majstrom Európy.

Príbeh o bazilejskom finále sa stal obľúbeným aj u nás doma. Ja som spomínal a syn s obdivom počúval. Možno mi aj závidel chvíle, ktoré on nemal možnosť vychutnať.

## JUZEK

Známy rakúsky horolezec Marcus Schmuck v jednej zo svojich kníh napísal: „V horách sa znova a znova budú napĺňať osudy, ktoré v sebe spájajú vrcholné šťastie a neústostnú tragiku."

Koľko úsilia museli vyvinúť Bratislavčania Jozef Psotka prezývaný Juzek a Zoltán Demján, aby 15. októbra 1984 ako prví Čechoslováci zastali na najvyššom vrchole našej planéty – Mount Evereste. Dvaja z mnohých. Svoje víťazstvo, na ktorom sa podieľali všetci členovia československej expedície, opisujú v knihe Everest takto:

„Juzekova tvár žiari šťastím. Zastaví sa asi dva kroky pred Zolom a čaká. Akoby nechcel, aby už bol koniec. Túži plne vychutnať posledný krok. Trvá to síce iba zopár sekúnd, ale Zolovi pripadajú ako hodiny. Chytia sa s Juzekom popod pazuchy a spoločne, krok za krokom prekonávajú posledné metre.

Sú na vrchole.

Padajú si do náručia. Po tvári sa im kotúľajú slzy šťastia. Panebože, koľko chlapov tu už v minulosti takto plakalo? Nie sú schopní zmôcť sa čo i len na jediné slovo. Ani ho netreba. Mocné objatie je viac ako najkvetnatejšie slová."

Päťdesiatročný Juzek a dvadsaťdeväťročný Zolo. Predstavitelia dvoch horolezeckých generácií prežívali na vrchole spoločné chvíle vrcholného šťastia. Žiaľ, pre Juzeka to boli chvíle posledné. Nasledovala neúprosná tragika a on zostal navždy v tesnej blízkosti vrchu, po ktorom tak veľmi túžil.

Žil v Bratislave. Mohol si ho denne stretávať v blízkosti Námestia slobody, kde pracoval a súčasne sa venoval výchove mladých horolezcov. Bol neobyčajne skromný a činorodý. Zatiaľ čo jeho spolulezci z mladosti sa poberali do „dôchodku", on stále kul plány.

Jeho horolezecký vývoj sa začal, akože ináč, v Tatrách, kde

■ Prvý robotnícky športový spolok v našom meste mal názov Prvý bratislavský cyklistický spolok a bol založený roku 1899.

■ Krasokorčuliar Ondrej Nepela bol prvým bratislavským olympijským víťazom (na ZOH v Sappore roku 1972).

■ Prvé Majstrovstvá Európy a Majstrovstvá sveta sa v Bratislave konali v jeden rok (1958) – ME v krasokorčuľovaní, MS v parašutizme.

Bratislavčan ONDREJ NEPELA zdraví rodákov z najvyššieho stupňa víťazov na ľade bratislavského Zimného štadióna, kde roku 1973 získal titul majstra sveta.

v päťdesiatych rokoch zdolával steny, piliere či hrebene mnohých štítov. V šesťdesiatych rokoch vykročil do sveta. Ťažké výstupy podnikol najmä v Alpách, ale aj na Kaukaze a mongolskom Altaji. A roku 1969 si v pohorí Hindúkuš pripísal na konto prvú sedemtisícovku.

„A potom už prišla veľká ‚osemtisícmetrová' éra nášho horolezectva," píše môj priateľ Milan Straka v spomienkovom článku *Volali ho Juzek*... „Roku 1971 to bol Nanga Parbat, na ktorom odviedol pre kolektív obrovský kus práce, no ochorenie ho vyradilo z vrcholového družstva... Nasledovali dve expedície na Makalu (1973, 1976), kde mu osud opäť hlavný vrchol nedožičil — najprv pre zranenie kamaráta, o ktorého sa v takmer osemtisícmetrovej výške obetavo niekoľko dní staral, o tri roky zase pre začínajúce omrzliny. Rok 1981 napokon priniesol víťazný boj s predmonzúnovým nedostatkom času, ale tiež i s nečasom na severných zrázoch tretej hory sveta Kančendžongy. Stal sa triumfom ‚odpisovaných' — dvoch smoliarov, čo konečne zastali až na vrchole — Juzeka Psotku a Ľuda Záhoranského. Cez štyridsiatnikov, ktorým sa dostalo v tomto športe dovtedy nevídaného, no zaslúženého spoločenského uznania. A tiež vnútornej sebadôvery v uskutočniteľnosť posledného veľkého sna. Posledného..."

Mal som šťastie poznať ho. V panelákovom byte u priateľa nám porozprával o svojej láske k horám. Slová o športovej filozofii, etike, kamarátstve v horách nás utvrdzovali v tom, že s takýmto človekom sa v žiadnom pohorí sveta nemožno cítiť osamotene. A hoci som sa horolezectvu nikdy nevenoval, pristihol som sa pri myšlienke, že s Juzekom by som sa nebál skúsiť to.

Priateľ dodnes opatruje vzácnu pamiatku na večery strávené s ním

Aj keď sa JOZEFOVI PSOTKOVI splnil sen a zastal na najvyššom vrchu sveta, predsa ho celkom nepokoril — velikán si ho navždy ponechal.

— magnetofónový pás s úvahami, vyznaniami. Úryvok, ktorý mi dovolil uverejniť, je súčasne dokumentom o ušľachtilých črtách Juzekovej povahy.

„Po zostupe z Kančendžongy sme cestovali v horúčave, slnkom doslova vypálenou indickou krajinou, kde všetko čaká na monzúnové dažde. A naraz cestuješ vlakom týmto naším Slovenskom, a je to fantastický pocit: všade tá zeleň... Až vtedy som si jasne uvedomil, že som doma, a už som sa strašne tešil na to, že si opäť budem môcť pobehať všetky dôverne známe miesta... Vždy po príchode z ľadovcových oblastí som si ohromne rád vybehol na nejakú ľahšiu túru, no nikdy tie pocity neboli také silné ako teraz, pri návrate z posledných expedícií. Tatry sú stále pekné, stále krásne..."

■ *Cestné bežecké preteky Devín – Bratislava majú dlhú tradíciu. Ich prvý ročník sa konal roku 1921.*

■ *Od roku 1957 sa na bratislavskom štadióne Internacionálu na Pasienkoch konajú medzinárodné atletické preteky Grand Prix.*

■ *Už roku 1871 mala Bratislava klzisko s umelým ľadom. Bolo to v Pálffyho záhrade asi na tých miestach, kde stojí bývalá budova rozhlasu na Zochovej ulici.*

## PĽÚCA NÁŠHO MESTA

Ich dych pociťuješ denne. Bez nich by naše mesto bolo nielenže menej pekné, ale aj menej vzdušné. Lesoparky, parky, parčíky, záhrady, ale aj ostatné zelené priestranstvá preto právom nazývame pľúcami mesta a zamierime k nim vždy, keď zatúžime po vôňach kvetov či starých líp.

Bratislavčania sa aj v minulosti venovali zeleni. Pristupovali k nej z troch hľadísk: zeleninárskeho, ovocinárskeho a kvetinárskeho. Bratislavskí záhradníci sa už roku 1379 združili do cechu.

V stredoveku, keď mesto za hradbami charakterizovali kláštory a domy v úzkych kľukatých uličkách, prevládala praktickosť ich majiteľov – v kláštorných záhradách a v záhradách pri domoch „rástli" hlavne vitamíny v podobe rozmanitého ovocia a zeleniny.

Renesančné záhrady symbolizovali rozkvet umenia a odzrkadľovali duchovné bohatstvo svojich majiteľov či tvorcov. Boli súčasťou krásnych palácov a rôznymi technickými zázrakmi tak trochu pripomínajú dnešné zábavné parky. Zachoval sa podrobný popis jednej z bratislavských záhrad tohto obdobia (z roku 1658). Jej tvorcom bol Ján Lippay, rodený Bratislavčan, a nachádzala sa v priestoroch dnešného Námestia slobody a Leškovej, Čajkovského a Štefanovičovej ulice. Bola súčasťou paláca, ktorý patril arcibiskupovi Jurajovi Lippayovi, záhradníkovmu bratovi.

„Pri paláci bola plocha záhrady šachovnicovo rozdelená na diely vysadené zložitými ornamentmi kvetov. Ale aj časť záhrady vzdialená od paláca bola rozdelená na diely štvorcového alebo obdĺžnikového tvaru. Tak potom celá záhrada mala 24 veľkých a 3 menšie ‚tabule' oddelené od seba nižšími strihanými plotmi. Tabule boli plné rozličných domácich, ale aj cudzokrajných kvetov a stromov... v letných mesiacoch zdobilo záhradu 167 granátovníkov, citrónovníkov, pomarančovníkov, vavrínov. Boli zasadené vo veľkých červených vedrách so zelenými obručami. Okrem nich v menších, pestro sfarbených nádobách rástlo tam 780 iných exotických rastlín...."

Okrem zelene tam bolo možné obdivovať rôzne umelé jaskyne, sochy, rybníky, vodomety, ale aj plastiky vtákov, ktoré „vydávali také čudesné zvuky, že neraz k sebe prilákali aj skutočné (živé) vtáky". Najmä deti v tej dobe iste potešili hudobné automaty (!) či labyrint a krivé zrkadlá, v ktorých sa mohli vidieť smiešne dokrivení.

Pri nedeľnej prechádzke občas rátam stromy a trávnaté plochy v meste. Akosi ich ubúda. Je mi ľúto, že nedokážeme držať krok so záhradníckymi veľmocami (patria medzi ne aj Čechy a Morava) a nevieme obnoviť pôvodnú krásu záhrad pri Grassalkovichovom alebo

Spomedzi najpopulárnejších bratislavských športovcov nesmieme vynechať cyklistu VLASTIMILA RUŽIČKU. Preslávil sa najmä na Pretekoch mieru – v rokoch 1950, 1951 a 1954 bol členom víťazného družstva a roku 1954 skončil v súťaži jednotlivcov na druhom mieste.

TVOJA BRATISLAVA  (294

■ V 17. storočí boli v Bratislave viaceré menšie lekársko-botanické záhrady. Pestovali sa v nich liečivé byliny a skúmali dovtedy neznáme druhy rastlín.

■ Významnou súčasťou bratislavskej zelene je aj zeleň cintorínov. Aj tu rastú vzácne druhy drevín, ktoré sú chránené. Niektoré cintoríny, ako Ondrejský či Pri Kozej bráne, sú prírodnou rezerváciou a pamiatkovým objektom.

■ Botanická záhrada vznikala v rokoch 1942 – 1946 a má rozlohu 5 ha.

Zo starej (možno až) tisícročnej lipy z bývalej Pálffyho záhrady je dnes už len torzo – jediný, čo ako košatý konár, vyrastajúci z objemného pňa pod úrovňou chodníka.

Hnutie mladých ekológov STROM ŽIVOTA pôsobí síce na celom území Slovenska, no svoje centrum má v Bratislave.

Aspremontovom paláci. Aleje starých, dvestoročných stromov v Medickej záhrade z bezpečnostných dôvodov ustúpili mladým stromčekom, ktoré budú o tridsať rokov rovnako krásne. Ale trávnaté plochy sú zatiaľ jednotvárne, málo nápadité...

V knihe *Historická zeleň Bratislavy* som sa dočítal, že „veľkú zásluhu o rozvoj verejnej zelene, ochrany prírody a zveľaďovania životného prostredia Bratislavy mal Bratislavský mestský okrášľovací spolok, ktorý bol založený 8. marca 1868. ...Založenie spolku spadá do obdobia tzv. kvetinového kultu, keď zmysel pre krásu, pestovanie vkusu, tvorba a ochrana zelene patrili medzi ušľachtilé verejné činnosti..."

A ako sa tento spolok postaral o jedno z najobľúbenejších prechádzkových miest starých (i súčasných) Bratislavčanov, dnešné Hviezdoslavovo námestie? Dal som vysadiť štyri rady platanov, javorov a líp, na každých desať krokov umiestnil lavičku. Čo na tom, že sa za jej použitie vyberalo „sedné"? Veď táto aleja, dlhá 4170 krokov, iste poskytovala veľa vzrušujúcich zážitkov spojených s „poznávaním" významných občanov nášho mesta.

Aj napriek výstavbe, zásluhou ktorej sa Bratislava v posledných desaťročiach neobyčajne rozrástla, môžeš sa mestskou dopravou

# V ZDRAVOM TELE ZDRAVÝ DUCH | 295 )

pomerne rýchlo dostať do spoločnosti krásnych parkov – Horského, Rusoveckého či Sadu Janka Kráľa v Petržalke.

Mne najviac prirástol k srdcu petržalský, aj keď sa k nemu čoraz väčšmi približujú paneláky a jeho voľakedajšia veľkosť je voči novej Petržalke zanedbateľná. Vznikal po roku 1775, v období, keď Európu zachvátila móda verejných parkov. Ešte dnes prekvapuje, ako jednoducho sa postupovalo pri jeho úprave. Určil sa stred (dnes sa tu nachádza pamätník Janka Kráľa) a do tvaru osemramennej hviezdy sa vyrúbali stromy lužného lesa. V každom ramene sa vysadila aleja stromov, ktoré jej dali pomenovanie: Brestová, Jelšová, Javorová, Vŕbová...

Každú nedeľu, od jari do jesene, obľúbený propeler cez Dunaj prevážal stovky Bratislavčanov, ktorých v petržalskom parku lákalo bábkové divadlo, hudba, tancovačky a iné zábavy. Bolo tu aj letné divadlo Aréna, kde od roku 1828 v činoherných, operných a baletných predstaveniach predvádzali svoje umenie naši, viedenskí a peštianski herci. Ale park bol i miestom tajných schôdzok členov štúrovskej družiny, miestom osamelých nočných prechádzok Janka Kráľa. A v poslednej štvrtine 19. storočia sa v jeho okolí vybudovali športoviská, z ktorých niektoré sa zachovali dodnes.

Na Palisádach žije staručká lipa. Nikto nevie, kedy a kto ju zasadil. Vieme len, že v minulosti bola súčasťou chýrnej Pálffyho záhrady, že ju obkolesoval poschodový drevený altán, a jej vek sa odhaduje na 800 – 1000 rokov. Vždy na jar mnohí Bratislavčania netrpezlivo očakávajú, kedy sa rozzelenie jej jediný konár, obávajú sa, či jej zimné mrazy neuškodili. A ver mi, že je dojemné počúvať slová plné obáv o život jedného (aj keď najstaršieho bratislavského) stromu.

Záhrada okolo letného arcibiskupského sídla prekonávala všetky bratislavské parky a záhrady, arcibiskupov brat Ján Lippay si dal na nej veľmi záležať. Škoda, že z množstva jej hodnotných sôch sa zachoval len sv. Juraj, ktorý okrášľuje nádvorie Primaciálneho paláca.

TVOJA BRATISLAVA ———————— 297)

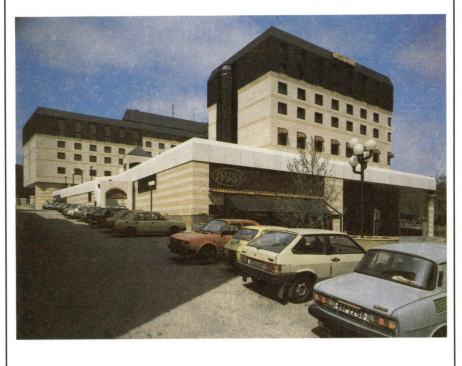

HOTEL FORUM
POSTAVILA NA OBJEDNÁVKU FRANCÚZSKA FIRMA
COMPAGNIE GÉNÉRALE DE BÂTIMENT ET DE CONSTRUCTION
(CBC)
V SPOLUPRÁCI S JUHOSLOVANSKOU FIRMOU MONTINVEST.
JE SÚČASŤOU SIETE HOTELOV
INTERCONTINENTAL.

## Mesto jubilujúce, ale mladé
### (súčasná Bratislava)

IVAN LACIKA

19)

TVOJA BRATISLAVA

(298

### 20. 4. 1945
**Futbalový zápas v prospech ranených vojakov ČA**
Na štádiu ŠK Bratislava bude v nedeľu 22. apríla popoludní o 16 hod. futbalový zápas medzi ŠK Bratislava a ŠK Železničiari v prospech ranených ruských vojakov. Vstup pre vojakov ČA voľný. Jednotné vstupné. Na sedenie 10 K a na státie 5 K.

### 24. 4. 1945
**Život v Bratislave sa konsoliduje**
Z Národného výboru sa dozvedáme, že asi v utorok 24. t. m. začne sa už prevádzka mestských električiek na trati č. 3. Okrem postupného zavádzania dopravnej prevádzky v Bratislave pracuje sa aj na obnovení železničného spojenia hlavného mesta Slovenska s oslobodenými oblasťami západného a južného Slovenska, ako aj severozápadnej časti.
S uskutočnením dopravných spojov začína sa aj poštová prevádzka v týchto oblastiach. Bratislavská hlavná pošta začala už prijímať úradné zásielky balíkov, listov a tlačív do staníc, do ktorých už zaviedli pravidelnú dopravu.
Zásobovacia situácia mesta sa tiež postupne zlepšuje. Nemocniciam a Červenému krížu dodáva sa už vo väčšom množstve mlieko, usmerňuje sa priďeľovanie uhlia a dreva a pomaly začínajú sa otvárať obchody a dielne remeselníkov...

Je po všetkom. Trosky domov a opustený nemecký tank hovoria o prvých mierových chvíľach.

## KROK K SÚČASNOSTI

Pre Bratislavu sa vojna skončila 4. apríla 1945. V západných oblastiach našej vlasti sa ešte bojovalo, no v našom meste sa život pomaly dostával do mierových koľají. Všetky bratislavské noviny pravidelne oboznamovali obyvateľov o situácii na fronte, vyzývali k činorodému životu.

### 17. 4. 1945
**Obnova telefónneho styku v Bratislave**
Poštová správa v Bratislave oznamuje, že opravné práce miestnych telefónnych zariadení natoľko pokročili, že koncom apríla t. r. bude možné zapojiť do prevádzky časť miestnej automatickej telefónnej ústredne...

### 18. 4. 1945
**Tržné ceny zeleniny a zemiakov**
Národný výbor v Bratislave určuje tržné ceny zeleniny a zemiakov na týždeň od 16. do 22. apríla t. r. (Prvé číslice značia cenu pre priekup, číslice v zátvorkách cenu pre spotrebiteľa.)
Cesnak 1 kg K 12.– (15.–), cesnak 1 sv. K 1.60 (2.–), cibuľa 1 kg K 8.– (10.–), cibuľa nová 1 sv. K 2.40 (3.–), červená repa 1 kg K 4.– (5.–), chren 1 kg K 6.40 (8.–), kaleráb 1 kg K 6.40 (8.–), mrkva (karotka) 1 kg K 6.40 (8.–), kel 1 kus K 4–6.40 (5–8.–)... zemiaky 1 kg K 4.80 (6.–). Prestúpenie týchto cien sa prísne tresce.

Krížna ulica bola jednou z tých, ktoré najviac utrpeli vojnovými udalosťami. Popri nej sa „zviezla" aj Záhradnícka ulica, ako vidieť na našom zábere. Vedľa zrúcanín sa však čoskoro začali dvíhať nové budovy...

MESTO JUBILUJÚCE, ALE MLADÉ — 299 )

**25. 4. 1945**
*Výzva*
Vyzývame všetkých majiteľov domov, správcov domov, prípadne domovníkov mesta Bratislavy, aby hneď odovzdali nemecké zástavy Národnému výboru, sekcii pre informácie, Sedlárska 2. Zároveň vyzývame všetkých obchodníkov s textilným tovarom mesta Bratislavy, ktorí majú zásobu materiálu, z ktorého by sa dali zhotoviť národné zástavy, aby sa hneď prihlásili na horeuvedenú adresu za účelom dojednania patričných dodávok.

**27. 4. 1945**
*Pohyb po uliciach do 21. h letného času*
Vzhľadom na to, že od 23. apríla t. r. bol zavedený na západnom Slovensku letný čas a hodiny sa posunuli o 1 h dopredu, dovoľuje sa obyvateľstvu pohyb na uliciach do 21. hod.
*Začína sa filmová prevádzka*
Povereníctvo SNR pre informácie – film, oznamuje, že po zdolaní počiatočných prekážok, najmä technického rázu, uvoľnilo pre bývalé kino Nástup film Jánošík ...

**4. 5. 1945**
*Program ND*
piatok 4. 5. 1945 F. Lehár: Zem úsmevov
sobota 5. 5. 1945 C. Goldoni: Mirandolina
nedeľa 6. 5. 1945 B. Smetana: Predaná nevesta
*Jasle pre deti a poradne otvorené*
Červený kríž otvoril 2. mája jasle na Kozej ulici 14. Jasle sú otvorené od rána 6. hod. do večera do 19. hod. Prijímajú sa zdravé deti do 4 rokov, ktoré boli predtým vyšetrené v poradniach ...

**7. 5. 1945**
*Najstrašnejšia vojna dejín skončila*
Nemecko bezpodmienečne kapitulovalo (v pondelok, 7. mája 1945 o 2. hodine 41. min ráno bola podpísaná kapitulácia Nemecka).

Starí Bratislavčania, ktorí sa 16. júna 1944 zdržiavali v meste, sa určite pamätajú na hustý tmavý dym, čo sa kúdolil nad mestom. To horela Apolka, rafinéria olejov, zasiahnutá bombami lietadiel, ktoré si vzali na mušku dôležité mestské objekty.

TVOJA BRATISLAVA

**(300**

P R E   Z V E D A V C O V

■ V Bratislave je spolu približne 1500 ulíc a ciest, z ktorých najdlhšia je Devínska cesta (6849 metrov) a najkratšia Lodná ulica (24 metrov).

■ Prvý panelák postavili roku 1955 na Kmeťovom námestí. Je päťposchodový, má 36 bytov a bol zároveň prvým panelovým domom v našej republike.

Obchodná ulica od Kollárovho námestia, a hneď dve snímky, aby si si potvrdil, ako málo sa zmenila za tých deväťdesiat rokov, čo ich delí. Ktovie, aká bude o ďalších deväťdesiat...

## ULICA PEKNÁ VES

Keď som zvažoval, ktorú ulicu by som ti mal zo súčasnej Bratislavy predstaviť, roztvoril som orientačnú mapu mesta. Listy číslo 39 a 40 tvoria dvojstranu, na ktorej je znázornený stred mesta. Jeho hranice tvoria Jaskový rad na severe a Dunaj na juhu, Slavín na západe a Záhradnícka ulica na východe. Ulíc a námestí je v ňom niekoľko desiatok. Takých, ktorých história by zabrala niekoľko strán textu v tejto knihe, i takých, čo vznikli len prednedávnom.

Keď som písal túto kapitolu, veľa sa hovorilo a písalo o Obchodnej ulici, o tom, že by ju bolo treba zachrániť pre budúce generácie, teda vlastne už pre tvoje deti. A pretože takéto úsilie mi bolo vždy sympatické, rozhodol som sa pre ňu.

História Obchodnej ulice nie je taká dávna ako história Michalskej či Panskej. Nie je výstavná a napríklad popri Štúrovej ulici vyzerá ako chudobná príbuzná. Bratislavčania ju však majú radi. Keď čosi

Schöner Náci (Pekný Nácko), jedna z charakteristických postáv bratislavských ulíc, už nežije. Ostala po ňom spomienka v mysliach starých Bratislavčanov a zopár takýchto fotografií.

zháňajú, vždy si na ňu pomyslia: „Na Obchodnej to hádam dostanem." Takto rozmýšľajú aj návštevníci mesta, ktorí ju už poznajú a zväčša ju neobídu. Konkurovať jej môže azda len Prior. Nie div, veď aj názov hovorí o jej poslaní. Iste si aj ty tadiaľto nespočetnekrát prešiel. No keby som od teba chcel, aby si mi o nej porozprával, pravdepodobne by si mi vymenoval iba tie obchody. A nemohol by som ti to vyčítať, lebo domy na tejto ulici sú „zjednotené" nezaujímavou sivou farbou, ktorá načisto vzala každému jeho osobitosť. Zotrela „ducha" ulice, ktorý tu vládol stáročia.

Teodor Ortvay v knihe *Bratislavské ulice a námestia* z roku 1905 napísal: „Táto slušná, pekne sa rozvíjajúca ulica, ktorá je vyložená keramzitom, prípadne vyasfaltovaná, je jadrom dnešnej štvrte Nándor. Kedysi spájala dve brány, Michalskú a Schöndorfskú. Druhá stála na konci ulice, tam, kde sa Schöndorfská ulica stretáva s Vysokou cestou. Roku 1442 už bola kamenná, takže zápisy z 15. a 16. storočia ju spomínajú ako Stain in thar alebo Stainen in tor. O tom, že bola vyzdobená maľovaným mestským erbom, máme zmienku z roku 1596... Po Schöndorfskej premáva aj elektrická železnica, ktorá zvyšuje aj tak značný dopravný ruch."

Najstarší názov ulice bol Ungarngasse čiže Uhorská ulica. Dostala ho po dávnych obyvateľoch, Maďaroch, ktorí sa na týchto miestach usadili v 13. storočí a založili si osadu. Čoskoro sa tu zeleneli záhrady, po okrajoch prašných poľných ciest určite kvitli vlčie maky a škovránky spievali svoje vtáčie esperanto. Muselo to byť naozaj pekné miesto, keď mu prischlo meno Schöndorf čiže Pekná Ves. Roku 1288 uhorský kráľ Ladislav IV. daroval dedinku mestu. O deväť rokov Ondrej III. (spomínaš si, to je ten, čo udelil Bratislave výsady) nariadil pripojiť Peknú Ves k mestu. Vidiečanom sa zrejme zaľúbil mestský spôsob

Aj v minulosti si Obchodná ulica zaslúžila toto meno, veď obchodíky s vývesnými štítmi sa aj vtedy tlačili jeden na druhý. A kupujúci sa tak ako dnes museli vyhýbať električke, na ktorej vyzváňanie a rýchlosť sa sťažovali všetci obyvatelia ulice (záber je urobený od dnešného Hurbanovho námestia).

života, postupne sa sťahovali hlbšie do Starého mesta a od roku 1311 sa z Peknej Vsi stáva nepekná, chátrajúca osada. Ktovie, čo sa medzitým odohralo, ale o sto rokov už mestské záznamy hovoria o Schöndorfskej ulici. Pod týmto názvom je uvedená aj v mestských pozemkových záznamoch z roku 1439, keď ju obývali prevažne Nemci. Tvorilo ju 52 domov, hospodársky majer a pustý pozemok. Koľko z nich asi ľahlo popolom, keď ju roku 1683 vypálili vojská Imricha Thökölyho za protihabsburských povstaní?

V 18. storočí sa ulica mohla pochváliť „putovnou" školou pre takmer 60 chlapcov a dievčat. Sťahovala sa z domu do domu a vyučovali v nej niekedy aj remeselníci, ako napríklad krajčír Juraj Wegner. Už menej chválylhodné boli schöndorfské viechy, ktorých sa tu tislo viac a mali nielen známe meno, ale aj nemálo svojich pravidelných zákazníkov. Čierny orol, Koruna, Jeleň, to sú dnes už len názvy krčmičiek, kde ponúkali dobré vínko. Ak sa pozorne prizrieš domom v okolí Vysokej ulice, uvidíš nad bránami znaky v podobe strapcov hrozna, ktoré nikoho nenechávali na pochybách, čo sa za nimi skrýva.

Zo začiatku nášho storočia hodno spomenúť tunajšie Bratislavské všeobecné združenie na podporu chorých, ktoré nielen pomáhalo liekmi a liečením, ale v prípade úmrtia podporilo rodinu zomrelého. Chudobných zase podporili Nándor Lang a Samuel A. Royko, ktorí tu dali postaviť domy a venovali ich mestu so želaním, aby slúžili chudobe. Dodnes sa priechodu, ktorý spája Jedlíkovu ulicu s Obchodnou, hovorí Roykopasáž.

Mária Dubská v článku *Bolo raz jedno mesto, ulica, jedna trieda* píše: „Niektorí tejto ulici hovorili Schöndorfská, iní Uhorská a iní zase Széplakutca. A bola to vlastne stále iba jedna – dnešná Obchodná ulica. Obchodík vedľa obchodíka. S topánkami, potravinami, galantériou, látkami. Udalosťou bolo, keď ostravská firma Schön začala stavať štokovec na jej hornom konci. Bolaže to paráda, taký obchodný dom – dnešný Pionier.

Ale starí Bratislavčania mali vo zvyku chodiť kupovať ku ‚svojmu' obchodníkovi. Aj my sme roky kupovali u ‚svojho' pána Bergra. Uprostred ulice mal obchod s látkami. Dal aj na úver, aj lacných zvyškov bolo a slovko „nemáme" nepoznal. Nepustil zákazníka s prázdnymi rukami. A keď ten nenašiel u neho žiadané, zabehol hoci aj ku konkurentovi, rýchlo kúpil a predal ‚svojmu' zákazníkovi. Taký bol starý pán Berger."

Rovnako sa nakupovalo u Pavúka, Meinla, „malého" Baťu, či „malého" Manderlu. Bolo to však už v časoch, keď sa blížila II. svetová vojna. A tá Obchodnej ulici veľmi ublížila. Nie, nepadli sem bomby, lež ľudia odišli. Vojna ich preosiala podľa svojho meradla. Bratislavskí Nemci si pobrali veci a s poslednými zvyškami nemeckej armády sa stratili v zmätku vtedajších udalostí. A Židia, ktorých tu žilo najviac, nemali ani takúto možnosť. Ešte predtým zaklopala na ich príbytok (či obchod) ruka smrti. Starí obchodníci sa už neobjavili vo svojom krámiku, ich deti či vnuci neprišli do školy. Nikdy viac ich v meste nevideli. Skončili v plynových komorách ako státisíce ďalších…

Po vojne domy na Obchodnej ulici zmenili majiteľov. Obnovili sa obchody a obchodíky a ľudia sem chodili tak ako predtým. A chodia i dnes. V každej ruke taška, zväčša udychčaní, ustarostení kľučkujú medzi tými, čo zatiaľ iba obzerajú výklady. Občas ich napomenie električka, keď sa zabudnú na jej koľajniciach, inokedy im stúpajú na päty zásobovacie vozíky, v ktorých sa vozí do obchodu tovar z bočných ulíc, lebo autá sem nesmú.

Bratislavčania majú Obchodnú radi a neveľmi sa im páčia názory

- Od roku 1973 prebieha v Petržalke najväčšia bytová výstavba na Slovensku. Bude tam bývať viac ako 150 000 ľudí. Hlavné časti sú Háje, Lúky, Dvory a Centrum, ktoré od roku 1986 tvoria spolu s Jarovcami, Rusovcami a Čunovom samostatný bratislavský obvod.

- Celková rozloha Bratislavy bola roku 1986 367,6 $km^2$, pričom mesto sa delilo na päť obvodov: I. – 9,6 $km^2$, 54 672 obyvateľov; II. – 92,5 $km^2$, 113 127 obyvateľov; III. – 74,6 $km^2$, 68 109 obyvateľov; IV. – 96,4 $km^2$, 69 890 obyvateľov; V. – 94,5 $km^2$, 111 226 obyvateľov.

- Podľa sčítania ľudu z roku 1980 žilo v Bratislave približne 91 % Slovákov, 3,2 % Čechov, 5,8 % tvorili Maďari, Bulhari a iné národnosti.

- Devínska Nová Ves, Podunajské Biskupice, Vrakuňa, Jarovce, Rusovce, Čunovo a Záhorská Bystrica sa stali súčasťou Bratislavy roku 1972.

Návštevníkov krčmy U jeleňa vítal príznačný vývesný štít.

# MESTO JUBILUJÚCE, ALE MLADÉ

Mestská časť Kramáre prichýlila obrovský zdravotnícky komplex i nové sídlisko. Odtiaľto je už len skok do malokarpatských lesov, na kopec Kamzík, a teda i na televíznu vežu, ktorú vidíš v pozadí.

niektorých odborníkov, že vôbec nevyzerá veľkomestsky, a preto ju treba od základov prestavať. Upraviť, obnoviť, to áno, ale zachovať z nej čo najviac, nezničiť historicky hodnotné a zaujímavé domce. A tak nečudo, že v súťaži o záchranu Obchodnej ulice uspeli tí odborníci, ktorí navrhujú citlivé a veľmi premyslené zásahy.

Ako teda bude vyzerať Obchodná ulica po roku 2000? Aj naďalej sa budeme môcť tešiť z pohľadu na nízke domčeky, teraz už vynovené a vyfarbené. Zaniknú len tie, ktorých historická hodnota je zanedbateľná. Opravia sa aj pivnice domov (niektoré tvoria až štyri podzemné podlažia). V minulosti slúžili obchodníkom ako sklady, v budúcnosti poslúžia ako cukrárne, knižnice. Dvory jednotlivých domov budú zbavené prebytočných prístavieb. Vzniknú tak nové pekné priestranstvá, ktoré sa zmenia na detské ihriská či parčíky. Pravda, pribudnú aj nové budovy, ale pri nich sa bude postupovať citlivo.

Odborne sa takémuto úsiliu hovorí zachovanie genia loci čiže ducha miesta. V tomto prípade ulice, ktorá by si zaslúžila, aby sa s ňou opäť mohlo spájať slovo pekná.

## AJ SÍDLISKÁ PATRIA K MESTU

Začiatkom sedemdesiatych rokov bolo Šafárikovo námestie ozajstným dopravným uzlom. Odtiaľ vychádzali a sem sa zbiehali mnohé autobusové a električkové linky. A čo nemalo konečnú priamo na námestí, bolo možné „chytiť" v blízkych uliciach.

TVOJA BRATISLAVA

■ *Bratislava má niekoľko družobných miest: Kyjev (ZSSR), Ruse (Bulharsko), Krakov (Poľsko), Ľubľana (Juhoslávia), Hočiminovo mesto (Vietnam), Turku (Fínsko), Solún (Grécko), Perugia (Taliansko), Alexandria (Egypt), Brémy (SRN).*

Obyvatelia sídliska Kútiky v Karlovej Vsi sa môžu tešiť nielen z okolitej zelene — z dvoch strán ich obkolesujú lesíky a záhrady — ale aj z pekne riešených priestranstiev medzi blokmi domov.

Často sme so synom odtiaľto „štartovali" na naše objavné cesty za novodobé hradby mesta. Stačilo nastúpiť na autobus číslo 27, a o dvadsať minút sme sa ocitli na Amundsenovej ulici v petržalskom Starom háji. Jablkom, ktoré nám na výlet pribalila mamička, sme nakŕmili niektorého z koníkov pasúcich sa okolo dostihovej dráhy. Zvýhodňovali sme najmä poníky, príbuzné tým, ktoré si Angličan Róbert F. Scott zobral na južný pól pri tragickej výprave v rokoch 1911—12. Nemohli sme inak. Veď ulica Roalda Amundsena, prvého dobyvateľa južného pólu, ktorý nešťastného Scotta o pár dní predbehol, nás k tomuto činu priam vyzývala.

V jeden krásny slnečný jarný deň, keď už boli čerešne a jablone v plnom rozkvete, sme do týchto miest zavítali opäť. No to už boli z Amundsenovej ulice len ruiny. Nič netušiace stromy vyháňali kvety, tešiac sa na novú úrodu. Nedočkali sa. Bagre a iné stroje urobili svoje a obrovské autá sem začali zvážať panely. Dnes sa tu rozkladá sídlisko Háje.

Prepáč mi ty, čo bývaš na Haanovej, Hrobákovej či Ambroseho ulici. Prepáč mi moje spomienky.

Iným, veľmi zaujímavým spojom bol autobus číslo 26. Obsiahol hneď dve lokality — Lamač a Rusovce. Najmä Lamač mal pre nás veľké čaro. Z cesty Na Klanec sme vybehli na kopec Podháj a pri ohníku sme „riešili" otázku chorvátskych prisťahovalcov, ktorí Lamač v 16. storočí postavili. Lámali sme si jazyk jedným z prvých názvov tejto obce — Krabatendorf — a rozmýšľali sme, ako sa do takého malého priestoru mohlo roku 1624 zmestiť 149 viníc.

Lamačské sídlisko Podháj je jedno z najmenších, zato má peknú polohu — ozaj pod hájom. Minule, keď som si už s odrastenými deťmi zopakoval výlet z detstva môjho syna, zistili sme, že ohnisko, kde sme opekali slaninku, je na rovnakom mieste, len domy „vyrástli" z nízkych rodinných na vysoké paneláky.

Autobusu číslo 30, na ktorý sa nastupovalo na Dostojevského rade, sme hovorili expedičný. Ukázal nám taký kus Bratislavy ako máloktorý. Nielen Karlovu Ves, založenú roku 1288 pod názvom Suchá Vydrica, ale i Dúbravku, kde sa v rokoch 1572—77 usídlili Chorváti zo susedného Lamača. Sídliská Rovnice, Kútiky a Záluhy, ktoré sa začali dvíhať pomedzi kopce a rástli nám doslova pred očami, nám pripadali

Reťaz, ktorú pri slávnostných príležitostiach používa ako symbol svojho úradu primátor nášho mesta.

Pohľad na Bratislavu z terasy hradu. Patrí medzi najtypickejšie a určite najznámejšie.

upravenejšie, a najmä zelenšie ako Štrkovec či Ostredky na východe mesta.

Nuž a električka číslo 5 nás odviezla do Rače, významnej vinohradníckej osady, ktorá roku 1647 dostala práva poddanského mestečka. Z nej sme vyrážali na výlety do Malých Karpát. Ešte tu nestáli sídliská Záhumenice a Komisárky a električka mala konečnú kúsok od vinohradov.

Sídliská. Sú všade na svete. Má ich Moskva i Paríž, Praha aj Košice. Aj Bratislava. Mesto sa rozrastá. Nemôže sa zmestiť do ulity vytvorenej zo starých, tradičných štvrtí. Prežíva podobnú situáciu ako za vlády Márie Terézie, keď zbúrali hradby. Je to prirodzený vývoj. Pre mnohých starých Bratislavčanov však bolestný.

Človek je už taký. Nerád sa lúči s tým, čo mu pripomína detské roky, mladosť, s čím sa zžil. Jeden dom, jedna ulica, parčík či len jeden strom znamenajú niekedy viac ako celá štvrť. Pre architektov nie je ľahké vyhovieť každému. Búrať a opäť stavať tak, aby srdcia zostali pokojné. Malo by však ísť o to, aby bol zachovaný ľudský rozmer, aby človek, ktorý prežil v meste celý život, mal pocit, že to všetko sa buduje pre neho, nie proti nemu, a že sa môže k tomu vyjadriť. Že má svoje mesto pod ochranou.

Ako ten strom, ktorý denne pozorujem na rohu ulíc Štefánikovej a Gunduličovej. Bol som pri jeho zrode, keď neznámy človek označil umelo vytvorený priestor na chodníku a pridal text, že stromček je pod dohľadom. Ujal sa a dnes je z neho riadny strom, ktorý azda už ani víchrica nevyvráti.

Aj krása sídlisk závisí od nás. Od našej túžby byť kultúrnym občanom mesta. Kultúrnosť nezávisí len od počtu kín či divadiel, ktorých je zatiaľ

TVOJA BRATISLAVA

na našich sídliskách ako šafranu, ale aj od toho, či prebytočný papier nájde miesto v smetnom koši. A keď nenájde? Zohni sa a daj ho tam, kam patrí. Aj keď pôjdeš s „priateľom", ktorý sa ti vysmeje.

## HLAVNÉ MESTO

Keby si meral najnovšiu históriu nášho mesta, zistil by si, že má dvadsaťdva rokov. Toľko totiž uplynie roku 1991 od chvíle, keď sa Bratislava stala hlavným mestom Slovenskej (vtedy ešte socialistickej) republiky. Dňa 30. októbra 1968 bol na Bratislavskom hrade podpísaný zákon o československej federácii, ktorý okrem iného rozhodol, že od 1. januára 1969 sa Bratislava stane sídlom slovenských národných orgánov – Slovenskej národnej rady, vlády, ministerstiev a rôznych politických a spoločenských inštitúcií.

Dá sa povedať, že od tohto dňa je z Bratislavy riadený priemysel i poľnohospodárstvo, súdnictvo a zdravotníctvo, kultúra aj telovýchova, veda, školstvo celého Slovenska.

Kdesi som čítal, že Bratislava je najmladším hlavným mestom v Európe. Možno to tak naozaj je. A keby nie, tak sa určite môže pochváliť aspoň tým, že patrí medzi najmladšie metropoly zložením obyvateľstva. Stačí sa prejsť ulicami: všade mladé tváre, študenti, manželia s deťmi. Jedni prišli do nášho mesta získať kvalifikáciu (ročne končí vysoké školy vyše tridsaťtisíc študentov), druhí tu našli zamestnanie, a to predovšetkým v chemickom, ale aj strojárskom či kovospracujúcom priemysle.

Podobne ako ľudia, aj mestá majú priateľov – družobné mestá. Možno sa raz dostaneš do Kyjeva, Ruse, Krakova, Ľubľany alebo Perugie a nájdeš tam ľudí, ktorí budú poznať Bratislavu, či ju už navštívili počas dovolenky alebo v rámci družobnej výmeny. Iste ti dobre padne porozprávať sa s nimi, vypočuť si ich názor na Bratislavu.

Amfiteáter na Búdkovej ceste je miestom, kde sa pri rôznych hudobných produkciách stretávajú najmä mladí ľudia.

Pohľad z Radničnej veže smerom k hradu je trochu atypický, ale veľmi pekný.

MESTO JUBILUJÚCE, ALE MLADÉ

## SKOK DO ROKU 2010

Dnes sa tento dátum zdá príliš vzdialený, ale ako sa hovorí, čas letí, a príde obdobie, keď budeš v podobnej situácii, v akej sa teraz nachádzajú tvoji rodičia. Budeš mať vyše tridsať rokov, rodinu, deti. Nebude ti ľahostajné, do akých škôl tvoje deti chodia, akým spôsobom sa dopravuješ do zamestnania, ako a čo nakupuješ. Budeš túžiť po príjemne strávených chvíľach oddychu v prostredí plnom zelene a športovísk, ale aj v prostredí plnom kín, divadiel a útulných reštaurácií.

Aká bude Bratislava roku 2010? Bude v nej žiť a pracovať okolo 545 000 obyvateľov, pričom v týždni do nej príde za prácou, nákupmi a zábavou ďalších 230 000 ľudí. Ako sa doň pomestia?

Nuž, s rozširovaním nášho mesta to ozaj nebude ľahké. Obmedzujú ho nielen štátne hranice, ale aj lesy Malých Karpát a úrodná poľnohospodárska pôda. Neostáva iné, len zahusťovanie už doteraz zastavaných plôch. Čo to znamená? Pre novú výstavbu sa budú využívať voľné plochy medzi domami – napríklad na Račianskej, Záhradníckej, Ružinovskej ulici, ale aj v niektorých častiach Petržalky. Výstavba bude pokračovať aj v okrajových častiach – v Trnávke, Rači, Vajnoroch, Prievoze, Jarovciach, Rusovciach. Čoraz väčšie vzdialenosti bude možné prekonávať omnoho rýchlejšie ako dnes. Napomôže to rýchlodráha, ktorej prvá časť má fungovať od roku 1997. Jej trasa povedie z petržalskej stanice Lúky-Juh popod Dunaj, aby po 5,9 kilometra ukončila svoju púť na Martanovičovej ulici.

Pokiaľ bývaš na niektorom sídlisku, môžem ti prezradiť, že sa bude dbať, aby v ňom nechýbalo spoločenské centrum (kultúrny dom

V dolnej časti námestia SNP sa naň pripája Špitálska ulica, jedna z hlavných dopravných tepien s viacerými chránenými objektmi, úradmi a reštauračnými zariadeniami. Výšková budova vpravo je hotel Kyjev (pred ním OD Prior), výšková budova v pozadí je Stavebná fakulta Slovenskej vysokej školy technickej.

Kde sa pred štyrmi desaťročiami rozprestierali lesy a lúky, bývajú dnes študenti v internátnom komplexe zvanom Mlynská dolina (v pozadí budova televízie).

s divadlom, kinom, priestormi pre záujmovú činnosť, herňami), obchody, rôzne druhy služieb, aby si za každou maličkosťou či zábavou nemusel utekať do stredu mesta.

Iste ťa poteší, že zvláštna pozornosť bude venovaná historickému jadru mesta, že každý zásah doň sa bude citlivo zvažovať.

K najzaujímavejším projektom patrí dokončenie nového Slovenského národného divadla, stavba Štátneho bábkového divadla, rekonštrukcia Grassalkovichovho paláca, rekonštrukcia bývalej tržnice na Námestí SNP. Zmodernizujú sa niektoré kiná, aby sa stali zdrojom príjemnej a nerušenej zábavy.

Budova Technopolu v Petržalke aspoň čiastočne zmierňuje monotónnosť najväčšieho betónového sídliska na Slovensku.

Veľké dlhy voči obyvateľom má naše mesto najmä v ponuke telovýchovno-športových a rekreačných zariadení, veď v súčasnosti pripadá na jedného obyvateľa Bratislavy len 5,22 $m^2$ takýchto plôch. Tých plánovaných 17 štvorcových metrov znie lepšie, však? Poskytne ti ich nový rekreačný areál Kormorán v Petržalke i podobné zariadenia v Karlovej Vsi, Dúbravke, Rači, Vrakuni. Aj výlety do Malých Karpát ti spríjemnia nové areály.

Nato, aby sa v našom meste dobre cítili aj návštevníci, treba vybudovať viac hotelov podobných hotelu Forum i občerstvovacích zariadení, rovnako pekných, ako je Gurman na Poštovej ulici.

Teda takáto bude Bratislava roku 2010? Možno taká, možno trochu iná, rozhodne však rušnejšia, a dúfajme, že aj čistejšia, zelenšia. A najmä bohatšia o ľudí, ktorí ju budú považovať nielen za hlavné mesto Slovenska, ale predovšetkým za hlavné mesto svojho srdca.

Obyvatelia Paríža o sebe hovoria, že nie sú Francúzi, ale Parížania. To je ich „národnosť". Prospieva to, alebo ubližuje hlavnému mestu Francúzska? Neviem. To však viem, že starí obyvatelia nášho mesta si tiež zakladali na tom, že sú Prešporáci. A za týmto označením sa ukrývala predovšetkým medzinárodná skladba obyvateľov Prešporka, ktorí žili v zhode bez ohľadu na to, či boli Nemci, Maďari, Slováci, Bulhari. Roku 2010 už nebude starých Prešporákov. Budú len Bratislavčania a nebude podstatné, či sa tu narodili, alebo prišli z niektorého kúta Slovenska.

A ty možno budeš jedným z nich. Bol by som rád, keby si miloval svoje mesto a vštepoval tento vzťah k nemu aj svojim deťom. Tak ako to robil môj otec, tvoj starý otec, tak ako to robia všetci tí, čo si vážia hodnoty, ktoré vytvorili ich predchodcovia.

MESTO JUBILUJÚCE, ALE MLADÉ ————— | **309)**

TVOJA BRATISLAVA —————————————————— 311)

## LITERATÚRA

**Autori fotografií:**

Pri práci na knihe sme preštudovali obrovské množstvo literatúry — kníh, novín, časopisov a archívnych materiálov. Najväčšími znalcami histórie Bratislavy boli THEODOR ORTVAY a EMIL PORTISCH. V tomto výbere literatúry však uvádzame len tituly bežne prístupné, ktoré môžu ešte viac rozšíriť tvoje vedomosti o Bratislave.

**Bratislava. Stavebný vývin a pamiatky mesta,**
Bratislava, vydavateľstvo SAV 1961
**Bratislavské priority, maximá, kuriozity,**
Bratislava, BIPS 1987
*Dangl, V.:* **Bitky a bojiská,**
Bratislava, Mladé letá 1984
**Dejiny Bratislavy,**
Bratislava, Obzor 1966
*Dvořák, P.:* **Odkryté dejiny** (Predveká Bratislava),
Bratislava, Pravda 1978
*Fiala, A.:* **Stará radnica v Bratislave,**
Bratislava, Tatran 1987
*Holčík, Š.:* **Korunovačné slávnosti Bratislava 1563—1830,**
Bratislava, Tatran 1988
*Puškárová, B. — Puškár, I.:* **Bratislava.** Pamiatková rezervácia,
Bratislava, Tatran 1989
*Špiesz, A.:* **Bratislava v 18. storočí,**
Bratislava, Tatran 1987
*Zúbek, Ľ.:* **Gaudeamus igitur, alebo sladký život študentský,**
Bratislava, Mladé letá 1986
*Zúbek, Ľ.:* **Moja Bratislava,**
Bratislava, Mladé letá 1965

K. Belický
L. Bielik
O. Bleyová
J. Bončo
R. Bunčák
E. Čeňková
M. Červeňanský
P. Červeňanský
A. Fiala
P. Guldan
R. Hergovits
K. Kertész
D. Kminiaková
I. Kostroň
B. Kráľ
I. Lacika
P. Leginský
P. Meluš
Z. Mináčová
Ľ. Mišurová
P. Paul
V. Polák
V. Přibyl
F. Rajecký
J. Skála
L. Sternmüller
J. Sukup
V. Tomčík
A. Tóth
V. Vavrek
A. Vojček

V knihe sú použité reprodukcie exponátov
a výtvarných diel zo zbierok
Dokumentačného centra spojov,
Galérie mesta Bratislavy,
Mestského múzea,
Múzea obchodu na Slovensku,
Slovenského národného múzea,
Slovenskej národnej galérie.

# SUMMARY

The book entitled **YOUR BRATISLAVA** (Tvoja Bratislava) was written for readers above 13 years of age on the occasion of the 700th Anniversary of bestowing urban privilages to Bratislava by the King Ondrej IIIrd. The anniversary is commerated this year.

The territory of Bratislava had been populated already in the primeval and old ages when Celts and Romans determined its first shape, borders and significance. The oppidum, which arose two thousand years ago, is an opportunity for another anniversary.

Already in the ninth century the town had been inhabited by Slavs, however, after the battle in Bratislava in 907, they had to retreat from the old Hungarians, which along with other defeats, resulted in the decay of the Great Moravian Empire.

Several wars affected the territory of Bratislava, several peace treaties were concluded here. The town boasted honest craftsmen dealing especially with wine-growing and fishing, prominent musicians, artists, writers. Many famous scientists and inventors lived in Bratislava, spreading its good fame all over Europe.

The history of the present Capital of the Slovak republic was told in 19 chapters by the authors of this book Ivan Lacika and Vladimír Tomčík.

The first chapter entitled **The Cradle** presents the history of the Eastle hill, the development of the Castle and the political events connected with it. The above mentioned battle took place under the Eastle rock in 907, the Eastle walls resisted the Tartar and Turkish raids, they protected rulers in the 16th and 18th centuries. Particularly the Emperor Maria Theresa favoured Bratislava. An occasional fire in 1811 turned the Castle into ruins, however, its reconstruction in the 60s and 70s of this century along with the declaration of the Federation confirmed the significance of the ancient Slavic settlement in this territory.

The second chapter named **The Oldest Bratislava Citizens** is a walk across archeological sites resembling the presence of Celts, Romans and old Slavs. The coin of the Celtic ruler Biateca represents various excavations and findings in small streets and in the Old Town squares, in Rusovce village Gerulata or in the Devin castle.

The third chapter entitled **Stone Embrace** captures the town life behind the fortifications which surrounded and protected it. The remnants of fortifications prove that the medieval town had existed earlier than it was bestowed urban rights by the King Ondrej IIIrd.

The fourth chapter entitled **The Free and Royal Town** goes back to Romance and Gothic Bratislava while emphasis is put on significant architectural monuments of that period – the Town Hall and the Cathedral of St. Martin.

The fifth chapter under the name **By Pen and word** stresses a controversial character of the period of Renaissance when wisdom was symbolized in Bratislava by the foundation of the University of Academia Istropolitana while cruelty was embodied by Turkish wars. The progress in science and arts was connected with the name of Ján Andrej Segner, an inventor, physicist, physician.

The title of the sixth chapter **Illusion and Violence** shows that it deals with Baroque. The secular and religious life of the town is presented through palaces, churches, monasteries, while the political, economic and cultural efforts are shown to culminate in the 18th century. At that time Bratislava boasted a polymath Matej Bel.

The title of the seventh chapter **Peace in Primate's Palace** reflects one of the most important events in the town – the signing of peace treaty between France and Austria after the battle in Slavkov in 1805.

The eighth chapter called **Lyceum Filled with Unrest** introduces Bratislava in the 60s of the 19th century when a group of nationalists headed by Ľudovít Štúr worked there.

The ninth chapter entitled **Hand Song** describes the atmosphere of the town by the end of the 19th century when factories and workers' housing quarters started to be built.

The tenth chapter entitled **Tunes in Palaces and Streets** presents one of the oldest and strongest Bratislava traditions – music. The palaces witnessed the concerts given by W. A. Mozart or J. Hayden, a prominent Central-European composer Ján Nepomuk Hummel was born in Klobúčnicka street.

Guilds, crafts, trade are described in the eleventh chapter entitled **Our Customer, our Boss.** Various markets held in the main squares in the past proved the skills of the Bratislava craftsmen; the small shops in the 19th and 20th centuries reflected the professionality of shopkeepers.

The twelfth chapter entitled **From a Studio into Gallery** introduces the most famous works of art – tapistries presenting the story of Hero and Leandros, Mirbach's Palace housing the town Gallery with the works of Juraj Rafael Donner, Franz Xaver Messerschmidt, Viktor Tilgner and other artists who worked in Bratislava and were well-known in Central Europe. The International Biennial of Illustrations of Children's books is also described in this chapter.

The thirteenth chapter entitled **From Landerer up to the TV-Broadcasting Centre** deals with Ján Michal Landerer and his newspaper Pressburger Zeitung which was published in Bratislava continuously for 165 years; the first Radio and TV-broadcasting is mentioned together with modern dominants representing the technical and artistic components of three mass media.

The fourteenth chapter called **A Ticket to an Experience** informs on theatres and cinemas, on the founders of the Slovak professional theatre (G. Arbét, A. Bagar, J. Borodáč, J. Kello, O. Országhová), on the first cinema peromance in 1896 as well as on the development of cartoons represented by Viktor Kubal.

The fifteenth chapter entitled **Between the Lines** introduces the narrators Ľudo Zúbek and Rudo Moric whose books for children and youth rank among the most widely read ones. It also depicts the atmosphere of the literary Bratislava in the inter-war period.

The sixteenth chapter called **Not on One's Own Feet** describes ship transport, railways, air-lines city transportation. It presents the fate of the father of Bratislava travellers Karol Jetting. The adventures connected with the voyage on the river Danube or with the first flights above the city are depicted and the story of the first horse rail-way or the first tram is given.

The seventeeth chapter entitled **Town Services** deals with communications, electrical plants, water works, gasworks, firemen. The first town post, dating back to 1530, is mentioned along with the first electricity from 1884, the first gasworks, which started to serve Bratislava in 1856, the first fire brigade from 1867 and fountains that originally served as urban wells.

The eighteenth chapter entitled **A Sound Mind in a Healthy Body** is an excursion to Bratislava verdure but also into the famous days of Bratislava sport, commemorating also the climb of Bratislava citizens Jozef Psotka and Zoltán Demján of the highest mountain on this Earth – Mount Everest.

The last chapter entitled **A Town Celebrating an Anniversary, but still Young** summarizes the post-war development of the town, envisaging its future shape.

When writing this book, the authors were inspired by a writer Ľudo Zúbek who in 1965 wrote in his book entitled My Bratislava: "I don't know whether all Bratislava citizens were so attached to their town as I am (I think probably not) and, therefore, my relation to Bratislava is a bit selfish, which can be best described by the words my Bratislava". To arouse such possesive attitude toward Bratislava in as many young readers as possible, the authors entitled this book as Your Bratislava.

# RÉSUMÉ

TA BRATISLAVA est un ouvrage écrit en 1991 à l'occasion du 700ème anniversaire de l'octroi des privilèges de cité libre à Bratislava par le roi André III; Ce livre est accessible à des lecteurs de 13 ans et plus.

Le territoire qu'occupe aujourd'hui la ville de Bratislava était déjà habité à l'époque des hommes des cavernes et pendant toute l'Antiquité, les Celtes et les Romains en définirent alors les premières limites et formes et le rendirent important. L'oppidum qui a été établi ici il y a 2000 ans fera l'objet d'une célébration ultérieure.

Dès le 9ème siècle après J. C. les Slaves s'installent sur le territoire de la ville, mais doivent s'en retirer après la bataille de Bratislava en 907 contre les Magyars; cette retraite marquait le début d'une série de défaites qui devait conduire au démantèlement de l'Empire de Grande Moravie.

Bratislava a été l'objet de nombreuses guerres et sur son sol se sont conclues de nombreuses paix. La population de la ville se composait d'artisans habiles, qui se consacraient aussi à la culture de la vigne et à la pêche, de musiciens, de peintres et de gens de lettres renommés. De cette ville sont originaires des célèbres musiciens, savants et inventeurs dont la réputation s'est étendue à toute l'Europe.

Les auteurs de ce livre, Ivan Lacika et Vladimír Tomčík, racontent en 19 chapitres l'histoire de l'actuelle capitale de la République slovaque.

Le premier chapitre, intitulé **Le berceau** nous fait connaître l'histoire de la colline du château fort, des transformations de celui-ci et des événements politiques qui y sont liés. C'est au pied du rocher sur lequel il se dressait que s'est déroulée la bataille de 907 mentionnée ci-dessus. Derrière ses remparts, qui ont offert leur résistance contre les invasions tatares et turques, demeurèrent du 16ème au 18ème siècle différents souverains parmi les quels l'Empératrice Marie-Thérèse qui affectionnait particulièrement Presbourg. L'incendie de 1811 laissa le château fort en ruines, mais sa reconstruction dans les années 60 et 70 de notre siècle, ainsi que la déclaration de la Fédération tchèque et slovaque rehaussèrent l'importance des anciens peuplements slaves de ces villes.

Le deuxième chapitre **Les Presbourgeois les plus anciens** est une promenade à travers les lieux archéologiques qui nous rappellent le séjour des Celtes, des Romains et des anciens Slaves. Les innombrables trouvailles sous les rues et les places de la vieille ville, à Gerulata dans la municipalité de Rusovce ou dans le château fort de Devín sont symbolisées sur les monnaies du souverain celte Biatec.

Le troisième chapitre **L'accolade de pierre** décrit la vie urbaine derrière les murs qui ceignaient et protégeaient la ville. Les restes des anciennes fortifications témoignent de l'existence de la ville médiévale, c'est-à dire avant qu'elle n'obtienne ses privilèges de cité libre du roi André III.

Le quatrième chapitre **La cité libre royale** revient sur l'histoire de la Bratislava romane et gothique et met en évidence les monuments architecturaux importants de cette époque, notamment l'hôtel de ville et la cathédrale Saint-Martin.

Le cinquième chapitre s'intitule **Avec la plume et l'épée**. Ce titre souligne les contradictions de l'époque de la Renaissance, à savoir la sagesse d'une part, symbolisée par la fondation de l'Université Académia Istropolitana, et la cruauté d'autre part qui dominait dans les guerres contre les Turcs. Le développement des sciences et des arts se rattache au nom de Ján Andrej Segner, l'inventeur, physicien et médecin.

Le titre du sixième chapitre **L'illusion et la rapacité** laisse deviner qu'il s'agit de l'époque du baroque. La vie ecclésiastique et mondaine de la ville est décrite à travers ses palais, ses églises et ses couvents, montrant que les aspirations politiques, économiques et culturelles étaient à leur apogée au 18ème siècle. L'ornement intellectuel de Bratislava à cette époque-là était l'historien polyvalent Mathias Bel.

Le septième chapitre s'intitule **Paix dans le Palais primatial** et décrit l'un des événements les plus importants pour la ville : la signature du traité de paix entre la France et l'Autriche en 1805 après la bataille des trois empereurs près de Slavkov (Austerlitz), la paix de Presbourg.

Le huitième chapitre **Agitation au lycée** nous conduit à Bratislava du milieu du 19ème siècle, lorsque se développent les activités du groupe réuni autour de Ľudovít Štúr qui a joué un très grand rôle dans l'épanouissement de la conscience nationale slovaque.

Le neuvième chapitre **Le chant du main** nous plonge dans l'ambiance urbaine de la fin du 19ème siècle quand ont commencé à se répandre ici aussi les usines et les quartiers ouvriers.

Le dixième chapitre **Sons des palais et des rues** parle de l'une des traditions les plus anciennes et les plus fortes de Bratislava, la tradition musicale. Les palais furent témoins de concerts donnés par W. A. Mozart et J. Haydn ; la rue Klobučnícka (la rue des Chapeliers) a vu naître le chef de file des compositeurs baroques d'Europe centrale Ján Nepomuk Hummel.

Les métiers et leurs corporations, l'artisanat et le commerce sont dépeints dans l'onzième chapitre **Nos clients, notre maître.** Les nombreux marchés sur les places principales représentaient dans le passé les conquêtes des artisans de Presbourg ; les échoppes du 19ème siècle et de la première moitié du 20ème siècle représentent, à leur tour, le professionalisme des marchands.

Le douzième chapitre **De l'atelier à la galerie** nous donne un aperçu des oeuvres d'art les plus célèbres de la ville : les gobelins, qui illustrent l'épopée, de la Grèce antique, de l'amour entre Hera et Léandre, puis le Palais Mirbach dans lequel la Galerie municipale conserve des oeuvres de Juraj Rafael Donner, Franz Xaver Messerschmidt, Viktor Tilgner ainsi que d'autres artistes influents de Bratislava également reconnus en Europe centrale. Dans ce chapitre est mentionnée aussi la Biennale des Illustrations des livres d'enfants.

Le treizième chapitre, **De Landerer au Centre de la télévision** est consacré à J. M. Landerer et à son Journal presbourgeois, qui a été publié à Presbourg pendant 165 ans sans interruption. On y apprend comment ont été créées les premières émissions radiophoniques et télévisées, ainsi que les complexes modernes qui cachent en leur sein les éléments techniques et artistiques de trois mass media.

Le quatorzième chapitre, **Billet d'entrée pour une aventure** nous informe sur le théâtre et le cinéma, sur les fondateurs du théâtre professionel slovaque (G. Arbét, A. Bagar, J. Borodáč, J. Kello, O. Országhová), sur la première projection cinématographique en 1896 et le développement du dessin animé grâce à Viktor Kubal.

Le quinzième chapitre, **Entre les lignes,** présente les romanciers Ľudo Zúbek et Rudo Moric, dont les livres pour enfants et pour la jeunesse sont parmi les plus lus. Dans la deuxième partie, des illustrations d'oeuvres d'arts plastiques mettent en évidence les coloris littéraire de Bratislava de l'entre-deux guerres.

Le seizième chapitre, **Pourquoi aller à pied?**, décrit les transports urbains, maritimes, ferroviaires et aériens de la région. Il retrace le destin du père des globe-trotters presbourgeois, Karl Jetting, ses aventures en bâteau sur le Danube et lors de ses premiers vols au-dessus de la ville, ainsi que l'histoire du premier train tiré par des chevaux et du premier tramway.

Le dix-septième chapitre, **Les services publics de la ville,** est consacré aux télécommunications et aux pompiers, aux centrales électriques et aux usines à gaz et de distribution d'eau. C'est dans ce chapitre que sont inclus la première poste municipale de 1530, le premier éclairage électrique de 1884, la première usine à gaz qui a procuré ses services à la ville dès 1856, le premier corps de pompiers de 1867, et les fontaines qui servaient à l'origine de puits municipaux.

Le dix-huitième chapitre, **Dans un corps sain, un esprit sain,** est une excursion à travers les parcs de Bratislava et les jours de gloire des sportifs de cette ville, parmi les quels on compte la première ascension de la montagne la plus haute de notre planète, le Mont Everest, réalisée par nos concitoyens Jozef Psotka et Zoltán Demján.

Le dernier chapitre, **La jeune ville jubilaire,** résume le développement de l'après-guerre et expose quelques réflexions sur l'aspect futur de la ville.

En rédigeant ce livre, les auteurs se sont inspirés de l'écrivain Ľudo Zúbek qui, en 1965, notait dans son livre Ma Bratislava : "Je ne sais pas si tous les citoyens ont autant d'affection pour leur ville que moi (je ne le crois pas cependant), et c'est justement pour cela que ma relation avec Bratislava contient quelque chose d'égoiste, que j'exprime le mieux lorsque j'utilise la désignation ma Bratislava".

Afin que le plus grand nombre possible de jeunes lecteurs puissent se réclamer de cette relation d'appropriation, nous avons intitulé le livre Ta Bratislava.

# REZÜMÉ

**A TE BRATISLAVÁD** című könyv a tizenhárom éven felüli olvasók számára készült, és abból az alkalomból jelent meg 1991-ben, hogy 700 évvel ezelőtt III. András városi rangra emelte a települést.

Bratislava területén már az őskorban is éltek emberek, de a település első arculatát, jelentőségét és területének határait a kelták és a rómaiak teremtették meg. Ennek az erődített városnak a 2000 évvel ezelőtti létrejötte nyújt további okot a megemlékezésre.

A 9. században már szlávok éltek a város területén, de a 907-ben lezajlott pozsonyi csatavesztés után kénytelenek voltak átengedni helyüket a magyaroknak, és ez más vereségekkel együtt végül is a nagy morva birodalom széthullásához vezetett.

Bratislava területén sokszor dúltak háborúk, s több alkalommal kötöttek itt békét. A városban szorgos iparosok, szőlőművelők, halászok, híres zeneszerzők, képzőművészek, írók éltek. Falai közt kiváló tudósok, feltalálók nevelkedtek, akik tovább öregbítették a város hírét egész Európában.

A könyv szerzői, Ivan Lacika és Vladimír Tomčík tizenkilenc fejezetben meséli a Szlovák Köztársaság mai fővárosának történetéről.

Az első, a **Bölcső** című fejezet ismerteti meg velünk a Várdomb történetét, a vár fejlődését és azokat a politikai eseményeket, amelyek a várral függnek össze. A Várdomb sziklái alatt zajlott le 907-ben a már említett csata, a vár falai mögött pedig, melyek sikeresen ellenálltak a tatár és a török pusztításainak, a 16–18. században olyan uralkodók tartózkodtak, mint Mária Terézia császárnő, aki igen kedvelte városunkat. Az 1811-es véletlen tűzvész rommá változtatta ugyan a várat, de századunk 60-as, 70-es éveiben ismét újjáépítették, s az ezt követő kikiáltott federáció is igazolta a területek ősi szláv jelentőségét.

A második fejezet, melynek c. **Városunk őslakói**, végigvezet azokon az archeológiai lelőhelyeken, amelyek az egykori keltákra, rómaiakra, ószlávokra emlékeztetnek. Ezek közül több lelet – mint amilyen a kelta fejedelmet, Biatecot ábrázoló érem –, az óváros apró utcácskáiból, tereiről, az oroszvári Gerulatéből, valamint a dévényi várból származnak.

**A kő ölelésében** c. harmadik fejezet feleleveníti a várfalak védelme mögött zajló hétköznapi életet. A régi erődmaradványok azt mutatják, hogy a középkori város már azelőtt is létezett, mielőtt III. András városi rangra emelte volna.

**A szabad királyi város** c. negyedik fejezet visszatér a román és a gótikus Bratislavához, de a hongsúlyt az olyan építészeti emlékekre helyezi, mint amilyen a városháza és a Szent Márton székesegyház.

Az ötödik fejezet, **Tollal és karddal**, a reneszánsznak azt az ellentmondásos korszakát tárja elénk, amikor a bölcsességet a pozsonyi Academia Istropolitana jelentette, ellentétét pedig a török háborúk kegyetlensége. A tudomány és művészet fejlődését ebben a korban a feltaláló, fizikus és orvos, Segner János neve fémjelzi.

A hatodik, **Illúziók és vadságok** fejezetcím is jelzi, hogy a barokk koráról van szó. A város palotái, templomai, kolostorai útján mutatja be a kor világi és egyházi életét, amely a 18. században éri el törekvéseiben a politikai, gazdasági és kulturális csúcsait. Ebben a korban a város dísze a polihisztor Bél Mátyás.

A hetedik fejezetnek **Békekötés a Prímáspalotában** címet adták, és a város egyik legjelentősebb történelmi eseményére, arra a békekötésre utal, amelyet a francia–osztrák háború végén, a Slavkovi csata után, 1805-ben írtak alá városunkban.

A nyolcadik fejezet **A nyugtalanságok líceuma** a 19. század közepének Pozsonyába visz, amikor a városban a nemzeti felvilágosodás hívei tevékenykedtek, élükön Ľudovít Štúrral.

A kilencedik fejezet, **A kezek dala** azt az atmoszférát eleveníti fel, amikor a 19. század végén a városban épülni kedztek a gyárak és a munkásnegyedek.

A tizedik fejezet – **Zenei hangok a palotákban és az utcákon** – arról az egyik legrégibb és legjelentősebb pozsonyi tradícióról szól, amelyet a város életében a zene jelentett. A paloták tanúi voltak W. A. Mozart, J. Haydn. Liszt Ferenc koncertjeinek, a Kalapos utcában pedig megszületett Közép-Európa egyik legnagyobb zeneszerzője, Ján Nepomuk Hummel.

A céhek, az ipar és a kereskedelem fejlődését tárja elénk a tizenegyedik, Aki fizet, az az úr c. fejezet. A 19. században a város főterén tartott számos vásár tanúskodik a pozsonyi iparosok és kereskedők életrevalóságáról, a 20. században pedig a szakmai rátermettségükről.

A tizenkettedik fejezet, **Műteremből a galériába**, a város legjelentősebb képzőművészeti alkotásaival ismertet meg bennünket: a Hérát és Leandert ábrázoló világhírű gobelinnel, a Mirbach palotában székelő Városi Galéria műkincseivel, Donner György, Franz Xaver Messerschmidt, Tilgner Viktor és más jelentős művészek alkotásaival, akik Pozsonyban éltek és közép-európai jelentőségre tettek szert. Ebben a fejezetben szólunk a gyermekkönyvillusztrációk biennáléjáról is.

A tizenharmadik fejezet, **Landerertől a Televíziós centrumig**, a 165 évig egyfolytában megjelenő Landerer Mihály János újságjáról, a Pressburger Zeitungról, az első rádiós, televíziós adásokról és a mai modern palotákban rejtőzködő három tömegtájékoztató eszközről szól.

A tizennegyedik fejezet, **Belépőjegy élményszerzésre**, a színházakról és a filmről, a professzionális szlovák színjátszás megteremtőiről (G. Arbét, A. Bagar, J. Borodáč, J. Kello, O. Orságová), az 1896-os első filmvetítésről, valamint a rajzfilm fejlődéséről szól – Viktor Kubala személyén keresztül.

A tizenötödik fejezet, **A sorok közt** bemutatja Ľudo Zúbeket és Rudo Moricot, azt a két elbeszélőt, akinek a könyvei a legnépszerűbbek a gyermekolvasók körében. A fejezet további része plasztikusan körvonalazza az irodalmi életet a két háború közti Pozsonyban.

A tizenhatodik fejezet, **Nem a saját lábunkon**, feltérképezi városunk hajózását, vasúti, légi és tömegközlekedését. Ismerteti a pozsonyi utazók atyjának, Jetting Károlynak a sorsát, a dunai hajózáshoz, az első repüléshez fűződő kalandokat, és a lóvasút, illetve a villamosközlekedés történetét.

A tizenhetedik, **A város szolgálatában** c. fejezetet a posta, a villany, a víz, a gázszolgáltatásnak, valamint a tűzvédelem ügyének szentelik. Helyet kap itt az 1530-ban alakult első városi posta, az 1884-ben létesített elektromos közvilágítás, az első gázgyár, amely 1856-ban kezdte szolgálni Pozsonyt, az 1867-ben létesített tűzoltószervezet, valamint az első szökőkút története, amely közkútként szolgálta a város lakóit.

A tizennyolcadik fejezet, **Ép testben ép lélek** kirándulás Pozsony zöld övezeteibe, a sport dicső történetébe, amelyhez odatartozik Jozef Psotka és Demjén Zoltán nagy tette, a világ legmagasabb hegycsúcsának, a Mount Everestnek a megmászása is.

Az utolsó fejezet, **A fiatalon jubiláló város**, összefoglalja a város háború utáni fejlődését, és elgondolkozik Bratislava jövendőjén.

A könyv írói elfogadták az író Ľudo Zúbek inspirációit is, aki 1965-ben megjelent Az én Bratislavám c. könyvében a következő sorokat írta: „Nem tudom, hogy Bratislava minden lakójának ugyanúgy odanőtt-e a város a szívéhez, ahogy nekem (gondolom, nem), éppen ezért az én viszonyom Bratislavához egyre önzőbb, amit talán azzal tudok a legjobban kifejezni, ha azt mondom, hogy az én Bratislavám." Ahhoz, hogy egyre több fiatal olvasó szívében ilyen kisajátító érzés születhessék, mi a könyvünknek azt a címet adtuk, hogy A te Bratislavád.

## RESUMEÉ

Das Buch **DEIN BRATISLAVA** wurde anläßlich des Jubiläums des 700. Jahrestages der Erteilung der Stadtprivilegien für Bratislava durch Andreas III. geschrieben, das auf das Jahr 1991 fällt. Es ist gedacht für Leser ab dem 13. Lebensjahr.

Auf dem Gebiet der heutigen Stadt Bratislava lebten die Menschen schon in der Urzeit und im Altertum, als noch die Kelten und Römer ihre erste Gestalt, Grenze und Bedeutung prägten. Das Oppidum, das hier vor 2 000 Jahren entstanden ist, wird zum Anlaß für eine weitere Jubiläumsfeier.

Seit dem 9. Jht. lebten die Slawen auf dem Gebiet der Stadt, sie mußten jedoch nach der Schlacht bei Bratislava im Jahre 907 vor den alten Magyaren zurückweichen, was nach weiteren Niederlagen zur Auflösung des Großmährischen Reiches führte.

Über Bratislava hinweg wurden Kriege geführt, auf seinem Boden wurde mancher Frieden geschlossen. In der Stadt lebten fleißige Handwerker, die sich vor allem dem Weinbau und dem Fischfang widmeten, berühmte Musiker, Maler und Literaten. Aus dieser Stadt kamen berühmte Gelehrte und Erfinder, die ihren guten Ruf in ganz Europa verbreiteten.

Die Autoren des Buches Ivan Lacika und Vladimír Tomčík erzählen in 19 Kapiteln die Geschichte der heutigen Hauptstadt der Slowakischen Republik.

Das erste Kapitel mit dem Titel **Die Wiege** macht uns mit der Geschichte des Burghügels, der Entwicklung der Burg und den damit zusammenhängenden politischen Begebenheiten, bekannt. Unter dem Burgfelsen spielte sich im Jahre 907 die schon erwähnte Schlacht ab. Hinter den Burgmauern, die tatarischen und türkischen Einfällen Widerstand leisteten, hielten sich im 16.–18. Jahrhundert verschiedene Herrscher auf, von denen besonders die Kaiserin Maria Theresia Preßburg sehr zugetan war. Der Feuerbrand von 1811 verwandelte die Burg zwar in Ruinen, aber ihre Rekonstruktion in den 60-er und 70-er Jahren unseres Jahrhunderts, sowie anschließende Erklärung der Föderation bestätigten die Bedeutung der altertümlichen slawischen Siedlungen dieser Stätten.

Das zweite Kapitel **Die ältesten Preßburger** ist ein Spaziergang durch die archäologischen Plätze, die uns an den Aufenthalt der Kelten, Römer und alten Slawen erinnern. Die unzähligen Funde in den Gassen und auf den Plätzen der Altstadt, in Gerulata im Ort Rusovce oder auf der Burg Devín werden durch die Münze des keltischen Herrschers Biatec vergegenwärtigt.

Das dritte Kapitel **Das steinerne Umarmen** schildert das Stadtleben hinter den Mauern, die die Stadt fest umklammerten und schützten. Die Reste der alten Befestigung beweisen, daß die mittelalterliche Stadt schon bestand, bevor sie von Andreas III. ihre Stadtprivilegien erlangte.

Das vierte Kapitel **Die königliche Freistadt** kehrt zum romanischen und gotischen Preßburg zurück, wobei die bedeutenden architektonischen Denkmäler dieser Epoche – das Rathaus und der St.-Martin-Dom hervorgehoben werden.

Das fünfte Kapitel heißt **Mit der Feder und dem Schwert.** Der Titel deutet auf die widerspruchsvolle Epoche der Renaissance hin, wobei die Weißheit auf die Gründung der Universität Academia Istropolitana hinweist und die Grausamkeit auf die türkischen Kämpfe. Die Entwicklung der Wissenschaften und Künste ist mit dem Namen Johann Andreas Segner verbunden, dem Erfinder, Physiker und Arzt.

Der Titel des sechsten Kapitels **Die Illusion und die Raubgier** verrät, daß es um die Epoche des Barock geht. Mittels der Paläste, Kirchen und Klöster stellt sich hier das weltliche und kirchliche Leben der Stadt vor, wobei das politische, wirtschaftliche und kulturelle Streben im 18. Jahrhundert seinen Gipfel erreicht. Die geistige Zierde von Bratislava war in dieser Epoche der Polyhistor Mathias Bel.

Das siebente Kapitel heißt **Frieden im Primatialpalais** wodurch eine der bedeutendsten Begebenheiten der Stadt zum Ausdruck gebracht wird: die Unterzeichnung des Friedensvertrags zwischen Frankreich und Österreich 1805 nach der Dreikaiserschlacht bei Slavkov (Austerlitz), Frieden von Preßburg.

Das achte Kapitel **Das unruhevolle Lyzeum** führt uns nach Bratislava in der Mitte des 19. Jahrhunderts, als hier die Gruppe um Ľudovít Štúr wirkte, die für die Entfaltung des slowakischen Nationalbewußtseins eine große Rolle spielte.

Das neunte Kapitel **Das Händeslied** zeichnet die Stadtatmosphäre Ende des 19. Jahrhunderts, als sich auch hier Fabriken und Arbeiterviertel auszubreiten begannen.

Das zehnte Kapitel **Töne in Palästen und Straßen** spricht über eine der ältesten und stärksten Traditionen in Bratislava – über die Musiktradition. Die Paläste wurden Zeugen der Konzertauftritte von W. A. Mozard und J. Haydn; in der Klobučnícka Straße (Hutterer Gasse) wurde der führende mitteleuropäische Barockkomponist Ján Nepomuk Hummel geboren.

Zünfte, Handwerk und Handel schildert das elfte Kapitel **Unser Kunde, unser Herr.** Die vielen Märkte auf den Hauptplätzen präsentierten in der Vergangenheit die Errungenschaften der Preßburger Handwerker; die kleinen Geschäfte im 19. Jahrhundert und in der ersten Hälfte des 20. Jahrhunderts wieder die Professionalität der Verkäufer.

Das zwölfte Kapitel **Vom Ateliér in die Galerie** bietet den Blick auf die berühmtesten Kunstwerke der Stadt – die Gobbelins, die das altgriechische Epos von der Liebe Heros und Leanders veranschaulichen, ferner das Mirbach-Palais, in dem die Stadtgalerie Werke von Juraj Rafael Donner, Franz Xaver Messerschmidt, Viktor Tilgner sowie weiterer in Bratislava wirkender und auch im mitteleuropäischen Kontext bedeutender Künstler aufbewahrt. In diesem Kapitel wird auch die internationale Biennale der Kinderbuchillustration erwähnt.

Das dreizehnte Kapitel **Von Landerer bis zum Fernsehzentrum** ist J. M. Landerer und seiner Preßburger Zeitung gewidmet, die in Preßburg 165 Jahre ununterbrochen herausgegeben wurde. Man erfährt hier etwas über die ersten Rundfunk- und Fernsehsendungen, wie auch über moderne Komplexe, die in ihrem Innern die technischen und künstlerischen Bestandteile dreier Massenmedien verbergen.

Das vierzehnte Kapitel **Eintrittskarte für ein Erlebnis** informiert über Theater und Film, über die Begründer des slowakischen professionellen Theaters (G. Arbét, A. Bagar, J. Borodáč, J. Kello, O. Országhová), über die erste Filmvorstellung 1896 und die Entwicklung des Zeichentrickfilms in Person von Viktor Kubal.

Das fünfzehnte Kapitel **Zwischen den Zeilen** stellt uns den Erzähler Ľudo Zúbek und Rudo Moric dar, deren Kinder- und Jugendbücher zu den meistgelesenen gehören. Im nächsten Teil tritt plastisch das literarische Kolorit von Bratislava in der Zwischenkriegszeit in Erscheinung.

Das sechzehnte Kapitel **Nicht auf eigenen Füßen** zeichnet ein Bild des hiesigen Schiffs-, Eisen-, Flug- und Stadtverkehrs. Es beschreibt das Schicksal des Vaters der Preßburger Weltreisenden Karl Jetting, seine mit der Donauraffahrt oder den ersten Flügen über der Stadt verbundenen Abenteuer, sowie die Geschichte der ersten Pferdeeisenbahn und der ersten Straßenbahn.

Das siebzehnte Kapitel **Dienstleistungen der Stadt** ist dem Fernmelde- und dem Feuerwehrwesen, den Elektro-, Wasser- und Gaswerken gewidmet. Hierhin gehören die erste Stadtpost von 1530, die erste elektrische Beleuchtung von 1884, das erste Gaswerk, das der Stadt seit 1856 diente, der erste Feuerwehrkörper von 1867 und Wasserfontänen, die ursprünglich als Stadtbrunnen dienten.

Das achtzehnte Kapitel **Im gesunden Körper ein gesunder Geist** ist eine Exkursion durch die Bratislavaer Grünanlagen und durch die berühmten Taten von Sportlern aus Bratislava, zu denen auch der erste Aufstieg unserer Stadtbürger Jozef Psotka und Zoltán Demján zum höchsten Berg unseres Planeten, dem Mount Everest gehört.

Das letzte Kapitel **Die junge Jubiläumsstadt** faßt die Nachkriegsentwicklung zusammen und macht sich Gedanken zur zukünftigen Gestalt der Stadt.

Die Autoren ließen sich beim Schreiben des Buches durch den Schriftsteller Ľudo Zúbek inspirieren, der 1965 in seinem Buch Mein Bratislava schrieb: „Ich weiß nicht, ob allen Bürgern ihre Stadt so sehr am Herzen liegt, wie mir (ich glaube es jedoch nicht), und eben aus diesem Grunde enthält meine Beziehung zu Bratislava etwas Egoistisches, was ich am besten durch die Bezeichnung ‚mein Bratislava' ausdrücke. Damit einer möglichst großen Anzahl junger Leser dieser zueignende Bezug zur Stadt zugemutet werde, gaben wir dem Buch den Titel: Dein Bratislava.

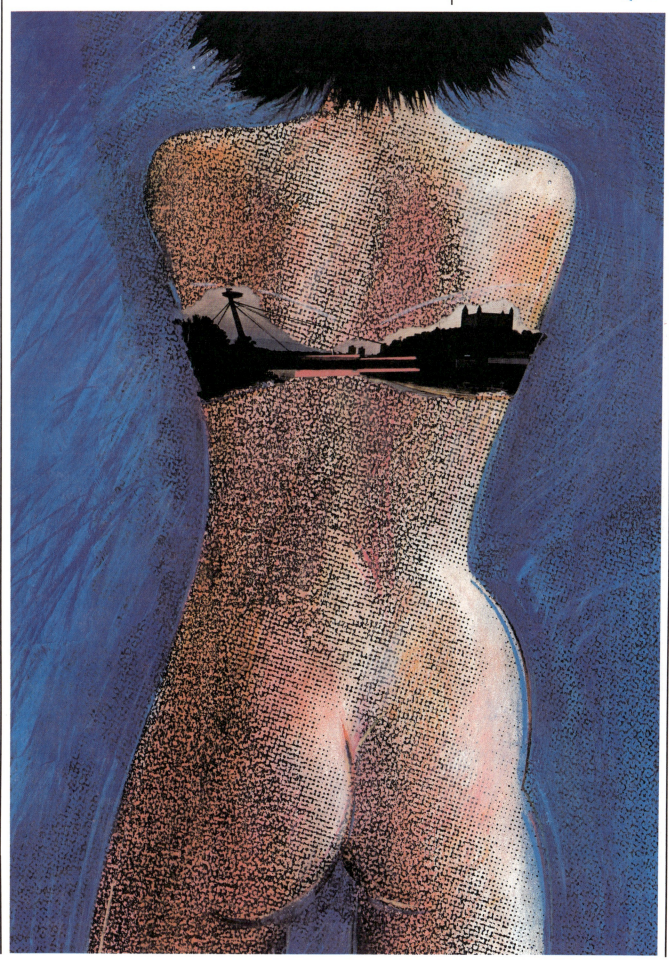

TVOJA BRATISLAVA ———————————— (320

# TVOJA BRATISLAVA

IVAN
LACIKA

VLADIMÍR
TOMČÍK

*Ilustroval* Dezider Tóth.
*Grafický design* Vladislav Rostoka.

Mladé letá, Bratislava,
7440. publikácia, 1992.
Pre čitateľov od 13 rokov. Vydanie prvé.
Editorka dr. Adriena Slamová.
Výtvarný redaktor Svetozár Mydlo.
Technická redaktorka Mária Cebecauerová.
Jazyková redaktorka Albína Gardošová.
AH 44,55 (text 17,93, ilustr. 26, 62). VH 44,86.
Vytlačila Neografia, š. p., Martin.

**ISBN** 80-06-00393-9